PICC 培训教材

保险基础知识

BASIC KNOWLEDGE ON INSURANCE

（2025版）

郭颂平　赵春梅　主编

首都经济贸易大学出版社
Capital University of Economics and Business Press
·北　京·

图书在版编目（CIP）数据
保险基础知识 : 2025 版 / 郭颂平, 赵春梅主编. 北京 : 首都经济贸易大学出版社, 2025. 5. -- ISBN 978-7-5638-3892-9
Ⅰ. F840
中国国家版本馆 CIP 数据核字第 20254160SA 号

保险基础知识(2025 版)
BAOXIAN JICHU ZHISHI
郭颂平　赵春梅　主编

责任编辑　王晓云
封面设计　砚祥志远·激光照排 TEL: 010-65976003
出版发行　首都经济贸易大学出版社
地　　址　北京市朝阳区红庙（邮编 100026）
电　　话　(010)65976483　65065761　65071505(传真)
网　　址　https://sjmcb. cueb. edu. cn
经　　销　全国新华书店
照　　排　北京砚祥志远激光照排技术有限公司
印　　刷　北京市泰锐印刷有限责任公司
成品尺寸　170 毫米×230 毫米　1/16
字　　数　523 千字
印　　张　25. 25
版　　次　2025 年 5 月第 1 版
印　　次　2025 年 5 月第 1 次印刷
书　　号　ISBN 978 - 7 - 5638 - 3892 - 9
定　　价　59. 00 元

前言 Foreword

为加强员工教育培训基础建设，提高保险从业人员专业知识与技能水平，经公司教育培训评审委员会决定，根据教材编审计划，我公司教育培训部组织启动了《保险基础知识》教材的修订工作。本教材是我公司编写的适用于企业内训的第一部保险基础类教材，从20世纪90年代初至今已修订六版，2014年修订版的使用也近11年。随着国内外保险市场形势的变化、保险法规的修订、公司改制以及业务扩展，教材中部分内容已不能适应新时期公司培训需求，因此有必要再进行2025年版修订。

本次修订是遵循科学创新、与时俱进的原则，在2014年版的基础上进行的一项工作。新修订的教材保持了原教材的基本框架，根据保险市场及公司业务发展，补充和调整了相关章节及内容。新修订的教材共分16章，力争突出内容新颖、结构完整、实操性强的特点。

1.“新”。在内容上除了根据最新保险条款的内容作了修订外，主要还增加了2015年最新修订的《中华人民共和国保险法》的相关内容，以及2020年5月28日颁布的《中华人民共和国民法典》的有关规定。

2.“全”。从结构上来看，不仅阐述了保险的基本原理，还介绍了保险产品的内容及保险经营的环节。这次新修订的教材共分为保险原理（第一章至第四章）、保险产品（第五章至第十三章）、保险经营（第十四章）、保险实务（第十五章）、保险监管（第十六章）等五方面内容，这些都是与保险理论和实践最直接的应知应会的相关基础知识。

3.“实”。在实务操作上结合中国人保财险改制重组以来的重大变革，着重依据产品线、理赔线、保险销售、客户服务管理等新增规定与要求以及市场环境的变化情况进行大量补充和修改，充分展现了现代非寿险公司的业务经营范围和实务操作流程。

本教材由广东金融学院副院长郭颂平教授、南开大学风险管理与保险学系副主任赵春梅副教授编著，由总公司各相关部门专家和业务骨干审定。鉴于本教材主要面向企业内训和员工自学，故教材修订的定位仍是以公司内训和自学为主的培训教材，同时也是我公司每年新员工岗前培训统考的指定教材。本教材属公司教材建设体系中的基础类教材，所涉及的保险专业险种的具体内容可参考其他系列（专业基础类或专业类）教材。因本教材已在内部使用十多年，体系稳定，内容趋于成熟，正式出版后，相信可作为关注和从事保险业的业内外人士的参考用书。

时间仓促，水平有限，如有错误与不妥，欢迎读者批评指正。

《保险基础知识》编写组

目录 CONTENTS

第一章

风险概述

第一节　风险及其特征

一、风险的含义

(一)风险的一般含义

风险一般是指某种事件发生的不确定性。只要某一事件的发生存在着两种或两种以上的可能性,那么该事件即存在着风险。用概率描述,不确定性是指某一事件发生的概率介于0与1之间。当某一事件发生的概率是0或是1时,说明不存在不确定性,也就没有风险。

(二)风险的特定含义

从风险的一般含义可知,风险既可以指积极结果即赢利的不确定性,也可以指损失发生的不确定性。如商业投机有三种可能:赚钱、赔钱和不赔不赚,这三种可能性都属于风险的不确定性范畴。然而,保险是通过其特有的处理风险的机制,对被保险人提供保险保障的,即当被保险人由于保险事故的发生而遭受经济损失或人身伤害时,由保险人进行保险赔偿或给付,因而在保险理论与实务中,风险具有特定含义,即风险是指某种损失发生的不确定性。

二、风险的构成要素

风险是由多种要素构成的。这些要素的共同作用,决定了风险的存在、发生和发展。一般认为,风险由风险因素、风险事故和损失三个要素构成。

(一)风险因素、风险事故和损失的概念

1. 风险因素。风险因素是指促使某一特定损失发生或增加其发生的可能性或扩大其损失程度的原因或条件。风险因素是风险事故发生的潜在原因,是造成损失的间接原因。例如,对于建筑物而言,风险因素是指其所使用的建筑材料的质量、建筑结构的稳定性等;对于人而言,风险因素则是指健康状况和年龄等。根据风险因素的性质不同,通常可将其分为实质风险因素、道德风险因素和心理风险因

素三种类型。

(1)实质风险因素。实质风险因素是指某一标的本身所具有的足以引起损失发生或增加损失机会或加重损失程度的有形因素。如一个人的身体健康状况,某一建筑物坐落的地理位置、所使用的建筑材料的性质,某一类汽车的刹车系统的可靠性,地壳的异常变化,恶劣的气候,疾病传染等都属于实质风险因素。人类对于这类风险因素,有些可以在一定程度上加以控制,有些在一定时期内无能为力。

(2)道德风险因素。道德风险因素是指与人的品德修养有关的无形因素,即由于人们不诚实、不正直或有不轨企图,故意促使风险事故发生,以致引起财产损失和人身伤亡的因素,如欺诈、纵火等都属于道德风险因素。在保险业务中,保险人对因投保人或被保险人的道德风险因素所引起的损失,不承担赔偿或给付责任。

(3)心理风险因素。心理风险因素是与人的心理状态有关的无形因素,即由于人们的疏忽或过失以及主观上不注意、不关心、心存侥幸,以致增加风险事故发生的机会和加大损失的严重性的因素。例如,企业或个人投保财产保险后放松对财物的保护,物品乱堆乱放,吸烟时随意抛弃烟蒂,都属于心理风险因素。

实质风险因素与人无关,道德风险因素和心理风险因素则均与人的行为有关,前者侧重于人的恶意行为,后者侧重于人的疏忽、过失行为。

2. 风险事故。风险事故(也称风险事件)是指造成人身伤害或财产损失的偶发事件,是造成损失的直接的或外在的原因,是损失的媒介物,即风险只有通过风险事故的发生,才能导致损失。例如,汽车刹车失灵酿成车祸而导致车毁人亡,其中刹车失灵是风险因素,车祸是风险事故。如果仅有刹车失灵而无车祸,就不会造成人员伤亡,也就没有风险事故。

3. 损失。在风险管理中,损失是指非故意的、非预期的、非计划的经济价值的减少,即经济损失。这是狭义的损失定义,在这个定义中强调了两个非常重要的因素,一是"非故意、非预期、非计划",二是"经济价值的减少"。所以,损失一般以丧失所有权、预期利益、支出费用和承担责任等形式表现,而像精神打击、政治迫害、折旧以及馈赠等均不能构成损失。

在保险实务中,通常将损失分为两种形态,即直接损失和间接损失。直接损失是指因风险事故导致的财产本身的损失和人身伤害;间接损失则是指因直接损失引起的额外费用损失、收入损失和责任损失等。多数情况下,间接损失的金额很大,有时甚至超过直接损失。

(二)风险因素、风险事故及损失之间的关系

一般而言,风险因素是风险事故的原因或条件。但是对于某一特定事件,在一定条件下,风险因素可能是造成损失的直接原因,则它就是风险事故;而在其他条件下,可能是造成损失的间接原因,则它就是风险因素。如下冰雹使得路滑而发生车祸,造成人员伤亡,这时冰雹是风险因素,车祸是风险事故;若冰雹直接击伤行

人,则它是风险事故。

从风险因素和风险事故间的关系来看,通常,风险因素只是发生风险事故并造成损失的可能性或使之增加的条件,它并不直接导致损失,只有通过风险事故这个媒介才产生损失(见图1—1)。

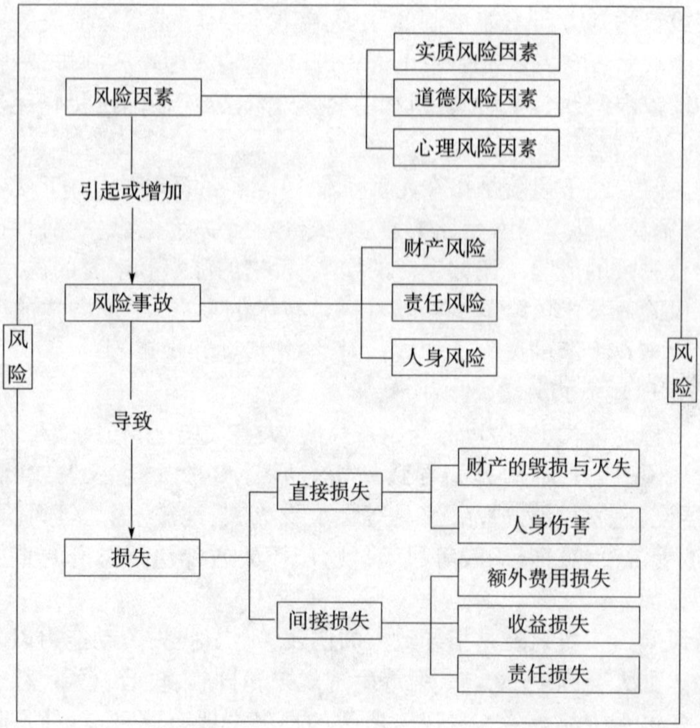

图1—1 风险因素、风险事故及损失之间的关系

图1—1表明,风险因素的存在引起或增加了风险事故发生的可能性,而风险事故一旦发生则会导致损失,三者之间相互联系,当损失发生后,就需要经济补偿,从而产生了保险需要。

三、风险的分类

(一)依据风险产生的原因分类

依据风险产生的原因分类,风险可分为自然风险、社会风险、政治风险、经济风险与技术风险。

1. 自然风险。自然风险是指因自然力的不规则变化引起的种种现象导致对人们的经济生活、物质生产及生命安全等所产生威胁的风险。如地震、水灾、火灾、风灾、雹灾、冻灾、旱灾、虫灾以及各种瘟疫等自然现象是经常的、大量发生的。自然风险是保险人承保最多的风险。

2. 社会风险。社会风险是指由于个人或团体的行为(包括过失行为、不当行为及故意行为)或不行为使社会生产及人们生活遭受损失的风险,如盗窃、抢劫、玩忽职守及故意破坏等行为将可能对他人财产造成的损失或人身造成的伤害。

3. 政治风险。政治风险(又称为国家风险)是指在对外投资和贸易的过程中,因政治原因或订约双方所不能控制的原因,使债权人可能遭受损失的风险。如因输入国家发生战争、革命、内乱而中止货物进口;因输入国家实施进口或外汇管制,对输入货物加以限制或禁止输入;因本国变更外贸法令,使输出货物无法送达输入国,造成合同无法履行等。

4. 经济风险。经济风险是指在生产和销售等经营活动中,由于受各种市场供求关系、经济贸易条件等因素变化的影响,或经营者决策失误,对前景预期出现偏差等导致经营失败的风险。比如生产的增减、价格的涨落和经营的盈亏等。

5. 技术风险。技术风险是指伴随着科学技术的发展、生产方式的改变而产生的威胁人们生产与生活的风险。如核辐射、空气污染和噪声等。

(二)依据风险标的分类

依据风险标的分类,风险可分为财产风险、人身风险、责任风险与信用风险。

1. 财产风险。财产风险是指导致一切有形财产的损毁、灭失或贬值的风险。如厂房、机器设备、原材料、成品、家具等会遭受火灾、地震、爆炸等风险;船舶在航行中,可能遭受沉没、碰撞、搁浅等风险。财产损失通常包括财产的直接损失和间接损失两个方面。

2. 人身风险。人身风险是指导致人的伤残、死亡、丧失劳动能力以及增加费用支出的风险。如人会因生、老、病、死等生理规律和自然、政治、军事、社会等原因而早逝、伤残、年老无依靠等。人身风险所致的损失一般有两种:一种是收入能力损失,一种是额外费用损失。

3. 责任风险。责任风险是指因个人或团体的疏忽或过失行为,造成他人财产损失或人身伤亡,依照法律、合同或道义应负法律责任或合同责任的风险。责任风险中所说的"责任",少数属于合同责任,绝大部分是指法律责任,包括刑事责任、民事责任和行政责任,但保险人所承保的法律责任风险仅限于民事损害的经济赔偿责任。例如,由于产品设计或制造上的缺陷所致消费者(或用户)的财产损失或人身伤害,产品的设计者、制造者、销售者依法要承担经济赔偿责任;合同一方违约使另一方遭受损失,违约一方依合同要承担经济赔偿责任;等等。

4. 信用风险。信用风险是指在经济交往中,权利人与义务人之间,由于一方违约或违法致使对方遭受经济损失的风险。如进出口贸易中,出口方(或进口方)会因进口方(或出口方)不履约而受损。

(三)依据风险性质分类

依据风险性质分类,风险可分为纯粹风险与投机风险。

1. 纯粹风险。纯粹风险是指只有损失机会而无获利可能的风险。各类自然灾害、意外事故均属于纯粹风险。例如房屋所有者面临的火灾风险,汽车主人面临的碰撞风险等,当火灾或碰撞事故发生时,他们便会遭受经济利益上的损失。

2. 投机风险。投机风险是相对于纯粹风险而言的,是指既有损失可能又有获利机会的风险。投机风险的后果一般有三种:一是"没有损失";二是"有损失";三是"盈利"。例如在股票市场上买卖股票,就存在赚钱、赔钱和不赔不赚三种后果,因而属于投机风险。通常,人们会尽力避免纯粹风险,却为获利而甘冒投机风险。

(四)依据风险产生的社会环境对风险的分类

依据风险产生的社会环境对风险的分类,风险可分为静态风险与动态风险。

1. 静态风险。静态风险是指在社会经济正常的情况下,自然力的不规则变化或人们的过失行为所致损失或损害的风险。如雷电、霜害、地震、暴风雨等自然原因所致的损失或损害;火灾、爆炸、意外伤害事故所致的损失或损害等。

2. 动态风险。动态风险是指由于社会经济、政治、技术以及组织等方面发生变动所致损失或损害的风险。如人口增长、资本增加、生产技术的改进、消费者爱好的变化等。

静态风险与动态风险的区别在于:

(1)风险性质不同。静态风险一般均为纯粹风险,无论是对于个体还是对于社会来说,静态风险都只有损失机会,而无获利的可能;而动态风险既包括纯粹风险又包括投机风险,某一动态风险对于一部分个体可能有损失,但对另一部分个体则可能获利,从社会总体上看也不一定有损失,甚至可能有收益。如消费者爱好的转移,会引起旧产品失去销路,增加对新产品的需求。

(2)发生特点不同。静态风险在一定条件下具有一定的规律性,变化比较规则,可以通过大数法则加以测算,即对风险发生的频率作统计、估计、推断;动态风险的变化却往往不规则,无规律可循,难以用大数法则进行测算。

(3)影响范围不同。静态风险通常只影响少数个体;而动态风险的影响则比较广泛,往往会带来连锁反应。

四、风险的特征

(一)风险的不确定性

风险的不确定性是就个体而言的,具体表现为:风险发生与否的不确定、发生时间的不确定和产生结果的不确定。

1. 发生与否的不确定性。与风险是否发生的不确定性相对立的是确定性,即肯定发生或肯定不发生。就个体风险而言,其是否发生是偶然的,是一种随机现象,具有不确定性;但在总体上,风险的发生却往往呈现出明显的规律性,具有一定的必然性。

2. 发生时间的不确定性。从总体上看，有些风险是必然要发生的，但何时发生却是不确定的。例如，生命风险中，死亡是必然发生的，这是人生的必然现象，但是具体到某一个人何时死亡，却是不可能确定的。

3. 产生结果的不确定性。结果的不确定性，即损失程度的不确定性。例如，沿海地区每年都会遭受或大或小的台风袭击，有时是安然无恙，有时却损失惨重。可见人们对未来年份发生的台风是否会造成财产损失或人身伤亡以及程度如何是无法预知的。正是风险的这种总体上的必然性与个体上的偶然性的统一，构成了风险的客观不确定性，从而形成了人们对保险的需要。

(二)风险的客观性

风险是一种不以人的意志为转移，独立于人的意识之外的客观存在。因为无论是自然界的物质运动，还是社会发展的规律，都是由事物的内部因素及超过人们主观意识所存在的客观规律所决定的。例如，自然界的地震、台风、洪水，社会领域的战争、冲突、意外事故等，都是不以人的意志为转移的客观存在。因此，人们只能在一定的时间和空间内改变风险存在和发生的条件，降低风险发生的频率和损失程度，但是，从总体上说，风险是不可能彻底消除的。正是风险的客观存在，决定了保险的必要性。

(三)风险的普遍性

人类的历史就是与风险相伴的历史。自从人类出现后，就面临着各种各样的风险，如自然灾害、疾病、伤害、战争等。随着科学技术的发展、生产力的提高、社会的进步、人类的进化，又会产生新的风险，且风险事故造成的损失也越来越大。在当今社会，个人面临着生、老、病、死、意外伤害等风险，企业面临着自然风险、市场风险、技术风险、政治风险等，甚至国家和政府机关也面临着各种风险。总之，风险渗入了社会、企业、个人生活的方方面面，可以说是无处不在，无时不有。正是由于这些对人类的社会生产和生活构成威胁的风险的普遍存在，才有了保险存在的必要和发展的可能。

(四)风险的社会性

风险与人类社会的利益密切相关，即无论风险源于自然现象、社会现象还是生理现象，它都必须是相对于人身及其财产的危害而言的。就自然现象本身而言无所谓风险，如地震对大自然来说只是自身运动的表现形式，也可能是自然界自我平衡的必要条件，只是由于地震会对人们的生命和财产造成损害或损失，所以对人类来说才成为一种风险。因而，风险是一个社会范畴，而不是自然范畴。没有人，没有人类社会，就无风险可言。

(五)风险的可测定性

个别风险的发生是偶然的，不可预知的。但通过对大量风险事故的观察会发现，其往往呈现出明显的规律性。运用统计方法去处理大量相互独立的偶发风险事故,其结果可以比较准确地反映风险的规律性。根据以往大量资料,利用概率论和数理统计的方法可测算出风险事故发生的概率及其损失程度,并且可构造出损失分布的模型,成为风险估测的基础。例如,在人寿保险中,根据精算原理,利用对各年龄段人群的长期观察得到的大量死亡记录,就可以测算各个年龄段的人的死亡率,进而根据死亡率计算人寿保险的保险费率。

(六)风险的发展性

人类社会在自身进步和发展的同时,也创造和发展了风险。尤其是当代高新科学技术的发展与应用,使风险的发展性更为突出。例如,向太空发射卫星,把风险拓展到了外层空间;原子能的利用,核电站的建立,带来了核污染及核爆炸的巨大风险;等等。因而,风险会因时间、空间因素的不断发展变化而发展变化。

第二节 可保风险

一、可保风险及其演变

可保风险是指符合保险人承保条件的特定风险。保险技术的发展和时间的推移,以及一些外部条件如市场竞争、国家政策、经营局势等的变化都会左右保险人的承保条件。

人类进入21世纪,无论是古老的亚洲还是高度工业化的欧洲,甚或是新兴的美洲,都仍然无法逃脱大自然和人类自身的危险。地震、飓风、洪灾等巨灾风险在世界范围内频繁发生,战争没有因为新世纪的开始而结束反而更加的复杂和激烈;国家自身的危险也是越来越多,政变和政府的倒台频频上演,华尔街金融风暴引发的全球经济危机使得全球经济至今难以复苏。

风险发展变化的态势对整个国际保险业提出了一个如何应对这类风险的全新课题,也进一步导致保险经营所处的风险环境发生了巨大变化。保险企业基于开展市场竞争、稳定保险经营、实现经营利润等考虑,逐渐放宽承保条件,传统可保风险的条件出现弱化趋势,保险保障的范围也开始由传统意义上的纯粹风险转向了非纯粹风险。

二、可保风险的条件

尽管保险人承保风险的条件在发生变化,但可保风险的基本条件是恒定的。

(一)风险必须具有不确定性

风险的不确定性至少包含三层含义:第一,风险发生与否是不确定的。确定不会发生的风险投保人不会投保;确定必然会发生的风险保险人不会承保;只有那些有可能发生但又不一定发生的风险才能成为可保风险。第二,风险发生的时间是不确定的。虽然确定必然发生但又不知何时发生的风险同样具有不确定性。如死亡风险似乎是确定的,因为人必然会死亡。但是,就每个人而言,由于死亡的时间是难以预知的,不适时的死亡就是一种损失,因而具有可保性。第三,风险发生的原因和结果是不确定的。风险的发生具有偶然性和不可预知性,因此,被保险人的故意行为引起的损失和保险标的的自然损耗都不具有可保性,保险人不予赔付。

(二)风险必须是纯粹风险

风险一旦发生,其所导致的结果是只有损失的机会,而无获利的可能。与纯粹风险相对应的投机风险所导致的结果则既有损失的机会,也有获利的可能。

(三)风险必须使大量标的均有遭受损失的可能

一方面,标的数量的充足程度关系到实际损失与预期损失的偏离程度,影响保险经营的稳定性;另一方面,风险如果不是为大量标的所具有,也不能形成转嫁风险的迫切性,从而也就不能产生大量的共同转移风险的保险需求,当然也就不能形成一定的规模。

(四)风险必须有导致重大损失的可能

风险的发生必须有导致重大损失的可能性,这种损失是被保险人无力承担的。如果损失很轻微,则无参加保险的必要,即使参加保险,其所付出的代价也必然超过其所得到的补偿,因为保险费不仅包含损失成本,而且包括保险人的费用成本。因而对被保险人来讲,将轻微的损失通过保险转嫁在经济上是非常不合算的。但是,有发生重大损失的可能性并不意味着损失机会也大,相反,遭受重大损失的机会可能很小。

(五)风险不能使大多数的保险对象同时遭受损失

这一条件要求损失的发生具有分散性。因为保险的目的,是以多数人支付的小额保费赔付少数人遭遇的大额损失。如果大多数保险对象同时遭受重大损失,则任何保险人都无法予以赔付。然而,实际情况并不尽如人意,洪水、地震等巨灾事故往往带来的是巨额损失,因此,保险人在承保时力求将风险单位分散,或是用再保险的方式转嫁一部分风险责任。

(六)风险必须具有现实的可测性

保险经营中,要求制定出准确的费率,而费率的计算依据是风险发生的概率及其所致标的的损失概率,这就要求风险具有可测性。如果风险发生及其所致损失的周期过长,或是风险标的是新生事物,人们对其观察分析不久,都不足以制定比较可靠稳定的费率,难于科学经营此种风险,或者使保险人面临很大的经营风险。因此,如果风险缺乏现实可测性,便不能成为可保风险。

三、风险单位及其划分

(一)风险单位的定义

风险单位是指一次风险事故发生可能造成的最大损害范围。在保险实务中,风险单位是指保险标的发生一次保险事故可能造成的最大损失范围，是保险人确定其可以承担最高保险责任的计算基础。

(二)风险单位的划分

不同的保险业务有不同的风险单位。在实务上，风险单位的划分一般有以下几种方法：

1. 按地段划分。由于标的之间在地理位置上相毗邻，具有不可分割性，当风险事故发生时，受损失的机会是相同的，故将一个地段作为一个风险单位。如在财产保险中，紧挨化工厂的宿舍区就应视为同一个风险单位，宿舍区将使用同化工厂一样的火险费率。

2. 按投保单位划分。为了简化手续，有时一个投保单位就是一个风险单位。例如，在团体人身保险中，如果一个单位的各岗位工种属于同一个风险等级，那么，该单位就是一个风险单位；再如，在企业财产保险中，对于那些不需要勘察、制图和分别险位的投保单位，只要将其全部财产按账面价值足额投保，该投保单位即作为一个风险单位，按其占用性质和建筑等级来确定费率。

3. 按标的划分。一个标的为一个风险单位。对于一些与其他标的无毗连关系，风险集中于一体的保险标的，可以视一个保险标的为一个风险单位，如一颗卫星、一架飞机等。

第三节 风险管理

一、风险管理的概念

风险管理思想早在19世纪已开始萌芽，它是伴随工业革命的诞生而产生的。但直到20世纪60年代，随着风险管理的研究逐步趋向系统化、专门化，才成为管理科学中的一门独立学科。

风险管理是一个组织或者个人用以降低风险的消极结果的决策过程，即通过风险识别、风险估测、风险评价，并在此基础上优化组合各种风险管理技术，对风险实施有效控制和妥善处理风险所致损失的后果，从而以最小的成本获得最大的安全保障。

风险管理的含义可以从三个层次予以理解：

第一，风险管理的主体可以是任何组织和个人，包括个人、家庭和组织(包括营利性组织和非营利性组织)；

第二，风险管理技术运用的前提是风险识别、风险估测、风险评价；

第三，风险管理的基本目标是以最小的成本获得最大的安全保障。

随着世界经济格局的发展而不断更新，20世纪80年代开始出现了全面风险管理的概念，指的是从整个组织所有的业务范围出发，积极、超前和系统地理解、管理及交流风险,从整个组织的目标出发制定风险管理策略。

二、风险管理的程序

风险管理的基本程序分为风险识别、风险估测、风险评价、选择风险管理技术和评估风险管理效果五个环节。

(一)风险识别

风险识别是风险管理的第一步。它是指对企业、家庭或个人面临的和潜在的风险加以判断、归类和对风险性质进行鉴定的过程,即对尚未发生的、潜在的和客观存在的各种风险,系统地、连续地进行识别和归类,并分析产生风险事故的原因。风险识别主要包括感知风险和分析风险两方面的内容。存在于企业、家庭或个人周围的风险多种多样、错综复杂,有潜在的,也有实际存在的;有静态的,也有动态的;有内部的,也有外部的。所有这些风险在一定时期、某一特定条件下是否客观存在,存在的条件是什么以及损害发生的可能性等,都是风险识别阶段应予以解决的问题。

(二)风险估测

风险估测是在风险识别的基础上,通过对所收集的大量资料进行分析,利用概率统计理论,估计和预测风险发生的概率和损失幅度。风险估测主要包括损失概率的估测和损失程度,即损失金额概率分布、损失期望值、损失幅度等的估测。风险估测不仅使风险管理建立在科学的基础上,而且使风险分析定量化,为风险管理者进行风险决策、选择最佳管理技术提供了科学依据。

(三)风险评价

风险评价是指在风险识别和风险估测的基础上,对风险发生的概率、损失程度,结合其他因素全面进行考虑,评估发生风险的可能性及其危害程度,并与公认的安全指标相比较,以衡量风险的程度,并决定是否需要采取相应的措施。处理风险需要一定费用,费用与风险损失之间的比例关系直接影响风险管理的效益。通过对风险的定性、定量分析和比较处理风险所支出的费用,来确定风险是否需要处理和需要处理的程度,以判定为处理风险所支出的费用是否有效益。

(四)选择风险管理技术

根据风险评价结果,为实现风险管理目标,选择最佳风险管理技术是风险管理中最为重要的环节。风险管理技术分为控制型和财务型两大类,前者的目的是降低损失频率和减少损失幅度,重点在于改变引起意外事故和扩大损失的各种条件。后者的目的是以提供基金的方式,对无法控制的风险做财务上的安排。

(五)评估风险管理效果

评估风险管理的效果是指对风险管理技术的适用性及收益性情况的分析、检查、修正和评估。风险管理效益的大小取决于是否能以最小风险成本取得最大安全保障,同时,在实务中还要考虑风险管理与整体管理目标是否一致,具体实施的可行性、可操作性和有效性。风险处理对策是否最佳,可通过评估风险管理的效益来判断。

三、风险管理的目标

风险管理的基本目标是以最小成本获得最大安全保障。风险管理具体目标可以概括为损失前目标和损失后目标。前者是指通过风险管理消除和减少风险发生的可能性,为人们提供较安全的生产、生活环境;后者是指通过风险管理在损失出现后及时采取措施,使生产得以迅速恢复,家园得以迅速重建。

(一)损失前目标

损失前目标的具体内容包括:

1. 减小风险事故的发生机会。风险事故是造成损失发生的直接原因。减小风险事故的发生机会,直接有助于人们获得安全保障。

2. 以最经济、最合理的方法预防潜在损失的发生。这需要对风险管理各项技术的运用进行成本和效益分析,力求以最少的费用支出获得最大的安全保障效果。

3. 减轻企业、家庭对风险及潜在损失的烦恼和忧虑,为企业提供良好的生产经营环境,为家庭提供良好的生活环境。

4. 遵守和履行社会赋予家庭和企业的公共责任和行为规范。如交通管制、噪音限制、环境污染控制、公共安全等都是政府规定的种种社会责任,企业和家庭都要认真遵守和履行。

(二)损失后目标

损失后目标的具体内容包括:

1. 减少损失的危害程度。损失一旦出现,风险管理者应及时采取有效措施予以抢救和补救,防止损失的扩大和蔓延,将已出现的损失后果降到最低限度。

2. 及时提供经济补偿,使企业和家庭恢复正常的生产和生活秩序,实现良性循环。及时地向受灾企业提供经济补偿,可以保持企业经营的连续性,实现收入的稳定,为企业的成长与发展奠定基础;及时地向受灾家庭提供经济补偿,能使其尽早获得资金,重建家园,从而保证社会生活的稳定。

四、风险管理的方法

风险管理的方法即风险管理的技术,它分为控制型和财务型两大类。

(一)控制型风险管理技术

控制型风险管理技术的实质是在风险分析的基础上,针对企业所存在的风险因素,采取控制技术以降低风险事故发生的频率和减轻损失程度,重点在于改变引起自然灾害、意外事故和扩大损失的各种条件。主要表现为:在事故发生前,降低事故发生的频率;在事故发生时,将损失减少到最低限度。

控制型风险管理技术主要包括下列方法:

1. 避免。避免是指设法回避损失发生的可能性,即从根本上消除特定的风险单位和中途放弃某些既存的风险单位,采取主动放弃或改变该项活动的方式。避免风险的方法一般是在某特定风险所致损失频率和损失程度相当高或处理风险的成本大于其产生的效益时采用,它是一种最彻底、最简单的方法,但也是一种消极的方法。避免方法虽然简单易行,但有时意味着丧失利润,且避免方法的采用通常会受到限制。如试图避免某种风险是不可能的,采取避免方法有时在经济上是不适当的,或者避免了某一风险,有可能产生新的风险。

2. 预防。预防是指损失预防。即指在风险事故发生前为了消除或减少可能引起损失的各种因素而采取的处理风险的具体措施,其目的在于通过消除或减少风险因素而降低损失发生频率。这是事前的措施,即所谓"防患于未然"。如定期体检,虽不能消除癌症的风险,但可获得医生的劝告而及早防治,从而可以减少癌症发病的机会或减轻其严重程度。

3. 分散。分散风险是通过兼并、扩张、联营,集合许多原来各自独立的风险单位,增加风险单位数目,以达到提高预期损失预测的精确性,从而降低风险的目的。

4. 抑制。损失抑制是指在损失发生时或损失发生之后为减小损失程度而采取的各项措施。它是处理风险的有效技术,如安装自动喷淋设备,堵修决口的堤坝等。

5. 转移。控制型风险转移可以使某些并没有经受损失的机构来承受损失的负担。一种途径是把与风险相关的财产和活动转移给其他人或组织,如出售自己的房产;另一种是通过豁免合同转移风险,如房屋租赁合同可以豁免房客因过失造成房东财产损失的责任,从而将其风险转移到了房东身上。

(二)财务型风险管理技术

由于种种因素的制约,人们对风险的预测不可能绝对准确,而防范风险的各项措施都具有一定的局限性,所以某些风险事故的损失后果是不可避免的。财务型风险管理技术是以提供基金的方式,降低发生损失的成本。即通过事故发生前所作的财务安排,来解除事故发生后给人们造成的经济困难和精神忧虑,为恢复企业生产,维持人们正常生活等提供财务基础。

财务型风险管理技术主要包括以下方法:

1. 自留风险。自留风险是指对风险的自我承担,即企业或单位自我承受风险损害后果的方法。自留风险有主动自留和被动自留之分。主动自留通常在风险所致损失频率和程度低、损失在短期内可以预测以及最大损失不影响企业或单位财务稳定时采用的方法。自留风险成本低,方便有效,可减少潜在损失,节省费用,但有时会因风险单位数量的限制或自我承受能力的限制,而无法实现其处理风险的效果，当风险发生时，导致财务调度上的困难而失去作用。

2. 转移风险。转移风险是指一些单位或个人为避免承担损失，而有意识地将损失或与损失有关的财务后果转嫁给另一些单位或个人去承担的一种风险管理方式。转移又有财务型非保险转移和财务型保险转移两种方法。

(1)财务型非保险转移风险。财务型非保险转移风险是指利用资本市场转移风险，即通过购买或者出售一些金融产品，从而将自身风险转嫁给资本市场的一种风险融资方式，如套期保值、巨灾期权、风险证券化等。

(2)财务型保险转移风险。财务型保险转移风险是指单位或个人通过订立保险合同，将其面临的财产风险、人身风险和责任风险等转嫁给保险人的一种风险管理技术。投保人缴纳保费，将风险转嫁给保险人；保险人则在合同规定的责任范围内承担补偿或给付责任。保险作为风险转移方式之一，有很多的优越之处，在社会上得到了广泛的运用。

第二章

保险概述

第一节 保险的基本概念

一、保险的含义

"保险"是一个在我们的日常生活中出现频率很高的名词,一般是指办事稳妥或有把握的意思。但在保险学中,"保险"一词有其特定的内容和深刻的含义。

在我国,保险是一个外来词,是由英语"Insurance"一词翻译而来的。西方保险业最先进入我国的广东省,曾习惯称保险为"燕梳",也正是其英文的音译。但是,究竟什么是保险,一直以来却并无定论。作为一种客观事物,保险经历了萌芽、产生、成长和发展的过程,从形式上表现为互助保险、合作保险、商业保险和社会保险。与此相呼应,保险的含义也经历了一个历史演进的过程。

(一)广义保险

无论何种形式的保险,就其自然属性而言,都可以将其概括为:保险是集合具有同类风险的众多单位和个人,以合理计算风险分担金的形式,向少数因该风险事故(事件)发生而遭受经济损失的成员提供保险经济保障(或赔偿或给付)的一种行为。这一定义具有普遍适用性,既适用于相互保险、合作保险,也适用于商业保险。

(二)狭义保险

通常,我们所说的保险是狭义的保险,即商业保险。但是,同样由于人们站在不同的角度观察保险这一客观事物而产生了不同的理解。从经济的角度看,保险是分摊意外事故损失的一种财务安排;从法律的角度看,保险是一种民事法律主体之间的合同行为;从社会的角度看,保险是社会生产和生活的"精巧稳定器";从风险管理的角度看,保险是经济单位转移风险的一种方法。

我国保险学界对保险较为普遍的是从经济和法律两个角度来理解。从经济角度看,消费者(称作"投保人")通过缴纳一定金额的资金(称作"保险费"),将其作为个体所面临的不确定的大额损失变成了固定的小额支出。生产者(称作"保险人")通过向所有投保人收取保险费建立一种专项货币基金(称作"保险基金"),来补偿少数不幸的消费者(称作“被保险人”)遭受的意外事故损失。因此,少数不幸的被保险人的损失由包括受损者在内的所有被保险人分摊,这不仅体现了保险人与投保人、保险人与被保险人、被保险人与被保险人之间甚至保险人与保险人之间(如保险人进行再保险)的经济关系,更是一种非常有效的财务安排。从法律角度来看,保险是在承保风险发生或者保险合同约定条件成就时,一方同意补偿(或给付)另一方的一种合同安排,同意提供补偿的一方是保险人,接受补偿的另一方是被保险人(或受益人)。这又体现了民事法律关系中主体之间的权利和义务关系。

《中华人民共和国保险法》第 2 条明确指出:“本法所称保险,是指投保人根据合同约定,向保险人支付保险费,保险人对于合同约定的可能发生的事故因其发生所造成的财产损失承担赔偿保险金责任,或者当被保险人死亡、伤残、疾病或者达到合同约定的年龄、期限等条件时承担给付保险金责任的商业保险行为。”

二、保险的特征

(一)保险自身的特性

1. 互助性。保险具有“一人为众,众为一人”的互助特性。保险在一定条件下,分担了个别单位和个人所不能承担的风险,从而形成了一种经济互助关系。这种经济互助关系通过保险人用多数投保人缴纳的保险费建立的保险基金对少数遭受损失的被保险人提供补偿或给付而得以体现。

2. 契约性。从法律角度看,保险又是一种契约行为,是一方同意补偿另一方损失的一种契约安排,同意提供损失赔偿的一方是保险人,接受损失赔偿的另一方是被保险人或受益人。

3. 经济性。保险是通过保险补偿或给付而实现的一种经济保障活动。其保障对象的财产和人身都直接或间接属于社会再生产中的生产资料和劳动力两大经济要素;其实现保障的手段,大多最终都必须采取支付货币的形式进行补偿或给付;其保障的根本目的,无论从宏观的角度还是微观的角度,都是为了发展经济。

4. 商品性。保险体现了一种等价交换的经济关系,也就是商品经济关系。这种商品经济关系直接表现为个别保险人与个别投保人之间的交换关系,间接表现为在一定时期内全部保险人与全部投保人之间的交换关系,即保险人售出保险,投保人购买保险的关系。具体表现为,保险人通过提供保险的补偿或给付,保障社会生产的正常进行和人们生活的安定。

5. 科学性。保险是一种科学处理风险的有效措施。现代保险经营以概率论和大数法则等科学的数理理论为基础。保险费率的厘定、保险准备金的提存等都是以精密的数理计算为依据的。

(二)保险与相似制度的比较

1. 保险与社会保险。社会保险是国家或政府通过立法形式,采取强制手段,对全体公民或劳动者因遭遇年老、疾病、生育、伤残、失业和死亡等社会特定风险而暂时或永久失去劳动能力、失去生活来源或中断劳动收入时的基本生活需要提供经济保障的一种制度。其主要内容包括基本养老保险、基本医疗保险、工伤保险、失业保险、生育保险等社会保险制度。保险与社会保险的比较主要是对人身保险与社会保险的比较。

(1)人身保险与社会保险的共同点主要体现在:①同以风险的存在为前提。人身特有风险的客观存在,创立了人身保险的自然前提,而人身风险的偶然性和不确定性,则产生了对人身风险保障的需求。对此,人身保险与社会保险并无区别。②同以社会再生产的人身要素为对象。人身保险与社会保险的保险标的都是人的身体或寿命,只不过社会保险的对象是依法限定的,而人身保险的对象是以保险合同限定的。③同以概率论和大数法则为厘定保险费率的数理基础。人身保险与社会保险都需要准确合理地厘定保险费率,生命表的编制和使用对人身保险与社会保险并无两样。④同以建立保险基金作为提供经济保障的物质基础。为了使被保险人在遭受人身风险事故后能获得及时可靠的经济保障,人身保险与社会保险都要将收取的保险费建立专门的保险基金,并按照相同的原则进行投资运用,以确保保险基金的保值增值,增强偿付能力。

(2)人身保险与社会保险的区别主要体现在:①两类保险的经营主体不同。人身保险的经营主体必须是商业保险公司,对此,各国保险法都有相应规定。《中华人民共和国保险法》第 6 条规定:“保险业务由依照本法设立的保险公司以及法律、行政法规规定的其他保险组织经营,其他单位和个人不得经营保险业务。”《中华人民共和国社会保险法》第 7 条规定:“国务院社会保险行政部门负责全国的社会保险管理工作,国务院其他有关部门在各自的职责范围内负责有关的社会保险工作。”第 8 条规定:“社会保险由社会保险经办机构提供社会保险服务,负责社会保险等记、个人权益记录、社会保险待遇支付等工作。”社会保险经办机构是为满足社会成员社会保险直接需求而设立的社会保险服务机构,是社会保险业务的具体承担者,是国家或社会对社会保险实行行政性、事业性管理的职能机构。在我国,经办社会保险的机构是当地社会保险事业管理局或社会保险基金管理中心。②两类保险的行为依据不同。人身保险是以合同实施的契约行为,保险关系的建立是以保险合同的形式体现的,保险双方当事人权利的享受和义务的履行也是以保险合同为依据的。而社会保险则是依法实施的政府行为,享受社会保险的保障是宪法赋予公民或劳动者的一项基本权利,为保证这一权利的实现,国家必须颁布社会保险的法规强制实施。③两类保险的实施方式不同。人身保险合同的订立必须贯彻平等互利、协商一致、自愿订立的原则,除少数险种外,大多数险种在法律上没有强制实施的规定。而社会保险则具有强制实施的特点,凡是社会保险法律法规规定范围内的社会成员,必须一律参加,没有选择的余地,而且对无故拒缴或迟缴保险费的要征收滞纳金，甚至追究法律责任。④两类保险强调的原则不同。由于人身保险是以合同体现双方当事人的关系的，双方的权利与义务是对等的，即保险人承担赔偿和给付保险金的责任完全取决于投保人是否缴纳保险费以及缴纳的数额，也就是多投多保，少投少保，不投不保。因而，人身保险强调的是“个人公平”的原则。而社会保险因其与政府的社会经济目标相联系，以贯彻国家的社会政策和劳动政策为宗旨，强调的是“社会公平”原则。投保人的缴费水平与保障水平的联系并不紧密，为了体现政府的职责，不管投保人缴费多少，给付标准和遵循的原则上是同一的，甚至有些人可以免缴保险费，但同样能获得社会保险的保障。⑤两类保险的保障功能不同。人身保险的保障目标是在保险金额限度内对保险事件所致损害进行保险金的给付。这一目标可以满足人们一生中生活消费的各个层次的需要，即生存、发展与享受都可以通过购买人身保险得到保障。而社会保险的保障目标是通过社会保险金的支付保障社会成员的基本生活需要，即生存需要，因而保障水平相对较低。⑥两类保险的保费负担不同。缴付保险费是人身保险投保人应尽的基本义务，而且保险费中不仅包含死亡、伤残、疾病等费用，还包括了保险人的营业与管理费用，投保人必须全部承担，因而，人身保险的收费标准一般较高。而社会保险的保险费，通常是个人、企业和政府三方共同负担的，至于各方的负担比例，则因项目不同、经济承担能力不同而各异。

2. 保险与救济。保险与救济同为借助他人安定自身经济生活的一种方法。但是，二者的根本性质是不同的。

(1)提供保障的主体不同。保险保障是由商业保险公司提供的，因而是一种商业行为。救济包括民间救济和政府救济。民间救济是由个人或单位提供的，这类救济纯粹是一种施舍行为，是一种慈善行为；而政府救济属于社会行为，通常被称为社会救济。

(2)提供保障的资金来源不同。保险保障以保险基金为基础，保险基金主要来源于投保人缴纳的保险费，其形成也有科学的数理依据，而且国家对此有最低偿付能力标准的规定；而民间救济的资金却是救济方自己拥有的，因而救济取决于救济方自身的财力，政府救济的资金则来源于国家财政，因而政府救济资金的多少取决于国家的财力。救济资金的来源限制了救济的时间、地区、范围和数量。

(3)提供保障的可靠性不同。保险以保险合同约束双方当事人的行为，因而，被保险方能得到及时可靠的保障；而救济则是一种单纯的临时给予，任何一方都不受约束，因而，所得到的保障只能是临时的，而且也是不可靠的。

(4)提供的保障水平不同。保险保障的水平基于保险双方当事人的权利和义务，即保险的补偿或给付与投保人的交费水平直接相联系，因而能使被保险人的实际损失得到充分的保障；而救济则是一种单方的、无偿的授予行为，被救济方无须为获得救济而承担任何义务，因而，救济的水平并不取决于被救济方的实际损失，而是由救济方决定的,从而也无法使被救济方得到充分的保障。

3. 保险与储蓄。保险与储蓄都是以现在的剩余作未来所需的准备,即同为“未雨绸缪”之计,因而,都体现一种有备无患的思想,尤其是人身保险的生存保险及两全保险的生存部分,几乎难以区分。但是,二者还是属于不同的经济范畴,有着明显的差异。

(1)消费对象不同。保险的投保人必须与投保的标的具有合法的利益关系,否则不具备作为投保人的资格条件;被保险人必须符合保险人的承保条件,经过核保可能会有一些人被拒保或有条件地承保;而储户可以是任何单位或个人,没有特殊条件的限制。

(2)技术要求不同。保险集合多数面临同质风险的单位和个人分摊少数单位和个人的损失,需要有特殊的分摊计算技术;而储蓄则总是使用本金加利息的公式,无须特殊的分摊计算技术。

(3)受益期限不同。保险由保险合同规定受益期限,只要在保险合同的有效期间,无论何时发生保险事故,被保险人均可以得到预定的保险金额内的赔付,其数额可能是其所缴纳的保险费的几倍、几十倍甚至于几百倍;而储户要得到预期的利益即储存的本金及利息,必须完全达到了约定的存储期限。

(4)行为性质不同。保险用多数投保人缴纳的保险费建立的保险基金对少数遭受损失的被保险人提供补偿或给付,是一种互助行为;而储蓄所得就是本人存储的本金及利息,对每个储户都是如此,是一种自助行为。

(5)消费目的不同。保险的主要目的是应付各种风险事故造成的经济损失;而储蓄的主要目的是为了获得利息收入。

三、保险的要素

现代商业保险的要素主要包括五个方面的内容。

(一)可保风险的存在

可保风险是指符合保险人承保条件的特定风险。可保风险的条件会随着保险技术的发展和时间的推移发生变化,而且一些外部条件如市场竞争、国家政策、经营局势等也会左右可保风险的条件。因此,保险人在经营过程中选定可保风险时除考虑一般条件以外,有时还要注意其他外部条件的影响。

(二)大量同质风险的集合与分散

保险的过程,既是风险的集合过程,又是风险的分散过程。保险人通过保险将众多投保人所面临的分散性风险集合起来,当发生保险责任范围内的损失时,又将少数人发生的损失分摊给全部投保人,也就是通过保险的补偿或给付行为分摊损失,将集合的风险予以分散。保险风险的集合与分散应具备以下两个前提条件:

1. 风险的大量性。风险的大量性，一方面是基于风险分散的技术要求，另一方面也是概率论和大数法则的原理在保险经营中得以运用的条件。根据概率论和大数法则的数理原理，集合的风险标的越多，风险就越分散，损失发生的概率也就越有规律性和相对稳定性，依此厘定的保险费率也才更为准确合理，收取保险费的金额也就越接近于实际损失额和赔付额。倘若仅仅是少量的风险标的，就无所谓集合与分散，而且损失发生的概率难以测定，大数法则更不能有效地发挥作用。

2. 风险的同质性。所谓同质风险是指风险单位在种类、品质、性能、价值等方面大体相近。如果风险为不同质风险，那么损失发生的概率就不相同，因此，风险也就无法进行统一集合与分散。此外，不同质的风险，损失发生的频率与幅度是有差异的，倘若进行集合与分散，会导致保险财务的不稳定，从而影响保险人提供保险。

(三)保险费率的厘定

保险在形式上是一种经济保障活动，而实质上是一种商品交换行为，因此，制定保险商品的价格，即厘定保险费率，便构成了保险的基本要素。

为保证保险双方当事人的利益，保险费率的厘定要遵循一些基本原则，即公平、合理、适度和稳定。同时，保险费率的厘定还应以完备的统计资料为基础，运用科学的计算方法。这是因为保险费率的厘定是依据过去的、历史的资料预测将来。如财产保险纯费率的厘定是以平均保额损失率来测算损失概率，因而必须选择适当的历年保额损失率，而且，每年的保额损失率必须基于大量的统计资料，从中筛选一组比较稳定的保额损失率数列。根据大数法则的要求，保额损失率指标必须有足够的年数，一般至少需要有连续 5 年以上的资料，而不能以 1 年为限。因为各年的保额损失率只是频率值，具有不稳定性，只有将若干年的保额损失率加以平均，才能接近损失概率。然而，这也仅仅是厘定费率的基本依据，考虑到以后年度的变化因素，通常又在平均保额损失率的基础上，另加一次、两次或三次均方差数值，作为风险附加的方法来厘定费率。

(四)保险准备金的建立

保险准备金是指保险人为保证其如约履行保险赔偿或给付义务，根据政府有关法律规定或业务特定需要，从保费收入或盈余中提取的与其所承担的保险责任相对应的一定数量的基金。为了保证保险公司的正常经营，保护被保险人的利益，各国一般都以保险立法的形式规定保险公司应提存保险准备金，以确保保险公司具备与其保险业务规模相应的偿付能力。《中华人民共和国保险法》第 98 条规定："保险公司应当根据保障被保险人利益、保证偿付能力的原则，提取各项责任准备金。保险公司提取和结转责任准备金的具体办法，由国务院保险监督管理机构制定。"保险准备金的形式主要有：未到期责任准备金、未决赔款准备金、总准备金和寿险责任准备金等。

(五)保险合同的订立

保险合同是体现保险关系存在的形式。保险作为一种民事法律关系,是投保人与保险人之间的合同关系,这种关系需要有法律关系对其进行保护和约束,即通过一定的法律形式固定下来,这种法律形式就是订立保险合同。

保险合同是保险双方当事人履行各自权利与义务的依据。保险双方当事人的权利与义务是相互对应的。为了获得保险赔偿或给付,投保人要承担缴纳保险费的义务;保险人收取保险费的权利就是以承担赔偿或给付被保险人的经济损失的义务为前提的。而风险是否发生,何时发生,损失程度如何,均具有较大的随机性,这就要求保险人与投保人应在确定的法律或契约关系约束下履行各自的权利与义务。

第二节 保险法概述

一、保险法的概念

(一)保险法的概念

保险法是以保险关系为调整对象的一切法律规范的总称。保险关系即是指当事人之间依保险合同发生的权利义务关系和国家对保险业进行监督管理过程中所发生的各种关系。

保险法,通常有广义和狭义之分。广义的保险法,既包括保险公法,也包括保险私法;狭义的保险法只是指保险私法。所谓保险公法,就是有关保险的公法性质的法律,即调整社会公共保险关系的行为规范,主要指保险业法和社会保险法;所谓保险私法就是有关保险的私法性质的法律,即调整自然人、法人或其他经济组织之间保险关系的行为规范,主要指保险合同法和保险特别法。①

在我国,保险法又有形式意义和实质意义之别。形式意义上的保险法,是指以保险法命名的专门性法律规范文件,即《保险法》。实质意义上的保险法,除了《保险法》以外,还包括有关保险行政法规、规章以及中国政府承诺遵守的有关保险法的国际条约和国际惯例等。②

(二)保险法的特性

1. 社会性。保险法的社会性,又称之保险法的社会化,即保险业的社会责任或公共性。由于保险在社会生活中居于重要地位,与普通人民群众的切身利益密切相关,它具有分散风险、补偿损失、融通资金等职能,能有效地推动社会经济交往,扩大积累规模,安定人民生活,因此各国在保险领域的立法,对于保险法律关系的

① 李玉泉:《保险法(第二版)》,法律出版社 2003 年版,第 15 页。
② 李玉泉:《保险法(第二版)》,法律出版社 2003 年版,第 15 页。

调整越来越倾向于注重强调保险业的社会责任与公众责任。社会性也就理所当然地成为保险法最重要的特性。

2. 强制性。法律规范,按其效力可分为强制性规定和任意性规定。强制性规定多是有关社会公众的利益,其效力是不容变更或限制的;而任意性规定的效力仅为当事人意思的补充,当事人可以通过约定变更其效力。如前所述,由于保险涉及社会公共利益,具有社会性,因而,为了防范可能出现的道德风险,保险法中存在着诸多不允许保险关系当事人做出变更的强制性规定,如关于被保险人故意造成的损失,保险人不负赔偿责任的规定;如关于货物运输保险合同和运输工具航程保险合同,在保险责任开始后,合同当事人不得解除合同的规定;如保险金额不得超过保险价值,超过保险价值的,超过的部分无效的规定等。

3. 伦理性。保险行为是一种射幸行为,有导致道德危险发生的可能。法律为防止道德危险,要求保险合同的订立须具有特别的善意。因此,保险合同又被称为"最大善意合同"。保险合同的这一要求,决定了调解保险法律关系的保险法具备特别善意性,即伦理性。我国《保险法》关于如实告知义务的规定,就属此类规定。①

4. 技术性。保险业的经营对象是各种风险,保险人对因发生特定偶然事件所造成的损失,承担赔偿责任,以确保社会经济秩序稳定,人民生活安定。保险经营过程中,对于风险进行评估,使得在一定时间内,保险人收取的保险费总量须同将要出现的危险损失赔偿形成一种平衡关系,以实现业务健康发展、公司永续经营。因此,保险法也相应地强调技术性,保险法的许多规定均从技术角度对保险经营活动做出要求。

5. 国际性。当今世界是个全球化的世界。国与国之间的联系日益紧密,尤其在经济领域表现得更为突出。由于人员、商品等频繁地跨国界往来,保险经营活动的触角也早已超越了国界,具有跨国因素的保险品种纷纷面世,保险公司的跨国经营渐成潮流。各国的保险法也都因应形势变化,及时调整,"同一"或"趋同"的法律规定越来越多,保险法的国际性特质日趋明显。

二、保险法的体例

(一)保险法的渊源

1. 习惯法。据史料记载,海上保险惯例的问世可以追溯到非常早的年代。在人类发展的历史长河中,海上保险法逐渐发展成为一个日益发展、日渐成熟的法律体系的原因是:因为海上不存在可恒久、持续控制海洋的统治者。所有海上航行的船员都由日月和星辰指引,一切海上贸易者都受到海上商业的普通惯例,即包括海

① 覃有土 樊启荣著:《保险法学》,高等教育出版社,2003 年 12 月版,第 25 页。

上保险在内的海事法的规范。所以,为所有商人普遍接受的海上商业惯例本身就逐渐演变成一个独特的体系。这些惯例法被有关国家纳入国内法之前已经存续了将近五千年之久。①

2. 惯例集。对海上保险法的发展影响较大的习惯规则主要有《奥列隆惯例集》《海事裁判集》和《维斯比海商法》。这些海事法规集中收集了地中海沿海城镇共同遵守的海上保险法律规则与惯例,它们显著的特点是:首先,条文大都属于私人编纂的惯例集,不具有成文法的形式和效力;其次,这一时期海上保险法的内容大都包含于海事法或海商法之中,不存在独立的海上保险法文本;第三,这一时期的保险法规相互之间存在着一定的矛盾与冲突,适用范围不广,作用有限。②

3. 成文法。近代欧洲工业革命成功后,由于海运技术向轮船化与国际化的方向发展,海运市场独立化进程进一步加剧,欧洲各国因应形势需要,先后制定了统一的海商法典或单行法规。1681 年法国国王路易十四颁布《海事敕令》,其第六章为海上保险的法律规定,海上保险被正式列入其中,成为海商法的一部分,后来各国相继沿袭。1731 年汉堡制定了《保险及海损条例》。至 18 世纪中叶,丹麦、瑞典等北欧国家和普鲁士又相继制定了保险条例。③ 1807 年拿破仑制定《商法典》时,收入了《海事条例》的内容,使之成为《商法典》的海商编,成为近代史上第一部国家制定的海商法。与此同一时期,随着英国海上保险中心的建立,以曼斯菲尔德爵士为首的许多法官与学者经过长期的不懈努力,英国制定了世界上第一部单行的海上保险法,即《1906 年海上保险法》。该法的制定,成为欧洲各国海上保险立法的楷模,对各国保险立法起到了重要作用。④

就我国现行法而言,保险法的渊源主要有:

(1)法律。法律是指全国人民代表大会及其常务委员会制定颁布的具有法律效力的规范性文件。在我国,有关保险的法律主要有《中华人民共和国保险法》和《中华人民共和国海商法》。

(2)行政法规。行政法规是指由国家最高行政机关即国务院制定颁布的具有法律效力的规范性文件。在保险法颁布生效之前,重要的保险行政法规有 1983 年颁布的《中华人民共和国财产保险合同条例》和 1985 年颁布的《保险企业管理暂行条例》。在《保险法》实施之后,国务院于 2001 年公布了《中华人民共和国外资保险公司管理条例》,并于 2002 年 2 月 1 日起施行。

(3)行政规章。行政规章是指由国务院相关部委制定颁布的具有法律效力的

---

① 覃有土主编:《保险法概论》,北京大学出版社,2001 年版,第 70 页。

② 覃有土主编:《保险法概论》,北京大学出版社,2001 年版,第 72 ~ 73 页。

③ 李玉泉:《保险法(第二版)》,法律出版社,2003 年版,第 27 页。

④ 覃有土主编:《保险法概论》,北京大学出版社,2001 年版,第 72 ~ 73 页。

规范性文件。有关保险的行政规章主要有原中国保险监督管理委员会颁布的《保险公司管理规定》《保险代理机构管理规定》《保险公估机构管理规定》等。

(4)国际条约。中华人民共和国缔结或者参加的国际条约同中华人民共和国的民事法律有不同规定的,适用国际条约的规定,但中华人民共和国声明保留的条款除外。我国加入世界贸易组织后,中国政府承诺遵守的有关保险法的国际条约和国际惯例,也是我国保险法的渊源。

(二)保险法的体例

世界各国保险法制发展在内容上经过了一个从私法到公法的发展过程。传统的保险法在学理上是商法的一个重要组成部分,它是专门以保险合同关系为调整对象的商事法律,属于私法范畴,保险法在内容上即保险契约法。例如英国《1906年海上保险法》,名为“保险法”,实为保险合同法。但是,20 世纪 30 年代以来,由于现代社会经济生活发生了深刻变化,国家干预主义逐渐取代自由放任主义,其对立法和法律的发展产生的积极影响是,在包括保险法在内的商法领域实行大规模的公法干预政策。公法对商法的干预,在保险立法方面的表现就是促使保险业法的产生并推动其发展。现代保险法在内容上已突破了传统保险法私法框框,增添了一个新的内容——保险业法。这样,现代保险法在内容上具有二元性特点,主要涉及两个方面:一是保险合同法,主要调整保险当事人之间的关系;二是保险业法,主要规定政府对保险公司的监督和管理关系。

保险合同法亦称保险契约法,这是构成保险法的核心内容,因此,狭义上的保险法一般仅指保险合同法是有道理的。各国保险合同法繁简不一。但是,其内容大体上都包括三个方面:一是关于保险合同一般规定,包括保险合同的定义及其基本分类、保险合同的主体和客体、保险合同的基本原则,保险合同的订立、履行及解释、保险合同的变更、解除和终止;二是关于财产保险合同的规定;三是关于人身保险合同的规定。

保险业法又称“保险事业法”或“保险事业监督法”,是国家对保险业进行监督和管理的一种行政法规。各国政府在制定保险合同法的同时,大多制定了管理保险业的保险业法,用来进行监督。

从世界范围来看,虽然世界大多数国家在保险立法上都是通过保险合同法和保险业法这两大支柱来构筑保险法的内容体系的,但在立法体例上,却有两种不同的模式:一是分别立法,即保险合同法和保险业法是两个单独的法律。从其历史成因看,采用分立立法模式体例的国家多为保险业早发达国家;二是将两种内容合并在一个法典中,统称保险法。采用合并立法结构模式的国家大多是保险文化形成较迟的国家或地区,以及保险业起步较晚的国家或地区。采用分别立法体例的,有英国、日本等;采用合并立法体例的,有美国纽约州及菲律宾等国家或地区。

三、我国保险法律制度的演进

(一)旧中国的保险立法

旧中国的保险业是舶来品,最早为外商所垄断,直到第一次世界大战前后,才有民族保险事业的兴起。但与此同时,官僚资本也逐步渗入其中。新中国成立前,我国的保险业在国际上始终处于落后地位,但也曾进行过一些保险立法工作。早在清朝的《大清商律草案》第二编商行为中,就已设有损害保险和生命保险两章(第七章和第八章),并在损害保险中列举了火灾保险及运送保险两个险种的有关规定。由于种种原因,1903 年 12 月颁布《大清商律》时,商行为一编未能公布,所以有关保险法律也就被束之高阁。

1917 年,北洋政府拟订了《保险业法案》。1927 年,北洋政府又拟定了《保险契约法草案》,由于北洋政府的迅速瓦解,这部法律草案也未能公布。

1929 年 12 月 30 日,国民党政府公布了《保险法》,此法内容粗糙,未经施行。1937 年经过修改后,增加至 98 条,内容有较大的变化,但亦未施行。1935 年 7 月 5 日,国民党政府还公布了《保险业法》,共 7 章 80 条。同年还公布了《保险业法施行法》,共 19 条。1935 年 5 月 10 日,国民党政府公布了《简易人寿保险法》,共 38 条。同年 9 月,又公布了《简易人寿保险章程》,共 9 章 71 条。关于海上保险部分,被列入 1929 年公布、1931 年 1 月 1 日施行的《海商法》中(见《海商法》第 8 章第 145 条~174 条)。

尽管 1929 年~1937 年间,旧中国的保险立法有较大发展,但由于政局不稳,没有相应的保证贯彻执行措施,加以外商(当时外商业务占整个保险市场的 90% 以上)均以本国法律为依据,故上述保险法律并未真正实施。

抗日战争期间,国民党政府制订或发布了不少保险法规。主要有《国民寿险章程》《公务人员团体寿险章程》《战时兵险法》《统制寿险条例草案》《公务人员保险法草案》《健康保险法草案》《公有财产保险法草案》《国营再保险办法草案》《战时保险业管理办法》《战时保险业管理办法施行细则》《水、火、人寿三种保险单基本条款》《保险业代理人、经纪人、公证人领证办法》等等。这一系列的保险法律和法规,对战时保险业的发展和保险市场的稳定,起到了一定的促进作用。

(二)新中国的保险立法

新中国成立后,没收了官僚资本的保险机构,取消了外国保险公司在中国的特权,对民族资产阶级的保险企业进行了社会主义改造,从而建立了人民自己的保险事业,揭开了中国保险史上的新篇章。但是,五十多年来,新中国的保险立法工作发展十分缓慢,充满曲折。

自 1949 年 10 月 20 日中国人民保险公司成立至 1958 年,国家先后颁布了一些保险法规。1951 年 2 月 3 日中央人民政府政务院公布了《关于实行国家机关、国营企业、合作社财产强制保险及旅客强制保险的决定》。1951 年 4 月 24 日,国务院财政经济委员会颁布了《财产强制保险条例》《船舶强制保险条例》《铁路车辆强制保险条例》《轮船、铁路、飞机三方面旅客意外伤害强制保险条例》。1957 年 4 月 6 日,财政部又发布了《公民财产自愿保险办法》。上述保险法规的公布与施行,使国家保险公司迅速占领了保险市场,完成了保险业的社会主义改造,大大促进了新中国保险事业的发展,同时也开创了新中国保险法制的先河。

党的十一届三中全会以后,保险事业获得了新生,国家在加强经济立法工作的同时,积极组织有关部门起草《保险法》,并逐步制定了各种保险法律和法规。1981 年 12 月 13 日第五届全国人民代表大会第四次会议公布了《中华人民共和国经济合同法》(1993 年 9 月 2 日又作了修正),对财产保险合同作了原则性规定,这是新中国成立以后第一个真正意义的与保险有关的法律。1983 年 9 月 1 日国务院发布了《中华人民共和国财产保险合同条例》。该《条例》是在总结我国保险工作经验的基础上,并参照国际惯例制定的,是《经济合同法》中有关财产保险合同规定的实施细则。该《条例》尽管不十分完善,但它的公布和施行为我国保险基本法的制定奠定了基础,同时对促进我国保险事业的发展,具有十分重要的意义。1985 年 3 月 3 日国务院又发布了《保险企业管理暂行条例》,该《条例》旨在用法律手段加强国家对保险企业的管理,维护被保险人的利益,发挥保险的经济补偿作用,促进保险业的健康发展。

此外,在其他有关法律、法规和条例中,也有关于保险方面的相应规定。如《中华人民共和国中外合资经营企业法》《中华人民共和国外资企业法》《中华人民共和国中外合作经营企业法》《中华人民共和国私营企业暂行条例》《中华人民共和国印花税暂行条例》《国内航空运输旅客身体损达赔偿暂行规定》及航空、公路、水路、铁路等货物运输合同的实施细则等等,保险法制渐趋完善。1992 年 11 月 7 日,第七届全国人民代表大会常委会第二十八次会议通过了《中华人民共和国海商法》,第一次以法律的形式对海上保险作了明确规定。

1995 年 6 月 30 日,第八届全国人民代表大会常务委员会第十四次会议通过了《中华人民共和国保险法》,这是我国建国以来的第一部保险基本法。它采用了国际上一些国家和地区集保险业法、保险合同法为一体的立法体例,形成了一部较为完整、系统的保险法律。该法的颁布和实施,为规范保险活动,保护保险活动当事人的合法权益,加强对保险业的监督管理,促进保险事业的健康发展,提供了全面的法律依据和法律保障,标志着我国保险法律体系的形成。2002 年 10 月 28 日,为了适应我国保险业内部结构和外部环境的变化,特别是我国加入世界贸易组织后,保险业面临进一步对外开放的新形势,第九届全国人民代表大会常务委员会第三十次会议通过了关于修改《中华人民共和国保险法》的决定。2004 年,原中国保监会启动了《保险法》的再次修改工作。2008 年 8 月,国务院审议通过后向全国人大常委会提交了《中华人民共和国保险法(修订草案)》。2009 年 2 月 28 日,十一届全国人大常委会第七次会议审议通过了《中华人民共和国保险法(修订案)》,并将于2009年10月1日起施行,之后又于2015年对部分条款进行了修订。

在《保险法》颁行后,《保险代理人管理暂行规定》《保险管理暂行规定》《保险代理人管理规定(试行)》陆续出台。

1999年12月25日,第九届全国人民代表大会常务委员会第十三次会议通过了《中华人民共和国海事诉讼特别程序法》,第一次以法律的形式对海上保险人行使代位请求赔偿权利作了具体规定。

2000年1月3日,原中国保险监督管理委员会(以下或简称"中国保险监督管理委员会")为了加强对保险公司的监督管理,维护保险市场的正常秩序,保护被保险人的合法权益,促进保险事业的健康发展,根据《保险法》《公司法》等法律、法规,在总结中国人民银行《保险管理暂行规定》经验的基础上,公布了《保险公司管理规定》。2002年3月15日,为了履行我国加入世界贸易组织的对外承诺,中国保险监督管理委员会发布了《关于修改〈保险公司管理规定〉有关条文的决定》,对第6、9、10、15、17、18、28、53、86条等9个地方作了相应修改,使之更为完善。2000年8月4日,中国保险监督管理委员会为了加强对保险兼业代理人的管理,规范保险兼业代理行为,维护保险市场秩序,促进保险事业的健康发展,根据《保险法》,制定了《保险兼业代理管理暂行办法》。2001年11月16日,中国保险监督管理委员会为了保护投保人、被保险人的合法权益,维护公平竞争的市场秩序,防范保险风险,根据《保险法》等有关法律、法规,分别制定了《保险代理机构管理规定》《保险经纪公司管理规定》和《保险公估机构管理规定》。2009年9月18日,配合《中华人民共和国保险法》的实施,中国保险监督管理委员会分别制定了《保险专业代理机构监管规定》《保险经纪机构监管规定》《保险公估机构监管规定》,自2009年10月1日起施行,废止了上述规定。

2001年7月5日,中国保险监督管理委员会为了防止和纠正违法的或者不当的具体行政行为,保护公民、保险机构、其他法人和组织的合法权益,保障和监督其及其派出机构依法行使职权,根据《中华人民共和国行政复议法》和《保险法》等有关法律、法规,制定了《中国保险监督管理委员会行政复议办法》。2009年12月29日,中国保险监督管理委员会制定了《中国保险监督管理委员会行政复议办法》,自2010年3月1日起施行,原部门规章同时废止。

2001年12月5日,为了适应对外开放和经济发展的需要,加强和完善对外资保险公司的监督管理,促进保险业的健康发展,国务院第49次常务会议通过了《中华人民共和国外资保险公司管理条例》。该条例是我国第一部关于外资保险公司监督管理的行政法规。

2002年9月,为促进再保险市场的发展,规范再保险公司的设立,中国保险监督管理委员会依据《中华人民共和国保险法》《中华人民共和国外资保险公司管理条例》以及有关法律、行政法规，制定了《再保险公司设立规定》，对再保险公司的经营范围以及设立条件等做了较全面的规定。

2004 年 8 月，《保险外汇资金境外运用管理暂行办法》由中国保险监督管理委员会、中国人民银行联合制定，主要目的是为了加强管理保险外汇资金的境外运用，防范风险，保障被保险人的利益。

2006 年 3 月，《保险营销员管理规定》由中国保险监督管理委员会制定出台。该规定对于营销员的资格、展业行为、岗前培训与后续教育以及法律责任等方面做了详尽的规定，它起到了规范保险营销员的营销活动，维护保险市场秩序，保护投保人和被保险人的合法权益，促进保险业健康发展的作用。

2006 年 3 月，为了保障机动车道路交通事故受害人依法得到赔偿，促进道路交通安全，根据《中华人民共和国道路交通安全法》《中华人民共和国保险法》，国务院制定了《机动车交通事故责任强制保险条例》。该条例属于行政法规，保险特别法，它强制性规定保险公司对被保险机动车发生道路交通事故造成本车人员、被保险人以外的受害人的人身伤亡、财产损失，在责任限额内必须予以赔偿。极大地保障了道路交通事故受害人的合法权益。

2007 年 6 月 21 日，《金融机构客户身份识别和客户身份资料及交易记录保存管理办法》由中国人民银行、中国银行业监督管理委员会、中国证券监督管理委员会、中国保险监督管理委员会根据《中华人民共和国反洗钱法》等法律规定联合制定，并自 2007 年 8 月 1 日起施行，它主要对国内金融机构反洗钱工作客户身份识别、资料及交易记录保存提出了明确的要求。

2008 年 6 月 30 日，中国保险监督管理委员会主席办公会审议通过了《保险公司偿付能力管理规定》，自 2008 年 9 月 1 日起施行，该规定进一步明确了对于偿付能力监管的内容，加强了对偿付能力监管的力度。

2008 年 12 月 1 日，中国保险监督管理委员会主席办公会审议通过了《保险公司财务负责人任职资格管理规定》，自 2009 年 2 月 1 日起施行，该规定对于规范保险公司财务负责人的任职资质及职责等进行了明确规定，进一步明确了相关的监管要求。

随着我国经济建设的迅速发展和经济体制改革的不断深入，保险业在国民经济中的地位越来越显得重要，保险法律必将会日趋繁荣和完善，保险经营与保险监管活动也能得到更加有效的保护与指引。

第三节 保险的分类

一、保险的分类

保险的分类是指保险种类的划分，即按照一定的标准对保险业务进行归类。

保险的分类有基于国家对保险业进行宏观管理目的的法定分类,有基于对保险总体特征把握以及对保险运动规律探求的理论分类,还有基于保险公司自身业务操作需要的实用分类。

(一)按照保险标的分类

按照保险标的分类是以国家保险立法形式为标准的分类。《中华人民共和国保险法》第95条将保险公司的业务范围分为两大类,即财产保险和人身保险。

1. 财产保险。财产保险有广义和狭义之分。广义的财产保险是以财产及其有关的经济利益和损害赔偿责任为保险标的的保险。狭义的财产保险是以物质财产为保险标的的保险,实务中一般称之为财产损失保险。《中华人民共和国保险法》第95条规定:"财产保险业务,包括财产损失保险、责任保险、信用保险、保证保险等保险业务。"

2. 人身保险。人身保险是以人的寿命和身体为保险标的的保险。《中华人民共和国保险法》第95条规定:"人身保险业务,包括人寿保险、健康保险、意外伤害保险等保险业务。"

(二)按照实施方式分类

按实施方式分类,保险可分为强制保险和自愿保险。

1. 强制保险。强制保险(又称法定保险)是由国家(政府)通过法律或行政手段强制实施的一种保险。有些强制保险的保险关系虽然也是产生于投保人与保险人之间的合同行为,但是,合同的订立受制于国家或政府的法律规定。强制保险的范围可以是全国性的,也可以是地方性的。强制保险的实施方式有两种:一是保险标的与保险人均由法律限定;二是保险标的由法律限定,但投保人可以自由选择保险人。强制保险具有全面性与统一性的特征,如我国机动车辆第三者责任保险就是一种强制保险。

2. 自愿保险。自愿保险是在自愿原则下,投保人与保险人双方在平等的基础上,通过订立保险合同而建立的保险关系。自愿保险的保险关系,是当事人之间自由决定、彼此合意后所成立的合同关系。投保人可以自由决定是否投保、向谁投保、中途退保等,也可以自由选择保障范围、保障程度和保险期限等。保险人也可以根据情况自愿决定是否承保、怎样承保,并且自由选择保险标的,选择设定投保条件等。

(三)按照承保方式分类

按承保方式分类,可将保险分为原保险、再保险、共同保险和重复保险。

1. 原保险。原保险是保险人与投保人之间直接签订保险合同而建立保险关系的一种保险。在原保险关系中,保险需求者将其风险转嫁给保险人,当保险标的遭受保险责任范围内的损失时,保险人直接对被保险人承担赔偿责任。

2. 再保险。再保险(也称分保)是保险人将其所承保的风险和责任的一部分或全部转移给其他保险人的一种保险。转让业务的是原保险人,接受分保业务的是再保险人。这种风险转嫁方式是保险人对原始风险的纵向转嫁,即第二次风险转嫁。

3. 共同保险。共同保险(也称共保)是由几个保险人联合直接承保同一保险标的、同一风险、同一保险利益的保险。共同保险的各保险人承保金额的总和等于保险标的的保险价值。在保险实务中,可能是多个保险人分别与投保人签订保险合同,也可能是多个保险人以某一保险人的名义签发一份保险合同。与再保险不同,这种风险转嫁方式是保险人对原始风险的横向转嫁,它仍属于风险的第一次转嫁。

4. 重复保险。重复保险指投保人对同一保险标的、同一保险利益、同一保险事故分别向两个以上的保险人订立保险合同,且保险金额之总和超过保险价值的保险。与共同保险相同,重复保险也是投保人对原始风险的横向转嫁,也属于风险的第一次转嫁。

(四)按投保单位分类

按投保单位分类,保险可分为团体保险和个人保险。

1. 团体保险。团体保险是以集体名义签订保险合同,由保险人向团体内的成员提供保险保障。例如,企业、机关、事业单位采取集体投保方式,为其职工向保险人购买的保险。团体保险一般作为单位为职工谋取福利的一种方式,所以,团体保险的投保人是单位,保险费由单位来缴纳。有些险种,保险人为了防止道德风险和逆选择,只对团体开办而不对个人开办。

2. 个人保险。个人保险是以个人的名义向保险人投保的保险。

(五)按照保险经营性质分类

按保险经营性质分类,保险可分为商业保险和非商业保险。

1. 商业保险。商业保险是指保险经营者以营利为目的而经营的保险。

2. 非商业保险。非商业保险是指经营者经营此保险的目的不是为了营利,而是出于某种特定的目的;或者是由政府资助,以保证经济的协调发展和安定社会经济生活为目标而实施保险;或者是以保证加入保险者的相互利益为目的而办理的保险。

(六)按照保险实务操作习惯分类

按照保险实务操作习惯分类,保险可以分为寿险与非寿险、水险与非水险、车险与非车险。

1. 寿险与非寿险。这一分类标准也是源于保险立法形式。寿险即指人寿保险,非寿险则包括财产类保险和人身意外伤害保险及健康保险。

2. 水险与非水险。这一分类标准源于保险人承保风险的空间范围。水险即海上保险,是指保险人对于保险标的物因海上风险所致的损失或赔偿责任,提供经济保障的一种保险。早期的海上保险,经营范围仅限于海上,其保险标的为船舶、货物和运费三种,承保的风险也仅为海上固有的风险。如今,海上保险的内容与形式发生了巨大的变化,其标的已由原来的与海上运输有关的财产、利益和责任,扩展至一些与海上运输没有直接关系的海上作业、海上资源开发等工程项目,其保障范围也从原来的海上运输风险与责任，发展至陆上运输、航空运输以及国际多式联运的风险与责任。因而，目前的海上保险的内容包括海洋运输保险和内陆运输保险。非水险则是相对于水险的其他财产类保险。

3. 车险与非车险。这一分类标准是我国特有的。车险即指机动车辆保险，非车险则是除机动车辆保险之外的其他财产类保险。

二、保险的种类

保险的种类是指保险的业务种类。如前所述，《中华人民共和国保险法》第95条将我国保险业务界定为财产保险和人身保险两大类，并具体规定了两大类业务的具体范围。因此，我国保险业务的框架便由财产损失保险、人身保险、责任保险和信用保险四大种类构成。

（一）财产损失保险

财产损失保险是以各类有形财产为保险标的的财产保险。其主要包括的业务种类有：企业财产保险、机器损坏保险、利润损失保险、家庭财产保险、运输工具保险、货物运输保险、工程保险、特殊风险保险和农业保险等。

（二）人身保险

人身保险包括的业务种类主要有人寿保险、健康保险和人身意外伤害保险。

1. 人寿保险。人寿保险是以被保险人的寿命作为保险标的，以被保险人的生存或死亡为给付保险金条件的一种人身保险。普通寿险业务种类有：定期寿险、终身寿险、两全寿险和年金保险；新型寿险业务种类有：投资连结保险、分红保险和万能保险。

2. 健康保险。健康保险是以被保险人的身体为保险标的，使被保险人在疾病或意外事故所致伤害时发生的费用或损失获得补偿的一种人身保险业务。其主要业务种类有：医疗保险、疾病保险和收入补偿保险等。

3. 人身意外伤害保险。人身意外伤害保险是指以被保险人的身体为保险标的，以意外伤害而导致被保险人身故或残疾为给付保险金条件的一种人身保险。其主要业务种类有：普通人身意外伤害保险、特定人身意外伤害保险等。

（三）责任保险

责任保险是指以被保险人对第三者依法应承担的民事损害赔偿责任或经过特别约定的合同责任为保险标的的保险。其主要业务种类有：公众责任保险、产品责任保险、雇主责任保险和职业责任保险等。

（四）信用保证保险

信用保证保险是以各种信用行为为保险标的的保险。信用保证保险是一种担保性质的保险，按照担保对象的不同，信用保证保险可以分为信用保险和保证保险。

信用保险是信用关系中的权利人为投保人,投保义务人信用,要求保险人担保义务人信用的一种保险。主要业务种类有:一般商业信用保险、出口信用保险等。

保证保险是信用关系中的义务人应权利人的要求,作为投保人投保自己的信用,请求保险人担保自己的信用的一种保险。其主要业务种类有:合同保证保险、产品保证保险、忠诚保证保险等。

第四节 保险的功能

保险具有经济补偿、资金融通和社会管理功能。

一、经济补偿功能

经济补偿功能是保险业的立业之基,是保险的最根本的功能,最能体现保险业的特色和核心竞争力,也是保险业区别于其他行业的最根本的特征。保险的经济补偿功能具体表现为财产保险的补偿功能和人身保险的给付功能。

(一)财产保险的补偿

保险是在特定灾害事故发生时,在保险的有效期和保险合同约定的责任范围以及保险金额内,按其实际损失金额给予补偿。通过补偿使得已经存在的社会财富因灾害事故所致的实际损失在价值上得到补偿,在使用价值上得以恢复,从而使社会再生产过程得以连续进行。保险的这种补偿既包括对被保险人因自然灾害或意外事故造成的经济损失的补偿,也包括对被保险人依法应对第三者承担的经济赔偿责任的经济补偿,还包括对商业信用中违约行为造成的经济损失的补偿。

(二)人身保险的给付

人身保险是与财产保险完全不同性质的一种保险。由于人的生命价值很难用货币来计价,所以,人身保险的保险金额是由投保人根据被保险人对人身保险的需要程度和投保人的缴费能力,在法律允许的范围与条件下,与保险人双方协商约定后确定的。因此,在保险合同约定的保险事故发生或者约定的年龄到达或者约定的期限届满时,保险人须按照约定进行保险金的给付。

二、资金融通功能

资金融通功能是指将形成的保险资金中闲置的部分重新投入社会再生产过程中。保险人为了使保险经营稳定,必须保证保险资金的保值与增值,这就要求保险人对保险资金进行运用。保险资金的运用不仅有其必要性,而且也是可能的。一方面,由于保险保费收入与赔付支出之间存在时间滞差,为保险人进行保险资金的融通提供了可能;另一方面,保险事故的发生不都是同时的,保险人收取的保险费不可能一次性全部赔偿出去,也就是保险人收取的保险费与赔付支出之间存在数量滞差,也为保险人进行保险资金的融通提供了可能。但是,保险资金的融通应以保证保险的赔偿或给付为前提,同时也要坚持合法性、流动性、安全性和效益性的原则。

三、社会管理功能

社会管理是指对整个社会及其各个环节进行调节和控制的过程,目的在于正常发挥各系统、各部门、各环节的功能,从而实现社会关系和谐、整个社会良性运行和有效管理。保险的社会管理功能是通过保险的内在特性,促进经济社会的协调以及社会各领域的正常运转和有序发展,它是在保险业逐步发展成熟并在社会发展中的地位不断巩固和增强之后衍生出来的一项功能。

(一)社会保障管理

保险作为社会保障体系的重要组成部分,在完善社会保障体系方面发挥着重要作用。一方面,保险通过为没有参与社会保险的人群提供保险保障,扩大了社会保障的覆盖面;另一方面,保险通过提供灵活多样的保险产品,为社会提供了多层次的保障服务,提高了社会保障水平,满足了社会多样化的保障需求,从而补充和完善了社会保障制度,减轻了政府的财政压力。

(二)社会风险管理

保险公司参与社会风险管理具有一定优势。保险公司从开发产品、厘定费率到业务操作的各个环节,都直接与各种风险打交道,不仅具有风险管理的专业知识,而且积累了大量的风险损失资料,为社会风险管理提供了有力的数据支持。同时,保险公司开展广泛宣传,培养投保人的风险防范意识;帮助投保人识别和控制风险,指导其加强风险管理;进行安全检查,督促投保人及时采取措施消除隐患;提取防灾基金,资助防灾设施的添置和灾害防治的研究。保险业通过各种措施,增强整个社会防灾减损的能力,实现对风险的控制和管理。

(三)社会关系管理

由于社会经济的发展,人们的行为活动增加,各种利益关系复杂多样,再加上人们权利意识和法律观念的增强,不可避免地会产生人际摩擦和经济纠纷。通过保险应对灾害损失,不仅可以根据保险合同约定对损失进行合理补充,而且可以提高事故处理的效率,减少当事人可能出现的各种纠纷。而且,由于保险介入灾害事故处理的全过程,参与到社会关系的管理中,逐步改变了社会主体的行为模式,为维护良好的社会关系创造了有利条件,减少了社会摩擦,提高了社会运行效率。

(四)社会信用管理

完善的社会信用制度是建设现代市场体系的必要条件,也是规范市场经济秩序的根本之策。保险以最大诚信原则为其经营的基本原则之一,而保险产品实质上是一种以信用为基础的承诺,对保险双方当事人而言,信用至关重要,因而在培养和增强社会的诚信意识方面具有潜移默化的作用。同时,保险合同履行的过程实际上就为社会信用体系的建立和管理提供了大量重要的信息来源,实现了社会信息资源的共享。

保险的三大功能是一个有机联系、相互作用的整体。其中,保险的经济补偿功能是保险最根本的功能,也是保险区别于其他行业的最根本的特征。资金融通功能是在经济补偿功能基础上发展起来的,社会管理功能是保险业发展到一定程度并深入到社会生活的诸多层面之后产生的一项重要功能,它只有在经济补偿和资金融通功能实现的基础上才能充分发挥。

第五节 保险业的发展历程

一、世界保险业的发展历程

(一)人类保险思想的萌生与保险的萌芽

1. 人类保险思想的萌生。自有人类以来,各种自然灾害、意外事故就时常威胁着人类的生存与发展,为了寻求防灾避祸、安居乐业之道,在古代社会里就萌生了对付各种自然灾害、意外事故的保险思想和一些原始形态的保险做法,这在中外历史上都有记载。

外国最早的保险思想产生于处在东西方贸易要道上的古代文明国家,如古巴比伦、古埃及、古罗马、古希腊等。《汉穆拉比法典》是最早的一部有关保险的法典。基尔特制度即行会制度,是一种原始的合作保险形式。到了中世纪,这种行会制度特别盛行,欧洲各国城市陆续出现各种行会组织,并在此基础上产生了相互合作保险组织。

2. 保险的萌芽。在各类保险中,起源最早、历史最长者当数海上保险。正是海上保险的发展,带动了整个保险业的发展。

共同海损分摊制度是海上保险的萌芽。海上保险是海上贸易产生与发展的产物。航海是一种很大的冒险,于是在当时地中海航行的商人中形成了一种习惯,即为了船货共同安全而弃货所引起的损失由获益的全体船货各方共同分摊,这就是“一人为众,众为一人”的原则。这一原则后来为公元前 916 年的罗地安海商法所吸收,并正式规定为“凡因减轻船舶载重而投弃入海的货物,如为全体利益而损失的,须由全体分摊归还”。这就是著名的共同海损分摊原则。因为共同海损分摊原则体现了损失分担这一保险的基本原理,因而被公认为海上保险的萌芽。

十五、十六世纪的海上保险是人身保险的萌芽。在海上保险的产生与发展过程中,一度包括人身保险。15 世纪后期,欧洲的奴隶贩子把运往美洲的非洲奴隶当作货物投保海上保险,实际上是一种人身意外伤害保险。后来船上的船长、船员也可投保。到 16 世纪,又发展到承保旅客被海盗绑架而支付的赎金。这些都被认为是人身保险的萌芽。

（二）保险的雏形

1. 船舶抵押借款制度是海上保险的雏形。船舶抵押借款又称冒险借款，它是古代海上借贷的变形。这种借款形式规定，借款人可以此次出海的船舶作抵押向放款人借钱，借款利息为12%，比当时一般的6%的借款利息高出一倍。如果船舶安全抵达目的港，借款人必须向放款人如数偿还借款的本利；如果船舶在途中沉没，借款人可以被免除债务。这种抵押借款事实上已经具有保险的一些基本特征，放款人相当于保险人，借款人相当于被保险人，作为被抵押的船舶是保险标的，所收利息高于普通利息的那部分实质上具有保险费的性质，而船舶沉没时放款人不再收回的借款就相当于赔偿金。这一制度具有保险的性质和特征，已具备了保险的一些基本要素，因而被公认为海上保险的一种最早形式。

2. "黑瑞甫"制度和基尔特制度是火灾保险的原始形态。"黑瑞甫"制度和基尔特制度都是一种相互保险的制度。现代火灾保险的起源可追溯到1118年冰岛设立的"黑瑞甫"社（Hrepps），"黑瑞甫"制度是对火灾损失互相负责赔偿的制度。德国北部17世纪曾盛行"基尔特"制度，成立了很多互助性质的火灾救灾协会，会员之间实行火灾相互救济。1676年，由46个协会合并宣告成立了"汉堡火灾保险局"，开创了公营火灾保险的先河。

3. 人身保险是由基尔特制度、公典制度和年金制度等汇集演变而成的。基尔特制度在人身保险的早期形式中是一种专门以会员及其配偶的死亡、年老、疾病等作为提供金钱救济中心的相互制度；公典制度流行于15世纪后半期的意大利北部及中部城市，是一种慈善性质的金融机构，在这里存款，最初一定时期内不计利息，经一定期间后，存款者可以取得数倍于存款金额的资金；年金制度于十六、十七世纪出现在英国，在荷兰尤为盛行。这些被视为人身保险的较早形式，尤其是年金制度，将资本、利息与生存死亡相结合，已十分接近现代的人寿保险。

（三）现代保险的形成与发展

1. 海上保险。现代海上保险发源于意大利。早在11世纪末，在经济繁荣的意大利北部城市特别是热那亚、佛罗伦萨、比萨和威尼斯等地，就已经出现类似现代形式的海上保险，英文中的"保险单"一词就是源于意大利文"Polizza"。世界上最古老的保险单是一张船舶保险保单，该保单至今仍保存在热那亚的国立博物馆，但这份保单并不具备现代保单的基本形式。一份从形式到内容与现代保险几乎完全一致的最早的保单，是1384年3月24日出现的航程保单。所以，现代保险的最先形式——海上保险，发源于14世纪中叶以后的意大利。但是，现代海上保险却形成于英国。15世纪以后，海上保险随着海上贸易中心的转移而从地中海区域转移至大西洋彼岸。从17世纪开始，在英国成为世界海上贸易中心的同时，海上保险的中心也开始转移到英国。第一家皇家交易所的开设，为海上保险提供了交易场所;保险商会在伦敦皇家交易所内的设立,又大大促进了海上保险的发展;《1906年海上保险法》的颁布更使英国真正成为世界海上保险的中心,占据了海上保险的统治地位。另外,当代国际保险市场上最著名的"劳合社"最初就是专营海上保险,其演变史也是英国海上保险发展的一个缩影。

2. 火灾保险。尽管火灾保险的起源可追溯至1118年,但真正意义上的火灾保险却是在1666年的伦敦大火之后才发展起来的,伦敦大火也成为英国火灾保险发展的动力。伦敦大火发生后第二年,牙科医生尼古拉·巴蓬首先独资开办了一家专门经营房产火灾保险的商行,开创了私营火灾保险公司的先例。到1680年,他又会同他人共集资40 000英镑,成立了合伙性质的火灾保险所。在收费标准上,巴蓬采用了按房屋危险情况实行差别费率的方法。这是现代火灾保险差别费率的起源,也使巴蓬具有"现代保险之父"之称。伦敦大火之后,保险思想深入人心,现代形式的火灾保险也从此逐渐发展起来。

3. 人寿保险。埃德蒙·哈雷编制的生命表,奠定了现代人寿保险的数理基础。埃德蒙·哈雷不仅是一位著名的数学家和天文学家,同时还是人寿保险的先驱。1693年,哈雷以德国西里西亚勃来斯洛市1687~1691年按年龄分类的死亡统计资料为依据,编制了世界上第一张生命表,精确地表示了每个年龄的人的死亡率,并首次将生命表用于计算人寿保险费率,为现代人寿保险奠定了数理基础。因此,生命表的制定,是人寿保险发展史上的一个里程碑。

4. 责任保险。责任保险作为一类独成体系的保险业务,始于19世纪的欧美国家,20世纪70年代以后得到迅速发展。1855年,英国开办了铁路承运人责任保险,但直到20世纪初责任保险才有了迅速发展,成为现代经济不可缺少的一部分,成为保险人的支柱业务之一。大多数国家还将多种公共责任作了强制投保的规定,如机动车辆第三者责任保险、雇主责任保险等。在西方非寿险保险公司中,责任保险的保费收入一般都占保费总收入的10%以上,在保险市场上有举足轻重的地位。

5. 信用保险。信用保险是随着资本主义商业信用风险和道德危险的频繁发生而发展起来的。1702年,英国开设主人损失保险公司,承办诚实保险。1842年,英国保证保险公司成立。1876年,美国在纽约开办了诚实保证业务,于1893年又成立了专营信用保险的美国信用保险公司。第一次世界大战以后,信用危机使各国的信用保险业务大受打击。1934年,各国私营和国营出口信用保险机构在瑞士成立了国际信用保险协会,标志着国际信用保险的成熟和完善。目前,信用保险的承保范围已经相当广泛。

二、中国保险业的发展历程

(一)中国古代的保险思想和保险形式

中国是最早提出风险分散这一保险基本原理的国家。早在公元前三四千年,中国商人即将风险分散原理运用在货物运输中。历史悠久的各种仓储制度是我国古代原始保险的一个重要标志;镖局是我国特有的一种货物运输保险的原始形式。镖局是类似保险的一种民间安全保卫组织,其经营的业务之一是承运货物。商人交镖局承运货物,俗称“镖码”(相当于保险标的)。货物须经镖局检验,按贵贱分级,根据不同等级确定“镖力”(相当于保险费率),据此收费签发“镖单”(相当于保险单)。货到目的地,收货人按镖单验收后,在镖单上签注日期,加盖印章,交护送人带回。镖局的这些手续与现代保险的承保手续大致相同。

(二)中国现代保险的形成

现代形式的保险是伴随着帝国主义的入侵而传入我国的。19 世纪初,西方列强开始了对东方的经济侵略,外商保险公司作为保险资本输出与经济侵略的工具进入中国。

鸦片战争以前,广州是我国南方对外贸易的唯一口岸,是西方商品输入的前哨,因而也就成为西方保险业进入中国的桥头堡。1805 年,英商在广州设立广州保险公司(又译谏当保安行、广州保险社)。此后,怡和洋行收买了该公司,并更名为广东保险公司(1836 年)。这是外商在中国开设的第一家保险机构,也是近代中国出现的第一家保险公司。直到 20 世纪之前,中国保险市场一直被英国保险公司所垄断,当时所有保险条款、费率均由英商控制的外国保险公司同业公会制定。与此同时,其他各外资列强也不甘由英国独占中国的保险市场,20 世纪,法国、瑞士、日本等相继在中国设立了保险公司或代理机构,外国保险公司基本上控制了近代中国的保险市场。

外商保险公司对中国保险市场的抢占及西方保险思想的影响,引起一些华商的仿效。1824 年,广东某富商在广州城内开设张宝顺行,兼营保险业务,这是华人经营保险的最早记载;1865 年,中国第一家民族保险企业上海华商义和公司保险行创立,打破了外商保险公司独占中国保险市场的局面,中国近代民族保险业正式诞生;1875 年,保险招商局成立,中国较大规模的民族保险企业诞生;1886 年,“仁和”、“济和”两保险公司合并为“仁济和”水火保险公司,成为中国近代颇有影响的一家华商保险企业。以 1875 年保险招商局的创办为契机,中国民族保险业以后又相继成立了 20 多家水火险公司,并在民族工商业的大发展中得以迅速发展。

第一次世界大战开始,我国民族保险业进入发展时期。但是,1937 年抗日战争爆发后,民族保险业的发展招致沉重的打击。战后保险市场虽一度繁荣,但也只不过是一时的虚假景象。

(三)新中国保险业的创始

新中国成立后,首先是对旧中国保险市场进行管理与整顿,紧接着是创立与发展人民保险事业。1949 年 10 月 20 日,中国人民保险公司(中国人保控股公司的前身)正式挂牌开业,这标志着中国现代保险事业的创立,开创了中国保险的新纪元。在直至1958年10月国内保险业务被迫停办前的10年中,除经营传统的火险和运输险外,中国人民保险公司还积极开发新的险种;同时,在全国各地(除台湾、西藏之外)建立了自己的各级分支机构,积累了4亿元的保险基金,并逐步开展了各种财产保险和人身保险业务,在一定程度上发挥了保险组织补偿和积累资金的作用,有力地保障了我国基本工业体系建设的完成,对我国社会主义经济建设作出了一定贡献。

(四)"十年动乱"中的曲折发展

1958年,"大跃进"运动席卷全国,人民保险事业受到了严重挫折。"人民公社化"运动开始后,"保险已完成历史使命"的论调占据了主导地位。1958年12月,武汉全国财政会议正式作出了立即停办国内保险业务的决定。1959年1月,中国人民保险公司召开第七次全国保险工作会议,贯彻落实国内保险业务停办精神,布置善后清理工作。从1959年起,全国的国内保险业务除上海、哈尔滨等地因客观需要,继续维持了一段时间外,其余全部停办。至此,中国人民保险公司专营国外保险业务。而"文革"期间,国外保险业务也未幸免于难,被"清理和收尾",剩下一个名为9人实为13人的"保险业务小组""守摊和收摊",人民保险事业已奄奄一息。

(五)社会主义建设新时期的辉煌

1978年12月,中共十一届三中全会确立改革开放政策,决定把工作重点转移到以经济建设为中心的社会主义现代化建设上来。中国人民银行在1979年2月召开的全国分行行长会议上提出恢复国内保险业务。1979年4月,国务院批准《中国人民银行分行行长会议纪要》,作出"逐步恢复国内保险业务"的重大决策。同年11月,全国保险工作会议召开,中国人民保险公司恢复经营停办20多年的国内保险业务,迎来了一个大发展的新时期。至1980年年底,除西藏以外的28个省、自治区、直辖市都已恢复了中国人民保险公司的分支机构。随着中国人民保险公司服务领域和服务对象的拓宽,经营的险种也多达200多个,特别是1986年2月,为我国发射通信、国土两颗卫星承保,开创了我国航空航天保险业的先河。1988年和1992年,平安保险公司和太平洋保险公司相继成立,中国人民保险公司独家垄断保险市场的格局从此被打破。截至2012年年底,全国已有保险机构93家,其中,保险集团和控股公司10家,财产险公司62家(其中中资公司41家,外资公司21家),信用保险公司1家,人寿保险公司73家,再保险公司9家(其中中资公司4家,外资公司5家),保险资产管理公司17家,形成了国有控股公司、股份制公司、政策性公司、专业性公司和外资保险公司等多种组织形式、多种所有制并存及公平竞争、共同发展的市场格局。另外,保险中介机构也不断发展,截至2012年底,全国共有保险专业中介机构2 532家。其中,保险中介集团公司3家,全国性保险专业代理机构92家,区域性保险专业代理机构1 678家,保险经纪机构434家,保险公估机构325家,保险中介市场已具一定规模。

(六)迈入21世纪的中国保险业

1."十五"期间,我国保险业改革发展取得了举世瞩目的成就。第一,业务持续快速增长。保险业务收入年均增长超过25%,是我国国民经济中发展最快的行业之一。第二,功能作用不断增强。全国保险业"十五"期间共赔款和给付4 286亿元,是"九五"时期的1.6倍,在经济补偿方面发挥了积极作用。第三。改革取得重大进展。国有保险公司完成重组改制,中国人保、中国人寿和中国平安先后在境外成功上市,为金融企业改革探索了新的道路。第四,市场体系逐步完善。初步形成了国有控股(集团)公司、股份制公司、外资公司等多种形式、多种所有制成分并存,公平竞争、共同发展的市场格局。第五,开放水平显著提高。认真履行加入世贸组织承诺,稳步开放国内保险市场,外资公司的经营地域和业务范围进一步扩大;第六,风险防范明显加强。初步形成了以偿付能力监管、公司治理结构监管和市场行为监管为支柱的保险监管体系框架,构筑了以公司内控为基础、以偿付能力监管为核心、以现场检查为重要手段、以资金运用监管为关键环节、以保险保障基金为屏障的五道风险防线。

2."十一五"期间,行业面貌发生了历史性的新变化。全行业顺利实现"十一五"规划的主要任务和目标,实现了速度、规模和效益的有机统一,整体实力迈上新台阶,行业发展进入新阶段。2010年,保险业保费收入达到1.45万亿元,是2005年的2.7倍,总资产突破5万亿元,是2005年的3.2倍。保险业成为我国国民经济发展最快的行业之一,我国成为全球最重要的新兴保险大国。

"十一五"时期,我国保险业深入落实科学发展观,有效应对国际金融危机冲击,在全球保险业总体增长放缓的背景下,保持了持续健康较快发展的良好势头,行业面貌发生了历史性的新变化。第一,发展理念不断更新。突破"就保险论保险"的思维局限,行业观念发生深刻转变,"想全局、干本行,干好本行、服务全局",以思想理念的创新推动保险实践发展,拓宽了行业发展的视野和空间。第二,市场体系更加健全。形成了综合性、专业性、区域性和集团化发展齐头并进,原保险、再保险、保险中介和保险资产管理协调发展的现代市场体系,管理扁平化和功能专业化的新型保险机构大量涌现,进一步拓宽了保险服务的覆盖面,提高了保险的服务功能和经营水平。第三,保险服务功能进一步发挥。积极探索推广多形式、多渠道农业保险,积极开拓参与多层次社会保障体系建设的新途径,保险投资的领域和影响不断扩大,保险业对经济社会发展的支持作用日益增强。第四,现代企业制度逐步建立。保险公司治理改革深入推进,风险管理和内部控制不断加强,信息技术等现代科技手段在保险经营管理中的作用越来越大,保险公司的决策能力和管理水平明显提高。第五,保险制度建设全面加强。国务院发布了《关于保险业改革发展的若干意见》,《保险法》完成了第二次修订,交强险法定保险制度建立并全面实施,出台了一系列促进保险业规范发展的规章和规范性文件,保险业发展的制度基础进一步夯实。第六，保险监管不断完善。基本建立了偿付能力、公司治理和市场行为三支柱监管框架，监管的规范化、信息化水平显著提升，监管的科学性、有效性得到进一步加强，发现、识别、防范和控制保险业系统风险的能力明显提高；监管国际交流与合作不断加强，发起建立亚洲保险监管合作机制，逐步成为国际保险监管规则制定的重要参与者。

3."十二五"开局充满了困难与挑战。2011 年是保险市场面临困难和挑战较多的一年。国际金融市场剧烈动荡，各类风险明显增多。国内经济增速缓慢回落，资本市场持续走低，金融产品间的竞争日趋激烈，保险业务发展和风险防范面临多重压力。在极其困难的情况下，2011 年保持了平稳发展的态势。一是保险业务发展基本稳健。2011 年全国实现保费收入 1.43 万亿元，同比增长 10.4%。其中，财产险保费收入 4 617.9 亿元，同比增长 18.5%。人身险保费收入 9 699.8 亿元，同比增长 6.8%。保险公司总资产达到 5.9 万亿元。二是保险风险得到有效防范。偿付能力不达标公司从年初的 7 家减少到 5 家，不达标公司的风险状况逐步改善。三是治理市场秩序工作取得成效。虚假批退、虚挂应收初步遏制，虚假赔案逐步减少，银行保险和电话销售中的不规范现象有所好转，意外险市场违规竞争问题得到较好控制。四是保险服务能力有所提升。2011 年保险赔款和给付 3 910.2 亿元。农业保险、养老健康保险、责任保险和出口信用保险等领域的覆盖面不断扩大。2012 年，中国保险业经历了起起伏伏，保险市场呈现稳中有进、进中趋好的发展态势。全年保费收入 1.55 万亿元，同比增长 8%。其中，产险业务继续保持较快发展，保费收入 5 331 亿元，同比增长 15.4%；寿险业务呈现回升态势，保费收入 8 908 亿元，同比增长 2.4%；健康险保费收入 862.8 亿元，同比增长 24.7%；人身意外险保费收入 386.2 亿元，同比增长 15.6%。保险公司总资产 7.35 万亿元，较年初增长 22.9%。

第三章

保险合同

第一节 保险合同的概念

一、保险合同的含义

合同(也称契约)是平等主体为了实现一定的目的,以双方或多方意思表示一致,设立、变更和终止民事权利义务关系的协议。

《中华人民共和国保险法》第10条第1款规定:"保险合同是投保人与保险人约定保险权利义务关系的协议。"根据保险合同的约定,收取保险费是保险人的基本权利,赔偿或给付保险金是保险人的基本义务;与此相对应,交付保险费是投保人的基本义务,请求赔偿或给付保险金是被保险人的基本权利。

二、保险合同的特征

(一)保险合同是有偿合同

根据合同当事人双方的受益状况,合同被区分为有偿合同与无偿合同。前者是指当事人因享有合同的权利而必须偿付相应的代价;后者是指当事人享有合同的权利而不必偿付相应的代价。保险合同的有偿性,主要体现在投保人要取得保险的风险保障,必须支付相应的代价,即保险费;保险人要收取保险费,必须承诺承担保险保障责任。

(二)保险合同是保障性合同

保险合同的保障性主要表现在:保险合同双方当事人一经达成协议,则从保险合同约定生效时起到终止时的整个期间,被保险人的经济利益受到保险人的保障。这种保障包括有形和无形两种形式。有形保障体现在物质方面,即保险标的一旦发生保险事故,保险人按照保险合同规定的责任范围给予一定金额的经济赔偿或给付;无形保障则体现在精神方面,即保险人对所有被保险人提供的心理上的安全感,使他们能够解除后顾之忧。

(三)保险合同是有条件的双务合同

保险合同是双务合同,而且是附有条件的双务合同。在保险合同中,被保险人要得到保险人对其保险标的给予保障的权利,就必须向保险人缴付保险费;而保险人收取保险费,就必须承担保险事故发生或符合合同约定时的赔偿或给付义务,双方的权利和义务是彼此关联的。但是,保险合同的双务性与一般双务合同并不完全相同,即保险人的赔付义务只有在约定的事故发生时才履行。保险合同双方当事人权利、义务的关联性与义务履行的时间先后是不同的,根据法律规定或者保险合同的约定,保险人在发生约定的保险事故时才需要承担赔偿义务,因而是附有条件的双务合同。

(四)保险合同是附合合同

附合合同(又叫依附合同)是指合同内容一般不是由当事人双方共同协商拟定,而是由一方当事人事先拟定,印就好格式条款供另一方当事人选择,另一方当事人只能作取舍决定,无权拟定合同的条文。保险合同是典型的附合合同,因为保险合同的基本条款由保险人事先拟定并经监管部门审批,而投保人往往缺乏保险知识,不熟悉保险业务,很难对保险条款提出异议。所以,投保人购买保险就表示同意保险合同条款,即使需要变更合同的某项内容,也只能采纳保险人事先准备的附加条款等。这种限制实质合同自由的做法导致了一些弊端的存在,因此保险法上设立了一些救济规则。

(五)保险合同是射幸合同

射幸合同是合同的效果在订约时不能确定的合同,即合同当事人一方的履约有赖于偶然事件的发生。保险合同是一种典型的射幸合同。投保人根据保险合同支付保险费的义务是确定的,而保险人仅在保险事故发生时,承担赔偿或给付义务,即保险人的义务是否履行在保险合同订立时尚不确定,而是取决于偶然的、不确定的保险事故是否发生。保险事故的随机性、不确定性决定了保险责任的不确定性,这就是保险合同为何是射幸合同。但需注意,保险合同的射幸性是就单个保险合同而言的,而且也是仅就有形保障而言的。

(六)保险合同是最大诚信合同

任何合同的订立,都应以合同当事人的诚信为基础。因为保险合同本身是一种风险保障合同,具有射幸性,保险事故是否发生、保险责任是否承担均是不确定的。由于保险双方信息的不对称性,保险合同对诚信的要求远远高于其他合同。因为,保险标的在投保前或投保后均在投保方的控制之下,而保险人通常是根据投保人的告知来决定是否承保以及承保的条件,所以,投保人的道德因素和信用状况对保险人来说关系极大。另外,保险人在经营中也可能从事言过其实的宣传或借故推卸应负的保险责任。因此,保险合同较一般合同更需要诚信,即保险合同是最大诚信合同。保险合同的最大诚信原则成为保险法中保险利益原则、如实告知义务、明确说明义务、条款解释原则等规定的法理基础。

三、保险合同的种类

(一)按照保险标的分类

按照保险标的分类,保险合同可分为财产保险合同与人身保险合同。

1. 财产保险合同。财产保险合同是以财产及其有关的经济利益为保险标的的保险合同。财产保险合同通常又可分为财产损失保险合同、责任保险合同、信用保险合同、保证保险合同等。

2. 人身保险合同。人身保险合同是以人的寿命和身体为保险标的的保险合同。人身保险合同又可分为人寿保险合同、人身意外伤害保险合同、健康保险合同等。

(二)按照保险标的的分合以及变动情况分类

这一分类标准是财产保险合同特有的。按照保险标的的分合以及变动情况划分,财产保险合同可分为特定式保险合同、总括式保险合同、流动式保险合同和预约式保险合同。

1. 特定式保险合同。特定式保险合同又叫分项式保险合同,是指保险人对所保的同一地点、同一所有人的各项财产,均逐项分别列明保险金额,发生损失时对各项财产在各自的保险金额限度内承担赔偿责任的保险合同。

2. 总括式保险合同。总括式保险合同是指保险人对所保的同一地点、同一所有人的各项财产,不分类别,确定一个总的保险金额,发生损失时不分损失财产类别,只要在总保险金额限度以内,都可获得赔偿的保险合同。

3. 流动式保险合同。流动式保险合同又叫报告式保险合同,是指不规定财产的保险金额,只预定一个保险人承担最高责任的限额。保险人按约定的办法预收并结算保险费,投保人定期向保险人报告其财产的实际价值,只要其报告属实,发生保险责任事故损失,保险人就在约定最高责任限额内予以赔偿的保险合同。这种合同适合财产流动性较大的单位,如大型的周转性仓储业投保。

4. 预约式保险合同。预约式保险合同又叫开口式保险合同,是指保险人与投保人之间就一定的业务范围签订的无限期的保险合同,合同约定保险责任范围、保险财产范围、保险费结算办法及每一风险单位或每一地点的最高保额。在预约保险合同有效期间内,投保人需就每笔业务向保险人及时书面申报,凡属合同约定范围内的标的均自动承保。

(三)按照合同的性质分类

按照合同的性质分类,保险合同可以分为补偿性保险合同与给付性保险合同。

1. 补偿性保险合同。补偿性保险合同是指保险人的责任以保险金额为限,补偿被保险人的经济损失的合同。各类财产保险合同和人身保险中的健康保险合同的疾病津贴和医疗费用合同都属于补偿性保险合同。

2. 给付性保险合同。给付性保险合同是指保险金额由双方事先约定，在保险事件发生或约定的期限届满时，保险人按合同规定标准金额给付的合同。各类寿险合同属于给付性保险合同。

(四)按照标的价值在订立合同时是否确定分类

在各类财产保险中，依据标的价值在订立合同时是否确定，将保险合同分为定值保险合同与不定值保险合同。

1. 定值保险合同。定值保险合同是指在订立保险合同时，投保人和保险人即已确定保险标的的保险价值，并将其载明于合同中的保险合同。保险合同成立后，一旦发生保险事故，就应以事先确定的保险价值作为保险人确定赔偿金数额的计算依据。如果保险事故造成保险标的的全部损失，无论该保险标的实际损失如何，保险人均应支付合同所约定的保险金额的全部，不必对保险标的重新估价；如果保险事故仅造成保险标的的部分损失，则只需要确定损失的比例，该比例与保险价值的乘积，即为保险人应支付的赔偿金额，同样无须重新对保险标的的实际损失的价值进行估量。在保险实务中，定值保险合同适用于以某些不易确定价值的财产，如以字画、古玩等为保险标的的财产保险合同。货物运输保险和船舶保险也多采用这种合同方式。

2. 不定值保险合同。不定值保险合同是指投保人和保险人在订立保险合同时不预先确定保险标的的保险价值，仅载明保险金额作为保险事故发生后赔偿最高限额的保险合同。在不定值保险合同条件下，一旦发生保险事故，保险人需估算保险标的的实际价值，并以此作为保险人确定赔偿金数额的计算依据。通常情况下，受损保险标的的实际价值以保险事故发生时当地同类财产的市场价格来确定。大多数财产保险业务均采用不定值保险合同的形式。

在不定值保险合同中，由于保险金额是在订立合同时确定的，而核定保险价值则是在保险事故发生时，因此，根据保险金额与出险时保险标的的实际价值比照，保险合同可分为三种不同类型的合同。

(1)足额保险合同。足额保险合同是指保险金额等于保险事故发生时保险标的的实际价值的保险合同。

(2)不足额保险合同。不足额保险合同是指保险金额小于保险事故发生时保险标的的实际价值的保险合同。

(3)超额保险合同。超额保险合同是指保险金额大于保险事故发生时保险标的的实际价值的保险合同。

对于上述三种不同类型的保险合同，若一旦发生保险事故而进行保险理赔时，保险人通常采取的处理方式分别可简单归纳为：足额保险，十足赔偿；不足额保险，按照保险金额与保险价值的比例承担赔偿责任；超额保险，超过部分则无效。

(五)按照合同承担风险责任的方式分类

按照合同承担风险责任的方式分类，保险合同可分为单一风险合同、综合风险合同与一切险合同。

1. 单一风险合同。单一风险合同是指只承保一种风险责任的保险合同。如农作物雹灾保险合同只对于冰雹造成的农作物损失负责赔偿。

2. 综合风险合同。综合风险合同是指承保两种以上的多种特定风险责任的保险合同。这种保险合同必须把承保的风险责任一一列举,只要损失是由于所保风险造成,保险人就负责赔偿。

3. 一切险合同。一切险合同是指保险人承保的风险是合同中列明的除外不保风险之外的一切风险的保险合同。由此可见,所谓一切险合同并非意味着保险人承保一切风险,即保险人承保的风险仍然是有限制的,只不过这种限制采用的是列明除外不保风险的方式。在一切险合同中,保险人并不列举规定承保的具体风险,而是以"责任免除"条款确定其不承保的风险。也就是说,凡未列入责任免除条款中的风险均属于保险人承保的范围。

(六)按照保险人的承保方式分类

按照保险人的承保方式分类,保险合同可以分为原保险合同与再保险合同。

1. 原保险合同。原保险合同是指保险人与投保人直接订立的保险合同,合同保障的对象是被保险人。

2. 再保险合同。再保险合同是指保险人为了将其所承担的保险责任转移给其他的保险人而订立的保险合同,合同直接保障的对象是原保险合同的保险人。

第二节 保险合同的主体与客体

一、保险合同的主体

保险合同的主体是保险合同的参加者,是在保险合同中享有权利并承担相应义务的人。保险合同的主体包括保险合同的当事人和关系人。

(一)保险合同的当事人

保险合同的当事人包括保险人和投保人。

1. 保险人。保险人(又称承保人)是指经营保险业务,与投保人订立保险合同,享有收取保险费的权利,并对被保险人承担损失赔偿或给付保险金义务的保险合同的一方当事人。对于保险人在法律上的资格,各国保险法都有严格规定。一般来说,保险人经营保险业务必须经过国家有关部门审查认可。

《中华人民共和国保险法》第10条第3款明确规定:"保险人是指与投保人订立保险合同,并按照合同约定承担赔偿或给付保险金责任的保险公司。"《中华人民共和国保险法》第三章又从保险公司的组织形式、设立条件与程序、保险公司的变更、保险公司的经营、保险公司的整顿、接管与破产等方面对保险公司作了具体规定。

2. 投保人。投保人(又称要保人)是指与保险人订立保险合同并负有交付保险费义务的保险合同的另一方当事人。《中华人民共和国保险法》第10条第2款规定:"投保人是指与保险人订立保险合同,并按照保险合同约定负有支付保险费义务的人。"就法律条件而言,投保人可以是法人也可以是自然人,但必须具有民事行为能力;就经济条件而言,投保人必须具有缴付保险费的能力;就特殊条件而言,人身保险的投保人在保险合同订立时,对被保险人应当具有保险利益。

依据我国《民法典》,不同投保人的民事行为能力应有不同的规定。就自然人而言,必须年满18周岁,或年满16周岁但以自己的劳动收入为主要生活来源,并且无精神性疾病;就法人而言,必须依法成立,有必要的财产或经费、名称、组织机构和场所,并能独立承担民事责任。

(二)保险合同的关系人

保险合同的关系人包括被保险人和受益人。

1. 被保险人。被保险人是受保险合同保障的人,即有权按照保险合同规定向保险人请求赔偿或给付保险金的人。《中华人民共和国保险法》第12条第5款规定:"被保险人是指其财产或者人身受保险合同保障,享有保险金请求权的人。投保人可以作为被保险人。"

(1)被保险人的资格。一般来说,在财产保险合同中,被保险人的资格没有严格的限制,自然人和法人都可以作为被保险人,但在保险事故发生时需要对保险标的具有保险利益。而在人身保险合同中,法人不能作为被保险人,只有自然人而且只能是有生命的自然人才能成为人身保险合同的被保险人。在以死亡为给付保险金条件的人身保险合同中,无民事行为能力的人不得成为被保险人,但父母为其未成年的子女投保时除外,只是最高保险金额通常有限定。

(2)被保险人与投保人的关系。在保险合同中,被保险人与投保人的关系,通常有两种情况:一是同属一人。当投保人为自己的利益投保时,投保人和被保险人同属一人,此时的被保险人可以视同保险合同的当事人。二是分属两人。当投保人为他人的利益投保时,投保人与被保险人分属两人,此时的被保险人即为这里所说的保险合同的关系人。

(3)被保险人的数量。同一保险合同中被保险人可以是一人,也可以是数人。无论是一人还是数人,被保险人都应载明于保险合同中。如果被保险人已经确定,应将其姓名或单位在合同中载明;如果被保险人是可变的,则需要在合同中增加一项变更被保险人的条款。当约定的条件满足时,补充的对象自动取得被保险人的地位。

(4)各类保险的被保险人。在财产保险中,被保险人是保险财产的权利主体或者对保险财产有法律上认可的利害关系;在人身保险中,被保险人既是受保险合同保障的人,也是保险事故发生的本体;在责任保险中,被保险人是对他人财产毁损或人身伤害依照法律、契约负有经济赔偿责任的人;在信用保险中,被保险人是因他人失信,而有可能遭受经济损失的人,或者是因自身失信可能导致他人损失的人。

2. 受益人。受益人一般属于人身保险范畴的特定关系人,即人身保险合同中由被保险人或投保人指定,当保险合同规定的条件实现时有权领取保险金的人。《中华人民共和国保险法》第 18 条第 3 款规定:"受益人是指人身保险合同中由被保险人或者投保人指定的享有保险金请求权的人。投保人、被保险人可以为受益人。"

关于受益人,需要注意以下几个方面:

(1)受益人通过指定而产生。受益人产生的唯一方式是指定,有权指定受益人的主体是被保险人或投保人。《中华人民共和国保险法》第 39 条第 1 款规定:"人身保险的受益人由被保险人或者投保人指定。"第 2 款又规定:"投保人指定受益人时须经被保险人同意。投保人为与其有劳动关系的劳动者投保人身险,不得指定被保险人及其近亲属以外的人为受益人"。第 3 款又规定:"被保险人为无民事行为能力人或者限制民事行为能力人的,可以由其监护人指定受益人"。

(2)受益人的资格并无特别限制。自然人、法人及其他任何合法的经济组织都可作为受益人;自然人中无民事行为能力、限制民事行为能力的人,甚至活体胎儿等均可被指定为受益人;投保人、被保险人本人也可以作为受益人。但是依据《中华人民共和国保险法》第 39 条第 2 款规定:"投保人为与其有劳动关系的劳动者投保人身保险,不得指定被保险人及其近亲属以外的人为受益人"。

(3)受益人的数量可以一人也可以数人。《中华人民共和国保险法》第 40 条第 1 款规定:"被保险人或者投保人可以指定一人或者数人为受益人"。第 2 款规定:"受益人为数人的,被保险人或者投保人可以确定受益顺序和受益份额;未确定受益份额的,受益人按照相等份额享有受益权"。

(4)受益人中途也可以被变更。《中华人民共和国保险法》第 41 条第 1 款规定:"被保险人或者投保人可以变更受益人并书面通知保险人。保险人收到变更受益人的书面通知后,应当在保险单或者其他保险凭证上批注或者附贴批单"。第 2 款又规定:"投保人变更受益人时须经被保险人同意"。

在保险实务中,受益人在保险合同中有已确定和未确定两种情况:已确定受益人是指被保险人或投保人已经指定并在保险合同中载明受益人,这时受益人领取保险金的权利受到法律保护,保险金不能视为死者(被保险人)的遗产,受益人以外的任何人无权分享,也不得用于清偿死者生前的债务。未确定受益人又有两种情况:一是被保险人或投保人未指定受益人;二是指定了受益人,但是受益人先于被保险人死亡或者受益人依法丧失受益权或者受益人放弃受益权,而又没有其他受益人。在受益人未确定的情况下,被保险人的法定继承人就视同受益人,保险金可视为死者的遗产。

《中华人民共和国保险法》第 42 条规定:"被保险人死亡后,遇有下列情形之一的,保险金作为被保险人的遗产,由保险人依照《中华人民共和国继承法》的规定履行给付保险金的义务:(一)没有指定受益人,或者受益人指定不明无法确定的;(二)受益人先于被保险人死亡,没有其他受益人的;(三)受益人依法丧失受益权或者放弃受益权,没有其他受益人的。受益人与被保险人在同一事件中死亡,且不能确定死亡先后顺序的,推定受益人死亡在先。”

在财产保险合同中,由于保险赔偿金的受领者多为被保险人本人,所以在合同中一般没有受益人的规定。但是,在按揭买房、按揭买车的交易中,当贷款人向银行申请贷款时,银行往往要求贷款人在办理房屋、车辆的抵押手续外,另外办理以银行为受益人的财产保险合同,约定在作为保险标的房屋、车辆等发生保险合同约定的保险事故时,有权向保险公司要求给付保险金的权利人为该银行。

二、保险合同的客体

(一)保险利益是保险合同的客体

客体是指在民事法律关系中主体履行权利和义务时共同的指向。客体在一般合同中称为标的,即物、行为、智力成果等。保险合同虽属民事法律关系范畴,但它的客体不是保险标的本身,而是保险利益。

保险标的是指承受保险风险的本体。一般来说,各种财产及其相关联的利益、人的寿命与身体、各种责任、信用等都可以作为保险合同的标的。保险利益是指投保人或被保险人对保险标的具有的法律上承认的利益。

《中华人民共和国保险法》第 12 条第 1 款和第 2 款分别规定:“人身保险的投保人在保险合同订立时,对被保险人应当具有保险利益。财产保险的被保险人在保险事故发生时,对保险标的应当具有保险利益。”

因此,在人身保险中,投保人必须凭借保险利益投保,保险人必须凭借投保人对保险标的的保险利益才可以接受投保人的投保申请,在财产保险中,当保险事故发生时,被保险人只有对受损标的拥有保险利益,才有资格向保险人索赔。所以,保险利益是保险合同的客体,是保险合同成立的要素之一,如果缺少了这一要素,保险合同就不能成立。保险合同成立后,因某种原因保险利益消失,保险合同也随之失效。

(二)保险标的是保险利益的载体

在不同的保险合同中,保险人对保险标的的范围都有明确规定,即哪些可以承保,哪些不予承保,哪些在一定条件下可以特约承保等。因而,保险标的是特定的,必须明确载于保险合同中,并据此确定保险金额、保险费率等。而且,保险合同双方当事人订约的目的并非保障保险标的不发生保险事故,而是为了实现保险经济保障,即在发生保险事故遭到损失或者约定的保险期限届满时,被保险人能够得到保险经济赔偿或给付;而保险赔偿或给付也并非再造一个相同的标的,而是以保险标的为有形载体,保障被保险人的保险利益。

第三节　保险合同的构成

保险合同由保险合同的凭证和保险条款构成。如某公司机动车辆保险条款总则第一条即为：本保险合同由保险条款、投保单、保险单、批单及其他特别约定组成。某寿险公司两全保险 A 款（分红型）产品条款也有类似的条款：本保险条款、保险单或其他保险凭证、投保书、与保险合同有关的投保文件、合法有效的声明、批注、批单、其他经投保人与本公司共同认可的与本合同有关的书面协议都是投保人与本公司之间订立的“两全保险 A 款（分红型）保险合同”（以下简称为“本主险合同”）的构成部分。

一、保险条款

（一）保险条款及其分类

保险条款是记载有关保险合同主体的权利、义务及其他保险事项的条文与款目，是保险合同双方享受权利与承担义务的主要依据，一般事先印制在保险单上。

1. 按照保险条款的性质不同，可将其分为基本条款和附加条款两大类。

（1）基本条款。基本条款（又称普通条款）是指保险人事先拟定并印就在保险单上的有关保险合同双方当事人权利和义务的基本事项。基本条款构成保险合同的基本内容，是投保人与保险人签订保险合同的依据，不能随投保人的意愿而变更。

（2）附加条款。附加条款（又称单项条款）是指保险合同双方当事人在基本条款的基础上，根据需要另行约定或附加的、用以扩大或限制基本条款中所规定的权利和义务的补充条款。附加条款通常也由保险人事先印就好一定的格式，待保险人与投保人的特别约定填好后附贴在保险单上，故又称附贴条款。

在保险实务中，一般把基本条款规定的保险人承担的责任称为基本险，附加条款所规定的保险人所承担的责任称为附加险。投保人不能单独投保附加险，而必须在投保基本险的基础上才能投保附加险。

2. 按照保险条款对当事人的约束程度，可将其分为法定条款与任意条款。

（1）法定条款。法定条款是指法律规定保险双方权利和义务的保险条款。

（2）任意条款。任意条款是相对于法定条款而言的，它是指保险合同当事人在法律规定的保险合同事项之外，就与保险有关的其他事项所作的约定。保险双方当事人可以自由选择任意条款，故又称任选条款。

（二）保险合同的基本条款

《中华人民共和国保险法》第 18 条规定：“保险合同应当包括下列事项：（一）保险人的名称和住所；（二）投保人、被保险人的姓名或者名称、住所，以及人身保险的受益人的姓名或者名称、住所；（三）保险标的；（四）保险责任和责任免除；（五）保险期间和保险责任开始时间;(六)保险金额;(七)保险费以及支付办法;(八)保险金赔偿或者给付办法;(九)违约责任和争议处理;(十)订立合同的年、月、日。"

1. 保险合同当事人和关系人的名称和住所。这是关于保险人、投保人、被保险人和受益人基本情况的条款,其名称和住所必须在保险合同中详加记载,以便保险合同订立后,能有效行使权力和履行义务。因为在保险合同订立后,凡有对保险费的请求支付、风险增加的告知、风险发生原因的调查、保险金的给付等,都会涉及当事人和关系人的姓名及住所事项,同时也涉及发生争议时的诉讼管辖和涉外争议的法律适用等问题。但在一些保险利益可随保险标的转让而转移于受让人的运输货物保险合同中,投保人在填写其姓名的同时,可标明"或其指定人"字样,则该保险单可由投保人背书转让。此外,货物运输保险合同的保险单还可以采取无记名式,随保险货物的转移而转移给第三人。

通常,在保险合同中载明名称、住所的一般是投保人、被保险人和受益人。保险人的名称、住所已在保险单上印就。

2. 保险标的。保险标的是投保人申请投保的财产及其有关利益或者人的寿命和身体,是确定保险合同关系和保险责任的依据。保险标的的性质不同,保险利益、保险合同性质、保险责任也不相同。明确了保险标的,有利于判断投保人对保险标的是否具有保险利益。财产保险合同中的保险标的是指物、责任、利益、信用,人身保险合同中的保险标的是指被保险人的寿命和身体。

3. 保险责任和责任免除。保险责任是指在保险合同中载明的对于保险标的在约定的保险事故发生时,保险人应承担的经济赔偿和给付保险金的责任。保险责任一般都在保险条款中予以列举。保险责任明确的是哪些风险的实际发生造成了被保险人的经济损失或人身伤亡,保险人应承担赔偿或给付责任。通常包括基本责任和特约责任。

责任免除是对保险人承担责任的限制,即指保险人不负赔偿和给付责任的范围。责任免除明确的是哪些风险事故的发生造成的财产损失或人身伤亡与保险人的赔付责任无关。主要包括法定的和约定的责任免除条件,一般分为四种类型:①不承保的风险,即损失原因免除,如现行企业财产基本险中,保险人对地震引起的保险财产损失不承担赔偿责任。②不承担赔偿责任的损失,即损失免除,如保险车辆的正常维修、保养引起的费用及间接损失保险人不承担赔偿责任。③不承保的标的,包括绝对不保的标的(如土地、矿藏等)和可特约承保的标的(如金银、珠宝等)。④投保人或被保险人未履行合同规定义务的责任免除。

4. 保险期间和保险责任开始时间。保险期间是指保险合同的有效期间,即保险人为被保险人提供保险保障的起讫时间。一般可以按自然日期计算,也可按一个运行期、一个工程期或一个生长期计算。保险期间是计算保险费的依据,也是保险人履行保险责任的基本依据之一。对于具体的起讫时间,各国法律规定不同。

我国目前的保险条款通常规定保险期限为约定起保日的零时(或中午十二时)开始到约定期满日24时(或中午12时)止。需要注意的是保险期间与一般合同中所规定的当事人双方履行义务的期间不同,保险人实际履行赔付义务可能不在保险期间内。

保险责任开始时间是指保险人开始承担保险责任的起点时间,通常以某年、某月、某日、某时表示。《中华人民共和国保险法》第14条规定:“保险合同成立后,投保人按照约定交付保险费,保险人按照约定的时间开始承担保险责任。”即保险责任开始的时间由双方在保险合同中约定。第13条又规定:“依法成立的保险合同,自成立时生效。投保人和保险人可以对合同的效力约定附条件或者附期限。”

在保险实务中,保险责任的开始时间可能与保险期间一致,也可能不一致。如寿险合同中大多规定有观察期,保险人承担保险责任的时间是自观察期结束后。

5. 保险金额。《中华人民共和国保险法》第18条第4款规定:“保险金额是指保险人承担赔偿或者给付保险金责任的最高限额。”在保险实务中,不同的保险合同保险金额的确定方法有所不同。在财产保险中,保险金额要根据保险价值来确定;在责任保险和信用保险中,一般由保险双方当事人在签订保险合同时依据保险标的的具体情况商定一个最高赔偿限额,还有些责任保险在投保时并不确定保险金额;在人身保险中,由于人的生命价值难以用货币来衡量,所以不能依据人的生命价值确定保险金额,而是根据被保险人的经济保障需要与投保人支付保险费的能力,由保险双方当事人协商确定保险金额。需要注意的是,保险金额只是保险人负责赔偿或给付的最高限额,保险人实际赔偿或给付的保险金数额只能小于或等于保险金额,而不能大于保险金额。

6. 保险费以及支付办法。保险费是指投保人支付的作为保险人承担保险责任的代价。缴纳保险费是投保人的基本义务。保险合同中规定的保险费支付办法包括保险费的缴纳方式、缴纳时间、缴纳数额和次数。非寿险合同一般在签订保险合同时一次付清保险费;长期寿险则既可以采取订约时一次性支付全部保险费即趸缴保险费的方式,也可以采取期缴的方式,即订约时先付第一期保险费,在订约后的一定期间内采用定期交付定额或递增、递减保险费等办法。期缴通常采取年缴,有十年缴,二十年缴。

投保人支付保险费的多少是由保险金额的大小和保险费率的高低以及保险期限等因素决定的。保险费率是指保险人在一定时期按一定保险金额收取保险费的比例,通常用百分率或千分率来表示。保险费率一般由纯费率和附加费率两部分组成。纯费率(也称净费率)是保险费率的基本部分。在财产保险中,主要是依据保险金额损失率(保险金额与损失赔偿金额的比例)来确定;在长期寿险中,则是根据人的预定死亡(生存)率和预定利率等因素来确定。附加费率是指一定时期内保险人业务经营费用和预定利润的总数同保险金额的比率。

7. 保险金赔偿或给付办法。保险金赔偿或给付办法即保险赔付的具体规定，是保险人在保险标的遭遇保险事故，致使被保险人经济损失或人身伤亡时，依法定或约定的方式、标准或数额向被保险人或其受益人支付保险金的方法。它是实现保险经济补偿和给付职能的体现，也是保险人的最基本义务。

在补偿性保险中，发生保险事故时由保险人根据实际损失额支付保险金，但以保险金额作为赔付的最高限度；在定额保险中，由于保险金额事先由当事人约定，所以保险事故发生时由保险人依照约定给付保险金额。一般情况下，人寿保险和年金保险都是定额保险；财产保险、疾病保险和伤害保险对治疗及住院等费用的补偿属于补偿保险。所以，在实务中，财产保险中表现为支付赔款，在人寿保险中表现为给付保险金。

8. 违约责任和争议处理。违约责任是指保险合同当事人因其过错致使合同不能履行或不能完全履行，即违反保险合同规定的义务而应承担的责任。承担违约责任的形式主要有实际履行、支付违约金和赔偿损失。

争议处理条款是指用以解决保险合同纠纷适用的条款。争议处理的方式一般有协商、仲裁、诉讼等。

9. 订立合同的年、月、日。订立合同的年、月、日，是判定保险利益是否存在的时间标准；可以弄清保险危险是否已经发生，避免保险骗赔。另外，在成立即生效的合同中，订立合同的年、月、日涉及保险期间的计算，关系到保险合同双方当事人的权利义务问题。在特定情况下，订立合同的年、月、日对核实赔案事实真相可以起到关键作用。

二、保险合同的凭证

保险合同的凭证是指订立保险合同的书面证明，其中包括订立正式合同之前的预备文件。《中华人民共和国保险法》第 13 条第 1 款规定："投保人提出保险要求，经保险人同意承保，保险合同成立。保险人应当及时向投保人签发保险单或者其他保险凭证。"

1. 投保单。投保单又称要保书是投保人向保险人申请订立保险合同的书面要约。投保单由保险公司统一印制，通常为表格形式，具有统一格式。投保单所列项目因险种不同而有所区别，投保人应按照表格所列项目逐一填写并回答保险人提出的有关保险标的的情况和事实。投保单一经保险人接受后，即成为保险合同的一部分。保险实务中，投保人提出保险要约时，均需填具投保单。如果投保单填写的内容不实或故意隐瞒、欺诈，都将影响保险合同的效力。

2. 保险单。保险单是投保人与保险人之间订立保险合同的正式书面凭证，一般由保险人在保险合同成立时签发，保险单一式两份，正本交由投保人收执，表明保险人已接受投保人的投保申请，副本留存保险公司。保险单签发后，便是保险合同最主要的组成部分,是保险合同存在的重要凭证,是保险双方当事人享有权利与承担义务的最重要的凭证和依据。

保险单的内容要力求完整,文义清楚准确。一般应详细列明保险人与投保人的权利、义务及各种证明双方权利义务的重要事项。根据各类保险业务的特点,保险单的设计风格各有特色。但是作为保险合同的正式书面凭证,保险单包含保险合同的全部内容,包括:声明事项、保险事项、除外事项和条件事项。

保险单在特定的条件下,有类似有价证券的作用,常被称为"保险证券"。如长期寿险保单具有现金价值,投保人可以保单作质押向其投保的保险人或第三者申请贷款。但应注意,保单出质后,投保人不得再转让或解除。另外,根据《中华人民共和国保险法》第34条规定:"以死亡为给付保险金条件的保险合同,未经被保险人书面同意,不得转让或者质押。"

3.暂保单。暂保单(又称临时保单)是保险人签发正式保险单之前发出的临时凭证,证明保险人已经接受投保人投保,存在一个临时保险合同。财产保险的暂保单又称暂保条,人身保险的暂保单又称暂保收据。它们的法律效力与正式保险单完全相同,只是有效期较短,一般为30天,正式保险单签发后暂保单则自动失效。暂保单签发后,保险人若确定不予承保,应按约定终止暂保单的效力,解除临时保险合同。

暂保单的内容非常简单,一般仅载明投保人与被保险人的姓名、投保险别、保险标的、保险金额、责任范围等重要事项。需要注意的是,暂保单并不是订立保险合同的必经程序,也不是保险合同必不可少的法律文件,目前实务中也较少采用。

4.保险凭证。保险凭证又称"小保单",实际上是一种简化了的保险单。凭证上不印保险条款,只有有关项目,但其与保险单具有同样的法律效力。凡保险凭证上未列明的内容均以相应的保险单的条款为准,二者有抵触时以保险凭证上的内容为有效。我国的货物运输保险、团体人寿保险和机动车辆第三者责任保险中,大量使用了保险凭证。

5.批单。批单又叫背书,是变更保险单上所载某些内容的一种单证,也是保险合同变更时最常用的书面单证。批单实际上是对已签订的保险合同进行修改、补充或增减内容的批注,一般由保险人出具。批单列明变更条款内容事项,须由保险人签章,一般附贴在原保险单或保险凭证上。批单的法律效力优于原保险单的同类条款。凡经批单改过的内容均以批单为准;多次批改,应以最后批改为准。批单也是保险合同的重要组成部分。

6.其他书面形式。除了以上印刷的书面形式外,保险合同也可以采取其他书面协议形式,如保险协议、电报、电传等形式。《中华人民共和国保险法》第13条规定:"保险单或者其他保险凭证应当载明当事人双方约定的合同内容。当事人也可以约定采用其他书面形式载明合同内容。"

在保险合同其他书面形式中,保险协议书是重要的书面形式。保险协议书是投保人与保险人经协商后拟定的书面协议,当事人的权利、义务在协议中载明,并由当事人双方盖章或签字。当保险标的较为特殊或投保人的要求较为特殊,不能采取标准化的保险单或保险凭证时,可以采用保险协议书的形式。

以上书面形式只是保险合同的部分凭证,但并不是保险合同的全部。应该说,在订立和履行保险合同过程中形成的所有文件和书面材料都是保险合同的组成部分,除此之外,还包括投保人的说明、保证;关于保险标的的风险程度证明、图表、鉴定报告;保费收据发生事故的通知、索赔申请、损失清单、损失鉴定等。

第四节 保险合同的成立与生效

一、保险合同的成立

(一)保险合同的订立程序

保险合同的订立是指保险人与投保人在平等自愿的基础上,就保险合同的主要条款经过协商最终达成协议的法律行为。与订立其他合同一样,保险合同的订立也要经过要约和承诺两个步骤。

1. 要约。要约(又称订约提议)是指一方当事人就订立合同的主要条款,向另一方提出订约建议的明确的意思表示。提出要约的一方为要约人,接受要约的一方为受约人。就保险合同的订立而言,要约即为提出保险要求。由于保险合同通常采用格式合同,所以,保险合同的订立通常是由投保人提出要约,即投保人填写投保单,向保险人提出保险要求。

2. 承诺。承诺(又称接受提议)是指当事人一方表示接受要约人提出的订立合同的建议,完全同意要约内容的意思表示。要约一经承诺,合同即告成立。在保险合同订立过程中,保险人对投保人提交的投保单进行审核,同意并签发保险单或其他保险凭证就是承诺。

在保险合同的订立过程中,如前所述,通常是由投保人提出要约,保险人作出承诺,投保人为要约人,保险人为受约人。这是因为保险合同通常是格式合同,即投保人是在填写投保单时就已经知道了保险人所厘定的保险费率和保险条款,或是在投保单上保险人已经事先印就保险费率和保险条款的条件下,而提出投保要求的。

但是,在一些投保单上没有列明保险费率和保险条款,投保人需要与保险人议定或者保险人对投保人的投保申请需增加新的附加条件时,保险人与投保人需要对此反复磋商。在这个磋商过程中,与订立一般合同一样,保险要约人与受约人的法律地位可能出现反复交换的情况。当保险人作为受约人对投保人的投保申请提出条件时,保险人就从受约人的地位转换成了要约人的地位,而投保人也从当初要约人的地位转换成了受约人的地位。但是,在实务中,营销人员对投保单的发放和普通保险商业广告都并非保险人的要约,而是一种“要约邀请”。就保险合同的订立而言,双方达成一致后,最终签发保单的只能是保险人,所以,保险合同的最终承诺人只能是保险人。

(二)保险合同的成立

合同的成立意味着双方当事人意思表示一致,要约承诺过程完成。保险合同的成立是指投保人与保险人就保险合同的条款达成协议。在实务操作中,当保险人审核了投保人填具的投保单,并在投保单上签章表示同意承保时,即意味着保险合同的成立。

《中华人民共和国保险法》第 13 条规定:“投保人提出保险要求,经保险人同意承保,保险合同成立。保险人应当及时向投保人签发保险单或者其他保险凭证,保险单或者其他保险凭证应当载明当事人双方约定的保险合同内容。经投保人和保险人协商同意,也可以采取前款规定以外的其他书面协议形式订立保险合同”。

但是,保险合同的成立并不一定标志着保险合同的生效。合同成立只解决合同是否存在的问题,而不能解决合同是否具有法律效力的问题。合同生效是在合同成立基础之上,另须具备有关要件。

需要注意的是,根据《最高人民法院关于适用<中华人民共和国保险法>若干问题的解释(二)》第 4 条规定,保险人接受了投保人提交的投保单并收取了保险费,尚未作出是否承保的意思表示,发生保险事故,被保险人或者受益人请求保险人按照保险合同承担赔偿或者给付保险金责任,符合承保条件的,人民法院应予支持;不符合承保条件的,保险人不承担保险责任,但应当退还已经收取的保险费。保险人主张不符合承保条件的,应承担举证责任。该条规定,主要是防止保险公司在收取保险费后未出单时以未承保为由拒赔。在实践中,投保人投保行为与保险人的承保行为之间经常会存在一个时间差。对于在这个时间差中出现的保险事故,保险人在收取保费后以未承保为由拒赔的,人民法院不予支持,除非保险人能举证证明投保不符合承保条件。

二、保险合同的生效

(一)一般合同的生效

合同的生效可以分为法定生效和约定生效。

《中华人民共和国民法典》规定,依法成立的合同,自成立时生效。当事人对合同的效力可以约定附条件。附生效条件的合同,自条件成就时生效。附解除条件的合同,自条件成就时失效。当事人对合同的效力可以约定附期限。附生效期限的合同,自期限届至时生效。

(二)保险合同的生效

保险合同的生效是指依法成立的保险合同条款对合同当事人产生约束力。

1. 保险合同的法定生效。保险合同的法定生效意味着依法成立的保险合同，自成立时生效。《中华人民共和国保险法》第13条第3款规定："依法成立的保险合同，自成立时生效。"

2. 保险合同的约定生效。保险合同往往是附条件、附期限生效的合同，只有当事人的行为符合所附条件或达到所附期限时，保险合同才生效。《中华人民共和国保险法》第13条第3款规定："投保人和保险人可以对合同的效力约定附条件或者附期限。"例如，在实务中，当寿险合同采取期缴保费方式时，约定投保人交付首期保费合同生效；财产保险合同推行的"零时起保制"，就是指保险合同的生效时间是在合同成立的次日零时或约定的未来某一日的零时。

第五节 保险合同的效力

一、保险合同的有效与无效

（一）保险合同的有效

保险合同的有效是指保险合同具有法律效力并受国家法律保护。任何保险合同要产生当事人所预期的法律后果，使合同产生相应的法律效力，必须符合有效条件。按照保险合同订立的一般原则，保险合同的有效条件如下：

1. 主体合意。所谓主体合意主要指签订保险合同的当事人双方要合意，而且合意是当事人双方必须具有主体资格基础上的合意，是建立在最大诚信基础上的合意。任何一方对他方的限制和强迫命令，都可使合同无效。

2. 客体合法。所谓客体合法是指投保人对于投保标的所具有的保险利益必须符合法律规定，符合社会公共利益要求，能够在法律上有所主张，为法律所保护。否则，保险合同无效。

3. 双方当事人权利、义务对等。保险合同是有偿合同。投保人以承担缴付保险费义务为代价换取保险人对其遭受保险事故时的经济保障；保险人则以承诺在被保险人发生保险事故时提供经济保障为代价赢得向投保人收取保险费的权利。这种权利与义务的对等是以公平合理的保险费率为基础的。

（二）保险合同的无效

保险合同的无效是指保险合同不具有法律效力，不受国家法律保护。对于无效保险合同而言，虽然合同已经成立，但因其严重欠缺有效条件，因而绝对不允许按当事人合意的内容赋予法律效果。

1. 保险合同无效的特点。保险合同的无效的主要特点有：(1)违法性。违反了法律和行政法规的强制性规定和社会公共利益；(2)自始无效性。无效具有法律溯及力，从合同订立时起就不具有法律效力；(3)不得履行性。当事人不得实际履行无效的保险合同，并且不必承担违约责任；(4)确认机关的特定性。只限于经人民法院或仲裁机构审查确认无效。

2. 保险合同的全部无效和部分无效。保险合同的全部无效是指其约定的全部权利和义务自始不产生法律效力。如投保人对保险标的不具有保险利益，或违反国家利益和社会公共利益的保险合同，或保险标的不合法的保险合同等，均属于全部无效的保险合同。保险合同部分无效是指保险合同某些条款的内容无效，但合同的其他部分仍然有效。《中华人民共和国保险法》对保险合同无效原因的规定，散见于部分条文，规定很不完善。主要情形有：(1)危险不存在的保险合同无效；(2)无保险利益的保险合同无效；(3)恶意重复保险合同无效；(4)死亡保险合同不满足法定条件时无效；(5)保险金额超过保险价值的部分无效；(6)责任免除条款未经明确说明的无效。

3. 保险合同的无效与失效。保险合同的无效不同于保险合同的失效。保险合同被确认无效后，即自始无效，是绝对无效；而保险合同失效则是由于某种事由的发生，使保险合同的效力暂时中止，而非绝对无效，待条件具备时合同效力仍可恢复。

4. 无效保险合同的处理。对于无效保险合同的处理方式依合同无效的影响程度不同而不同。一般的无效保险合同采取返还财产的方式，即保险人将收取的保险费退还给投保人，被保险人将保险人赔付的保险金退还给保险人；对给当事人造成损失的无效保险合同采取赔偿损失的方式，即按照过错原则由有过错的一方向另一方赔偿，如果双方均有过错，则相互赔偿；对有违反国家利益和社会公共利益的保险合同采取追缴财产的方式，即追缴故意方已经通过保险合同取得和约定取得的财产，收归国库。

二、保险合同的保全

保险合同保全是指保险人根据合同约定及投保人、被保险人或者受益人的要求而提供的一系列维持合同效力的服务。目的是为了维持合同持续有效，不让已有效的合同停止效力或投保人不再续约而影响客户的利益。下面主要介绍保险合同的变更与中止。

(一)保险合同的变更及要求

保险合同的变更是指保险合同没有履行或没有完全履行之前，当事人根据情况变化，按照法律规定的条件和程序，对保险合同的某些条款或事项进行修改或补充。保险合同的变更，主要包括保险合同主体的变更和内容的变更。

1. 保险合同主体的变更。保险合同主体的变更指保险人、投保人、被保险人以及受益人的变更。

(1)保险人的变更。保险人的变更，是指保险企业因破产、解散、合并、分立而发生的变更，经国家保险管理机关批准，将其所承担的全部保险合同责任转移给其他保险人或政府有关基金承担。

(2)投保人、被保险人和受益人的变更。在保险实践活动中,投保人、被保险人和受益人的变更最为常见,而且在财产保险合同与人身保险合同中情况各不相同。

在财产保险中,由于保险财产的买卖、转让、继承等法律行为而引起保险标的所有权转移,从而引起投保人或被保险人的变更。由于保险合同的主要形式是保险单,因此,投保人或被保险人的变更又会涉及保险单的转让。对此,有两种不同的做法:一是允许保险单随保险标的所有权的转移而自动转让,因而投保人、被保险人也可随保险标的的转让而自动变更,毋须征得保险人的同意,保险合同继续有效。如货物运输保险合同,由于货物在运输过程中,不是由被保险人而是由承运人所保管,加之货物所有权随着货物运输过程中提单的转移而屡次发生转移,因此,保险标的所面临的风险与被保险人没有直接的关系。所以,允许保险单随着货物所有权的转移而自动转让,毋须征得保险人的同意。二是保险单的转让要征得保险人的同意方为有效。对大多数财产保险合同而言,由于保险单不是保险标的的附属物,保险标的所有权转移后,新的财产所有人是否符合保险人的承保条件,能否成为新的被保险人,需要进行考察,以决定保单能否转让给新的财产所有人。所以,保险单不能随保险标的所有权的转移而自动转让,一般要由投保人或被保险人书面通知保险人,保险人经过选择,并在保险单上背书,转让才有效。因此,投保人或被保险人必须得到保险人同意后才可变更,保险合同才可继续有效。否则,将使保险合同终止,保险人不再承担保险责任。值得注意的是,这里并不是指未经保险人同意保险标的不得转让,而仅指保险合同会因此而终止。

在人身保险中,因为被保险人本人的寿命或身体就是保险标的,所以被保险人变更属于保险标的变更,是保险合同内容变更的一部分,一般导致保险合同终止,用新的保险合同加以代替。特别是在个人人寿保险中,一般不允许变更被保险人。所以,人身保险合同主体变更主要涉及投保人与受益人的变更。①投保人的变更。只要新的投保人对被保险人具有保险利益,而且愿意并能够缴付保险费,则无须经保险人同意,但须告知保险人。但是,如果是以死亡为给付保险金条件的保险合同,必须经被保险人本人书面同意,才能变更投保人。②受益人的变更。受益人是由被保险人或经被保险人同意由投保人指定的,其变更主要取决于被保险人的意志。被保险人或者投保人可以随时变更受益人,无须经保险人同意,但投保人变更受益人时须经被保险人同意。但无论如何,受益人的变更要书面通知保险人,保险人收到变更受益人的书面通知后,应当在保险单上批注。

2. 保险合同内容的变更。保险合同内容的变更是指保险合同主体享受的权利和承担的义务所发生的变更,表现为保险合同条款及事项的变更。《中华人民共和国保险法》第20条规定:"投保人和保险人可以协商变更合同内容。变更保险合同的,应当由保险人在保险单或者其他保险凭证上批注或者附贴批单,或者由投保人和保险人订立变更的书面协议。”这说明投保人和保险人均有变更保险合同内容的权利。保险人变更保险合同内容主要是修订保险条款。但是,由于保险合同的保障性和附合性的特征,在保险实践中,一般不允许保险人擅自对已经成立的保险合同条款作出修订,因而其修订后的条款只能约束新签单的投保人和被保险人,对修订前的保险合同的投保人和被保险人并不具有约束力。

保险合同内容的变更主要由投保方原因引起,这些原因包括:(1)保险标的的数量、价值增减而引起的保险金额的增减;(2)保险标的的种类、存放地点、占用性质、航程等的变更引起风险程度的变化,从而导致保险费率的调整;(3)保险期限的变更;(4)人寿保险合同中被保险人职业、居住地点的变化等。

对此,一种情况是投保人根据自己的实际需要提出变更合同内容。另一种情况是投保人必须进行的变更,如风险程度增加的变更,否则,会因违背合同义务而承担法律后果。

3. 保险合同变更的程序与形式。无论是保险合同内容的变更还是主体的变更,都要遵循法律、法规规定的程序,采取一定的形式完成。

(1)保险合同变更须经过一定的程序才可完成。在原保险合同的基础上,投保人及时提出变更保险合同事项的要求,经保险人审核,并按规定增减保险费,最后签发书面单证,变更完成。

(2)保险合同变更须采用书面形式,对原保单进行批注。对此一般要出具批单或者由投保人和保险人订立变更的书面协议,以注明保险单的变动事项。

(二)保险合同的中止与复效

1. 保险合同中止。保险合同的中止在人寿保险合同中最常见。人寿保险合同中止是指在保险合同存续期间,由于某种原因的发生而使保险合同的效力暂时失效。

人寿保险合同大多期限较长,由数年至数十年不等,故其保险费的缴付大都是分期。如果投保人在约定的保险费缴付时间内没有按时缴付,且在宽限期内(一般为60天)仍未缴付,则保险合同中止。《中华人民共和国保险法》第36条规定:“合同约定分期支付保险费,投保人支付首期保险费后,除合同另有约定外,投保人自保险人催告之日起超过30日未支付当期保险费,或者超过约定的期限60日未支付当期保险费的,合同效力中止,或者由保险人按照合同约定的条件减少保险金额。”

在合同中止期间发生的保险事故,保险人不承担赔偿或给付保险金的责任。分红保险将被停止计息。

2. 保险合同的复效。复效是指人身保险合同效力中止日开始2年内投保人可以向保险人申请恢复效力。对此各国保险法均规定,被中止的保险合同可以在合同中止后的2年内申请复效。一般而言,合同复效的前提条件应该满足:合同效力中止但尚未撤销;被保险人要重新体检、提供健康声明、保险人重新核保;投保人补交保费及利息。满足复效条件复效后的合同与原合同具有同样的效力,可以继续履行。

中止期超过 2 年的保险合同投保人不提出复效申请,或保险人不能接受已发生变化的保险标的(如被保险人在合同中止期间患有保险人不能按条件承保的疾病),或其他原因而被解除,不再有效。

三、保险合同的终止

保险合同的终止是指保险合同成立后,因法定的或约定的事由发生,使合同确定的当事人之间的权利和义务关系不再继续,法律效力完全消灭的事实。终止是保险合同发展的最终状态。

(一)自然终止

自然终止是指因保险合同期限届满而终止。这是保险合同终止的最普遍、最基本的原因。凡保险合同订明的保险期限届满时,无论在保险期限内是否发生过保险事故以及是否得到过保险赔付,保险期限届满后保险合同必须按时终止。保险合同期满后,需要继续获得保险保障的,要重新签订保险合同即续保。但是,这里所指的续保并不意味着保险期限的延长或是原保险合同的继续,而是另一个新的保险合同的签订。

(二)保险人保险赔付义务已经履行完毕而终止

这一情况是指保险人已经履行赔偿或给付全部保险金义务后,如无特别约定,保险合同即告终止,即使保险期限尚未届满合同也告终止。

(三)因保险标的全部灭失而终止

这一情况是指由于非保险事故发生,造成保险标的灭失,保险标的已实际不存在,保险合同自然终止。如人身意外伤害保险中,被保险人因疾病而死亡,就属于这种情况。

(四)因解除而终止

保险合同的解除是指在保险合同成立后,有效期尚未届满前,依照法律或约定,或经合同一方当事人提议,并与另一方当事人达成协议,解除原有的法律关系,提前终止保险合同效力的法律行为。

1. 保险合同解除的方式。保险合同的解除方式可以分为约定解除、协商解除、法定解除和裁决解除。

(1)约定解除。约定解除是指合同当事人在订立保险合同时约定,在合同履行过程中,某种情形出现时,合同一方当事人可行使解除权,使合同的效力消灭。

(2)协商解除。协商解除是指在保险合同履行过程中,某种在保险合同订立时未曾预料的情形出现,导致合同双方当事人无法履行各自的责任或合同履行的意义已丧失，于是通过友好协商，解除保险合同。

(3)法定解除。法定解除是指在保险合同履行过程中，法律规定的解除情形出现时，合同一方当事人或者双方当事人都有权解除保险合同，终止合同效力。

(4)裁决解除。裁决解除是指发生解除保险合同纠纷，纠纷当事人根据合同约定或法律规定提请仲裁或向人民法院提起诉讼时，人民法院或仲裁机构裁决解除保险合同。

2.《中华人民共和国保险法》有关保险合同解除的特别规定。《中华人民共和国保险法》对于保险合同的解除作了一些特别规定。这些规定，对投保人的限制力度与对保险人的限制力度有所不同。

《中华人民共和国保险法》第 15 条规定："除本法另有规定或者保险合同另有约定外，保险合同成立后，投保人可以解除保险合同，保险人不得解除合同。"有关保险人解除合同的条件有：

(1)投保人不履行如实告知义务。《中华人民共和国保险法》第 16 条第 2 款规定："投保人故意或者因重大过失未履行如实告知义务，足以影响保险人决定是否同意承保或者提高保险费率的，保险人有权解除保险合同。"如实告知是投保人的一项法定义务，只要投保人故意隐瞒事实，不履行如实告知义务，无论其隐瞒的事实是否重要，对保险人决定是否承保和适用保险费率是否产生影响，保险人一经查实，均有权解除保险合同。如果投保人处于过失未履行如实告知义务，只有在造成保险人错误地承保或采用了偏低的保险费率时，保险人才有权解除保险合同。如果即使如实告知保险人也会承保，并且不会适用更高的保险费率，那么保险人不得解除保险合同。

需要注意的是，根据《最高人民法院关于适用 < 中华人民共和国保险法 > 若干问题的解释(二)》的规定，投保人的告知义务限于保险人询问的范围和内容。当事人对询问范围及内容有争议的，保险人负举证责任。保险人以投保人违反了对投保单询问表中所列概括性条款的如实告知义务为由请求解除合同的，人民法院不予支持。但该概括性条款有具体内容的除外。

(2)投保人、被保险人未履行维护保险标的安全义务。《中华人民共和国保险法》第 51 条第 3 款规定："投保人、被保险人未按照约定履行其对保险标的安全应尽的责任的，保险人有权要求增加保险费或者解除合同。"投保人、被保险人未尽安全义务，必然加大保险标的的风险，从而加大了保险人责任。因而，《中华人民共和国保险法》赋予了保险人解除保险合同的权利。

(3)被保险人未履行危险增加的通知义务。《中华人民共和国保险法》第 52 条第 1 款规定："在合同有效期内，保险标的危险程度增加的，被保险人按照合同约定应当及时通知保险人，保险人可以按照合同约定增加保险费或者解除合同。"在保险合同有效期内，不论保险标的因何种原因增加危险程度，被保险人均应按合同约定及时将保险标的危险程度增加的事实通知保险人,以便保险人根据自己的业务和承保能力决定是否要求增加保险费或解除保险合同。同时,危险程度增加,也使原保险合同有失公平,所以保险人也有权通过增加保险费或解除保险合同来维护自身利益。

(4)保险标的发生部分损失。《中华人民共和国保险法》第 58 条规定:“保险标的发生部分损失的,在保险人赔偿后 30 日内,投保人可以解除合同;除合同另约定外,保险人也可以解除合同,但应当提前 15 日通知投保人。合同解除的,保险人应当将保险标的未受损失部分的保险费,按照合同约定扣除自保险责任开始之日起至合同解除之日止应收的部分后,退还投保人。”如果保险标的遭受部分损失,保险人支付的赔款尚未达到保险金额,保险合同继续有效,但这时保险标的的实际风险要比承保时预计的大得多,或已超出承保能力,那么保险人就会提出解除保险合同的要求。

(5)投保人未履行如实申报义务。《中华人民共和国保险法》第 32 条第 1 款规定:“投保人申报的被保险人年龄不真实,并且其真实年龄不符合合同约定的年龄限制的,保险人可以解除合同,并按照合同约定退还保险单现金价值。保险人行使合同解除权适用本法第十六条第三款、第六款的规定。”根据此条规定,保险人行使解除合同权时必须同时具备三个条件:第一,投保人申报的被保险人年龄不真实,且保险人不知投保人未如实申报;第二,被保险人的真实年龄不符合合同约定;第三,保险合同成立不满两年。当保险人据此解除合同时,应在扣除手续费之后退还保险费。

(6)投保人未按约定履行支付保险费义务。根据《中华人民共和国保险法》第 36 条和第 37 条的规定,合同约定分期支付保险费,投保人支付首期保险费后,未按约定或法定期限支付当期保险费的,合同效力中止。合同效力中止后起 2 年内双方未就恢复合同效力达成协议的,保险人有权解除合同。

(7)投保人、被保险人或受益人欺诈索赔。《中华人民共和国保险法》第 27 条第 1 款规定:“未发生保险事故,被保险人或者受益人谎称发生了保险事故,向保险人提出赔偿或者给付保险金的请求的,保险人有权解除保险合同,并不退还保险费。”《中华人民共和国保险法》第 27 条第 2 款规定:“投保人、被保险人故意制造保险事故的,保险人有权解除保险合同,不承担赔偿或者给付保险金的责任,除本法第四十三条规定外,不退还保险费。”《中华人民共和国保险法》第 43 条第 1 款规定:“投保人故意造成被保险人死亡、伤残或者疾病的,保险人不承担给付保险金的责任。投保人已交足 2 年以上保险费的,保险人应当按照合同约定向其他权利人退还保险单的现金价值。”

《中华人民共和国保险法》第 50 条又规定:“货物运输保险合同和运输工具航程保险合同,保险责任开始后,合同当事人不得解除合同。”

第六节　保险合同的解释

一、保险合同条款的解释原则

保险合同当事人双方在履行合同过程中,遇到与执行合同相关的事项时可能产生意见分歧,且各执己见,相持不下,从而引起争议。其中,大多数情况是源于保险合同条款,或者是保险合同条款本身文字表达不清、不够准确甚至表述模棱两可,或者是双方对保险合同条款理解上产生了分歧。对此,要遵循保险合同条款的解释原则。

(一)文义解释原则

文义解释原则即按照保险合同条款通常的文字含义并结合上下文解释的原则。如果同一词语出现在不同地方,前后解释应一致,专门术语应按本行业的通用含义解释。

(二)意图解释原则

意图解释原则是指必须尊重双方当事人在订约时的真实意图进行解释的原则。这一原则一般只能适用于文义不清,条款用词不准确、混乱模糊的情形,解释时要根据保险合同的文字、订约时的背景、客观实际情况进行分析推定。

(三)有利于被保险人和受益人的解释原则

按照国际惯例,对于单方面起草的合同进行解释时,应普遍遵循有利于非起草人的解释原则。由于保险合同条款大多是由保险人拟定的,当保险条款出现含糊不清的意思时,应作有利于被保险人和受益人的解释。但这种解释应有一定的规则,不能随意滥用,只能用于合同所用语言、文字不清或一词多义时。《中华人民共和国保险法》第 30 条规定:“采用保险人提供的格式条款订立的保险合同,保险人与投保人、被保险人或者受益人对合同条款有争议的,应当按照通常理解予以解释。对合同条款有两种以上解释的,人民法院或者仲裁机构应当作出有利于被保险人和受益人的解释。”

(四)批注优于正文,后批优于先批的解释原则

保险合同是标准化文本,条款统一,但在具体实践中,合同双方当事人往往会就各种条件变化进一步磋商,对此大多采用批注、附加条款、加贴批单等形式对原合同条款进行修正。当修改与原合同条款相矛盾时,采用批注优于正文、后批优于先批、书写优于打印、加贴批注优于正文批注的解释原则。

(五)补充解释原则

补充解释原则是指当保险合同条款约定内容有遗漏或不完整时,借助商业习惯、国际惯例、公平原则等对保险合同的内容进行务实、合理的补充解释,以便合同的继续执行。

二、保险合同条款的解释效力

对于保险合同条款的解释是否具有法律效力，主要取决于所解释的条款的出处。在保险实务中，保险合同条款的出处有四种：第一，直接源于《中华人民共和国保险法》和保险监管机关颁布的条例、规章的条款内容；第二，保险公司报保险监督管理机构审批的条款内容；第三，保险公司自己制定并报保险监督管理机构备案的条款内容；第四，保险人与投保人协商制定的条款内容。

（一）对于第一、第二类条款的解释效力

对于第一、第二类条款的解释，就是对国家法律作出的解释，可以分为立法解释、司法解释、行政解释、仲裁解释和学理解释。

1. 立法解释。立法解释是指国家最高权力机关的常设机关——全国人大常委会对《中华人民共和国保险法》的解释。全国人大是全国的最高权力机关，也是最高立法机关。因此，只有全国人大常委会对《中华人民共和国保险法》的解释才是最具有法律效力的解释，其他解释不能与此相冲突，否则无效。

2. 司法解释。司法解释是指国家最高司法机关在适用法律的过程中，对于具体应用法律问题所作的解释。国家最高司法机关是最高人民法院。对于保险合同条款中有关《中华人民共和国保险法》的内容，在适用法律时，必须遵守司法解释。

3. 行政解释。行政解释是指国家主管部门根据宪法和法律所制定的行政法规及部门规章所作的解释。中国保险业监督管理机构有权解释保险合同条款中有关规章类或视同规章部分，并具有法律效力。

4. 仲裁解释。仲裁解释是指保险合同争议的双方当事人依据达成的协议把争议提交仲裁机构仲裁后，仲裁机构对保险合同条款的解释。仲裁机构对保险合同条款的解释同样具有约束力。当一方当事人不执行时，另一方当事人可以申请人民法院强制执行。

5. 学理解释。学理解释是指一般社会团体、专家学者等对法律、法规所进行的法理性的解释。这些解释只能作为仲裁、审判过程中的参考，但不具有法律效力。

以上五种解释中，前四项合称为法定解释或有权解释，是特定的国家机构以宪法和法律所赋予的对有关法律、行政法规、部门规章等的解释权所进行的解释，这些解释只要不违反法律，就与法律具有相同的效力，并应作为办案的依据。

（二）对于第三、第四类条款的解释效力

对于保险人单方面制定或保险人与投保人协商制定的保险条款，其解释权在主体双方手中。只有在合同订立时双方商定承认的解释或产生争议后双方协商一致的解释，才对双方具有约束力，也才具有法律效力。任何单方面所作的解释都是没有法律效力的。

第七节　保险合同的纠纷处理

一、保险合同纠纷产生的原因

保险合同的纠纷是指当事人双方对合同在履行过程中,遇到与执行合同相关的事项,产生意见分歧,且各执己见,相持不下,引起争议与摩擦。

分析纠纷产生的原因,以便在纠纷产生之前加以防范、减少与消除这些原因,从而融洽并发展保险关系。一般而言,保险双方当事人多在风险事故发生并导致保险标的损害之后,对保险责任的区分、认定,保险利益的分辨,权利义务的履行,及赔偿、给付金额的多寡等问题上产生异议,引起争议和摩擦,导致纠纷。具体讲,主要有以下几项:

第一,保险公司的原因导致的纠纷。常见的原因有保险公司遗失相关材料;保险公司惜赔、无理拖赔、拒赔;保险公司员工操作不规范;保险条款表述不严谨,有歧义。

第二,投保方的原因导致的纠纷。常见原因有被保险人在投保单上的签字不实;投保方违反最大诚信原则。

第三,保险中介人原因导致的纠纷。此类原因有保险代理人代理行为不规范;保险经纪人不专业;保险公估人不公等。

第四,其他原因。这类原因主要特点是引起保险标的损失、伤害的原因复杂,尤其是保险责任与除外责任交织时。

二、保险合同纠纷的处理方式

在保险合同的条款中一般有如下规定:投保方与保险人发生争议时,应本着实事求是的精神协商解决,如双方不能达成协议时,可提交仲裁机构仲裁或法院审理。

(一)协商

协商是指合同双方在自愿、互谅、实事求是的基础之上,对出现的争议直接沟通,友好磋商,消除纠纷,求大同存小异,对所争议问题达成一致意见,自行解决争议的办法。

协商解决争议不仅可以节约时间、节约费用,更重要的是可以在协商过程中彼此增进了解,强化双方的互相信任,有利于圆满解决纠纷,并继续履行合同。

(二)仲裁

仲裁指由仲裁机构的仲裁员对当事人双方发生的争执、纠纷进行居中调解,并作出裁决,亦称“公断”。仲裁作出的裁决,由国家规定的合同管理机关制作仲裁决定书。申请仲裁必须以双方自愿基础上达成的仲裁协议为前提。仲裁协议可以是订立合同时的仲裁条款,也可以是在争议发生前、发生时或发生后达成的仲裁协议。

仲裁机构主要是指依法设立的仲裁委员会,它是独立于国家行政机关的民间团体,由争议双方当事人协议选定,不受级别管辖和地域管辖的限制。仲裁裁决具有法律效力,当事人必须执行。仲裁实行“一裁终局”的制度,即裁决书作出之日即发生法律效力。

(三)调解

调解是争议双方在第三方机构组织下,通过谈判、协商以和解方式解决纠纷的方式。目前,主要的调解机构除了仲裁委员会、法院外,还包括人民调解委员会。《中华人民共和国调解法》也确认了调解的效力。

2012 年 12 月 18 日,最高人民法院、保监会联合印发了《关于在全国部分地区开展建立保险纠纷诉讼与调解对接机制试点工作的通知》(法〔2012〕307 号,以下简称《通知》)。《通知》要求,试点地区人民法院、保险监管机构、保险行业协会要建立、完善保险纠纷的多元解决机制,通过建立“诉调对接”机制,实现保险纠纷的妥善解决,维护各方当事人的合法权益,推进保险业持续健康发展。非试点地区的人民法院、保险监管机构和保险行业协会可以积极探索保险纠纷的多元解决方式,借鉴试点地区的成功经验,为保险纠纷诉讼与调解对接机制的建立和完善奠定良好的基础。

(四)诉讼

诉讼是指保险合同当事人的任何一方按法律程序,通过法院对另一方当事人提出权益主张,由人民法院依法定程序解决争议、进行裁决的一种方式。这是解决争议最激烈的方式。

在我国,保险合同纠纷案属民事诉讼。与仲裁不同,法院在受理案件时,实行级别管辖和地域管辖、专属管辖和选择管辖相结合的方式。依照《中华人民共和国民事诉讼法》的规定:“因保险合同纠纷提起的诉讼,由被告住所地或者保险标的物所在地人民法院管辖。”最高人民法院《关于适用〈中华人民共和国民事诉讼法〉若干问题的意见》第 25 条规定:“因保险合同纠纷提起的诉讼,如果保险标的物是运输工具或者运输中货物,由被告住所地或者运输工具登记注册地、运输目的地、保险事故发生地的人民法院管辖。”所以,保险合同双方当事人只能选择有权受理的法院起诉。

我国现行保险合同纠纷诉讼案件与其他诉讼案一样实行的是两审终审制,即当事人不服一审法院判决的可以在法定的上诉期内向高一级人民法院上诉申请再审。第二审判决为最终判决。一经终审判决,立即发生法律效力,当事人必须执行。否则,法院有权强制执行。当事人对二审判决还不服的,通过再程序申请再审。

第四章

保险的基本原则

第一节　保险利益原则

一、保险利益及其确立条件

(一)保险利益的含义

保险利益是指投保人或被保险人对投保标的所具有的法律上承认的利益。它体现了投保人或被保险人与保险标的之间存在的利害关系。倘若保险财产完好、安全或被保险人健在,则这种经济利益存在,即被保险人可以从中获益或者避免损失的发生;倘若保险财产损毁、被保险人受到伤害,则这种经济利益损失,即投保人或被保险人必然会蒙受经济损失。正是由于保险标的维系着被保险人的经济利益,投保人才会将保险标的的各种风险转嫁给保险人,而保险人则通过风险分摊保障被保险人的经济利益。

(二)保险利益的确立条件

确认投保人或被保险人对投保标的所具有的利益是否能够构成保险利益,必须考察其是否符合以下三个条件。

1. 保险利益必须是合法的利益。投保人或被保险人对保险标的所具有的利益必须是合法的利益,即必须得到法律认可、符合法律规定并受到法律保护。合法的利益,可因法律的直接规定而产生,也可因当事人的约定而发生,但是当事人取得的利益,不得违反法律的强制性规定以及社会公共利益。倘若违反社会公共利益,也视为违法。凡是不符合法律规定而取得的利益,投保人或者被保险人对之虽有利害关系,但没有保险利益。一般而言,保险利益产生于国家制定的相关法律或法规以及法律所承认的有效合同。具体而言,投保人或被保险人对保险标的的所有权、占有权、使用权、收益权及维护标的安全责任等必须是依法或依照有法律效力的合同而合法取得、合法享有、合法承担的,凡是违法或损害社会公共利益而产生的利益都是非法利益,如以走私贩私、盗窃抢劫等不当行为而占有或获得的利益均属于非法利益,当然不能作为保险利益。保险人不应承保这种利益,即使已经承保的，一经发现，保险合同也自始无效。例如，投保人或被保险人因为实施法律所禁止的行为或者违反公序良俗的行为所取得的利益，不具有保险利益，以此订立的保险合同无效。

2. 保险利益必须是确定的利益。保险利益必须是已经确定或者可以确定的利益。已经确定的利益或者利害关系为现有利益，如投保人或被保险人因已经拥有财产的所有权、占有权、使用权等而享有的利益即为现有利益。尚未确定但可以确定的利益或者利害关系为期待利益。期待利益是当前在客观上或事实上尚不存在，但据有关法律或有效合同的约定可以确定在今后一段时间内将会产生的经济利益。这种利益必须建立在客观物质基础上，而不是主观臆断、凭空想象的利益。可见，投保人或被保险人可以为其现有利益投保，也可以为其将来可以确定的期待利益投保。如在海洋运输货物保险中，依据国际保险惯例，如果贸易价格采用到岸价格即 CIF 价格，那么，海洋运输货物保险的保险金额的确定就允许在成本、保险费、运费的基础上再另加成 10%，即按货物 CIF 价格的 110% 投保，这 10% 就是预期利润。另外，企业根据生产计划，预期到年终能够实现的营业利润，房屋出租人根据租赁合同应该取得的预期租金等均为合理的预期利益，可以作为保险利益。但是，在人身保险中，投保人对被保险人的寿命或者身体所具有的保险利益必须为现有利益，即投保人在订立保险合同时必须与被保险人之间存在已经确定的既存利害关系，例如亲属关系、抚养关系等。

3. 保险利益必须是经济利益。经济利益是指投保人对投保标的的利益必须是能够以货币来计算、衡量和估价的利益。因为保险人对被保险人承担的赔付责任是基于投保人对投保标的具有经济利益的事实，通过货币形式而实现的。如果投保人对投保的标的不具有经济利益，或者虽然具有利益但不能用货币来计量，保险人的赔付责任则无法兑现。因此，不能用货币计量其价值的利益不能成为保险利益。但是，某些古董、名人字画虽为无价之宝，却可以通过所约定的货币数额来确定其保险利益；人的生命或身体虽然无价，难以用货币来计量，但亦可约定一个金额来确定保险利益；在某些情况下，人身保险的保险利益也是可以计算的，如债权人对债务人生命的保险利益，可以以其债权金额为限。

二、保险利益原则的含义及意义

（一）保险利益原则的含义

保险利益原则是保险的基本原则，其本质内容是要求投保人或被保险人必须对投保的标的具有保险利益。如果投保人或被保险人以不具有保险利益的标的投保，保险人可单方面宣布保险合同无效。即使是已经生效的保险合同，如果投保人或被保险人失去了对保险标的拥有的保险利益，保险合同也会随之失效。而当保险标的因保险责任事故的发生遭到损失时，被保险人不得因保险而获得保险利益限度以外的额外利益。

按照保险利益原则的要求,无论是财产保险还是人身保险,必须以保险利益的存在为前提。只有对投保的标的具有保险利益的主体才能充当该标的的投保人或被保险人,保险人也才能据此予以承保。换言之,投保人或被保险人凭借着保险利益才可进行投保,保险人凭借着保险利益接受投保申请并据以确定承保的最高限额。在财产保险中,当保险标的发生保险事故时,只有对受损标的具有保险利益的被保险人才具有索赔资格,而且所得到的赔偿或给付的保险金不得超过其保险利益额度。

(二)坚持保险利益原则的意义

1. 从根本上划清保险与赌博的界线。保险与赌博均是基于偶然事件的发生而获益或受损。就保险而言,个别被保险人在保险期间是否取得保险金,有赖于约定的风险事故是否发生;就赌博而言,参与者的输赢也是取决于偶然因素。但是,赌博是完全基于偶然因素,通过投机取巧谋取不当利益的行为,有人为了侥幸获利甚至图谋暴利,会不惜一切代价去冒险,而且以他人的损失为代价。因为赌博,有人可能一夜之间暴富,也有人可能一贫如洗。因为赌博将确定的赌注变成了不确定的输赢,增加甚至创造了风险,导致了社会的不安定,因而为各国法律所禁止。如果保险关系不是建立在投保人对保险标的具有保险利益的基础上,而是投保人可以就任一标的投保,由于保险费与保险金额相差很大,就有可能使投保人或被保险人获得远远高于其保险费支出的赔付,从而就有人以期得到高于所缴保费几十倍的保险赔偿而故意制造保险事故甚至于不惜犯罪。这类行为无异于赌博,是不利于社会公共利益的。而保险利益的确立,要求投保人对保险标的必须具有保险利益,而且只有在经济利益受损的条件下才能得到保险赔付,从根本上划清了保险与赌博的界线,对维护社会公共利益,保证保险经营的科学性具有重要意义。

2. 防止道德风险的发生。这里的道德风险是指被保险人或受益人为获取保险人的赔偿或保险金给付而故意违反道德规范,甚至故意犯罪,促使保险事故发生或在保险事故发生时放任损失的扩大。保险赔偿或给付是以保险标的遭受损失或保险事故发生为前提条件,而且保险费与保险赔偿或给付金额相差悬殊。如果允许投保人以不具有保险利益的保险标的投保,那么就意味着该标的受损对他来讲不仅没有损失,而且还可以获得保险赔偿,这样就可能诱发投保人或被保险人为谋取保险赔款而故意破坏保险标的的道德风险、犯罪动机与犯罪行为。保险利益原则的限定,杜绝了无保险利益保单的出现,从而有效地控制了道德风险的重要诱因,保护了被保险人的生命安全与被保险财产的安全。

3. 界定保险人承担赔偿或给付责任的最高限额。保险合同保障的是被保险人的保险利益,补偿的是被保险人的经济利益损失。保险保障就是要保证被保险人因保险事故而遭受经济损失时,得到及时的赔付,但不允许被保险人通过保险获得额外的利益。即保险人的赔偿金额不能超过保险利益,否则被保险人将因保险而获得超过其损失的经济利益,这既有悖于保险经济活动的宗旨,也易诱发道德风险、赌博、犯罪等行为。而以保险利益作为保险人承担赔偿或给付责任的最高限额,既能保证被保险人能够获得足够的、充分的补偿,又不会造成被保险人因保险而获得超过损失的额外利益。因此,保险利益是保险人进行赔偿、被保险人获得赔偿的质与量的根据与准绳,保险利益原则的规定为保险赔偿的界定提供了科学合理的依据。

三、保险利益原则在实务中的应用

(一)各类保险的保险利益确定

1. 财产损失保险的保险利益确定。财产损失保险的保险标的是财产及其有关利益。因此,投保人对其拥有所有权、占有权、抵押权、质权、留置权、典权等权利的财产及其有关利益具有保险利益,可以成为财产损失保险合同的投保人或被保险人。

(1)财产所有人、经营管理人对其所有经营管理的财产具有保险利益。公司法定代表人对公司财产具有保险利益;房主对其所有的房屋具有保险利益;货物所有人对其货物具有保险利益;等等。

(2)财产的抵押权人对于抵押物、质权人对于质押物、债权人对于留置物等具有保险利益。抵押是债的一种担保,当债不能得以清偿时,抵押权人有从抵押的财产价值中优先受偿的权利。但是,在抵押贷款中,抵押权人对抵押财产所具有的保险利益只限于他所贷出款项的额度,而且,在债务人清偿债务后,抵押权人对抵押财产的抵押也就消失,其保险利益也就随之而消失。

(3)财产的保管人、货物的承运人、各种承包人、承租人等对其保管、占用、使用的财产,在负有经济责任的条件下具有保险利益。

(4)经营者对其合法的预期利益具有保险利益。预期利益是因财产的现有利益而存在的确实可得的、依照法律或有效合同产生的未来一定时期的利益,如利润收入、租金收入、运费收入等,经营者对这些预期利益都具有保险利益。

2. 责任保险的保险利益确定。责任保险的保险标的是被保险人依法(或合同)对他人的财产损失或人身伤亡承担的民事损害的经济赔偿责任。因而,投保人与其所应负的民事损害的经济赔偿责任之间的法律关系便构成了责任保险的保险利益。即凡是法律或行政法规所规定的应对他人的财产损失或人身伤亡负有经济赔偿责任者,都可以成为责任保险的投保人或被保险人。

(1)各种固定场所,如饭店、旅馆、影剧院、体育场馆等的所有人、管理人,对因固定场所的缺陷或管理上的过失及其他意外事件导致顾客、观众等人身伤害或财产损失依法应承担的经济赔偿责任具有保险利益。

(2)产品的制造商、销售商、修理商对因其制造、销售、修理的产品有缺陷,而使用户或消费者造成财产损失和人身伤害依法应承担的经济赔偿责任具有保险利益。

(3)各类专业技术人员如医师、药剂师、美容师、会计师、律师、建筑师等对因其工作上的疏忽或过失而造成他人人身伤害或财产损失的经济赔偿责任具有保险利益。

(4)雇主对雇员在受雇期间因从事与职业行为有关的工作而患职业病或伤、残、亡等依法应承担的医疗费、工伤补贴、家属抚恤等责任具有保险利益。

3.信用保险的保险利益确定。信用保险的保险标的是各种信用行为。在经济交往中,权利人与义务人之间基于各类经济合同而存在经济上的利益关系。当义务人因种种原因不能履约时,会使权利人遭受经济损失。因而,权利人对义务人的信用具有保险利益,而义务人对自身的信用具有当然的保险利益。当权利人对义务人的信用有担心时,可以以义务人的信用为标的购买保险,称之为信用保险;也可以要求义务人以其自己的信用为标的购买保险,称之为保证保险。一般而言,义务人大多是应权利人的要求而以其自己的信用为标的购买保险。如在债权债务关系中,债权人对债务人的信用具有保险利益,可以投保信用保险,而债务人对自身的信用也具有保险利益,如果债权人又有要求,可以投保保证保险。具体而言,制造商对买货的批发商的信用具有保险利益;雇主对雇员的信用具有保险利益;业主对承包商的合同的实现即信用具有保险利益。

4.人身保险的保险利益确定。人身保险的保险标的是人的生命或身体,因此,人身保险的保险利益是基于人与人,即投保人与被保险人之间的利益关系而产生的。只有当投保人对被保险人的生命或身体具有某种利害关系时,他才对被保险人具有保险利益。此即被保险人的生存及身体健康能保证其投保人原有的经济利益;反之,如果被保险人死亡或伤残,将使其投保人遭受经济损失。

(1)当投保人为自己投保时,投保人对自己的生命或身体当然具有保险利益。因其自身的安全健康与否与其自己的利益密切相关。

(2)当投保人为他人投保时,即投保人以他人的生命或身体为保险标的进行投保时,保险利益的形成通常基于以下情况:①亲密的血缘关系。投保人对与其具有亲密血缘关系的人,法律规定具有保险利益。这里的亲密血缘关系主要是指父母与子女之间、亲兄弟姐妹之间、祖父母与孙子女之间,但不能扩展为较疏远的家族关系,如叔侄之间、堂(表)兄弟姐妹之间等。在英美等国,成年子女与父母之间、兄弟姐妹之间,是否存在保险利益是以是否存在金钱利害关系为基准的。②法律上的利害关系。投保人对与其具有法律利害关系的人具有保险利益,如婚姻关系中的配偶双方,不具有血缘关系,但具有法定抚养、扶养、赡养关系的双方,如养父母与子女之间。③经济上的利益关系。投保人对与其具有经济利益关系的人具有保险利益。如债权人与债务人之间、保证人与被保证人之间、雇主与其重要的雇员之间等。在这类关系中,主动者一方都会因被动者一方的死亡或身体的伤害而蒙受经济损失。如在债权债务关系中,债务人的死亡对债权人的切身利益有直接影响,因此,债权人对债务人具有保险利益,但以其具有的债权为限,而债务人对债权人是不具有保险利益的。因此,如果投保人与他人之间存在着经济上的利害关系,投保人对该人就具有人身保险的保险利益。《中华人民共和国保险法》第31条规定:"投保人对下列人员具有保险利益:(一)本人;(二)配偶、子女、父母;(三)前项以外与投保人有抚养、赡养或者扶养关系的家庭其他成员、近亲属;(四)与投保人有劳动关系的劳动者。除前款规定外,被保险人同意投保人为其订立合同的,视为投保人对被保险人具有保险利益。"

(二)保险利益原则的效力范围

保险利益应当何时存在、约束何人,对保险合同的效力非常重要。这在财产保险和人身保险中有着不同的要求。

1. 保险利益原则的时间效力。时间效力是指要求投保人或被保险人与保险标的之间的保险利益关系存续的起讫时间。

(1)财产保险的保险利益原则的时间效力。在财产保险中,只要被保险人在保险事故发生时对保险标的具有保险利益,保险公司就应当承担保险责任,而不因投保时被保险人对保险标的不具有保险利益而免除保险人的赔付责任。《中华人民共和国保险法》第48条规定:"保险事故发生时,被保险人对保险标的不具有保险利益的,不得向保险人请求赔偿保险金。"英国《1906年海上保险法》第6条第1款规定,被保险人在保险合同生效时,对保险标的可以不具有利害关系,但是,在保险标的发生损失时,被保险人对保险标的必须有利害关系。可见,财产保险中更强调保险利益必须在损失发生时存在。

(2)人身保险的保险利益原则的时间效力。与财产保险不同,人身保险的保险利益必须在保险合同订立时存在,而保险事故发生时是否具有保险利益并不重要。之所以必须在保险合同订立时存在保险利益,是为了防止投保人对被保险人无利害关系而诱发道德风险,进而危及被保险人生命或身体的安全。而且领取保险金的受益人是由被保险人指定的或经被保险人同意由投保人指定的,如果合同订立之后,因保险利益的消失而使受益人丧失了在保险事故发生时所应获得的保险金,无疑会使该权益处于不稳定的状态之中。因此,人身保险的保险利益的时间规定与财产保险有所不同。

2. 保险利益原则对人的效力。保险利益原则对人的效力探讨的是保险利益的归属问题,即保险利益必须存在于何人的问题,即主要是对投保人与被保险人的保险利益要求。保险利益原则的对人效力与保险利益的时间效力关系紧密,应当将二者结合在一起分析。我国保险法对保险合同订立时与保险合同成立以后,针对投保人与被保险人分别规定了保险利益的要求。在订立保险合同时规定投保人对保险标的具有保险利益,以有效防止利用保险进行赌博,而当保险合同成立后,尤其是财产保险合同并不为投保人的利益而存在,仅仅为被保险人的利益而存在,此时仍然强调投保人对保险标的应有保险利益已没有现实性,也不合理。因而,当保险合同成立后,损失发生时,规定被保险人具有保险利益,可以更有效防止道德风险的发生。因而,《中华人民共和国保险法》第 31 条规定:"投保人对被保险人不具有保险利益的,合同无效。"第 48 条又规定:"保险事故发生时,被保险人对保险标的不具有保险利益的,不得向保险人请求赔偿保险金。"

(三)保险利益的变动

保险利益的变动主要包括保险利益的转移与消灭。保险利益的转移是指在保险合同有效期间,投保人将保险利益转移给受让人,经保险人同意并履行合同变更的相关手续后,原保险合同继续有效。保险利益消灭是指投保人或被保险人对保险标的的保险利益因保险标的的灭失而消灭。

1. 财产保险中保险利益的变动。在财产保险中,财产所有权人以其合法财产投保后,在保险合同有效期内,如果将财产所有权转移给他人,则作为原所有权人,由于其丧失了对保险标的的所有权,其保险利益也就随之失去。而对于新的财产所有人,其与保险人并没有合同关系,原保险合同应当终止。但在保险实务中,经原所有权人申请,保险人同意后可以对原保险合同进行投保人或被保险人变更的批改,批改后新的财产所有人取代原投保人或被保险人的地位,原保险合同继续有效,而无须新的财产所有人重新投保。这种情况即为保险利益的转移。保险利益发生转移往往发生在保险事故发生以前。除保险合同中另有规定外,当被保险人死亡时,保险利益因继承而转移给继承人;当因保险标的易主发生所有权让与时,保险利益亦随之同时转移,即受让人对该标的具有保险利益;被保险人破产时,其财产便转移给破产债权人和破产管理人,从而使保险利益转移给破产债权人,破产债权人对该财产具有保险利益。当保险标的消失时保险利益也随之消灭。

2. 人身保险保险利益的变动。在人身保险中,投保人对被保险人的保险利益分为两种情况,即被保险人的保险利益专属投保人和非专属投保人。对于前者,保险利益可以转移。对于后者,保险利益不可以转移。当投保人死亡时,如果人身保险合同为一般的利害关系而订立,如债权债务关系,这时被保险人的利益专属于投保人,保险利益可由投保人的继承人继承;如果人身保险合同为特定的人身关系而订立,如血缘关系、抚养关系等,保险利益不得转移。如果保险合同(如死亡保险、两全保险)包含死亡给付责任,当被保险人死亡后,保险人履行给付保险金责任,保险合同终止;如果保险合同属于其他人身保险合同或被保险人因除外责任的原因死亡,则意味着保险标的消灭,该保险合同终止。

第二节 最大诚信原则

一、最大诚信原则的含义

(一)诚信与最大诚信

诚信一般是指诚实、守信。诚信原则即一方当事人对另一方当事人不得隐瞒和欺骗,同时,任何一方当事人都应善意地、全面地履行自己的义务。诚信原则是世界各国立法对民事、商事活动的基本要求,是订立各种经济合同的基础。

《中华人民共和国保险法》第5条规定:“保险活动当事人行使权利、履行义务应当遵循诚实信用原则。”在保险合同关系中,对当事人诚信的要求比一般民事活动更严格,要求当事人具有“最大诚信”。最大诚信的含义是指当事人自愿地向对方充分而准确地告知有关保险的所有重要事实,不允许存在任何虚伪、欺骗、隐瞒行为。在保险活动中,最早以法律形式规定最大诚信原则的是英国《1906年海上保险法》。该法第17条规定:“海上保险是建立在最大诚信原则基础上的保险合同,如果任何一方不遵守这一原则,另一方可以宣告合同无效。”

(二)最大诚信原则

最大诚信原则可表述为:保险合同当事人订立合同及在合同有效期内,应依法向对方提供影响对方做出订约与履约决定的全部实质性重要事实,同时绝对信守合同订立的约定与承诺。否则,受到损害的一方,可以此为由宣布合同无效或不履行合同的约定义务或责任,甚至对因此而受到的损害还可要求对方予以赔偿。

所谓实质性重要事实是指那些影响保险双方当事人是否签约、签约条件、是否继续履约、如何履约的每一项事实。对保险人而言,是指那些影响谨慎的保险人确定收取保险费的数额或影响其是否承保以及确定承保条件的每一项事实;对于投保人而言,则是指那些会影响其做出投保决定的事实,如有关保险条款、费率以及其他条件等。

(三)规定最大诚信原则的原因

在保险活动中,之所以规定最大诚信原则,主要归因于保险经营中信息的不对称性和保险合同的特殊性。

1. 保险经营中信息的不对称性要求在保险活动中遵守最大诚信原则。保险的经营以特定的风险存在为前提,通过保险合同的订立,投保人转嫁风险,保险人为其提供保险保障。但是,无论是保险合同订立时还是保险合同成立后,投保人与保险人对有关保险的重要信息的拥有是不对称的。

对于保险人而言,投保人转嫁的风险性质和大小直接决定着其能否承保与如何承保。然而,保险标的是广泛而且复杂的,作为风险承担者的保险人却远离保险标的,有些标的更难以进行实地查勘。而投保人对其保险标的的风险及有关情况却是最为清楚的,因此,保险人主要也只能根据投保人的告知与陈述来决定是否承保、如何承保以及确定费率。这就使得投保人的告知与陈述是否属实和准确会直接影响保险人的决定。于是,要求投保方基于最大诚信原则履行告知与保证义务。

对于投保人而言,由于保险合同条款的专业性与复杂性,一般的投保人难以理解与掌握,保险人对其使用的保险费率是否合理,承保条件及赔偿方式是否苛刻等也是难以了解的,因此,投保人主要根据保险人的告知与陈述来决定是否投保以及投保何险种。于是,最大诚信原则也要求保险人基于最大诚信,履行其应尽的义务与责任。

2. 保险合同的附合性与射幸性要求在保险活动中遵守最大诚信原则。保险合同属于典型的附和合同,合同中的内容由保险人单方制定,投保人只能采取同意或不同意,或以附加条款方式接受,而保险合同条款又较为复杂,专业性也很强,一般的投保人不易理解与掌握,保险人有可能利用保险条款中含糊或容易使人产生误解的用词来逃避自己的责任。最大诚信原则要求保险人基于最大诚信,履行其告知与说明的义务与责任。另外,保险合同又是一种典型的射幸合同。根据保险合同约定,当未来保险事故发生时,由保险人承担赔偿损失或给付保险责任。然而,保险人所承保的保险标的的风险事故是不确定的,而投保人购买保险仅支付少量的保费,保险标的一旦发生保险事故,被保险人所能获得的赔偿或给付将是保费支出的数十倍甚至数百倍。因而,就单个保险合同而言,保险人承担的保险责任远远高于其所收取的保费,倘若投保方不诚实,不守信,保险人将无法永续经营,最终将影响所有投保人或被保险人的利益。因此,要求投保方基于最大诚信原则履行告知与保证义务。

最大诚信原则的规定保证了保险业的健康发展,亦是调整保险合同当事人双方利益的重要原则。

二、最大诚信原则的内容

最大诚信原则的内容包括说明、告知、保证、弃权与禁止反言。

(一)说明

1. 说明的含义。说明意为解释明白,具体是指合同订立前保险人应将保险合同及保险经营中与投保人或被保险人利害相关的实质性重要事实据实通告投保人或被保险人。《中华人民共和国保险法》第 17 条第 1 款规定:“订立保险合同,采用保险人提供的格式条款的,保险人向投保人提供的投保单应当附格式条款,保险人应当向投保人说明合同的内容。”由此可见,明确说明是保险人应当主动履行的一项法定义务,而且,履行的时间先于保险合同的订立。因此,无论保险合同是否有效成立,保险人的这一义务均不得免除。

法律之所以规定保险人必须承担此项义务,其原因有二:一是因为保险行业的专业性很强,在保险交易中,保险人与投保人的交易地位悬殊,而且保险合同的附和性,又使保险人掌握着保险合同条款的拟制权,保险人在如此交易强势下,还通过一些免责条款、限制性条款限制自己的合同责任,加之保险条款中所用术语的专业性,投保人一般难以理解也容易产生模糊;二是因为投保人不熟悉保险业务及保险条款的技术性语言,处于交易的劣势,靠单个投保人或被保险人微薄的力量,无法与保险人抗衡。因此,为避免对不公平结果的发生,《中华人民共和国保险法》从保护投保人和被保险人利益的角度出发,规定了保险人必须承担向投保人说明的义务。

2. 说明义务的履行主体。说明义务的履行主体应当包括保险人与保险代理人。根据《中华人民共和国保险法》的规定,保险人是说明义务的法定的履行主体。而保险代理人根据保险人的委托,在保险人的授权范围内代为办理保险业务,根据民法关于代理法律关系的规定,保险代理行为所产生的法律后果应当由被代理人——保险人承担,因而,保险代理人也应成为说明义务的履行主体。

3. 说明义务的内容。保险人应说明的内容主要是保险合同条款的内容,尤其是免责条款。《中华人民共和国保险法》第 17 条第 2 款规定:"对保险合同中免除保险人责任的条款,保险人在订立合同时应当在投保单、保险单或者其他保险凭证上作出足以引起投保人注意的提示,并对该条款的内容以书面或者口头形式向投保人作出明确说明;未作提示或者明确说明的,该条款不产生效力。"由此可见,对于免责条款的明确说明,是保险人履行说明义务的重心。

4. 说明义务的履行方式。保险人履行说明义务的方式通常有两种,即明确列明和明确说明。

(1)明确列明。明确列明是指保险人只需将保险的主要内容明确列明在保险合同之中,即视为已对投保人履行了说明义务。

(2)明确说明。明确说明是指保险人不仅应将保险的主要内容明确列明在保险合同之中,还必须对投保人作出鲜明的提示并进行正确的解释。上述我国《保险法》第 17 条第 2 款明确要求保险人在投保单、保险单或者其他保险凭证上作出足以引起投保人注意的提示,并对该条款的内容以书面或者口头形式向投保人作出明确说明。

在国际保险市场上,一般只要求保险人做到明确列明保险合同的主要内容。我国则对保险人履行说明义务的方式采用明确列明与明确说明相结合的方式,要求保险人对保险合同的主要条款尤其是责任免责条款不仅要明确列明,还要明确说明。

(二)告知

1. 告知的含义。告知也称披露或陈述,是指合同订立前、订立时及在合同履行期间,要求当事人按照法律实事求是、尽自己所知、毫无保留地向对方所做的口头或书面陈述。具体而言,投保方(包括投保人、被保险人和受益人,下同)应将其已知或应知的与风险和标的有关的实质性重要事实向保险人作口头或书面的申报,包括确认告知与承诺告知。确认告知是指投保方向保险人告知在告知时已经存在的事实与情况,因而又称之为事实告知。例如某人购买寿险时告知其在过去的3年内从未患过大病即为确认告知。承诺告知是指投保方向保险人告知将来预料发生的事实或情况,因而又称之为意图告知。例如某人在购买寿险时告知其未来3年内不打算乘飞机旅行即为承诺告知。

根据《中华人民共和国保险法》的有关规定,投保方的告知义务应该包括如实告知、及时通知等。如实告知义务为投保人订立保险合同时必须履行的基本义务。如实告知是指投保人或被保险人的陈述应当全面、真实、客观,不得隐瞒或故意不回答,也不得编造虚假情况用来欺骗保险人;不仅应当告知其现实已经知道的情况,而且对于其尚未知道,但却应当知道的情况,投保人也负有告知的义务。但是,如实告知义务并不是投保人和保险人意思表示一致而产生的义务,而是《中华人民共和国保险法》直接规定的保险合同订立前义务,不构成保险合同的内容。及时通知义务则是保险合同订立以后由投保人、被保险人或者受益人履行的义务,这些义务是保险合同内容的重要组成部分。

法律之所以规定投保人履行如实告知义务,主要是保险技术上的要求。现代保险是以概率论和大数法则为其数理基础的,它通过众多投保人缴纳保险费建立保险基金来实现其保障功能。虽然对风险程度进行评估是保险人的责任,但却要以投保人的告知为基础。因为不同的保险标的所面临的自然灾害和意外事故风险及其造成的损失是不同的,保险人只有对保险标的进行充分的了解后,才能正确地识别风险、测定风险,从而在被保险人之间科学地转嫁、分散和分摊风险。但保险标的一般是由被保险人掌管和控制的,保险人并不知晓保险标的的状况。只有投保人和被保险人对此作出充分的披露和陈述,保险人才能对保险标的的风险状况作出合理的评估,以决定是否承保和适用的保险费率。因而,投保方的如实告知,对建立科学的、现代的保险制度至关重要。

2. 告知义务的履行主体。由于法律要求履行告知义务的时间和内容不同,因此告知义务的履行主体也有区别。但是,无论如何,不应只是投保人,而应既包括投保人也包括被保险人,甚至包括受益人。《中华人民共和国保险法》有关规定指出,订立合同时的履行告知义务的主体是投保人;合同订立以后,履行告知义务的主体可能是投保人也可能是被保险人甚至是受益人。例如,《中华人民共和国保险法》第49条第2款就规定:“保险标的转让的,被保险人或者受让人应当及时通知保险人,但货物运输保险合同和另有约定的合同除外。”

3. 告知义务的内容。投保方履行告知义务的内容因履行时间的不同而各异。

(1)保险合同订立时,投保人对保险人就保险标的或被保险人的有关情况的询问作如实回答。

(2)保险事故发生后,投保人、被保险人或受益人应及时通知保险人。

(3)保险合同有效期内,保险标的危险增加时,被保险人应及时通知保险人。

(4)保险标的转移时或保险合同有关事项有变动时,投保人或被保险人应通知保险人。

(5)有重复保险的投保人应将重复保险的有关情况通知各保险人。

4. 告知义务的履行方式。按照惯例,投保方履行告知义务的方式有无限告知和询问回答告知两种。

(1)无限告知。无限告知又称客观告知,是指法律或保险人对告知的内容没有明确性的规定,投保方应将与保险标的的危险状况及有关重要事实如实告知保险人。这种形式对投保人的要求比较高。

(2)询问回答告知。询问回答告知又称主观告知,是指投保方只对保险人所询问的问题必须如实回答,而对询问以外的问题投保方可无须告知。

目前,法国、比利时以及英美法系国家的保险立法采用的是无限告知的方式;而大多数国家的保险立法则采用的是询问回答的方式,我国也是如此。《中华人民共和国保险法》第 16 条第 1 款规定:“订立保险合同,保险人就保险标的或者被保险人的有关情况提出询问,投保人应当如实告知。”采用这一形式,意味着投保方对某些事实在未经询问时可以保持缄默,无须告知保险人,这就对保险人询问什么、如何询问提出了更高的要求。

(三)保证

1. 保证的含义。一般意义的保证为允诺、担保。这里的保证是指保险人和投保人在保险合同中约定,投保人或被保险人在保险期限内担保对某种特定事项的作为或不作为或担保其真实性。可见,保证义务的履行主体是投保人或被保险人。

保证是一项从属于主要合同的承诺,是保险人接受承保或承担保险责任所需投保人或被保险人履行某种义务的基本条件。由于保险合同的生效是以某种促使风险增加的事实不能存在为先决条件,保险人所收取的保险费也是以被保险风险不能增加为前提,或不能存在其他风险标的为前提。如果被保险人未经保险人同意而进行风险较大的活动,必然会影响保险双方事先确定的等价地位。例如,某商店在投保企财险时,在合同内同意不在店内放置危险品,此承诺即保证。如果没有以上保证,则保险人将不接受承保,或将改变此保单所适用的费率。因此,保证是影响保险合同效力的重要因素,保证的内容属于保险合同条款的重要组成部分。

2. 保证的形式。保证通常分为明示保证和默示保证。

(1)明示保证。明示保证是在保险单中订明的保证。明示保证作为一种保证条款必须写入保险合同或写入与保险合同一起的其他文件内,如批单等。明示保证通常用文字来表示,以文字的规定为依据。明示保证又可分为确认保证和承诺保证。确认保证事项涉及过去与现在,它是投保人对过去或现在某一特定事实存在或不存在的保证。例如,某人确定他从未得过重病,意指他认定此事项以前与认定时,他从未得过重病,但并不涉及今后他是否会患病。承诺保证是指投保人对将来某一特定事项的作为或不作为,其保证事项涉及现在与将来,但不包括过去。例如,某人承诺今后不再吸烟,意为他保证从现在开始再不吸烟,但在此之前他是否吸烟并不知晓。

(2)默示保证。与明示保证不同,默示保证不通过文字来说明,而是根据有关的法律、惯例及行业习惯来决定。虽然没有文字规定,但是被保险人应按照习惯保证作为或不作为。通常是一些并未在保单中订明的重要保证,但却为订约双方在订约时都清楚的保证。默示保证实际上是法庭判例影响的结果,也是某行业习惯的合法化。因此,默示保证与明示保证具有同等的法律效力,对被保险人具有同等的约束力。默示保证主要在海上保险中运用较多。海上保险合同的默示保证一般有三项:船舶的适航、适货保证,不改变航道的保证,航行合法的保证。

(四)弃权与禁止反言

早期的最大诚信原则主要是针对投保人或被保险人而言的,这使投保人或被保险人因单方受约束而处于不利的地位。随着商业保险业的发展,产生了约束保险人的"弃权与禁止反言"的最大诚信原则的内容。由此,最大诚信原则内容包含了约束保险当事人双方的规定。

1. 弃权。弃权是保险合同一方当事人放弃他在保险合同中可以主张的某种权利,通常是指保险人放弃合同解除权与抗辩权。构成弃权必须具备两个要件:首先,保险人须有弃权的意思表示。这种意思表示可以是明示的,也可是默示的。其次,保险人必须知道有违背约定义务的情况及因此而享有抗辩权或解约权。对于默示的意思表示,可以从保险人的行为中推断。如果保险人知道被保险人有违背约定义务的情形而仍然做出下列行为的,一般视为弃权或默示弃权。

(1)投保人有违背按期缴纳保险费或其他约定义务的时候,保险人原本应解除合同。但是,如果保险人已知此种情形却仍收取投保人补缴的保险费时,则证明保险人有继续维持合同的意思表示。因此,保险人本应享有的合同解除权、终止权及其他抗辩权均视为弃权。

(2)在保险事故发生后,保险人明知有拒绝赔付的抗辩权,但仍要求投保人和被保险人提供损失证明,因而增加了投保人在时间及金钱上的负担。该行为视为保险人放弃抗辩权。

(3)保险人明知投保人的损失证明有纰漏和不实之处,但仍无条件予以接受,则可视为对纰漏和不实之处抗辩权的放弃。

(4)保险事故发生后,保单持有人应于约定或法定时间内通知保险人,但逾期通知,保险人仍表示接受的,则认为是对逾期通知抗辩权的放弃。

2. 禁止反言。禁止反言也称禁止抗辩,是指保险合同一方既然已放弃他在合同中的某种权利,将来不得再向他方主张这种权利。事实上,无论是保险人还是投保人,如果弃权,将来均不得重新主张。但在保险实践中,它主要用于约束保险人。《中华人民共和国保险法》第 16 条第 3 款关于保险人以投保人不履行如实告知义务而解除合同时规定:"前款规定的合同解除权,自保险人知道有解除事由之日起,超过 30 日不行使而消灭。自合同成立之日起超过 2 年的,保险人不得解除合同;发生保险事故的,保险人应当承担赔偿或者给付保险金的责任。"

弃权与禁止反言还经常产生于保险代理人与投保人之间的关系上。保险代理人出于增加保费收入以获得更多佣金的需要,可能会不认真审核标的的情况,而以保险人的名义对投保人作出承诺,并收取保险费。一旦保险合同生效,即使发现投保人违背了保险条款,也不得解除合同,因为代理人本可以拒保或附加条件承保。从保险代理关系看,保险代理人以保险人的名义从事保险活动的,其在授权范围内的行为所产生的一切权利义务后果应由保险人来承担。所以,代理人的弃权行为即视为保险人的弃权行为,保险人不得拒绝承担责任。

弃权与禁止反言的限定,不仅可约束保险人的行为,要求保险人为其行为及其代理人的行为负责,同时也维护了被保险人的权益,有利于保险双方权利义务关系的平衡。

三、违反最大诚信原则的法律后果

(一)保险人违反说明义务的法律后果

在保险经营活动中,保险人违反说明义务的情况主要有:未对责任免除条款予以提示或者明确说明;隐瞒与保险合同有关的重要情况,欺骗投保方,或者拒不履行保险赔付义务;阻碍投保人履行如实告知义务,或者诱导其不履行如实告知义务;等等。由此导致的法律后果也不尽相同,具体如下:

1. 未尽责任免除条款明确说明义务的法律后果。如果保险人在订立合同时未履行责任免除条款的提示或明确说明义务,该责任免除条款无效。《中华人民共和国保险法》第 17 条第 2 款规定:"对保险合同中免除保险人责任的条款,保险人在订立合同时应当在投保单、保险单或者其他保险凭证上作出足以引起投保人注意的提示,并对该条款的内容以书面或者口头形式向投保人作出说明;未作提示或者说明的,该条款不产生效力。"

2. 隐瞒与保险合同有关的重要情况的法律后果。《中华人民共和国保险法》第 116 条和 162 条对保险公司及其工作人员在保险业务中隐瞒与保险合同有关的重要情况,欺骗投保人、被保险人或者受益人,或者拒不履行保险合同约定的赔偿或者给付保险金的义务等情形作了禁止性规定。违反以上规定由保险监督管理机构对保险公司处以5万元以上30万元以下的罚款;情节严重的,限制保险公司业务范围或者责令停止接受新业务或者吊销业务许可证。

3. 阻碍投保方履行告知义务或者诱导其不履行如实告知义务的法律后果。对此《中华人民共和国保险法》第116条规定,禁止保险公司及其工作人员阻碍投保人履行如实告知义务。违反此规定对保险公司处以5万元以上30万元以下的罚款;情节严重的,限制保险公司业务范围或者责令停止接受新业务或者吊销业务许可证。

(二)投保方违反告知义务的法律后果

1. 违反告知义务的表现形式。在保险经营活动中,投保方违反告知义务的表现形式有:

(1)隐瞒,包括因疏忽未予告知、对重要事实误认为不重要而未告知和明知重要而有意不予申报。

(2)误告,即告知不实。由于对重要事实认识的局限,包括不知道、了解不全面或不准确而导致误告,但并非故意欺骗。

(3)欺诈,即怀有不良企图,捏造事实,弄虚作假,故意对重要事实作不实告知。

2. 违反告知义务的构成要件。判断投保方是否违反如实告知义务,要从主、客观两方面进行认定:

(1)主观要件是投保人、被保险人应有过错,即存在故意或过失的主观形态。故意是指投保人、被保险人明知有关事实而不告知或者隐瞒事实、欺骗保险人的行为;过失是指投保人、被保险人对其不告知的后果,应当预见或者能够预见而没有预见,或者虽然预见到了却轻信此种结果可以避免。

(2)客观要件是指保险人欲以投保人、被保险人违反如实告知义务为由解除合同,必须证明如下事项:一是投保人、被保险人未告知或未如实告知某情况;二是该情况属于"重要事实";三是保险人不知道且在通常业务中也不应当知道该情况;四是在投保人因过失违反告知义务的情况下,还应当证明该重要事实对保险事故的发生有严重影响。

3. 违反告知义务的法律后果。《中华人民共和国保险法》第16、28、43、44、45、49、52条,关于投保方违反告知义务的情况主要有以下几种:

(1)故意不履行如实告知义务。如果投保人故意隐瞒事实,不履行告知义务,保险人有权解除保险合同;若在保险人解约之前发生保险事故造成保险标的损失,保险人可不承担赔偿或给付责任,同时也不退还保险费。

(2)过失不履行如实告知义务。如果投保人违反告知义务的行为是因过失、疏忽而致,其未告知的事项足以影响保险人决定是否同意承保或者提高保险费率,保险人有权解除合同;如果未告知的事项对保险事故的发生有严重影响,保险人可以解除保险合同。对在合同解除之前发生保险事故所致损失,不承担赔偿或给付责任,但可以退还保险费;如果过失未告知的事项对保险事故的发生没有影响或者有影响但不严重,保险人对合同解除前发生的保险事故应承担保险责任。

(3)编造虚假事故原因或扩大损失程度。保险事故发生后,投保人、被保险人或受益人以伪造、变造的有关证明、资料或其他证据,编造虚假的事故原因或者扩大损失程度的,保险人对其虚报的部分不承担赔偿或给付保险金的责任。

(4)未就保险标的转让的情况通知保险人。在财产保险中,被保险人、受让人未履行保险标的转让的通知义务的,因转让导致保险标的危险程度显著增加而发生的保险事故,保险人不承担赔偿保险金的责任。

(5)未就保险标的危险程度增加的情况通知保险人。在财产保险中,被保险人未按保险合同约定,将财产保险的保险标的危险增加的情况及时通知保险人,对因保险标的危险程度显著增加而发生的保险事故,保险人不承担赔偿责任。

(6)谎称发生了保险事故。在未发生保险事故的情况下,被保险人或者受益人谎称发生了保险事故,向保险人提出赔偿或者给付保险金的请求的,保险人有权解除保险合同,并不退还保险费。

(7)申报的被保险人年龄不真实。投保人申报的被保险人年龄不真实,如果被保险人的真实年龄不符合合同约定的年龄限制,保险人可以解除合同,并在扣除手续费后,向投保人退还保险费,但是自合同成立之日起逾两年的除外;如果被保险人的年龄符合保险合同约定,保险人依据具体的情况采取退还保费、增收保费或调整给付保险金的办法处理。

(8)故意制造保险事故。投保人、被保险人或者受益人故意制造保险事故,造成财产损失或被保险人死亡、伤残或者疾病等保险事故,进行欺诈活动,骗取保险金的,情节轻微,尚不构成犯罪的,依照国家有关规定给予行政处罚;构成犯罪的,依法承担刑事责任。

(三)投保方违反保证义务的法律后果

任何不遵守保证条款或保证约定、不信守合同约定的承诺或担保的行为,均属于破坏保证。保险合同涉及的所有保证内容都是重要的,无须权衡其重要性,投保人与被保险人都必须严格遵守,如有所违背与破坏,其后果一般有两种情况:一是保险人不承担赔偿或给付保险金的责任;二是保险人解除保险合同。

与告知不同,保证是对某个特定事项的作为与不作为的保证,而不是对整个保险合同的保证,因此,在某种情况下,违反保证条件只部分地损害了保险人的利益,保险人只应就违反保证部分拒绝履行赔偿义务。也就是说,被保险人何时、何事项违反保证,保险人即从何时开始拒绝赔付并就此时此次的保证破坏而拒绝赔付,并不完全解除保险合同。例如,保险合同中订有要求被保险人外出时必须将门窗关闭和锁闭的保证条款,某被保险人违反了该保证致使发生保险事故。对此,保险人应仅就此次违反保证而拒绝赔偿,并非解除保险合同。被保险人破坏保证而使合同无效时,保险人无须退还保费。

值得注意的是,在下列情况下,保险人不得以被保险人破坏保证为由使合同无效或解除合同:因环境变化使被保险人无法履行保证事项;因国家法律、法令、行政规定等变更,使被保险人不能履行保证事项,或履行保证事项就会违法;被保险人破坏保证由保险人事先弃权所致,或保险人发现破坏保证仍保持沉默,亦视为弃权。

第三节 近因原则

一、近因的含义

近因一词取自法律术语“Causa Proxima et Non Remota Spectatur”,其意为“应究审近因而非远因”。中文解释为直接原因。台湾学者称之为“主力近因”。英国学者约翰·T. 斯蒂尔在其所著的《保险原则与实务》一书中将近因定义为:“近因是指引起一系列事件发生,由此出现某种后果的能动的、起决定作用的因素;在这一因素的作用过程中,没有来自新的独立渠道的能动力量的介入。”

所谓近因并非指时间上或空间上与损失最接近的原因,而是指造成损失的最直接、最有效的,起主导性作用或支配性作用的原因。例如:船舶因遭受鱼雷的袭击而进水,使船舶沉没,若以海水的进入而船舶沉没作为时间上最接近的事故而判定其损失的原因,显然是不合理的。

二、近因原则的含义

近因是一种原因,近因原则是一种准则。根据近因的标准去判定数个原因中,哪个是近因、哪个是远因的准则就是近因原则。近因原则确定近因,近因为近因原则提供标准。在实践中,都是运用近因原则去分析各种原因,最后找出损失近因的。

在保险中,近因原则是判明保险事故与保险标的损失之间的因果关系,以确定保险责任的一项基本原则。按照这一原则,当被保险人的损失是直接由于保险责任范围内的事故造成时,保险人才给予赔付。即保险人的赔付限于以保险事故的发生为原因,以造成保险标的损失为结果,只有在保险事故的发生与造成损失结果之间具有必然的因果关系时才构成保险人的赔付责任。

三、近因原则的应用

近因原则在理论上讲很简单,但是在实践中的运用却相当困难。其困难在于对近因的分析和判断,因为从众多复杂的原因中判定出近因并非易事,而这也正是掌握、运用近因原则的关键。如果损失是由于单一保险风险所致,则赔偿是确定的,但是实际情况有时并不简单,当损失发生的原因有两个以上或者有一连串的原因,而且这些原因之间有因果关系,其中既有保险风险也有非保险风险,那么哪项原因是引起保险风险并导致损失的直接原因呢?保险人是否应该负赔偿责任呢?这些必然涉及直接因果关系即近因判断和间接因果关系即远因判断。因而,正确地区分出近因和正确地运用近因原则需要研究、分析大量的判例和案例。

(一)近因的认定方法

1. 从事件链上的最初事件出发,按逻辑推理,判断下一个事件可能是什么;再从可能发生的第二个事件按照逻辑推理,判断再下一个事件可能是什么,直至最终事件即损失。如果推理判断与实际发生的事实相符,那么,最初事件就是最后事件的近因。

2. 从损失开始,逆着事件链的方向向前追溯,在每一个阶段上按照"为什么这一事件会发生"的思考来找出前一个事件。如果追溯到最初的事件且没有中断,那么,最初事件即为近因。

例如,暴风吹倒了一紧靠仓库的电线杆,使得电线短路引起火花,火花引燃房屋,导致库存财产的损失。对此,我们无论运用上述哪一种方法,都会发现此案例中的暴风、电线杆被刮倒、电线短路、火花、起火之间具有必然的因果关系,因而,财产受损的近因——暴风,也就随之确定了。

(二)近因的认定与保险责任的确定

从近因的认定与保险责任的确定来看,主要包括下列四种情况:

1. 单一原因,即损失由单一原因造成。也就是说,风险事故发生所致保险标的损失的原因只有一个,显然,该原因即为保险标的损失的近因。如果这个近因属于保险人承保的风险,保险人应承担对损失赔付的责任;如果这个近因属于保险人不予承担的风险,保险人对由此造成的损失则不予赔付。

【例4-1】某企业运输两批货物,第一批投保了水渍险,第二批投保了水渍险并加保了淡水雨淋险,两批货物在运输中均遭受雨淋而受损。显然,两批货物损失的近因都是雨淋,但第一批货物损失的近因属于保险人不承担的风险,得不到保险人的赔偿;第二批货物损失的近因则属于保险风险,保险人应予以赔偿。

【例4-2】意外伤害保险的被保险人,在保险期限内的某日突发心脏病死亡。显然,被保险人死亡的近因是疾病。由于疾病属于意外伤害保险的除外责任,意外伤害保险的保险人对此就不承担给付死亡保险金的责任。

2. 多种原因同时并存发生,即损失由多种原因造成,且这些原因无法区分时间上的先后顺序,几乎同时发生。如果损失的发生有同时存在的多种原因,且对损失都起决定性作用,则它们都是近因。而保险人是否承担赔付责任,应区分两种情况:第一,如果这些原因都属于保险风险,保险人则承担赔付责任,相反,如果这些原因都属于除外风险,保险人则不承担赔付责任。第二,如果这些原因中既有保险风险,也有除外风险,保险人是否承担赔付责任,则要看损失结果是否可以分别计算。对于损失结果可以分别计算的,保险人只负责保险风险所致损失的赔付;对于损失难以划分的,保险人一般不承担赔付责任。但在实践操作中,多由保险人与被保险人协商赔付。

【例4-3】某企业运输两批货物,第一批投保了水渍险,第二批投保了水渍险并加保了淡水雨淋险,两批货物在运输中均遭海水浸泡和雨淋而受损。显然,两批货物损失的近因都是海水浸泡和雨淋,但对第一批货物而言,由于损失结果难以划分,而其只投保了水渍险,因而得不到保险人的赔偿;而对第二批货物而言,虽然损失的结果也难以划分,但由于损失的原因都属于保险风险,所以保险人应予以赔偿。

3. 多种原因连续发生,即损失是由若干个连续发生的原因造成,且各原因之间的因果关系没有中断。如果保险标的的损失是由具有因果关系的连续的事故所致,保险人是否承担赔付责任,要区分两种情况:第一,如果这些原因都属于保险风险,则这些保险风险即为损失的近因,保险人应负赔付责任;如果这些原因都属于除外风险,则这些除外风险即为损失的近因,保险人不承担损失赔付的责任。第二,如果这些原因中既有保险风险,也有除外风险,则要看损失的前因是保险风险还是除外风险。如果前因是保险风险,后因是除外风险,且后因是前因的必然结果,则保险风险为损失的近因,保险人承担损失赔付的责任;如果前因是除外风险,后因是保险风险,且后因是前因的必然结果,则除外风险为损失的近因,保险人不承担赔付责任。

【例4-4】一艘装有皮革与烟草的船舶遭遇海难,大量的海水侵入使皮革腐烂,海水虽未直接浸泡包装烟草的捆包,但由于腐烂皮革的恶臭气味,致使烟草变质而使被保险人受损。那么,保险人对烟草的损失是否负有赔偿之责?据上述情况可知,海难中海水侵入是损失的近因,对皮革的腐烂与烟草的变质并无两样,因而,海难与烟草的损失之间存在着必然的不可分割的因果关系,因此,保险人理应也对烟草的损失给予赔偿。

【例4-5】投保了人身意外伤害保险(疾病是除外风险)的被保险人因打猎时不慎摔成重伤,且因伤重无法行走,只能倒卧在湿地上等待救护,结果由于着凉而感冒高烧,后又并发了肺炎,最终因肺炎致死。此案中,被保险人的意外伤害与死亡所存在的因果关系并未因肺炎疾病的发生而中断,虽然与死亡最接近的原因是除外风险——肺炎,但它发生在保险风险——意外伤害之后,且是保险风险的必然结果,所以,被保险人死亡的近因是伤害而非肺炎,保险人应承担赔付责任。

4. 多种原因间断发生，即前因与后因之间不相关联，损失是由间断发生的多种原因造成的。风险事故的发生与损失之间的因果关系由于另外独立的新原因介入而中断，则该新原因即为损失的近因。如果该新原因属于保险风险，即使其发生在不保风险之后，保险人也应承担损失的赔付责任；但是，如果该新原因属于除外风险，即使其发生在保险风险之后，保险人也不承担赔付责任。

【例 4－6】在玻璃保险中，火灾为除外风险，被保险商店附近发生火灾时，一些暴徒趁机击破该商店的玻璃，企图抢劫。此案中，火灾与玻璃损失之间不是必然的因果关系，暴徒袭击才是近因，故保险人应负赔偿责任。

【例 4－7】在人身意外伤害保险中，被保险人在交通事故中因严重的脑震荡而致癫狂与抑郁交替症，在治疗过程中，医生叮嘱在服用药物巴斯德林时切忌进食干酪，因二者之间相忌。但是，被保险人却未遵医嘱，服药时又进食了干酪，终因中风而亡，据查中风确系巴斯德林与干酪所致。在此案中，食品与药物的相忌已打断了车祸与死亡之间的因果关系，食用干酪为中风的近因，故保险人对被保险人中风死亡不承担任何责任。

第四节 损失补偿原则

一、损失补偿原则的含义及其意义

（一）损失补偿原则的含义

损失补偿原则是适用于财产保险以及其他补偿性保险合同的一项基本原则。

损失补偿是指当保险事故发生造成保险标的毁损致使被保险人遭受经济损失时，保险人在责任范围内对被保险人所受的实际损失进行补偿。其目的在于通过弥补被保险人的损失，使被保险人尽快地恢复生产和安定生活。

损失补偿原则的基本含义包含两层：一是只有保险事故发生造成保险标的毁损致使被保险人遭受经济损失时，保险人才承担损失补偿的责任，否则，在保险期限内，即使发生了保险事故，但被保险人没有遭受损失，就无权要求保险人赔偿。这是损失补偿原则质的规定。二是被保险人可获得的补偿量，仅以其保险标的遭受的实际损失为限，即保险人的补偿恰好能使保险标的在经济上恢复到保险事故发生之前的状态，而不能使被保险人获得多于或少于损失的补偿，尤其是绝不能使被保险人通过保险获得额外的利益。这是损失补偿原则量的限定。

（二）坚持损失补偿原则的意义

损失补偿原则对保险当事人双方均有约束力。对保险人而言，是对其赔付行为的约束；对投保方来说，则是获得赔偿的限定。损失补偿原则使保险的赔付行为客观化、科学化和合理化。

1. 坚持损失补偿原则,有利于保障保险关系的实现。补偿损失是保险的基本职能之一。损失补偿原则的质的规定和量的限定都是保险基本职能的具体反映,恰好体现了保险的基本职能,也就是说,如果被保险人由于保险事故遭受的经济损失不能得到补偿,就违背了保险的职能与宗旨。损失补偿原则约束保险人必须在合同约定条件下履行保险补偿责任;对被保险人而言,该原则则保证了其正当权益的实现。

2. 坚持损失补偿原则,有利于防止被保险人通过保险获得额外利益,从而减少道德风险。损失补偿原则的质的规定性在于有损失则赔偿,无损失则不赔偿,被保险人因同一损失从各有关方面获得的补偿总额,不能超过其所受的实际损失。这一规定使得被保险人不会因投保而得到超过损失的补偿,而只能得到恢复至与损失发生前相同的财务状况的赔偿,所以,被保险人并不能通过保险赔偿而获得额外的利益。因此,该原则有利于防止甚至避免被保险人利用保险而额外获利的可能,进而抑制了道德风险的增加。

二、损失补偿原则实施的限制

损失补偿的范围既包括保险标的的损失,也包括保险标的损失引起的各种费用。按照损失补偿原则的要求,既要使被保险人遭受损失时能得到补偿,又不能使其通过保险获得额外的利益。然而,保险人在实际履行损失补偿责任的过程中,会因各种因素的影响而使损失补偿原则的执行受到限制。

(一)补偿以被保险人的实际损失为限

以被保险人的实际损失为限进行保险补偿,是损失补偿原则的一个基本限制条件。在补偿性的保险合同中,当保险标的遭受保险责任范围内的损失时,保险人以财产损失当时的实际价值或市价为准,按照被保险人的实际损失进行赔付。如企业投保财产综合险,确定某类固定资产保险金额 30 万元,一起重大火灾事故发生使其全部毁损,损失时该类固定资产的市价为 25 万元,则保险人按实际损失赔偿被保险人 25 万元。

(二)补偿以保险合同约定的保险金额为限

保险金额是保险人承担赔偿或给付责任的最高限额,损失补偿金额只能小于或等于保险金额,而绝不能高于保险金额。这是因为保险金额是保险人收取保险费的基础和依据,也是保险人承担保险责任的基础和依据,如果损失补偿金额超过保险金额,则会扩大保险人承担的责任,使保险人处于不平等地位。因此,在通货膨胀的条件下,被保险人的实际损失超过保险金额,也必须受此因素的制约,以维护保险人的正当权益,使损失补偿同样遵循权利义务对等的约束。例如,一栋新房屋刚投保不久便被全部焚毁,其保险金额为 50 万元,而房屋遭毁时的市价为 60 万元。虽然被保险人的实际损失为 60 万元,但因保险单上的保险金额为 50 万元,所以被保险人只能得到50万元的赔偿。

(三)补偿以被保险人对受损标的拥有的保险利益为限

保险利益是保险保障的最高限额。发生保险事故造成损失后,被保险人在索赔时,首先必须对受损的标的具有保险利益,而且保险人的赔付金额也必须以被保险人对该标的所具有的保险利益为限。如在财产保险中,保险标的受损时,如果被保险人对该财产权益不再拥有,则其对该财产的损失将不具索赔权;同理,保险标的受损时,如果被保险人只部分拥有财产权益,则其所得到的保险赔款也最多只能等于其拥有的权益。例如,某银行开展住房抵押贷款,向某贷款人贷出款额30万元,同时,将抵押的房屋投保了30万元的一年期房屋火灾保险。按照约定,贷款人半年后偿还了一半贷款,不幸的是不久该保险房屋发生火灾而全部焚毁,贷款人也无力偿还剩余款额。这时由于银行在该房屋上的保险利益只有15万元,尽管房屋的实际损失及保险金额均为30万元,但银行也只能得到15万元的赔偿。

(四)赔偿方法的限制

在保险赔偿方法中,有一些赔偿方法对损失补偿额有影响,使被保险人得到的赔偿金额小于实际损失甚至可能根本得不到赔偿。

1. 限额责任赔偿方法。限额责任赔偿方法是指保险人只承担事先约定的损失额以内的赔偿,而对超过损失限额部分,保险人不负赔偿责任。这种赔偿方法多应用于农业保险中的种植业与养殖业保险。如农作物收获保险,保险人与投保人事先按照正常年景的平均收获量约定保险人保障的限额,当实际收获量低于保险产量时,保险人赔偿其差额;当实际产量已达到保险产量时,即使发生保险责任事故,保险人也不负赔偿责任。

2. 免赔额(率)赔偿方法。采取免赔额(率)赔偿方法,对免赔额(率)内的损失保险人不予负责,而仅在损失超过免赔额(率)时才承担责任。特别是采用绝对免赔额(率)赔偿方法时,免赔额(率)内的损失被保险人根本得不到赔偿。绝对免赔额(率)是指保险人规定一个免赔额或免赔率,当保险财产受损程度超过免赔限度时,保险人扣除免赔额(率)后,只对超过部分负赔偿责任。与之相对应的是相对免赔额(率),指保险人规定一个免赔额或免赔率,当保险财产受损程度超过免赔赔额(率)时,保险人按全部损失赔付,不作任何扣除。

三、损失补偿原则的派生原则

(一)代位原则

1. 代位原则的含义。代位即取代他人的某种地位。保险代位指的是保险人取代被保险人对第三者的求偿权(又称追偿权)或对受损标的的所有权。

代位原则是指保险人依照法律或保险合同约定,对被保险人因保险事故发生所遭受的损失进行赔偿后,依法取得向对此损失负有责任的第三者进行求偿的权利或取得被保险人对受损的保险标的的所有权。

2. 规定代位原则的意义。规定代位原则的意义突出表现在以下三个方面：

(1)防止被保险人因同一损失而获得多重赔偿，从而确保损失补偿原则的严格执行。当被保险标的发生损失的原因是由于第三者的疏忽、过失或故意行为，而该损失的原因又属保险责任时，被保险人既可以依据法律向造成损失的第三者请求赔偿，也可以依据保险合同向保险人请求赔偿。这样，被保险人就可能会因同一损失而获得超过标的实际损失额的赔款，从而获得额外利益。与此相类似，当被保险标的发生保险事故而致实际全损或推定全损时，在保险人全额赔付情况下，如果被保险人将保险标的的损余物资处理或保险标的又失而复得，那么，其最终所得利益亦将超过其所遭受的实际损失。以上两种情况显然违背了损失补偿原则，违背了保险的宗旨，不利于保险及社会的健康发展。而代位原则的规定则可以保证损失补偿原则的严格执行，防止被保险人获得多重利益。

(2)维护社会公共利益，保障公民、法人的合法权益不受侵害。社会公共利益要求肇事者承担其因疏忽或过失所负的法律责任。如果被保险人因从保险人处获得赔偿而不追究责任者的经济赔偿责任，就会使肇事责任者逍遥法外，将有违公平，而且也容易造成他人对被保险人的故意或过失行为的发生，增加道德风险。通过行使代位追偿权，既使得责任人无论如何都应承担损害赔偿责任，也使得保险人可以通过代位追偿从责任人处追回支付的赔偿费用，从而维护了保险人的利益。

(3)有利于被保险人及时获得经济补偿，尽快恢复生产，安定生活。发生事故后，如果肇事责任者限于经济条件而无力承担被保险人的经济赔偿责任时，将会直接影响被保险人正常的生产和生活。而被保险人向保险人请求赔偿是保险合同赋予其最基本的权利，因而，其赔偿是及时、可靠和充足的。而且，与向保险人索赔相比，被保险人直接向责任方索赔所需的时间及物力、人力更多。因此，代位原则的执行有利于被保险人及时获得经济补偿，尽快恢复生产，安定生活。

3. 代位原则的内容。代位原则的内容包括代位求偿权和物上代位权。

(1)代位求偿权。代位求偿权又叫代位追偿权，是指当保险标的因遭受保险责任事故而造成损失，依法应当由第三者承担赔偿责任时，保险人自支付保险赔偿金之日起，在赔偿金额的限度内，相应取得向对此损失负有责任的第三者请求赔偿的权利。代位求偿权是一种权利即债权的代位。

①保险人取得代位求偿权的前提条件。保险人取得代位求偿权，需要具备三个前提条件：第一，保险标的损失的原因是保险事故，同时又是由于第三者的行为所致。这样被保险人对保险人和第三者同时存在赔偿请求权，他可以依据保险合同向保险人要求赔偿，也可以依据法律向第三者要求赔偿。第二，被保险人不放弃向第三者的赔偿请求权。如果在投保时经保险人认可，被保险人放弃了对第三者

请求赔偿的权利,则保险人在赔偿被保险人的损失之后就无权行使代位求偿权。例如,房东为便于房屋的出租,在租赁合同中同意对承租人房屋损坏免责,在为房屋投保时得到了保险人的认可,如果因为承租人的过失而使该房屋发生损失,保险人赔偿房东后不得向承租人追偿损失。第三,保险人取得代位求偿权是在按照保险合同履行了赔偿责任之后。因为,代位求偿权是债权的转移,在债权转移之前被保险人与第三者之间特定的债的关系与保险人没有直接的法律关系。保险人只有按照保险合同的规定向被保险人赔付保险金之后,才依法取得对第三者请求赔偿的权利。

②代位求偿权的实施对保险双方的要求。《中华人民共和国保险法》第 60、61、63 条分别就保险人与投保人或被保险人做了规定。

就保险人而言,首先,其行使代位求偿权的金额只能限制在赔偿金额范围以内。如果保险人向第三者追偿到的款额小于或等于赔付给被保险人的款额,那么追偿到的款额归保险人所有;如果追偿所得的款额大于赔付给被保险人的款额,其超过部分应归还给被保险人。其次,保险人不得干预被保险人就未取得保险赔偿的部分向第三者请求赔偿,如不足额保险中被保险人超出保险金额以上的损失、误工损失、额外费用损失、赔偿责任甚至精神损失等。再次,保险人为满足被保险人的特殊需要或者在法律费用超过可能获得的赔偿额时,也会放弃代位求偿权。

就投保方而言,不能损害保险人的代位求偿权并要协助保险人行使代位求偿权。首先,如果被保险人在获得保险人赔偿之前放弃了向第三者请求赔偿的权利,那么,就意味着他放弃了向保险人索赔的权利。其次,如果被保险人在获得保险人赔偿之后未经保险人同意而放弃了对第三者请求赔偿的权利,该行为无效。第三,如果发生事故后,被保险人已经从第三者那里取得赔偿或者由于其过错致使保险人不能行使代位求偿权,保险人可以相应扣减保险赔偿金。第四,在保险人向第三者行使代位求偿权时,被保险人应当向保险人提供必要的文件和其所知道的有关情况。

③代位求偿权的行使对象。根据代位求偿权的一般原理,任何对保险标的的损失负有赔偿责任的第三者都可以成为代位求偿权的行使对象。但是在实践中,各国立法都规定保险人不得对被保险人本人及其一定范围的亲属或雇员行使代位求偿权,除非保险事故是由上述人员故意造成的。因为,如果允许对上述对象行使代位求偿权,被保险人就得不到实际补偿,保险也就失去了意义。《中华人和国保险法》民共第 62 条规定,除被保险人的家庭成员或者其组成人员故意制造保险事故造成保险标的损失以外,保险人不得对被保险人的家庭成员或者其组成人员行使代位请求赔偿的权利。显然,我国保险法规定的限制对象为“被保险人的家庭成员及其他组成人员”。

④代位求偿权的行使范围。代位求偿权一般不适用于人身保险。人身保险的

标的是人的生命或身体,与财产的性质不同,其价值难以估量,因而不会发生多重获益的问题。所以,如果被保险人在保险事故中致残或身亡,既可获得保险金,也可获得肇事的第三者的赔偿。《中华人民共和国保险法》第46条规定:"被保险人因第三者的行为而发生死亡、伤残或者疾病等保险事故的,保险人向被保险人或者受益人给付保险金后,不得享有向第三者追偿的权利。但被保险人或者受益人仍有权向第三者请求赔偿。"实际上,并非所有人身保险合同或人身保险合同中的全部责任都不适用这一规定。在医疗保险中,保险人赔付的医疗费用保险金应属于对被保险人支出医疗费用的补偿,不仅有价值,而且还是可以确定的,因而,保险人对于因第三者责任而支付的保险金仍可进行追偿。

(2)物上代位权。物上代位又称所有权代位,是指保险标的因遭受保险事故而发生全损或推定全损,保险人在全额支付保险赔偿金之后,即拥有对该保险标的物的所有权,即代位取得对受损保险标的的权利与义务。

①物上代位权的取得一般通过委付实现。委付是被保险人在保险标的处于推定全损状态时,用口头或书面形式提出申请,愿意将保险标的所有权转移给保险人,并请求保险人全部赔偿的行为。委付是被保险人放弃物权的法律行为,是经常用于海上保险的一种赔偿制度。

②委付成立的条件。委付的成立必须具备五个条件。

第一,委付必须以保险标的推定全损为条件。委付包含全额赔偿和保险标的的全部权益的转让两项内容,因此,要求必须在保险标的推定全损时才能适用。

第二,委付必须由被保险人向保险人提出。被保险人进行委付必须提出委付申请,海上保险的惯例一般是被保险人向保险人或其授权的保险经纪人提出。委付申请通常采用书面形式,委付书是被保险人向保险人提出推定全损索赔之前必须提交的文件。如果被保险人不向保险人提出委付,保险人对受损的保险标的只能按部分损失处理。

第三,委付必须就保险标的的全部提出。由于保险标的的不可分性,委付也具有不可分性,所以委付应就保险标的的全部提出。否则,若仅部分委付,容易产生纠纷。但是,如果保险单的标的有多种,其中一部分标的独立、可以分离,并发生有委付原因时,可以就该部分标的请求委付。

第四,委付不得附有附加条件。委付要求被保险人将保险标的的一切权利和义务转移给保险人,并不得附加任何条件。例如,船舶失踪被推定全损,被保险人请求委付,但不得同时要求日后船舶被寻回时返还,因为这会增加保险合同双方关系的复杂性,从而增加保险人与被保险人之间的纠纷,因而为法律所禁止。

第五,委付必须经保险人同意。委付是否成立和履行,还需要保险人的承诺。委付不仅将保险标的的一切权利转移给了保险人,同时也将被保险人对保险标的的一切义务进行了转移,因此,保险人在接受委付之前须慎重考虑。保险人接受委付,则委付成立;反之,委付则不成立。

③物上代位是一种所有权的代位。与代位求偿权不同,保险人一旦取得物上代位权,就拥有了该受损标的的所有权。处理该受损标的所得的一切收益归保险人所有,即使该收益超过保险赔款仍归保险人所有。但在不足额保险中,保险人只能按照保险金额与保险价值的比例取得受损标的的部分权利。

(二)分摊原则

1. 分摊原则及其意义。分摊原则是在被保险人重复保险的情况下产生的补偿原则的一个派生原则。在重复保险的情况下,保险事故发生时,被保险人所能得到的赔偿金由各保险人采用适当的方法进行分摊,从而使其所得到的总赔偿金不超过实际损失额。这样,使被保险人既能得到充分补偿,又不会得到超过其实际损失的额外利益。

坚持重复保险的分摊原则,首先,有利于确保保险补偿原则的顺利实现。在存在重复保险的情况下,事故发生后,若被保险人就同一损失向不同的保险人索赔,就有可能获得超额赔款,这显然是违背损失补偿原则的。为了防止被保险人利用重复保险在保险人之间进行多次索赔,获得多于实际损失额的赔偿金,确立了重复保险的分摊原则。当各保险人按相应的责任分摊损失时,被保险人所获得的赔款总额就与其实际损失相等,从而确保了损失补偿原则的顺利实现。其次,有利于维护社会公平原则。在重复保险的情况下,坚持被保险人的损失在保险人之间进行分摊,可以防止多个保险人就同一危险收取保费而只由其中一个保险人承担全部损失赔偿的不公平现象,从而维护社会公平原则。

2. 重复保险的构成要件。重复保险的构成要件不但应当同时具备“四同一”,还要满足“一超过”。“四同一”,即以同一保险标的,同一保险利益,同一保险事故,在同一保险期间与数个保险人订立保险合同(但并非保险期间完全重叠)。“一超过”,即保险金额总和超过保险标的价值。

(1)以同一保险标的订立数个保险合同。如果投保人以不同保险标的分别与保险人订立数个保险合同,或者以同一标的与保险人订立不同的保险合同,均无重复保险可言。

(2)以同一保险利益订立数个保险合同。对同一保险标的,投保人具有不同的保险利益,如果投保人以不同的保险利益订立数个保险合同,也不构成重复保险。

(3)以同一保险事故订立数个保险合同。如果投保人以同一保险标的及保险利益订立数个保险合同,而所约定的保险事故不同,则不构成重复保险。

(4)在同一保险期间订立数个保险合同。虽为同一保险标的、同一保险利益、同一保险事故,而保险期间各异,则不构成重复保险。但是,保险期间的重复,并不要求全部保险期间的始期和终期完全重叠,部分保险期间重复或保险责任起止时间相容,也可以构成重复保险。

(5)保险金额的总和超过保险价值。重复保险还要求所有保险人承保的保险金额总和超过保险标的的价值。

3. 重复保险合同的效力及法律后果。重复保险合同的效力如何,各国法律规定不尽相同。《中华人民共和国保险法》第55条第3款规定:"保险金额不得超过保险价值;超过保险价值的,超过的部分无效,保险人应当退还相应的保险费。"

重复保险合同的法律后果主要体现在两个方面:一是保险人对因保险事故所造成的损害是否承担赔偿责任;二是投保人是否有权要求保险人退还超额部分的保险费。对于前者,各国保险法规定,如果是善意的重复保险,发生保险事故后,保险人则按照一定的方式分摊保险赔偿责任;如果是恶意重复保险,保险人则不承担保险责任。对于后者,如果是善意的重复保险,在保险事故发生之前,应投保人要求保险人按超额部分的比例退还保险费;如果是恶意的重复保险,保险人均不承担保险责任,而且,不论保险事故发生与否也不退还超额部分的保险费。

4. 重复保险的分摊方法。重复保险在原则上是不允许的,但事实上确实又是客观存在的。其主要原因是投保人或被保险人的疏忽,或者是为了追求更大的安全感,也有投保人为了谋取超额赔款而重复投保的情况。对于重复保险,按照最大诚信原则,各国保险法立法都规定,投保人有义务将重复保险的有关情况告知保险人。否则,保险人有权解除保险合同或宣布保险合同无效。在重复保险情况下,对于损失后的赔款如何在保险人之间进行分摊,各国做法有所不同。主要有以下三种分摊方法:

(1)比例责任制。比例责任制又称保险金额比例分摊制,分摊方法是各保险人按其所承保的保险金额与所有保险人承保的保险金额的总和的比例来分摊保险赔偿责任。其计算公式为:

$$\text{某保险人承担的赔偿责任额}=\frac{\text{该保险人承保的保险金额}}{\text{所有保险人承保的保险金额之和}}\times\text{损失金额}$$

(2)限额责任制。责任限额制又称赔款额比例责任制,即保险人分摊赔款额不以保额为基础,而是按照在无他保的情况下各保险人单独应负的责任限额与所有保险人应负的责任限额的总和的比例分摊保险赔偿责任。其计算公式为:

$$\text{某保险人承担的赔偿责任额}=\frac{\text{该保险人单独应负的赔偿限额}}{\text{所有保险人应负的赔偿限额之和}}\times\text{损失金额}$$

(3)顺序责任制。顺序责任制又称主要保险制,该方法是各保险人所负责任依签订保单顺序而定,由其中先出立保单的保险人首先负责赔偿,当赔偿不足时再由其他保单在各自的保险金额限度内依次承担不足的部分。在这种方式下,被保险人的损失赔款可能由一个保险人承担,也可能由多个保险人共同承担,这取决于被保险人的损失大小及顺次承保的保险金额的大小。

【例4-8】某企业以其价值100万元的固定资产同时与甲、乙两家保险公司签订了保额分别为100万元和80万元的两份财产基本险合同。保险有效期内的某

日发生火灾,造成保险财产损失90万元。按照重复保险的不同分摊方法,甲、乙两家保险公司应承担的赔偿金额分别为:

按照比例责任制:

$$\text{甲保险公司应承担的赔偿金额为}=\frac{100}{100+80}\times 90=50(\text{万元})$$

$$\text{乙保险公司应承担的赔偿金额为}=\frac{80}{100+80}\times 90=40(\text{万元})$$

按照限额责任制:

$$\text{甲保险公司应承担的赔偿金额为}=\frac{90}{90+80}\times 90=47.65(\text{万元})$$

$$\text{乙保险公司应承担的赔偿金额为}=\frac{80}{90+80}\times 90=42.35(\text{万元})$$

按照顺序责任制:

甲保险公司应承担的赔偿金额为90万,乙保险公司应承担的赔偿金额为0。

以上三种分摊方法,比例责任制在各国的保险实务中运用较多,我国采用的就是此种分摊方法。我国《中华人民共和国保险法》第56条第2款:"重复保险的保险金额总和超过保险价值的,各保险人的赔偿金额的总和不得超过保险价值。除合同另有约定外,各保险人按照其保险金额与保险金额总和的比例承担赔偿责任。"可见,我国一般采用比例责任制的分摊方法。顺序责任制对有的保险人有失公平,因而各国实务中已不采用该法。

四、损失补偿原则的例外情况

(一)定值保险

定值保险中,在发生全部损失时,不论保险标的价值如何变化,保险人仍按保险合同上所约定的保险金额计算赔款。从以赔偿实际损失为本质的损失补偿原则的角度看,该保险是一种例外。

(二)重置成本保险

重置成本保险又称复旧保险或恢复保险,是按照重置成本确定损失额的保险。该保险的目的是对于价值已经减少了的旧物赔偿以同种的新物。由于这种保险在确定损失赔付时不扣除折旧,而按重置成本确定损失额,所以,对于损失补偿原则而言,也是一种例外。

(三)人寿保险

人寿保险是由投保人与保险人约定保险金额,并按照约定的保险金额给付的保险。人的生命是难以用价值衡量的,在人寿保险中不存在多重投保的问题,因此,当被保险人残废或死亡时,倘若其持有多份保单,被保险人或受益人可获得多重给付。因此,人寿保险对于损失赔偿原则也是一种例外。

第五章

财产保险

我国《保险法》第95条第1款第2项规定:“财产保险业务,包括财产损失保险、责任保险、信用保险、保证保险等保险业务。”财产保险是人类在同自然灾害和意外事故长期斗争中产生发展起来的,它以各种财产物质和有关利益为保险对象,补偿被保险人的经济损失。它是一种经济补偿制度。

财产保险是指保险人对被保险人的财产及其有关利益,在发生保险责任范围内的灾害事故而遭受经济损失时给予补偿的保险。财产保险中所指的财产除了包括一切动产、不动产、固定的或流动的财产以及在制的或制成的等有形财产外,还包括运费、预期利润、信用及责任等无形财产和利益。因此,财产保险的范围很广泛。

第一节 企业财产保险

一、企业财产保险概述

财产保险是在传统的火灾保险的基础上演变和发展而来的,主要承保火灾以及其他自然灾害和意外事故造成的保险财产直接损失。财产保险基本险、综合险和一切险是我国企业财产保险的常用险种。

二、企业财产保险的主要内容

(一)企业财产保险的保险标的

企业财产保险基本险、综合险和一切险的适用范围很广泛,一切工商、建筑、交通运输、饮食服务行业和国家机关、社会团体等均可投保。企业财产保险的标的包括投保人所有或代他人保管或与他人共有而由投保人负责的财产。但前提条件是投保人对其所投保的财产必须具有保险利益,否则保险合同不能生效。因此,从保险的角度来看,企业的财产可分为三种类型:

1. 可保财产。这类财产既可以用会计科目来反映,如固定资产、流动资产、账外资产等;又可以用企业财产项目类别来反映,如房屋、建筑物、机器设备、材料、商品物资等。按照条款的规定,可作为保险标的的财产应在保险合同中列明。

2. 特约可保财产。这类财产可以分为两种:一是在无须加贴保险特约条款或增加保险费的情况下予以特约承保的财产;二是必须用特约条款并加收保险费方可承保的财产。前者主要是因为这些财产的市场价格变化较大,或受某些风险的影响较小,如金银、珠宝、古玩、艺术品以及便携式装置与设备(手机、手提电脑、照相器材)等;后者主要是为了满足部分行业的特殊需要,如铁路、桥梁、堤堰、码头以及尚未交付使用或验收的工程等。在承保金银、珠宝等珍贵物品时,保险人应与投保人事先约定承保价值,并查明标的物确实存在。保险人在承保铁路、桥梁时,应考虑上述标的物易遭受洪水、泥石流等自然灾害,因此要对这些标的物进行实地查勘,并要求投保人提供有关的工程设计、验收技术资料。

3. 不可保财产。一般条款规定不予承保财产的原因有:第一,这些财产不属于一般性的生产资料或商品,如土地、矿藏等;第二,这类财产的风险特殊,应投保专门的现金保险,如货币、票证、有价证券以及有现金价值的磁卡等;第三,这些财产的价值主要在于其所载有的信息,其价值很难鉴定,但可以复制,如文件、账册、技术资料、计算机软件或数据资料等;第四,承保这些财产会与政府的有关法律法规相抵触,如枪支弹药、违章建筑、非法占用的财产等;第五,必然会发生危险的财产,如危险建筑;第六,应该投保其他险种的财产,如运输过程中的物资应投保货物运输保险,领取执照正常运行的机动车应投保机动车辆保险,畜禽类应投保养殖业保险等。

(二)企业财产保险的保险责任和附加责任

1. 企业财产保险基本险的保险责任和附加责任。详细规定如下:

(1)保险责任。企业财产基本险一般均采取列明风险方式确定保险责任,保险标的只有遭受保险条款中列明的意外事故并造成损失时,保险人才承担赔偿责任。保险条款中规定的意外事故是指被保险人不可预料的以及无法控制并造成损失的突发事件。保险条款列明承保的风险有以下几项:

①火灾。指在时间上或空间上失去控制的燃烧所造成的灾害。构成火灾责任必须同时具备三个条件:第一,有燃烧现象,即有热有光有火焰;第二,偶然、意外发生的燃烧;第三,燃烧失去控制并有蔓延扩大的趋势。

由此可见,企业财产保险中的火灾责任不只是指有燃烧现象的情况。例如在生产或生活中有目的地用火,为了防疫而焚毁玷污的衣物,有控制地点的焚烧行为等都属于正常燃烧,也就是说用火取食、烧火取暖等,均不属于火灾保险责任。同时,因烘烤、烫、烙造成焦煳变质等损失,既无燃烧现象,又无蔓延扩大趋势,也不属火灾保险责任。电机、电器、电气设备因使用过度、超电压、碰线、弧花、漏电、自身发热所造成的本身损毁,同样不属于火灾保险责任。但如果发生了燃烧并失去了控制,而且蔓延扩大时,就构成了火灾保险责任,如在烘箱烘烤时,变压器线圈着火燃烧并蔓延殃及其他物品。保险人在对火灾损失的赔偿责任中,除了赔偿被烧毁的财产外,还包括对电机、电器、电气设备本身损失的赔偿。

②爆炸。爆炸与火灾有关联性,爆炸往往会引起火灾,火灾也经常导致爆炸。爆炸分为物理性爆炸和化学性爆炸。第一,物理性爆炸,是指由于液体变为蒸汽或气体膨胀,压力急剧增加并大大超过容器所能承受的极限压力而发生的爆炸。第二,化学性爆炸,是指物体在瞬间分解或燃烧时放出大量的热和气体,并以很大的压力向四周扩散的现象。

③雷击。雷击是指由电造成的灾害。雷电为积雨云中、云间或云地之间产生的放电现象。雷击的破坏形式分直接雷击与感应雷击两种。前者是由于雷电直接击中保险标的造成的损失;后者是由于雷击产生的静电感应或电磁感应使屋内对地绝缘金属物体产生高电位放出火花引起的火灾,导致电器本身的损毁,或因雷电的高压感应,致使电器部件的损毁。

④飞行物体及其他空中运行物体坠落。该项损失是指空中飞行器、人造卫星、陨石坠落,吊车、行车在运行时发生的物体坠落,人工开凿或爆炸而致石方、石块、土方飞射、塌下,建筑物倒塌、倒落、倾倒,以及其他空中运行物体坠落。

⑤施救、抢救造成保险标的的损失。该项损失是指已经发生保险责任范围内所列明的灾害事故,被保险人为抢救保险财产或防止灾害蔓延而造成保险财产的损失扩大部分属赔偿范围。

⑥施救费用。当发生保险范围的灾害事故时,被保险人为减少保险财产损失,对保险财产采取施救、保护、整理措施而支付的必要的合理的费用,由保险人负责赔偿。但保险人只对保险财产的施救费用负责,如果被施救的财产中包括未保险的财产,而且保险财产和未保险财产两者的施救费用无法分清时,保险人只根据被施救的保险财产占全部被施救财产的比例负责施救费用的赔偿。所谓必要和合理的费用应从尽可能减少保险财产损失出发,按实际情况处理。

(2)附加责任。由于基本险条款对自然灾害造成的损失免除责任,为适应投保人的某些特殊需要,保险条款设计了各种附加风险,如暴风、暴雨、台风、飓风、龙卷风、洪水、冰雹、暴雪、冰凌、雷电、泥石流、崖崩、突发性滑坡、飞行物体及其他空中飞行物体的坠落及水箱、水暖管爆裂等风险。如果投保人在基本险的基础上附加这些风险,可以得到综合险的保障。此外,基本险还可以附加综合险和一切险不予承保的风险,如沙尘暴、地震、盗窃、罢工等。

2. 企业财产保险综合险的保险责任和附加责任。综合险与基本险的主要区别在于保险责任和除外责任方面内容的不同。企业财产综合险将“暴雨、洪水、台风、飓风、暴风、龙卷风、暴雪、冰雹、冰凌、泥石流、突发性滑坡、崩塌”等自然灾害列入了保险责任范围。此外还承保被保险人拥有财产所有权的自用的供电、供水、供气设备因保险事故遭受损坏,引起停电、停水、停气以致造成保险标的直接损失。值得注意的是,企业财产综合险仍将沙尘暴、地震等自然灾害造成的损失除外不保。

(1)保险责任。企业财产综合险的保险责任除了承担基本险的责任之外,还包括:①暴雨。②洪水。③暴风。④龙卷风。⑤冰雹。⑥台风。⑦飓风。⑧暴雪。⑨冰凌。⑩突发性滑坡。⑪崩塌。⑫泥石流。⑬地面突然下陷下沉。

(2)附加责任。为了适应投保人的特殊需要,可在综合险的基础上,加保以下各种保险:①沙尘暴。②自燃。

此外,还可以扩展油水管损坏保险,玻璃破碎保险,恶意破坏保险,自动喷淋系统水损保险,碰撞保险,起重、运输机械保险等。

3. 企业财产保险一切险的保险责任与附加责任。

(1)保险责任。一切险采取的是列明除外责任的方式。除了条款规定的责任免除外,其他责任灾害和意外事故均为保险责任,并在条款中对承保的自然灾害和意外事故作出释义。

(2)附加责任。一切险的附加责任可包括43条扩展类责任条款、20条规范类附加条款、7条限制类条款和2条限制类规范条款。其中,仅适用于一切险的附加险有沙尘暴除外责任条款、碰撞除外责任条款、自燃除外责任条款、50/50摊销条款等。

(三)企业财产保险的除外责任

1. 基本险的除外责任。包括:

(1)被保险人及其代表的故意行为或纵容所致的损失。被保险人及其代表一般是指一个单位或公司的法人代表或其高管人员,如董事长、副董事长、董事、经理、副经理、总会计师、总工程师等。法律上的故意行为是指“明知自己的行为会发生损害的结果,还放任或希望这种结果发生的各种行为”。除外责任中不包括由一般工作人员的疏忽行为、违反操作安全规程所致保险责任范围的损失。

(2)由于行政行为或执法行为所致的损失。这是指各级政府或各级执法机关下令破坏保险标的所致的损失,属于非常性的行政措施。一般是从国家、社会整体利益出发或者维护更大的利益,避免更大的损失所作出的决策,不属于保险人承保的意外、偶然的灾害事故风险范畴,如政府部门对保险标的没收、征用、销毁或毁坏等损失均不属于保险责任。

(3)战争、敌对行为、军事行动、武装冲突、罢工、暴动。战争是指国家与国家、集团与集团之间为了一定的政治、经济目的而进行的武装斗争。军事行动是指国家或政权组织有目的、有计划、有组织地对武装力量签署命令并实施行动。敌对行为和武装冲突是指国家没有宣布战争状态而使用武力解决争端的行为。罢工是指工作者为实现某种要求,或表示抗议而集体停止工作的行为。暴动是指破坏社会秩序的武装骚动。对战争、敌对行为、军事行动等原因引起的火灾、爆炸等事故,因其破坏范围和损失程度难以估计,财产保险损失概率中未包含此项因素,故列为除外责任。

(4)地震、海啸及其次生灾害。地震是指因地壳发生的震动;海啸是指由海底地震、火山爆发或水下滑坡、塌陷所激发的海洋巨波。由此引起的各种损失,保险人均不负责赔偿。

(5)核反应、核辐射和放射性污染。这是指核武器爆炸或核反应堆事故产生的光辐射和放射性污染。由于这类灾害事故发生后,危险波及面较广,其损失检验处理较复杂,保险人掌握的数据资料有限,因此不予承保。

(6)大气污染、土地污染、水污染及其他非放射性污染,但因保险事故造成的非放射性污染不在此限。由于这些风险破坏性大,造成的损失范围广、程度高,保险人不予承保。

(7)保险标的的内在或潜在缺陷、自然磨损、自然损耗,大气(气候或气温)变化、正常水位变化或其他渐变原因,物质本身变化、霉烂、受潮、鼠咬、虫蛀、鸟啄、氧化、锈蚀、渗漏、自燃、烘焙。

(8)暴雨、洪水、暴风、龙卷风、冰雹、台风、飓风、暴雪、冰凌、沙尘暴、突发性滑坡、崩塌、泥石流、地面突然下陷下沉。

(9)水箱、水管爆裂。这条明确了水箱、水管爆裂不属于爆炸事故。

(10)盗窃、抢劫。

(11)保险标的遭受保险事故引起的各种间接损失。

(12)锅炉及压力容器爆炸造成其本身的损失。由于锅炉及压力容器经常处于高压工作状态,所面临的爆炸风险较大,因此保险人对锅炉和压力容器因爆炸造成其本身的损失不赔偿,但对于爆炸引起其他财产的损失与费用则予以负责赔偿。

(13)任何原因导致供电、供水、供气及其他能源供应中断造成的损失和费用。这部分的保障需求可以通过附加险来提供。

(14)保险合同中载明的免赔额或按本保险合同中载明的免赔率计算的免赔额。这本是被保险人自己应该承担的责任。

(15)广告牌、天线、霓虹灯、太阳能装置等建筑物外部附属设施,存放于露天或简易建筑物内部的保险标的以及简易建筑本身,由于雷击造成的损失。

(16)其他不属于保险责任范围内的损失和费用。这条将列明风险的保障方式与一切险保障方式进行了区别。

2. 综合险的除外责任。在基本险的基础上,综合险的除外责任有所变化,主要是:

广告牌、天线、霓虹灯、太阳能装置等建筑物外部附属设施,存放于露天或简易建筑物内部的保险标的以及简易建筑本身,由于雷击、暴雨、洪水、暴风、龙卷风、冰雹、台风、飓风、暴雪、冰凌、沙尘暴造成的损失。由于这类财产在没有必要的防护措施时,很容易遭受暴风暴雨损失,除非被保险人与保险人特别约定,否则保险人不予负责。

3. 一切险的除外责任。在综合险的基础上，一切险的除外责任有所增加，主要包括以下几项：

(1)设计错误、原材料缺陷或工艺不善造成的保险标的本身的损失；

(2)非外力造成机械或电气设备本身的损失；

(3)被保险人及其雇员操作不当、技术缺陷造成被操作的机械或电气设备的损失；

(4)盘点时发现的短缺；

(5)任何原因导致公共供电、供水、供气及其他能源供应中断造成的损失和费用。

(四)企业财产保险的保险价值、保险金额和免赔额

1. 保险价值。企业财产保险的保险价值有多种确定方式，即保险标的的保险价值可以为出险时的重置价值、出险时的账面余额、出险时的市场价值或其他价值，由投保人与保险人协商确定，并在保险合同中载明。保险人可与投保人协商，对不同的标的选择不同的保险价值确定方式，并予以明确。财产保险中确定保险价值一般采用不定值的方式，即在保险合同中约定，出险时按特定方式确定保险价值。但在特殊情况下，也可以采用定值方式确定保险价值，即在投保时直接确定保险价值的具体数额。对于保险价值确定方式的选择应注意以下几点：

(1)重置价值。重置价值是指替换、重建受损保险标的，以使其达到全新时的状态而发生的费用，但不包括被保险人进行的任何变更、性能增加或改进所产生的额外费用。它主要适用于固定资产类的标的(如建筑物、大型机器设备等)。对于年代久远、型号落后的机器设备、二手设备等，由于其重置价值与实际价值相差巨大，且重置过程中难以找寻原有型号，尤其二手设备还可能存在道德风险，因此，应谨慎使用重置价值作为确定其保险价值的方式。同时，如果选择了重置价值作为保险标的的保险价值时，则必须附加“重置价值条款”。这是由于重置价值在适用时是有条件限制的，对于以下几种情况保险价值将变更为出险时的市场价值：被保险人没有合理的原因和理由而推迟、延误重置工作；被保险人没有对受损保险标的进行重置；发生损失时，若存在重复保险且其他保险合同没有按重置价值承保。

(2)账面余额。这种方式主要适用于存货类的保险标的，但采用这一方式要求被保险人的账册记录必须真实可靠，对于中小型企业或个体工商户应注意慎重使用。

(3)市场价值。从控制风险的角度，它主要适用于不宜采用重置价值的保险标的。市场价值的确定可以有两种方式：一种是对于可以在市场上询价的标的，以询到的价格作为市场价值；另一种是对于不能在市场询价的标的，可以采取重置价值扣除规定的折旧确定。

(4)其他价值。其他价值指除上述三种价值之外的其他方式确定的保险价值,通常情况下指定值保险。在保险合同订立时明确保险价值的具体金额就是定值保险,一般适用于艺术品等价值难以确定或价格波动较大的财产。如果选择了定值保险确定保险价值,还需要附加“定值保险条款”。

2. 保险金额。保险金额是指保险人承担赔偿或者给付保险金责任的最高限额,也是保险人计算保险费的依据。保险金额可由投保人参考保险价值自行确定,并在保险合同中载明。这一约定体现两层含义:一是投保人有自主确定保险金额的权利;二是提示保险金额确定可参考保险价值。

通过保险金额与保险价值的比较可以判断是否为足额保险。保险金额超过保险价值的,属于超额保险,超过的部分无效;保险金额低于保险价值的,属于不足额保险,保险人按照保险金额与保险价值的比例承担赔偿责任。因此,为了满足被保险人获得有效、足额的保障需求,在实际业务中,保险公司的业务人员在投保人确定保险金额时应给投保人以相应的建议,让其参考保险标的对应的保险价值确定保险金额,并对超额保险或不足额保险的后果予以提示。

3. 免赔额。免赔额是指保险人对于保险标的在一定限度内的损失不负赔偿责任的金额。免赔额是保险制度中的一种共保机制,设计免赔额的实质是对被保险财产可能发生的损失有条件地由保险人和被保险人共同承担,即在一定条件下降低保险人实际承担的责任。设置免赔额的意义在于:一是可以增强被保险人的风险防范意识;二是可减少保险人对小额案件的处理;三是可以降低被保险人的保险费支出。

免赔额一般可以分为相对免赔额和绝对免赔额。绝对免赔额是指无论损失金额大小都须进行扣减的免赔额;而就相对免赔额而言,损失金额大于免赔数额时则无须进行扣减。免赔额可以表现为固定数值,也可以是损失金额的一定比例,它的设定方式灵活多样,可按标的、风险确定,也可以按不同标的的不同风险分别确定,还可以约定每次事故的免赔额或约定保险期间内的累计免赔额等。

企业财产保险约定每次事故的免赔额是最为普通的一种方式,即该免赔额为整个保险合同的每次事故免赔额,它适用于整个保险合同的每一项标的。如果需设置其他免赔额方式,则可通过在保险合同中增加特别约定的方式来满足。

(五)企业财产保险的保险费率

1. 影响企业财产保险费率的主要因素。保险费率是保险人向被保险人收取保险费的计算标准,也是依照保险金额计算保险费的比率。影响企业财产保险费率的主要因素有:

(1)地理位置与防洪设施。在不同的地理环境中,自然灾害的危害相差很大。在财产保险的损失中,水损和地质灾害占有相当大的比重,如洪水、山体滑坡、泥石流等造成的损失。对于那些处于沿河、江、湖、海地区的保险标的,遭受洪水侵袭的几率较高。因此,防洪设施的完备及维护情况将直接影响到保险标的风险的实际状况。同时,因为不同的标的物在受潮或者水淹时,可能受到的损失程度差别很大。如纸张、粮食、化工原料、精密仪器等一旦受到水淹,很容易造成全部损失,而钢材、塑料制品等即使长时间被水浸泡,也不会造成太大的损失。

(2)特定行业与周边环境。特定行业是指随着现代电子、生物、制药和化学工业的发展,出现的一批对于生产环境要求非常严格的企业。这些企业不同于传统企业,一旦发生火灾、爆炸等事故,容易导致重大损失。同时,因为火灾和爆炸的产生除了自身因素外,往往还取决于周边的因素,即常常是因为被保险人周边发生火灾、爆炸殃及保险财产。因此,保险人应当注意保险财产周边的情况,看是否存在火灾、爆炸隐患。

(3)建筑物结构与场所占用性质。在灾害事故中房屋的建筑结构、建筑等级、使用年限与损毁程度有很大的关系。此外,一些风险密集型的公共营业场所,如小商品市场、家具市场、灯具市场、建材市场、百货公司和娱乐城等,由于其经营形式大多采用摊位租赁的模式,管理具有一定的难度;同时,这些场所的人流量相对较大,也增加了风险的程度。

(4)防雷、避雷设施,消防设施和公共消防队。雷电损失既包括雷击引起火灾的损失,又包括雷击导致建筑物内电器、仪器设备的损失。在大多数的火灾事故中,消防设施情况将直接影响事故的发生概率和最终损失程度。被保险人自身的消防设施主要是解决火灾的及时发现和扑灭,而一旦酿成大火,则需要依靠公共消防设施。

(5)风险管理水平与标的物风险分散程度。风险管理评估主要围绕被保险人的安全制度建设和执行情况展开。保险人对保险标的的危险单位进行划分,了解每次保险事故可能造成的最大损失。

(6)历年事故损失情况。根据企业过去一定时期发生灾害事故的次数及损失情况,对基准费率进行相应调整,如果以前年份损失较大,则应考虑上浮费率;反之,可以考虑给予一定的费率优惠。

(7)续保优惠。基于保险人对于续保项目风险实际状况的了解与信任,或者说保险人经过一段时期的承保后,仍愿意继续承保的业务,其风险水平应当属于相对较好的状况。同时,从保险经营的角度,续保业务的成本相对较低,可以给予一定的优惠。

2. 企业财产保险的费率体系。包括:基准费率、行业标准费率、区域标准费率、标的实收费率和附加险费率五个部分,基本的框架结构以及确定方式如图 5—1 所示。

(1)基准费率。基准费率的确定依据是选择的产品,即财产基本险、财产综合险和财产一切险适用的不同基准费率。

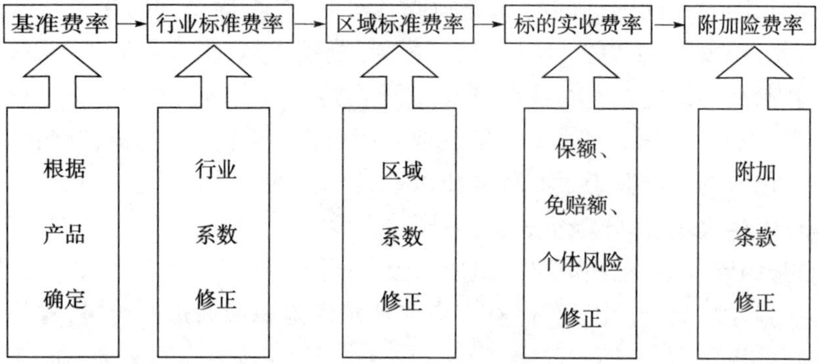

图 5—1　企业财产保险费率结构图

(2)行业标准费率。行业标准费率 = 基准费率 × 行业系数。

(3)区域标准费率。区域标准费率 = 行业标准费率 × 区域系数。

其中,区域系数 = 暴风雨损失占比 × 暴风雨区域系数 + 台风损失占比 × 台风区域系数 + 洪水损失占比 × 洪水区域系数 + 其他灾因损失占比 × 其他灾因区域系数(注:基本险的区域系数为 1)。

(4)标的实收费率。标的实收费率 = 区域标准费率 × 保额系数 × 绝对免赔额系数 × 个体风险评估系数。

(5)附加险费率。扩展类附加险采用单独定价或费率跟随主险的定价方法;限制类附加险规定每个条款最多可以按主险保费减少 1.2%,但无论使用多少条限制性附加条款,总体减费的程度不得超过总保费的 2%;规范类附加险不需要收费。

(六)企业财产保险的赔偿处理

1. 赔偿方式。保险标的发生保险责任范围内的损失,采用何种方式予以赔偿,一般由保险人与被保险人协商确定,但保险人有最终的决定权。保险人有权选择的赔偿方式包括三种形式:

(1)货币赔偿:以支付保险金的方式赔偿;

(2)实物赔偿:以实物替换受损标的的方式赔偿;

(3)实际修复:以修理修复受损标的的方式赔偿。

考虑到便利性,货币赔偿往往是保险人首选的赔偿方式,但双方对赔偿金额难以达成一致意见或可能存在道德风险时,保险人选择后两种赔偿方式则更具有可操作性或者可以作为与被保险人协商赔偿数额的条件。保险人选择了后两种赔偿方式,实际上就丧失了货币赔偿的机会。采用实物赔偿可能存在一定的市场价格波动风险,保险人选择这一赔偿方式时应慎重。考虑到保险合同是补偿性合同,其赔偿的原则是“恢复原状”，不能使受损标的的状况好于保险事故发生前，所以对于保险标的在修复或替换过程中，被保险人进行的任何变更、性能增加或改进所产生的额外费用，保险人不负责赔偿。

2. 残值处理。保险标的遭受损失后，保险标的如果有残余价值，应由双方协商处理，或折归被保险人所有。因此，在计算损失时应将该价值扣除，但残余价值的具体金额应由保险人与被保险人双方协商确定。如果受损财产的赔偿金额要进行分摊，其残值部分也要进行分摊，即

$$赔偿金额 = 残值 \times 保险金额/保险价值 \quad (5—1)$$

3. 损失赔偿计算方式。保险标的发生保险责任范围内的损失，应区别全部损失与部分损失，按保险金额与保险价值的比较结果分别进行计算。保险金额等于或高于保险价值时，赔偿最高不超过保险价值；保险金额低于保险价值时，赔偿最高不超过保险金额。具体计算方式如下：

(1)保险金额等于或高于保险价值时，按实际损失计算赔偿，最高不超过保险价值。

(2)保险金额低于保险价值时，按保险金额与保险价值的比例乘以实际损失计算赔偿，最高不超过保险金额。

(3)如果保险合同中所保的保险标的包括多项时，应分项按其约定的保险价值与保险金额进行计算赔偿金额。值得注意的是，若约定了分项保险金额的，则分项保险金额优于总保险金额。若存在不足额保险进行比例赔付时，应优先适用分项保险金额与保险价值的比例。

4. 施救费用计算。施救费用的赔偿与财产损失的赔偿应分别计算，但计算的原则是一致的。《保险法》第57条第2款规定：“保险事故发生后，被保险人为防止或者减少保险标的的损失所支付的必要的、合理的费用，由保险人承担；保险人所承担的数额在保险标的的损失赔偿金额以外另行计算，最高不超过保险金额的数额。”因此，保险事故发生后，被保险人为防止或减少保险标的的损失所支付的必要的、合理的费用，保险人在保险标的的损失赔偿金额之外，按以下方式另行计算赔偿：

(1)保险金额等于或高于保险价值时，按实际支出计算赔偿，最高不超过被施救保险标的的保险价值；

(2)保险金额低于保险价值时，按保险金额与保险价值的比例乘以实际支出计算赔偿，最高不超过被施救保险标的的保险金额。

5. 扣除免赔额。每次事故免赔额是在财产损失赔偿金额与施救费用赔偿金额之和的基础上进行扣减的，而非仅在财产损失赔偿金额上进行扣减。

6. 重复保险分摊。重复保险的分摊有多种方式，如比例责任、顺序责任、限额责任等。《保险法》第56条规定：“除合同另有约定外，各保险人按照其保险金额与保险金额总和的比例承担赔偿责任。”这说明在保险合同未对重复保险分摊进行

约定的情况下,重复保险的分摊适用比例责任制。企业财产保险条款规定,保险事故发生时,如果存在重复保险,保险人按照保险合同的相应保险金额与所有有关保险合同的相应保险金额总和的比例承担赔偿责任。其他保险人应承担的赔偿金额,保险人不负责垫付。

7. 赔款支付的时限。保险人收到被保险人的赔偿请求后,应当及时核赔,无论是否属于保险责任,均应将结果告知被保险人。若认定被保险人提供的索赔资料不完整的,可要求其补充相关材料。对属于保险责任的,保险人应在与被保险人达成有关赔偿金额的协议后 10 日内履行赔偿义务。这里需要注意,保险人的赔偿时限是以保险人与被保险人达成赔偿金额的协议为起点的。

8. 保险金额的冲减。保险标的发生部分损失,保险人履行赔偿义务后,保险金额应根据赔款相应减少。具体冲减金额为保险人的赔偿金额,而非保险标的的损失金额,且保险人不退还保险金额减少部分的保险费。若投保人需要为重新恢复的保险标的寻求保障,可以申请恢复保险金额,并按日比例计算恢复部分的保险费。保险金额的恢复日期可以是损失发生之日,也可以是投保人请求恢复的其他日期。如发生全部损失,则保险合同终止。

9. 索赔时效。《保险法》第 26 条规定:“人寿保险以外的其他保险的被保险人或者受益人,向保险人请求赔偿或者给付保险金的诉讼时效期间为两年,自其知道或者应当知道保险事故发生之日起计算。”应该注意,被保险人两年索赔时效的起点是被保险人知道保险事故发生之日,而非保险事故的发生之日。在财产保险中,被保险人知道保险事故发生之日与保险事故发生之日这两个时间点一般是重合的,即保险事故发生被保险人立即知道,而在责任保险中这两个时间点则可能不同,被保险人知道保险事故发生的时间有可能迟于保险事故发生的时间。

10. 因第三者对保险财产的损害而造成保险事故的,保险人自向被保险人赔偿保险金之日起,在赔偿金额范围内代位行使被保险人对第三者请求赔偿的权利。

第二节 机器损坏保险

一、机器损坏保险概述

机器损坏保险是在传统的锅炉、蒸汽机保险的基础上发展起来的。它是从财产保险中分离出来的一个险种。国际保险市场上针对不同的机器设备的风险特点,设计开发了不同的机器损坏保险,如工程设备保险、低压设备保险、农用机械保险等。我国从 1980 年起开始办理该保险。

机器损坏保险是以机器设备为保险标的,以机器设备损坏为赔偿的前提,以机器设备的重置价值为承保基础,承担被保险机器在保险期限内工作、闲置或检修保养时,因除外责任之外的突然的、不可预料的意外事故造成的物质损坏或灭失的一种保险。机器损坏保险适用于所有安装验收完毕并转入生产经营的机器设备及其配套设施。对损坏事故频繁、运行不良、超负荷运行、超役使用的设备以及未按国家和有关部门规定定期保养检修的设备，在承保时应予剔除。

机器损坏保险具有以下几方面的特点：

（一）保险金额按照重置价值确定

机器损坏保险与企业财产保险不同，后者是以投保人根据投保财产的实际价值估定保险金额。机器损坏保险却要求所有投保机器（无论新旧程度如何）一律按照重置价值来确定保险金额。

（二）承保的损失以电气事故和人为事故为主

机器损坏保险主要承担由于人为原因或电气原因造成的机器损毁和灭失。例如，设计、制造及安装错误，铸造和原材料缺陷，工人、技术人员操作失误、恶意行为，电气短路等造成的损失，保险人都予以赔偿；而对于其他任何原因引起的火灾、爆炸等意外事故，以及暴风雨、洪水等自然灾害造成的损失，保险人均不负责。

二、机器损坏保险的主要内容

（一）机器损坏保险的保险标的

机器损坏保险适用于所有安装验收完毕并转入生产运营的机器设备及配套设施。机器损坏保险的保险标的，包括在保险合同中载明的以及保险合同成立后经保险人书面同意增加的，投保人、被保险人具有合法利益的，国家规定使用期限内正常运转的各类机器设备、机械装置等，如发电机组、电力输送设备、生产机器和附属设备。如果机器损坏保险作为财产保险的附加险投保，保险标的必须是已投保财产保险的机器设备及装置。投保人在投保机器损坏保险时，一般要求将一个工厂或一个车间的机器全部投保。保险人在承保时应予剔除的机器设备包括：超负荷、超负载运行的；按国家和有关部门规定淘汰和停止使用的；未按国家和有关部门规定定期保养、检修的设备；领有公共交通牌照的机动车辆等。保险人对一些使用期限很短的零部件，可以除外不保，如各种模具、玻璃、金属线等易耗物件，以及一切操作中的媒介物（如润滑剂、燃料、催化剂等）。同时，由于电脑（包括软、硬件）技术复杂，也不适用机器损坏保险。

（二）机器损坏保险的保险责任

机器损坏保险的保险责任主要是机械电气事故与人为事故，不包括自然灾害及一般的意外事故。具体内容为：①工人、技术人员操作错误、缺乏经验、技术不善、疏忽、过失、恶意行为。这些人为因素造成损失在确定责任时应注意以下问题：第一，该行为必须是非经被保险人或其代表授意、暗示或默许的，否则，保险人有权拒赔。第二，该行为的结果必须构成一次意外事故，并产生实际的物质损失或费用。第三，工人或技术人员应经过严格的技术业务水平、安全技术规程、本工种操作规程和有关规章制度方面的培训,经考核合格并获得上岗证书以后获得上岗操作资格,而且在操作过程中完全是按照本工种操作规程和其他安全规章制度进行操作的。对被保险人的工人或技术人员因疏忽连续造成损失,或连续未按照操作规程操作而管理人员视而不见或未予以制止最终导致的损失,保险人有理由要求被保险人承担部分责任。②设计、制造或安装错误、铸造和原材料缺陷。③离心力引起的断裂。若由于机器设备多年失修、保养不善,或为了达到某一目的长时间超负荷运转造成的零部件的断裂,不属于保险责任。④超负荷、超电压、碰线、电弧、漏电、短路、大气放电、感应电及其他电气原因。⑤被保险人抢救受损保险标的所支付的费用。⑥公共供电、供水、供气及其他公共能源的突发性中止。⑦锅炉缺水。⑧物理性爆炸。

上述风险都是企业财产基本险和综合险不予承保的,为了取得全面的保障,被保险人最好是在投保企业财产基本险或综合险的基础上附加投保机器损坏保险。

(三)机器损坏保险的除外责任

机器损坏保险对下列各项原因造成的损失不负赔偿责任:①被保险人及其代表的故意或重大过失行为;②被保险人及其代表已经知道或应该知道的保险机器及其附属设备在本保险开始前已经存在的缺点或缺陷;③战争、类似战争行为、敌对行为、武装冲突、恐怖活动、谋反、政变、罢工、暴动、民众骚乱;④政府命令或任何公共当局没收、征用、销毁或毁坏;⑤核裂变、核聚变、核武器、核材料、核辐射及放射性污染;⑥机器设备运行必然引起的后果,如自然磨损、氧化、腐蚀、锈蚀、孔蚀、锅垢等物理性变化或化学反应;⑦由于公共设施部门的限制性供应及故意行为或非意外事故引起的停电、停气、停水;⑧火灾、爆炸;⑨地震、海啸及其次生灾害;⑩雷击、飓风、台风、龙卷风、暴风、暴雨、洪水、冰雹、地崩、山崩、雪崩、火山爆发、地面下陷下沉及其他自然灾害;⑪飞机坠毁、飞机部件或飞机物体坠落;⑫机动车碰撞;⑬水箱、水管爆裂。

保险人对下列损失和费用也不负责赔偿:①保险事故发生后引起的各种间接损失或费用;②各种传送带、缆绳、金属线、链条、轮胎、可调换或替代的钻头、钻杆、刀具、印刷滚筒、套筒、活动管道、玻璃、磁、陶及钢筛、网筛、毛毡制品、一切操作中的媒介物(如润滑油、燃料、催化剂等)及其他各种易损、易耗品;③根据法律或契约应由供货方、制造人、安装人或修理人负责的损失或费用;④保险机器设备在修复或重置过程中发生的任何变更、性能增加或改进所产生的额外费用;⑤保险合同中载明的免赔额或按本保险合同中载明的免赔率计算的免赔额。

(四)机器损坏保险的保险期限

如果单独投保机器损坏保险,其保险期限通常为 1 年;如果同时投保财产保险和机器损坏保险,二者保险期限的起止时间应一致,但机器损坏保险可独立出具保险单。有时,机器损坏保险也可以签发 3 ~ 5 年的长期保单,但保险费的计算仍以年费率为基础。

(五)机器损坏保险的保险金额

机器损坏保险的保险金额,应为该项机器设备出险时的重置价值,即重新换置同一厂牌或相类似的型号、规格、性能的新机器设备的价格,包括出厂价格、运费、保险费、税款、可能支付的关税以及安装费用。

(六)机器损坏保险的保险费率

机器损坏保险是以一台机器或一条生产线为一个风险单位的,因此,机器损坏保险的费率是根据每一台机器以往几年的损失率和不同类型与用途来确定的。在分别计算出每台设备或每条生产线的保险费后,再根据总保险费和总保险金额倒推,算出一个平均费率作为对外报价的基准费率。目前机器损坏保险的费率表是根据不同行业的风险性质制定的参考性费率。机器损坏保险一般都规定有绝对免赔额(率)。

(七)机器损坏保险的赔偿处理

1. 修理费用的赔偿。保险机器的损失可以修理时,保险人赔偿基本修复至原状的费用,包括损坏机器的拆除费用、重装费用、运费、税款等。修理费用的赔偿以受损机器的保险金额为限。其计算公式为:

$$赔偿金额 = 修理费用 - 残值 - 免赔额 \quad (5—2)$$

如果损失由被保险人自行修理,保险人赔偿材料费用、为修理支付的工资以及其他合理费用。如果采取临时修理方式,其费用没有使总修理费增加时,保险人也予以赔偿。但对于保险标的在修复或替换过程中,被保险人进行的任何变更、性能增加或改进所产生的额外费用,保险人不负责赔偿。

2. 在保险期间内,同一原因多次造成相同类型或型号的保险标的的损失,保险人对每次责任事故扣除保险合同约定的免赔额后,按下列比例赔偿:第一次事故:100%;第二次事故:90%;第三次事故:70%;第四次事故:60%;第五次事故:50%。

3. 全部损失和部分损失的赔偿金额计算与企业财产保险相同。

第三节 利润损失保险

一、利润损失保险概述

利润损失保险(也称营业中断保险)是对传统的财产保险不予承保的间接损失提供补偿。也就是说,利润损失保险承保由于火灾和自然灾害或意外事故,被保险人在保险财产从受损到恢复至营业前状况一段时期内,因停产、停业或营业受到影响所造成的利润损失和受灾的营业中断期间所需开支的必要费用等间接经济损失。

传统的财产保险只对保险责任造成的直接物质损失提供保障,因物质损毁而引起的间接损失,如停产、减产、营业中断而产生的利润损失则不负赔偿责任。利润损失保险作为传统财产保险的一种补充,它必须依附于财产保险的基础上,而且所承保的风险必须与财产保险一致,如火灾、爆炸、自然灾害等风险。因此,投保人只有在投保了财产保险的条件下,才能投保利润损失保险;同样,只有被保险财产遭受保险事故造成的损失并获得保险人赔偿的前提下,保险人才会对因该物质损失引起的利润损失负赔偿责任。

利润损失保险具有以下几方面的特征:

第一,财产保险所承保的是保险标的的直接损失,而利润损失保险所承保的是财产保险不予承保的间接损失。可见,二者相辅相成,互为补充,为被保险人提供了较为全面的保障。

第二,被保险人只有在足额投保财产保险并附加"恢复基础赔偿条款"的基础上,投保利润损失保险,才能获得充分的保险保障。因为足额投保财产保险可以避免比例赔偿损失,加保"恢复基础赔偿条款"有利于缩短损失恢复期,迅速重建生产基础,有利于利润损失保险发挥应有的作用。

第三,利润损失保险赔偿的只是投保企业合法、合理的经济损失,被保险人不能从赔偿中获得任何非法利益。所谓合法,是指损失的利润应是法律上承认的利润;所谓合理,是指投保企业在未遭受灾害事故,在正常营业或生产条件下能够实现的收益或费用开支,而不是主观臆测或推断的收益或支出。利润损失保险不予承保的利润损失有:①由于被保险人计划不周、经营管理不善或违反政府法令造成的利润减少;②由于市价下跌、产品质量低劣、产品积压等原因造成的损失。

二、利润损失保险的主要内容

(一)利润损失保险的保障项目

尽管利润损失保险是以财产保险为基础,但所承保的损失项目却不同。利润损失保险承保的是投保企业的生产营业设备(如建筑物、机器等)由于遭受自然灾害或意外事故造成企业生产停顿或营业中断而引起的间接经济损失,即预期毛利润的损失和中断期间仍需支付的必要维持费用损失。归纳起来,利润损失保险的保障项目有两类:第一,营业额减少所致的毛利润损失;第二,经营费用增加所致的毛利润损失。

1. 利润损失保险的有关基本概念

(1)利润、毛利润和毛利润率。

①利润,也称净利润,是指衡量财务损益状况的指标。利润为正值,说明企业有盈利;反之则为亏损。

②毛利润,是指已扣减生产成本,但仍未扣净所有支出的销售或营业收入。在保险业务中,通常采用"加"法计算毛利润,即指企业净利润加上各种可保险的维

持费用(也称固定费用)。维持费用,是指被保险人为维持正常的营业活动而发生的,包括高层管理人员工资、水电费、广告费、租金、利息、保险费等费用。这些费用在营业中断期间仍须支出,而不是随着营业额降低而同比降低,因而是具有保险利益的。因此,在计算毛利润时可以包括进来。用公式表示:

毛利润 = 营业利润 + 约定的维持费用

或

毛利润 = 约定的维持费用 - 营业亏损 × 约定的维持费用/全部的维持费用 (5—3)

③毛利润率。毛利润率,是指发生物质保险损失之日前最近一个完整的会计年度内的毛利润与营业收入的比率。其计算公式为:

毛利润率 = 毛利润 ÷ 营业额 × 100% (5—4)

毛利润率是企业根据过去已经实现的利润测算出来的,而利润损失保险所保的是企业本年度可能实现但尚未实现的利润。在一般情况下,企业可用上一会计年度的毛利润率来推算本年度的毛利润。保险人也可用上一会计年度的毛利润率作为确定承保年度毛利润的依据和保险金额的基础。

(2)营业收入、年度营业收入与标准营业收入。

①营业收入是指被保险人在营业过程中,因销售商品、提供劳务或者让渡资产使用权等实现的收入金额。

②年度营业收入是指企业在发生物质保险损失之日前 12 个月内的营业额,即出售产品、提供服务的收入。用公式表示:

年度营业收入 = 生产费用 + 维持费用 + 净利润 (5—5)

③标准营业收入是指企业在发生物质保险损失之日前 12 个月中与赔偿期间对应的日历期间的营业收入,即上年度可比的营业收入。例如,规定赔偿期为 2025 年 4,5,6 三个月,则标准营业收入为 2024 年的 4,5,6 三个月的营业额。

2. 营业收入减少毛利润损失的赔偿金额。赔偿期间内实际营业收入与标准营业收入的差额乘以毛利润率,就是营业收入减少赔偿金额。用公式表示为:

营业收入减少的赔偿金额 = 毛利润率 ×(标准营业收入 - 赔偿期间内的实际营业收入)

(5—6)

【例 5 - 1】某企业于 2025 年 1 月 1 日投保企业财产保险和利润损失保险,2024 年该企业的毛利润率为 30%。该企业于 2025 年 7 月 1 日发生火灾,需 6 个月才能恢复,赔偿期为 7 月 1 日至 12 月 31 日,标准营业额按上年同期(即 2024 年 7 月 1 日至 12 月 31 日)的营业额 500 000 元,赔偿期的营业额为 300 000 元。

代入公式(5—6)计算:

营业收入减少的赔偿金额 =(500 000 - 300 000)× 30% = 60 000(元)

在实务中,计算毛利润损失时,还要考虑生产发展以及通货膨胀等因素,即将标准营业收入加上营业增长因素的百分比才能得到“实际营业收入”。如果标准营业收入是估算了营业发展趋势及通货膨胀因素的,则用公式表示为:

实际营业收入 = 标准营业收入 ×(1 + 营业收入增长率 + 通货膨胀率)　　(5—7)

如上例,约定 1 年后营业额增长率为 10%,通货膨胀率为 8%。代入公式(5 - 7)计算:

实际营业收入 = 500 000 ×(1 + 10% + 8%) = 590 000(元)

再代入公式(5—6)计算:

营业收入减少的赔偿金额 = (590 000 - 300 000) × 30% = 87 000(元)

3. 经营费用增加毛利润损失的赔偿金额。除营业收入减少能带来毛利润损失外,经营费用的增加同样也能引起毛利润损失。这里所指的费用与维持费用有区别。维持费用不会由于营业中断而增加。增加的经营费用是指企业在遭受保险事故所造成的财产损失后,为了避免或降低赔偿期间内营业收入的减少而额外支出的必要的、合理的支付的经营费用或成本。如厂房发生火灾后,需临时租用普通房屋进行生产而产生的租房费用。只要这些费用是为减少被保险人的损失,或为迅速恢复经营的合理开支,保险人就可以负责赔偿。具体地说,保险人予以承保的费用应具有以下条件:

(1)这些费用的支出在主观上是为了避免或减少营业额的损失,是为了缩短营业中断时间。

(2)这些增加的费用不能超过一定的"经济限度",即以不超过毛利润率乘以因花费该经营费用而避免降低的营业收入为限。经济限度的计算用公式表示为:

经济限度 = 花费经营费用而挽回的营业额 × 毛利润率　　(5—8)

如上例,赔偿期为 6 个月,临时租房 6 个月,付房租 12 000 元。假定标准营业额为 50 万元,发生灾害后只能完成 25 万元的营业额,用临时租房的方式挽回了 5 万元的营业额,使赔偿期的营业额达到了 30 万元,保险人对房租的赔偿要看是否在经济限度以内。

代入公式(5—8)计算:

经济限度 = 50 000 × 30% = 15 000(元)

该案的租房费用 12 000 元,没有超过经济限度 15 000 元。

经营费用增加的赔偿金额 = (590 000 - 300 000) × 30% + 12 000 = 99 000(元)

若投保人确定的维持费用仅包括营业所需的部分维持费用,则保险人对额外增加的经营费用的赔偿金额按照该经营费用乘以毛利润与毛利润加上未承保的维持费用的比例计算,即:

经营费用增加的赔偿金额 = 增加的经营费用 × 毛利润/(毛利润 + 未承保的维持费用)　　(5—9)

营业额减少和经营费用增加的赔偿金额应扣除在赔偿期内因出险可能在毛利润中减少或停止支付而节约的开支和费用。如果保险金额低于毛利润率乘以年度营业额所得的金额,赔偿金额应按比例减少。

(二)利润损失保险的除外责任

我国利润损失保险规定的除外责任主要有两部分:一部分为绝对除外责任,如被保险人及其代表的故意行为、地震、海啸及其次生灾害等；另一部分包括保险人签发的与利润损失保险相关联的财产保险单中的除外责任。

国外利润损失保险的标准保险单规定的除外责任比较详细，比如：①物质损害保险单中的不足额部分。②损害发生时财产价值与其重置价值之间的差额。③在损害已经发生后，未报告的存货贬值。④由于档案单证的灭失，无法收回损害前的贸易欠款。⑤由于损害的后果破坏了合同而遭致的罚款、损害或合同规定的违约金。⑥除上述⑤之外第三者的索赔。⑦信誉的损失。⑧利润损失保险所允许的必需的有关准备索赔费用，但为索赔而委请的职业性会计师费用除外。⑨有关保险索赔的诉讼范围。⑩移去残损物资的费用。但对为了迅速清除残损以求营业早日恢复而增加的工作费用予以赔偿。

（三）利润损失保险的赔偿期

一般企业受灾后，要立即进行修建或重建重置，使之能在短期内恢复到受灾前的水平，并能进行正常营业，这就需要一段时间，这段恢复时间称为赔偿期。赔偿期是从受灾后开始计算，可为 3 个月至 12 个月或更长时间。

赔偿期与保险期不同。保险期是指保险单规定的起讫日期，只有在保险单的有效期内发生保险事故，保险人才能负责赔偿；而赔偿期则是指在保险有效期内发生了灾害事故后到恢复正常生产经营的一段时期。利润损失保险只赔偿被保险人在赔偿期内的利润损失，超出赔偿期的损失不予负责。赔偿期与保险期的关系见图 5—2：

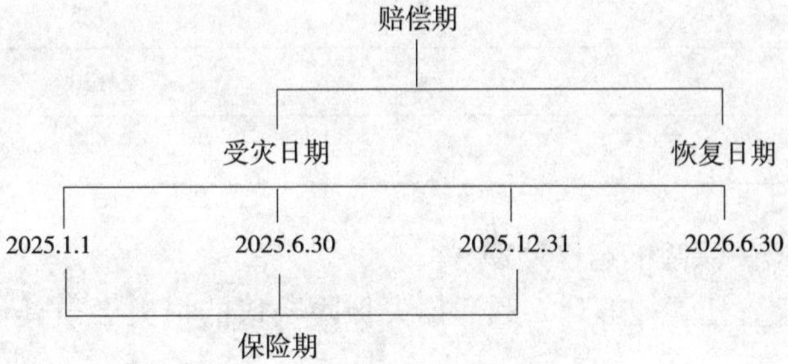

图 5—2 赔偿期与保险期的关系图

从上图中看出，财产保险单的保险期为 1 年，即从 2025 年 1 月 1 日零时起至 2025 年 12 月 31 日 24 时止。如果保险财产于 2025 年 6 月 30 日遭受火灾，需花 1 年的时间才能恢复正常，则 2025 年 6 月 30 日至 2026 年 6 月 30 日为赔偿期。

（四）利润损失保险的保险金额

利润损失保险的保险金额是按企业上年度的销售额或营业额加上本年度业务发展趋势和通货膨胀因素为基础计算的，也就是按照本年度预期的毛利润额来确定,即用毛利润率乘以上年度营业额加上预计当年业务升降指数及通货膨胀率。如果赔偿期不超过12个月,保险金额应为本年度预期的毛利润额;如果赔偿期超过12个月,则保险金额按比例增加。例如,规定赔偿期为18个月,保险金额就应该是年毛利润额的150%。

(五)利润损失保险的保险费率

利润损失保险的费率一般可按以下原则和步骤确定:①以承保的财产保险的费率为基础费率;②根据不同行业、不同工作的标准费率进行增减;③加上各种附加险及扩展责任的费率;④根据其他影响损失的因素加费或减费;⑤根据赔偿期的长短进行调整。

赔偿期与企业财产基本险(综合险)保险费率的关系如下(见表5—2)。

表5—2 赔偿期与保险费率关系表

赔偿期限(月数)	为原费率的百分比(%)
2	50
3	60
5	90
6	100
12	150
18	135
24	120
36	90

(六)利润损失保险的赔偿处理

1. 确定保险责任。能够列入利润损失保险赔偿的损失必须具备一定的条件,这些条件包括:

(1)利润损失保险必须发生在被保险人所占有或指定的场所。如果邻近场所发生火灾使被保险人的场所遭受水患或烟熏,或致使被保险人的营业通道堵塞而停止营业,由此带来的营业中断损失是应该赔偿的。如果因邻近场所发生火灾,使被保险人感到自己场所不安全,擅自停止营业的,保险人不予赔偿。

(2)营业中断必须是必要的。尽管发生了火灾,但因损失轻微不必停业,而业主停业造成的利润损失保险人不予赔偿。

(3)损失必须是保险责任范围内的损失原因引起的。若营业中断是由于台风引起的,而台风责任在财产基本险合同中已予剔除,对该损失可以不负赔偿责任。

同样因被保险人得到台风警报而停业,但实际上台风并没有出现,也没有造成保险财产的损失,其利润损失也不予赔偿。

(4)物质损失必须发生在保险期内,若营业中断延续到保险期满后,只要仍在赔偿期限内,对于超过保险期限的利润损失也给予赔偿。

2. 确定实际赔偿期。实际赔偿期是从损失发生之日起到生产或营业完全恢复到原有水平为止。实际赔偿期不能超过保险单上约定的赔偿期,如有超过,则以保险合同载明的赔偿期为准。

3. 对不足额保险,即保险金额小于应保的毛利润时,要采取比例分摊的赔偿方式。不足额保险的赔偿计算的公式如下:

赔偿金额=(营业收入减少所致毛利润损失+经营费用增加所造成利润损失-所保固定费用的节余部分)×保险金额÷全年毛利润额 (5—10)

【例5-2】某企业投保财产综合险附加利润损失险,保险金额240 000元,约定赔偿期为6个月。在保险期内发生火灾,营业额下降到300 000元,标准营业额为500 000元,上年毛利润率为20%,在赔偿期内挽回的营业额为100 000元,因租房增加租金40 000元,固定费用节余3 000元,全年毛利润为300 000元。保险赔款的计算如下:

代入公式(5—6)计算:

营业收入减少所致的毛利润损失=(500 000-300 000)×20%=40 000(元)

代入公式(5—8)计算:

经济限度=100 000×20%=20 000(元)

因为,因租房增加的租金40 000(元)>经济限度20 000(元)

经营费用增加所致的毛利润损失=20 000(元)

维持费用节余=3 000(元)

所以,代入公式(5—3)计算得:

经营费用增加所致的毛利润损失=40 000+20 000-3 000=57 000(元)

因为该企业为不足额投保,代入公式(5—11)计算得:

赔款=57 000×240 000/300 000=45 600(元)

如果该企业在投保利润损失时,还根据本年度的生产趋势和通货膨胀率对营业收入和毛利润指标作出适当调整,例如,估计该年的营业收入比上年增长10%,通货膨胀率为8%,保险人应赔偿的因营业收入减少所致的毛利润损失是:

营业收入减少所致的毛利润损失=(500 000×118%-300 000)×20%=58 000(元)

如果该企业在投保利润损失时,在保险单中约定了免赔天数20天,则保险人应赔偿的因营业收入减少所致的毛利润损失是:

营业收入减少所致的毛利润损失=(500 000×118%-300 000)×20%×160(天)÷180(天)=51 555.55(元)

第四节 家庭财产保险

一、家庭财产保险概述

(一)家庭财产保险的含义

家庭财产保险(简称为家财险),是面向城乡居民家庭并以其住宅及存放在固定场所的物质财产为保险标的的保险,它属于火灾保险范围,强调保险标的的实体性和保险地址的固定性。

根据家财险的概念,我们可以从以下两个方面来理解家庭财产保险一词:一方面,家庭财产保险的保险标的是拥有合法所有权或使用权的各类家庭财产;另一方面,家庭财产保险是涉及家庭财产的各类保险的总称,它是相对于法人财产而言的。

家庭财产保险包括普通型家庭财产保险、理财型保险等不同的险种。

(二)家庭财产保险的特点

1. 覆盖面广。家庭财产保险直接面向千家万户,涉及社会各个层面。它拥有广泛的服务群体和广阔的市场前景,直接反映着社会的保险意识水平,并随着它的发展而进一步开拓社会的保险意识。同时,家庭财产保险通过积聚保险基金,组织经济补偿,增强大灾时期人民抗灾自救的能力,保障城乡人民生活,促进社会的稳定,具有明显的社会效益。

2. 保费低廉。与其他财产保险相比,家庭财产保险的单均保费比较低,投保人只需交纳少量的保险费即可获得较大的保险保障。在交费上,投保人可根据自身的经济状况,选择交纳保险费或保险储金。

3. 业务分布相对分散。家庭财产保险虽然拥有广泛的消费群体,但其分布却是分散的,分布在广阔的城市和乡村之间;单个家庭所拥有的财产也是有限的,其户均保额和户均保费是比较低的。因此,考虑到保险机构和人员数量、展业成本等情况,展业方式也不能单一化,需要采取窗口服务、上门服务、中介代理以及市场营销等不同的方式来开拓此项业务。

4. 理赔方式灵活。家庭财产保险在理赔方式上均采取第一危险赔偿方式。

现阶段家庭财产保险业务的户均保险金额比例比较低,与家庭财产实际拥有量相比差距较大,采取比例赔偿后的案均赔偿大幅度下降,影响了现有家庭财产保险条款的生命力。因此,各保险公司已逐渐将家庭财产保险业务向第一危险赔偿方式靠拢。

二、普通型家庭财产保险

普通型家庭财产综合保险的承保范围由房屋及其室内附属设备、室内装潢和室内财产三大部分组成,投保人可以自由选择投保。房屋及附属设备和室内装潢的保险金额由投保人根据购置价和市场价自行确定。室内财产的保险金额以各项财产的实际价值自行确定。普通型家庭财产综合保险保险期限条款一般为1年、3年和5年,根据投保人需求也可以为7天、15天或一年一个月这样更为灵活的期限。普通型家庭财产综合保险较为常见的附加险包括:盗抢保险,家用电器用电安全保险,管道破裂及水渍保险,现金、首饰盗抢保险,第三者责任保险,自行车盗窃保险。

(一)普通型家庭财产保险的保险标的

凡城乡居民、单位职工、家庭手工业者等个人及家庭成员自有的、坐落于保险单所载明地址内的家庭财产都可以投保家庭财产保险。城乡个体工商户和合作经营组织的财产及私人企业的财产不适用本保险。

1.直接承保的家庭财产。包括:①房屋及其附属设备(含租赁)。房屋主要指住房。附属设备包括固定装置的水暖、气暖、卫生、供水、管道煤气及供电设备、厨房配套的设备等。②室内装潢。③存放于室内的其他家庭财产,包括衣服、床上用品、家具、家用电器、文化娱乐用品及其他生活用具。以上财产由被保险人自由选择投保。

2.特约承保的家庭财产。包括:①属于被保险人代他人保管或者与他人共有而由被保险人负责的上述财产;②存放在院内、室内的非机动农机具、农用工具及存放于室内的粮食及农副产品;③经保险人同意的其他财产。特约财产在投保时需保险双方明确财产归属、类别、数量等情况,分别确定保险金额并在保险单特约承保财产栏中注明,财产类别和数量较多时需附财产清单。

上述财产必须是坐落或存放于保险单所载明的地址,否则不予承保。

3.不可承保的家庭财产。一般来说,无实物形态的财产是不可保的,如商标权、专利权、股权以及债权等;因为进入生产经营领域的家庭财产由于其风险已超出了家庭的范围,通常有:①金银、珠宝、钻石及制品,玉器、首饰、古币、古玩、字画、邮票、艺术品、稀有金属等珍贵财物。②货币、票证、有价证券、文件、书籍、账册、图表、技术资料、电脑软件及资料以及无法鉴定价值的财产。③日用消耗品、各种交通工具、养殖及种植物。④用于从事工商业生产、经营活动的财产和出租用做工商业的房屋。⑤无线通信工具,笔,打火机,手表,各种磁带、磁盘、影音激光盘。⑥用芦席、稻草、油毛毡、麦秆、芦苇、竹竿、帆布、塑料布、纸板等为外墙、屋顶的简陋屋棚及柴房、禽畜棚,与保险房屋不成一体的厕所、围墙、无人居住的房屋以及存放在里面的财产。⑦政府有关部门征用、占用的房屋,违章建筑、危险建筑、非法占用的财产、处于危险状态下的财产。⑧其他不属于1、2条所列明的家庭财产。

承保家庭财产保险的保险标的时值得注意的问题有:第一,应区分直接承保财产和特约承保财产,并注意对它们采用不同的承保方式。第二,对于房屋及室内附属设备、室内装修与室内财产应分开承保。第三,对于室内财产中的家用电器和文体娱乐用品、衣物和床上用品、家具及其他生活用具应分项确定保险金额。因为保险人对室内财产的损失实行第一危险赔偿方式,所以要分别确定各项财产的保险金额,这样做有利于控制风险,降低赔付率。

(二)普通型家庭财产保险的保险责任

根据普通家庭财产保险条款的规定,保险财产只有在保险合同载明的地址(保险地址)内,由于遭受保险责任范围内的自然灾害或意外事故所造成的损失,保险公司才负赔偿责任。保险责任范围具体包括以下内容:

1. 火灾、爆炸。

2. 雷击、台风、龙卷风、暴风、暴雨、洪水、雪灾、雹灾、冰凌、泥石流、崖崩、突发性滑坡、地面突然下陷。

3. 飞行物体及其他空中运行物体坠落,外来不属于被保险人所有或使用的建筑物和其他固定物体的倒塌。

4. 在发生上述灾害或事故时,为了抢救保险标的或防止灾害蔓延采取合理的必要的措施而造成保险财产的损失。

5. 在保险事故发生后,被保险人为了防止或减少保险标的的损失所支付的必要的、合理的费用。

(三)普通型家庭财产保险的除外责任

1. 除外的事故、原因。包括:①战争、敌对行为、军事行动、武装冲突、罢工、暴动、恐怖活动、盗抢;②核辐射、核爆炸、核污染及其他放射性污染;③被保险人及其家庭成员、寄居人、雇用人员的违法、犯罪或故意行为;④地震、海啸及其次生灾害;⑤行政行为或司法行为。

2. 除外的损失、费用。包括:①保险标的遭受保险事故引起的各种间接损失。②家用电器因使用过度、超电压、短路、断路、漏电、自身发热、烘烤等原因所造成的本身损毁。③坐落在蓄洪区、行洪区或在江河岸边、低洼地区以及防洪堤以外,当地常年警戒水位线以下的家庭财产,由于洪水所造成的一切损失。④保险标的本身缺陷、保管不善导致的损毁;保险标的的变质、霉烂、受潮、虫咬、自然磨损、自然损耗、自燃、烘焙所造成本身的损失。⑤保险合同载明的免赔额。⑥其他不属于保险责任范围的损失和费用。

(四)普通型家庭财产保险的保险价值和保险金额

房屋及室内附属设备、室内装潢的保险金额由被保险人根据购置价或市场价自行确定。房屋及室内附属设备、室内装潢的保险价值为出险时的重置价值。

室内财产的保险金额由投保人根据当时实际价值分项目自行确定。不分项目的,按各大类财产在保险金额中所占比例确定,即城市家庭的室内财产中的家用电器及文体娱乐用品占40%(农村30%),衣物及床上用品占30%(农村15%),家具及其他生活用具占30%(农村30%),农村农机具等占25%。特约财产的保险金额由投保人和保险人双方约定。

单位集体投保的家庭财产保险,其保险金额一般由该单位统一确定。如果被保险人认为集体投保的保险金额太低,不符合自己的实际情况,可以另外再单独投保,两份保险单的保险金额是可以合并在一起计算的。此外,同一家庭中,几个已工作的成员都分别在各自的单位里集体投了家庭财产保险,被保险人也可以合并计算这些保险单的保险金额,但保险金额超过保险价值的部分无效。

(五)普通型家庭财产保险的保险期限

保险期限自保险单约定的保日零时起至期满日24时止。保险期满,保险责任自行终止。期满续保,另办手续。

(六)普通型家庭财产保险的保险费

被保险人根据下列规定缴纳保险费:

1. 保险费:基本险费率、附加险费率按费率表规定执行。

2. 中途退保,按日平均费率计算应收保险费。

(七)普通型家庭财产保险的赔偿处理

保险事故发生后,保险人按照下列方式计算赔偿:

1. 家庭财产保险一般采用第一危险赔偿方式,即在发生保险责任范围内的损失时,不论是否足额保险,保险人按实际损失赔偿,而不是按责任比例分摊损失,但最高赔偿金额不得超过保险金额。全部损失和部分损失,在分项目保险金额内,按实际损失赔付。所谓按实际损失赔付是根据实际损失的数量和程度,保险人根据保险责任按照保险财产损失发生时的市场价格,并根据新旧程度的折旧标准折旧后的实际价值计算赔偿金额。一般是分项投保、分项赔偿,最高以不超过保险单载明的分项保险金额为限。

2. 特约承保财产的赔偿计算。参照前款执行。

3. 被保险人所支付的必要、合理的施救费用,按实际支出另行计算,最高不超过受损标的的保险金额。

4. 当家庭成员有二人以上就同一保险标的、同一责任向不同保险公司投保时,构成重复保险的,保险人要按照比例分摊损失责任,即按其承保保险金额占总保险金额的比例计算赔偿金额。

三、理财型家庭财产保险

理财型家庭财产保险将保险与投资相联结,即投保人缴纳一定的保险投资金后,不但享有普通家庭财产保险的保险保障,而且达到一定年限时,投保人在原本返还的基础上,同时还可享受一定投资收益率。这为广大投资者开拓了一条新的投资渠道,提高了资金的利用率。理财保障型家财险保障范围广泛,可以包括各种自然灾害和意外事故,也可以根据需要选择入室盗抢、管道破裂和水渍的特约责任。

(一)理财型家庭财产保险的保险标的

理财型家庭财产保险的保险标的范围包括:第一,房屋及室内装潢;第二,家用电器及文体娱乐用品、衣物及床上用品、家具及其他生活用具、现金、金银、珠宝、玉器、钻石及制品、首饰。

不属于保险标的范围的与普通型家庭财产保险条款的规定类似。

(二)理财型家庭财产保险的保险责任和除外责任

理财型家庭财产保险的保险责任分为基本责任和特约责任两类。前者与普通型家庭财产保险相同;后者包括盗抢责任和管道破裂及水渍责任,投保人可任选其中一种投保。

理财型家庭财产保险的除外责任与普通型家庭财产保险相同。

(三)理财型家庭财产保险的保险价值和保险金额

房屋及室内装潢的保险价值为出险时的重置价值;室内财产的保险价值为出险时的实际价值。

保险金额按份确定,并按照财产性质的不同分项确定。例如每份的保险金额为10 000 元,其中房屋及室内装潢保险金额为 8 000 元,室内财产保险金额为2 000元。投保人根据投保时保险标的的实际价值确定保险金额及投保份数。投保多份的,保险金额总和超过保险价值的,超过部分无效。

保险储金金额的确定。在储金性家庭财产保险中,保险人通过收取一定的保险储金,以保险储金产生的利息作为承担保险责任的保费。保险储金的计算公式:

$$保险储金 = 保险金额 \times 储金率$$

$$储金率 = 经保险监管部门同意的费率/利率$$

(四)理财型家庭财产保险的保险投资金、保险费、年收益率和给付金

1. 保险投资金和保险费。理财型家庭财产保险规定有保险投资金,保险费由保险人从投资收益中获得,投保人无须在缴纳保险投资金以外另行支付。例如,每份保险对应的保险投资金为 2 000 元,其年保险费为 12 元,可从投资收益中扣除。

2. 年收益率。年收益率是指保险人用以计算保险合同期满后一次性支付给投保人的固定投资回报折合每年的比率。收益金为年收益率与保险投资金及保险期间内保险年度数的乘积。

3. 给付金。给付金是指保险人按保险合同约定支付给投保人的给付金额。给付金包括满期给付金和退保给付金。满期给付金为保险投资金与收益金之和;退保给付金为退保时保险人根据保险合同约定支付给投保人的金额。给付金不受保险事故是否发生及被保险人是否已经获得保险赔偿的影响。

(五)理财型家庭财产保险的保险期间和保险年度

保险期间可由投保人在保险合同给出的选择中确定一种,中途不得变更。从

保险责任开始之日起，每12个月为一个保险年度。

（六）理财型家庭财产保险的赔偿处理

保险标的发生保险责任范围内的损失，保险人在保险金额范围内按实际损失计算赔偿，一般保险期间每年的最高赔偿金额以保险合同约定的金额为限。但合同另有约定的优先适用。例如：发生盗抢责任范围内的损失时，赔偿不得超过1 000元/份；发生管道破裂及水渍责任范围内的损失时，赔偿不得超过1 000元/份。

又如，现金、金银、珠宝、玉器、钻石及制品、首饰的赔偿，每次事故限额200元/份，投保多份的为投保份数乘以200元，但无论投保多少份，每一限额被保险人在保险合同中享有的最高赔偿金额为2 000元；同一地址的保险标的另有保险人相同条款承保的，无论被保险人是否为同一人，保险份数均合并计算。

（七）理财型家庭财产保险的退保和满期给付

投保人在保险合同期满后领取给付金，也可以在期满前申请全部或部分按份退保领取相应的给付金。期满前全部退保的，解除保险合同；部分按份退保的，则相应减少保险投资金及对应的保险金额。被保险人不享有领取给付金的权利。投保人在领取给付金时，应提供保险单正本、本人身份证或其他能够证明本人身份的有效证件。投保人为法人或其他组织时，应提供保险单正本、法人证明或其他合法证明、法定代表人或负责人身份证明、法定代表人或负责人签署的授权委托书及经办人身份证件。投保人申请提前领取的，还应提交给付金领取申请书。

保险合同期满后，保险人按保险合同所列金额给付。逾期领取的，保险人仅按期满日金额给付。投保人退保时，保险人支付给付金，支付的办法以合同约定为准。例如：保险合同生效期间不足6个月的，或满6个月但不足12个月的，给付金为保险投资金，并扣除相应的手续费。

又如，保险合同生效期间满12个月不足约定保险期间的，给付金可按下列公式计算：

$$给付金 = 保险投资金 + 保险投资金 \times [利率 \times (承保天数 - 365) \div 365 \times 80\%] \quad (5—11)$$

四、个人贷款抵押房屋综合保险

凡以房屋作抵押向商业银行申请贷款购房的具有完全民事行为能力的自然人可购买该保险。该保险合同的被保险人为借款人，保险财产指被保险人向商业银行申请贷款购房时用以抵押的房屋。抵押房屋价值中包含的附属设施和其他室内财产，也在保险财产范围以内，但是被保险人购房后，装修、改造或其他原因购置的、附属于房屋的有关财产或其他室内财产，不在保险财产范围内。该保险包括财产损失保险和还贷保证保险。

（一）财产损失保险

财产损失保险的保险责任和除外责任大体上与普通型家庭财产保险相似，但根据抵押房屋的风险特点列举了几点特定的除外责任。例如,保险财产因设计错误、原材料缺陷、工艺不善、建筑物沉降等原因以及自然磨损、正常维修造成的损失和费用;被保险人擅自改变房屋结构引起的任何损失和费用;房屋贬值或丧失使用价值等。

财产损失保险的保险金额一般由投保人自行确定,但保险金额不得小于相应的抵押借款本金,例如:①成本价;②购置价;③市价;④评估价;⑤借款额;⑥其他价值。

发生财产损失保险责任范围内的事故时,根据被保险人和贷款银行达成的有关约定,由保险人一次性将保险赔款支付给贷款银行或被保险人。

(二)还贷保证保险

1. 还贷保证保险的保险责任。被保险人在保险期限内因意外伤害事故所致死亡或伤残,以及被保险人失踪后被人民法院宣告为死亡而丧失全部或部分还贷能力,造成连续 3 个月未履行或未完全履行个人房屋抵押借款合同约定的还贷责任的,由保险人按规定的偿付比例,承担还贷保证保险事故发生时被保险人应承担的全部或部分还贷责任。

所谓"意外伤害",是指由于外来的、明显的、不可预料的、突然的意外事故所造成被保险人的身体伤害。所谓"伤残",是指因意外伤害事故引起的,由保险人认可的伤残鉴定部门按照《职工工伤与职业病致残程度鉴定标准》(GB/T 16180—1996)评定的七级(含)以上程度的伤残。

2. 还贷保证保险的除外责任。包括:

(1)被保险人因以下原因而丧失全部或部分还贷能力的,保险人不承担还贷保证保险责任:因疾病死亡或残疾;因自杀、自伤、饮酒过度、滥用药物、吸食或注射毒品、斗殴等违法犯罪行为导致死亡或伤残;因从事探险、滑雪、试驾交通工具、赛车、赛马、登山、攀岩、潜水、蹦极、特技表演等高风险活动导致死亡或伤残;因酒后驾驶或驾驶时无相应的驾驶资格,或者驾驶无有效行驶证的交通工具导致死亡或伤残。

(2)被保险人对个人房屋抵押借款合同项下贷款利息、罚息,及出险前被保险人未按照个人房屋抵押借款合同约定履行还贷义务而拖欠的借款金额,保险人不负赔偿责任。

3. 还贷保证保险的赔偿限额和保费退还。在保险期限内,每次保险事故的赔偿限额以该事故发生时被保险人应承担的贷款本金余额为限;累计的赔偿限额以第一次发生还贷保证保险事故时的贷款本金余额为限。

终止还贷保证保险部分的保险责任或被保险人要求提前终止财产损失保险部分的保险责任时,保险人按照还贷保证保险短期费率系数或财产损失保险短期费率系数,计算收取自保险责任开始之日起至合同终止之日止期间还贷保证保险部分的保险费或财产损失保险部分的保险费,并将剩余部分的保险费退还投保人。

4. 还贷保证保险的赔偿处理。有以下几种情况:

(1)涉及与保险财产关联的借款合同项下的借款人多于一人时,保险人按照被保险人应承担的债务比例承担赔偿责任。

(2)在保险有效期内,被保险人遭受保险责任范围内列明的事故时,保险人以该次事故的赔偿限额为基数,按保险合同的约定承担还贷保证保险责任。

(3)发生还贷保证保险责任范围内的事故时,由保险人将赔款直接支付给贷款银行。发生保险责任范围内的赔偿后,无论赔款金额大小,房屋所有人及其合法继承人对该房屋的权益不受赔付与否的影响。被保险人提前清偿个人房屋抵押借款合同项下贷款余额的,还贷保证保险部分的保险责任终止,财产损失保险部分的保险责任继续有效。

第五节 工程保险

一、工程保险概述

在我国,工程保险以建筑、安装工程为主,通常包括与工程施工、建造、安装相关的建筑工程保险和安装工程保险。

建筑工程保险包括建筑工程物质损失保险和第三者责任保险两大部分。其中,建筑工程物质损失保险承保各类以土木建筑为主体的民用、工业用和公共事业用的工程在整个建筑期间因自然灾害和意外事故造成的物质损失;而第三者责任保险则承保被保险人依法应承担的第三者人身伤亡或财产损失的民事损害赔偿责任。

相比于传统的财产保险,它具有以下特征:

第一,承保的风险具有广泛性。传统的财产保险只承保列明的少数风险,而工程保险的许多险种除了条款列明的除外责任外,保险人对保险期间建筑工程因自然灾害和意外事故所造成的物质损失和赔偿责任均予负责赔偿。

第二,涉及较多的利害关系人。工程建设项目一般都涉及多个经济利害关系人,这些关系人对于工程有着不同的利益,都可以成为该工程项目的投保人和被保险人。具体来说,工程建设项目涉及的利害关系人包括:①业主,即工程建设项目所有人;②承包人,即负责承建该项目工程的施工单位;③分承包人,即与承包人订立分承包合同,负责承建该项工程中部分项目的施工单位;④技术顾问,主要指业主聘请的对工程进行设计咨询和监督的建筑师、设计师和其他专业技术顾问;⑤其他关系方,如设备供应商、贷款银行等。

第三,保险期限具有不确定性。工程保险的保险期限的不确定性表现在两方面:一是工程保险的保险责任期限的长短一般根据工期确定,往往是几年甚至几十年不等,而普通财产保险的保险期限是相对固定的,通常是1年;二是保险责任期限的起止时间不像普通财产保险那样规定明确的具体日期,而是根据保险单的规定和工程的具体情况确定。

第四,保险金额具有变动性。工程保险的保险金额是在保险期限内随着工程建设的进度与工程材料以及人工的不断投入而逐渐增长的,要到工程验收移交时保险金额才会达到最高水平。因此,在保险期限内,被保险人应随时报告工程进程和原材料的使用情况,以便保险人根据这些情况及时调整保险金额。

第五,建筑工程保险承保内容与安装工程保险具有交叉性。工程建设项目中,通常包含着安装项目,如房屋建筑中的供电、供水设备安装等,而安装工程中一般又包含着建筑工程项目,如安装大型机器设备就需要将土木建筑打好座基等。因此,建筑工程保险与安装工程保险通常是互相交叉、紧密相连的。

二、建筑工程保险

(一)建筑工程保险的保险项目

建筑工程保险的保险项目包括物质损失和第三者责任赔偿两部分。

1. 物质损失部分。这部分具体分为以下几项:

(1)建筑工程,包括永久性和临时性工程及工地上的物料。这是建筑工程保险的主要保险项目,包括建筑工程合同内规定建筑物主体,建筑物内的装修设备,配套的道路、桥梁、水电设施、供暖取暖等土木建筑项目,存放在工地上的建筑材料、设备和为完成主体工程的建设而必须修建的、主体工程完工后即拆除或废弃不用的临时工程,如脚手架、工棚、围堰等。

(2)业主提供的物料及项目。这是指未包括在建筑工程合同金额之中的业主提供的物料及负责建筑的项目。

(3)安装工程项目。这是指未包括在承包工程合同金额内的机器设备的安装工程项目,如饭店、办公楼的供电、供水、空调等机器设备的安装项目。这些设备安装工程已包括在承包工程合同内,无须另行投保,但应该在投保单中予以说明。

此外,下列财产经保险合同双方特别约定并在保险合同中载明保险金额的,也可以承包。

(1)施工用机具、设备、机械装置。这是指配置在施工场地,作为施工用的机具、设备和机械装置,如吊车、叉车、挖掘机、压路机、搅拌机等。建筑工程的施工、机具和机械装置一般为承包人所有,不包括在承包工程合同价格之内,应列入施工机具设备项目下投保。有时,业主会提供一部分施工机器设备,此时,可在业主提供的物料及项目一项中投保。承包合同价或工程概算中包括购置工程施工所必需的施工机具的费用时,可在建筑工程项目中投保。无论是上述哪一种情形,都要在施工机具设备一栏予以说明,并附清单。须在投保人与保险人商定的保险金额投保并交付相应的保险费(按年计收)后,保险人才予以负责。

(2)保险工程开始以前已经存在或形成的位于工地范围内或其周围的属于被保险人的财产。

(3)在保险合同规定的保险期间终止之前,已经投入商业运行或业主已经接受、实际占有的财产或其中任何一部分财产,或已经签发工程竣工证书或工程承包人已经正式提出申请验收并经业主代表验收合格的财产或其中任何一部分财产。

(4)清除残骸费用。这是指发生保险事故并造成损失后,为拆除受损标的、清理灾害现场和运走废弃物等,以便进行修复工程所发生的费用。此项费用未包括在工程造价之中。国际上的通行做法是将此项费用单独列出,须在投保人与保险人商定的保险金额投保并交付相应的保险费后,保险人才予以负责。

2. 第三者责任部分。建筑工程保险的第三者责任是指被保险人在工程保险期限内因发生与保险合同所承保工程直接相关的意外事故造成工地内以及邻近区域的第三者人身伤亡、疾病或财产损失,依法应负的赔偿责任。

(二)建筑工程保险的保险责任

1. 物质损失部分的保险责任。有以下几种情况:

(1)在保险期限内,保险单列明的工地范围内的保险财产,除外责任之外的任何自然灾害或意外事故造成的物质损失,保险人均负责赔偿。

自然灾害包括地震、海啸、雷击、暴雨、洪水、暴风、龙卷风、冰雹、台风、飓风、沙尘暴、暴雪、冰凌、突发性滑坡、崩塌、泥石流、地面突然下陷下沉以及其他人力不可抗拒的破坏力强大的自然现象。

意外事故是指不可预料的以及被保险人不可控制并造成物质损失或人身伤亡的突发性事件,包括火灾和爆炸。所谓不可控制的风险是指靠某些控制措施也难以避免的风险。

(2)因发生除外责任之外的任何自然灾害或意外事故造成损失的有关费用,保险人也予以负责。这些费用包括被保险人为防止或减少保险标的的损失支付的必要、合理的费用和经保险合同列明的因发生保险责任范围内的损失而产生的其他有关费用。

(3)保险人对每一保险项目的赔偿责任均不得超过保险单明细表中对应列明的分项保险金额以及保险单特别条款或批单中规定的其他适用的赔偿限额。但在任何情况下,保险人在保险单项下承担的对物质损失的最高赔偿责任不得超过保险单明细表中列明的总保险金额。

2. 第三者责任部分的保险责任。第三者责任保险实质上是一种以工程施工为经营活动，以工地为场所的公众责任保险。它承保建筑工程因意外事故造成工地以及邻近地区第三者人身伤亡、疾病或财产损失而依法应当由被保险人承担的赔偿责任，以及事先经保险人书面同意的被保险人因此而支付的诉讼费用和其他费用，但是不包括任何罚款。这里，建筑工程第三者责任险的"第三者"是指除所有被保险人以及与工程相关的雇员以外的任何自然人和法人；赔偿责任是被保险人在民法项下应对第三者承担的经济赔偿责任，不包括刑事责任和行政责任。赔偿责任不得超过保险单中规定的每次事故赔偿限额或保险单有效期内的累计赔偿限额。

（三）建筑工程保险的除外责任

1. 物质损失部分的除外责任。建筑工程保险中，适用于物质损失部分的除外责任主要有以下几个方面：

（1）设计错误引起的损失和费用。由设计错误引起的损失和费用应当由设计师来承担，设计师可以通过投保相应的职业责任保险转嫁这一风险；如果需要工程保险人来承担这一风险，需另行约定。

（2）自然磨损、内在或潜在缺陷、物质本身变化、自燃、自热、氧化、锈蚀、渗漏、鼠咬、虫蛀、大气（气候或气温）变化、正常水位变化或其他渐变原因造成的保险财产自身的损失和费用。

（3）因原材料缺陷或工艺不善引起的保险财产本身的损失以及为置换、修理或矫正这些缺陷或错误所支付的费用。如果没有造成事故，应该由制造商或者供货人负责此项损失和费用；如果已经造成事故，保险人仅负责由此造成的其他保险财产的损失，对于其本身的损失，仍由被保险人向供货商或者制造商索赔。

（4）非外力引起的机械或电气装置的本身损失，或施工用机具、设备、机械装置失灵造成的机械或装置本身损失。

（5）维修、保养或正常检修的费用。但是，外来原因引起的机器损失保险人仍负责赔偿。

（6）档案、文件、账簿、票据、现金、各种有价证券、图表资料及包装物料的损失。这类财产价值不易确定，而且易损易丢，一般都不予承保。

（7）盘点时发现的短缺。因为盘点时发现的短缺无法证明是否因意外事故所致，保险人无须负责。

（8）领有公共运输行驶执照的，或已由其他保险予以保障的车辆、船舶和飞机的损失。这些机动车辆如领有公共行驶执照，可以在保险区域之外的范围内活动，风险较大，不宜在建筑工程险中承保。但是对于没有公共行驶执照仅在工地上行驶作业的推土机、吊车等，可以作为施工机具设备投保。

（9）除非另有约定，在保险工程开始以前已经存在或形成的位于工地范围内或其周围的属于被保险人的财产损失。

(10)除非另有约定,在保险期限终止以前,保险财产中已由工程所有人签发完工验收证书(或验收合格、或实际占有、或已经使用、或已经接收的部分)。

2. 第三者责任部分的除外责任。在建筑工程保险中,适用于第三者责任部分的除外责任主要有以下几个方面:

(1)由于震动、移动或减弱支撑而造成的任何财产、土地、建筑物的损失及由此造成的任何人身伤害和物质损失。这是因为建筑施工中的震动(如打桩)可能会给周围财产带来严重损坏的后果,是可以预见的危险。移动和减弱支撑都是建筑施工中最常见的现象,如浇灌混凝土时的支撑一定要牢靠,否则发生坍塌事故就会造成严重损失。这些风险属于设计或管理方面的,保险人一般不予承保。

(2)领有公共运输行驶执照的车辆、船舶、航空器造成的事故。

(3)保险单物质损失项下或本应在该项下予以负责的损失及各种费用。

(4)工程所有人、承包人或其他关系方或他们所雇用的在工地现场从事与工程有关工作的职员、工人以及他们的家庭成员的人身伤亡或疾病。

(5)工程所有人、承包人或其他关系方或他们所雇用的职员、工人所有的或由其照管、控制的财产发生的损失。上述两条所提到的人员都不属于第三者的范畴,因此第三者责任保险对其人身伤亡和财产损失不予承保。

(7)被保险人根据与他人的协议应支付的赔偿或其他款项。在责任保险中,保险人通常不承保被保险人承担的合同责任,而对被保险人承担的民事赔偿责任予以负责。

3. 既适用于物质损失部分又适用于第三者责任部分的除外责任。在建筑工程保险中,既适用于物质损失部分又适用于第三者责任部分的除外责任主要有以下几个方面:

(1)战争、类似战争行为、敌对行为、武装冲突、恐怖活动、谋反、政变引起的任何损失、费用和责任。

(2)行政行为或司法行为。

(3)罢工、暴动、民众骚乱引起的任何损失、费用和责任。如果被保险人要求投保由罢工等原因造成的损失时,保险人可以通过扩展责任方式加费承保,但是这种附加险所保障的是罢工等原因所造成的保险财产的损失,并不包括由罢工引起的停工等间接损失。

(4)被保险人及其代表的故意行为或重大过失引起任何损失、费用和责任。

(5)核裂变、核聚变、核武器、核材料、核辐射、核污染及其他放射性污染引起的任何损失、费用和责任。

(6)大气、土地、水污染及其他各种污染引起任何损失、费用和责任。

(7)工程部分停工或全部停工引起的任何损失、费用和责任。因工程停工而导致的损失、费用和责任不属于建筑工程保险的承保范围。如果停工是由于承包人的原因所致,应该在承包人提供的工程履约保证项下要求损失或费用的赔偿。如果停工是由于工程所有人的原因所致,如不能及时付款等,那么损失就由工程所有人自行承担。

(8)罚金、延误、丧失合同及其他后果损失。建筑工程保险只对因保险责任造成的直接损失承担赔偿责任,对间接损失均不予赔偿。

(9)保险单载明的或有关条款中规定的免赔额。

(四)建筑工程保险的附加险

1.建筑工程保险物质损失部分的附加险。有以下四类:

(1)扩展保险责任范围的附加险。其主要条款有:罢工、暴乱及民众骚动扩展条款;内陆运输扩展条款;设计师风险扩展条款;工程完工部分扩展条款等。如地下炸弹特别条款,该条款扩展的保险责任是局部的,不会涉及保险人承保的其他财产,保险人能够承担,而且也是偶然发生这种意外,所以可以扩展。此扩展条款的使用比较普遍。

(2)扩展赔偿范围的附加险。其主要条款有:赔偿基础条款;公共当局扩展条款;特别费用扩展条款;空运费扩展条款;建筑、安装施工机具、设备扩展条款;清除残骸费用扩展条款;工程图纸、文件特别条款;原有建筑物及周围财产扩展条款等。如专业费用特别条款规定,保险人负责赔偿被保险人因保险单项下承保风险造成保险工程损失后,在重置过程中发生的必要的设计师、检验师及工程咨询人员费用,但被保险人为了准备索赔或估损所发生的任何费用除外。上述赔偿费用应以损失当时适用的有关行业管理部门制定的收费标准为准,但不得超过保险单明细表中列明的赔偿限额。

(3)缩小保险责任和赔偿范围的附加险。其主要条款有:地震除外条款;洪水除外条款;隧道工程特别除外条款;大坝、水库工程特别除外条款;旧设备除外条款等。

(4)其他附加险。其主要是有关特殊说明、定义及保证等内容的条款。如地震地区建筑物特别条款;工棚、库房特别条款;施工用机具特别条款;建筑材料特别条款;清除滑坡土石方特别除外条款;防火设施特别条款;铺设水、污水管特别条款;铺设管道、电缆特别条款;埋管查漏费用特别条款;石化工程专用条款;时间调整特别条款;运输保险、工程保险责任分摊条款;工地外储存物特别条款等。

2.第三者责任部分的附加险。有以下三类:

(1)扩展赔偿责任范围的附加险。一些常见的条款如下:

①震动、移动或减弱支撑扩展条款。

②合同责任扩展条款。

③交叉责任扩展条款。建筑工程保险单第三者责任项下的保障范围将适用于

保险单明细表列明的所有被保险人，就如同每一被保险人均持有一份独立的保险单，但保险人对被保险人不承担以下赔偿责任：已在或可在保险单物质损失部分投保的财产损失，包括因免赔额或赔偿额规定不予赔偿的损失；已在或应在劳工保险或雇主责任保险项下投保的被保险人的雇员的疾病或人身伤亡。

交叉责任条款是最常用的第三者责任扩展条款，其作用就是使保险人对于共同被保险人之间造成的相互的第三者责任不予追偿，附加该条款后，保险单下第三者责任保障将适用于保险单明细表中列明的每一个人被保险人，就如同每一被保险人都分别投保了第三者责任险一样，但所有一次事故造成的赔偿数额之和不能超过明细表中列明的每次事故赔偿限额。对于第三者责任除外的责任，本条款仍然保持除外。附加该条款后，承包人造成的业主的工程以外的损失、业主造成的施工机具的损失被包括进来，因为由于交叉责任的扩展，我们不能说受损方不构成第三者。如果没有交叉责任条款，对于任何一方被保险人造成的其他被保险人的损失都难以构成第三者责任。

(2)减少保险责任和赔偿范围的附加险，可参照物资损失部分的条款。

(3)其他附加险。这主要是有关特殊说明、定义及保证方面的条款，其内容也可参照物资损失部分的条款。

(五)建筑工程保险的保险期限

1.建筑安装期物质损失及第三者责任保险。

(1)保险责任的开始。

①保险工程破土动工之日。这是指被保险人的施工队伍进入工地，开始实质性的开工。

②保险工程的材料、设备运抵工地。这是指这些材料、设备从机动车辆上卸到工地，交付给被保险人。如果这些材料、设备是由被保险人自行采购并用其自己的车辆运回工地的，在车辆进入工地卸货前发生的损失，保险人不负赔偿责任。如被保险人需转嫁此风险，可以投保一揽子预约运输保险。

③保险单中规定的生效日期。这是建筑期保险期限的上限，即在任何情况下，保险期限的开始时间不得早于保险单列明的生效日期。

(2)保险责任的终止。

①工程所有人对部分或全部工程签发完工验收证书或验收合格。对于保险人而言，注重的是验收并验收合格这一事实。只要是保险工程或其中一部分已经在事实上验收并验收合格，保险人对于这一工程或其中的某一部分的保险责任即告终止。

②工程所有人实际占有或使用或接受该部分或全部工程。如果工程所有人在对保险工程未进行验收并验收合格之前，需要实际占有、使用或接受部分或全部工程时，保险责任也将告终止。

③保险单规定的终止日期。这是保险期限的下限。在任何情况下,建筑期的终止日期不得迟于保险单列明的终止日期。

2. 试车期的保险责任。机器设备在安装完毕后,投入生产性使用前,为了保证正式运行的可靠性、准确性,必须进行试车。试车期通常被认为是风险相对集中的时期。因此,保险人只对新机器在试车期内因试车引起的损失、费用和责任负责赔偿。如果保险设备本身是在本次安装前已被使用过的设备或者转手设备,则自试车之时起,保险人对该项设备的保险责任即行终止。

3. 保险期限的扩展。在保险单规定的保险期限内,如果工程不能按期完工,则由被保险人提出申请并加付规定保费后,保险人可签发批单,以延长保险期限。

4. 保证期的物质损失保险。保证期是指根据工程合同规定,承包商对于所承建的工程项目在工程验收并交付使用之后的一定时期内,如果建筑物或被安装的机器设备存在着建筑或安装的质量问题,甚至造成损失的,承包商对于这些质量问题和损失应负责修复或者赔偿。因此,保险人可以根据承包商的要求扩展承保保证期。保证期的保险期限与工程合同中规定的保证期一致,从工程所有人对部分或者全部工程签发完工验收证书或验收合格,或工程所有人实际占有或使用或接受该部分或全部工程时起算,以先发生者为准。保证期一般不包含在工程建筑期内,是否投保,由投保人自己决定,如需要投保,必须增加相应的保险费。保证期保险有以下三种类型:

(1)有限责任保证期保险。此保险主要承保在保险单上载明的保证期内,被保险人的承包商在履行工程承包合同所规定的保修、保养或维护义务过程中造成的工程本身的物质损失,如碰撞、疏忽等引起的损失。但对于火灾、爆炸以及自然灾害造成的损失一概不负责。

(2)扩展责任保证期保险。这是指保险人在承保上述责任的同时,还对在工程完工证书签发前的建筑或安装期内由于施工原因导致保证期内发生的保险工程的物质损失,如施工方式缺陷或隐患引起的工程损失进行承保。但是,对于火灾、爆炸以及自然灾害造成的损失一概不负责。

(3)特别扩展保证期保险。根据特别扩展保证期条款,特别扩展保证期开始后,保险人对因原材料缺陷、工艺不善、安装错误以及设计错误等原因所造成的保险财产的损失负责赔偿。该条款既不承保直接或间接因火灾、爆炸以及任何人力不可抗拒的自然灾害造成的损失,也不承保任何第三者责任损失。

(六)建筑工程保险的保险金额、赔偿限额与免赔额

1. 物质损失部分的保险金额。

(1)保险金额的确定。建筑工程保险的保险金额为保险建筑工程完工时的总价值,包括原材料费用、设备费用、建造费、安装费、运输费、保险费、关税、其他税项和费用,以及由工程所有人提供的原材料和设备的费用。

(2)保险金额的调整。如果被保险人在投保时按照保险工程合同规定的工程概算总造价确定投保金额,那么,保险人在保险期限内必须调整保险金额。保险人通常在以下情况发生时调整保险金额:第一,在保险工程造价中包括的各项费用因涨价或升值原因而超出原保险工程造价时,必须尽快以书面形式通知保险人,保险人据此调整保险金额;第二,在保险期限内对相应的工程细节做出精确记录,并允许保险人在合理的时候对该项记录进行查验;第三,如果保险工程的建造期超过3年,必须从保险单生效日起每隔12个月向保险人申报当时的工程实际投入金额及调整后的工程总造价,保险人将据此调整保险费;第四,在保险期限届满3个月内向保险人申报最终的工程总值,保险人据此以多退少补的方式对预收保险费进行调整。总之,保险人必须按照以上述情况对保险金额进行调整。否则,被保险工程将被视为保险金额不足。

2. 赔偿限额。

(1)特种风险的赔偿限额。在建筑工程保险中,地震、海啸、洪水、暴风和暴雪都被视为特种风险。为了控制这类风险的赔偿责任,除了规定免赔额之外,保险人还规定有赔偿限额。凡保险单中列明的特种风险造成的物质损失,无论发生一次或者多次,其赔款均不得超过该限额。其限额的高低主要是根据工程所处的自然地理条件、该地区发生此类灾害的历史记录以及工程本身的抗灾能力等因素综合考虑后予以确定。

(2)第三者责任险的赔偿限额。第三者责任险的赔偿限额应根据责任风险的大小确定,一般有两种规定方法:一是只规定每次事故赔偿限额。保险人承担保险责任以约定的每次事故赔偿限额为限,因此,保险单要对"每次事故"作出明确定义。二是规定保险期间累计赔偿限额。即保险人规定一个保险期内总的赔偿限额,同时对于每次事故的赔偿要受事故发生时的有效限额的限制。

(3)各种费用保险与附加险的赔偿限额。对场地清理费用、专业费用以及其他附加保障的赔偿限额在承保实务上有两种做法:第一,在保险单明细表(或者有时在附加条款)中单独列明分项赔偿限额,并以第一危险方式承保。第二,将这些赔偿限额包含在总保险金额中,但在对应的附加条款中规定一定的比例,如按照物质损失的一定比例,或者按照总保险金额的一定比例确定这些项目的赔偿限额。

3. 免赔额。建筑工程保险一般都有免赔额的规定。建筑工程保险物质损失部分规定的免赔额包括:①特种危险免赔额。即对地震、洪水、暴雨或暴风等自然灾害造成的损失规定免赔额。②各保险项目遭受其他风险的免赔额。即保险人对建筑(安装)工程项目,建筑(安装)用机器、装置及设备等承保项目遭受保险风险时的免赔额。场地清理费用一般不单独规定免赔额。③试车期的免赔额。即对于安装项目在试车考核期内发生的事故规定的免赔额。

建筑工程保险第三者责任部分只对财产损失规定有每次事故的免赔额，而对人身伤亡无免赔额的规定。建筑工程保险规定的免赔额为每次事故的绝对免赔额，即只要损失数额在免赔额之内，保险人就不予赔偿，如果超过，则应扣除免赔额后再予以赔偿。如果一次事故同时造成一项以上的保险财产损失，被保险人只需负担这些项目中最高的一个免赔额。

（七）建筑工程保险的保险费率

1. 保险费率厘定的依据。建筑工程保险没有固定的费率表，每项工程的保险费率依各个工程的具体情况分别厘定。一般来讲，厘定建筑工程保险的费率应该考虑的因素包括：①工程的性质和总造价；②工程施工的危险程度，如施工方法和建筑物的高度等；③工地及附近地区的自然地理条件、有无发生巨灾的可能性或特别危险的存在；④工期长短及施工季节；⑤巨灾发生的可能性及最大可能损失程度；⑥施工现场安全防护条件；⑦承包人及工程其他有关人的资信情况，施工人员的素质及承包人的管理水平；⑧免赔额及特种危险的赔偿限额的高低；⑨保险人以往对类似工程的赔付情况；⑩国际再保险市场行情。

2. 保险费率的组成。在承保时，由于同一工程不同保险项目的风险程度是不一样的，尤其是大型工程，因此，建筑工程险的费率应分项厘定，一般可以分为以下几项：①建筑工程、安装工程、业主提供的物质及项目、工地内现成的建筑物、业主或承包人在工地上的其他财产等，这些项目的费率按整个工期费率计收保险费；②建筑用机器、装置及设备为单独的年费率，保险期不足1年的按短期费率计收保险费；③第三者责任保险费率亦为工期性费率，按每次事故赔偿限额计算保险费；④试车期和保证期费率是按照工期性费率乘以总保险金额计收保险费；⑤各种附加险也是按照整个工期一次性费率计收保险费。

对于一般的工程项目，为方便起见，在费率构成考虑了以上因素的情况下，可以只规定整个工程的平均工期性费率。但是在任何情况下，建筑用施工机器装置以及设备都必须单独以年费率为基础开价承保，不得与总的平均工期性费率混在一起。如果被保险人采用工程概算总造价投保，保险人在开具保险单时所收取的保险费仅仅是预收的保险费。在工程结束时，按照双方事先的约定，保险人应根据被保险人提供的工程结算实际金额和约定的保险费率，对保险费进行结算，并根据计算结果多退少补。

3. 第三者责任部分的保险费的确定。第三者责任部分的承保可以使用不同的赔偿限额。在使用累计赔偿限额时与每次事故限额相结合使用，计算基础不变，但是费率应该适当降低；在使用每次事故赔偿限额时，只能以此作为计算保险费的基础，再乘以对应的保险费率，费率可以参照公众责任保险费率中关于建筑安装工程保险一档办理。

在较大的工程项目中，由于第三者责任保险部分的保险费远远小于物质损失部分的保险费,甚至只相当于物质损失部分保险费的百分之几,所以在实务中将第三者责任保险作为工程保险的一个承保条件,不再另行收费,已经成为一种趋势。计算出各个项目的保险费后,得到保险费的总和,然后再除以物质损失部分的总保险金额,就是保险单明细表载明的费率。

(八)建筑工程保险的赔偿处理

1. 物质损失的赔偿。

(1)赔偿方式。同财产基本险。

(2)赔偿计算。有以下几种情况:

①部分损失的赔偿计算。对于可以修复的部分损失,保险人支付修理费将保险财产修复到受损前的状态。如果修复中有残值存在,残值应在保险人赔款中扣除。

②全部损失或推定全损的赔偿计算。在全部损失的情况下,保险人按照保险金额扣除残值后进行赔偿,如果发生推定全损,保险人有权不接受被保险人对受损财产的委付。

③任何成对或成套设备项目,若发生损失,保险人的赔偿责任不超过该受损项目在所属整对或整套设备项目的保险金额中所占的比例。

④发生损失后,被保险人为减少损失而采取必要措施所产生的合理费用,保险人可予以赔偿,但该项费用的赔偿金额以保险财产的保险金额为限。

2. 第三者责任损失的赔偿。

(1)未经保险人书面同意,被保险人或其代表对索赔方不得作出任何承诺或拒绝、出价、约定、付款或赔偿。在必要时,保险人有权以被保险人的名义处理任何诉讼的抗辩或索赔。

(2)保险人有权以被保险人的名义,为自身的利益,自付费用向任何责任方提出索赔的要求。未经保险人书面同意,被保险人不得接受责任方就有关损失作出的付款或赔偿安排或放弃对责任方的索赔权利,否则,由此引起的后果将由被保险人承担。

(3)在诉讼或处理索赔过程中,保险人有权自行处理任何诉讼或解决任何索赔案件,被保险人有义务向保险人提供一切所需的资料和协助。

3. 免赔额的扣除。保险人在赔偿时,应先按保险合同规定扣除每次事故的免赔额。保险人在扣除免赔额时应注意以下问题:①应按保险单的规定,分别对不同的项目扣除适用的免赔额。②若多个保险项目因同一事故发生损失,则只扣除最高的一个免赔额。③若免赔额和免赔率同时适用,应以较高者为准。④若损失金额超过保险金额,应从损失金额中扣除免赔额。⑤若被保险人是多个关系组成时,免赔额的承担也应在被保险人之间进行分摊;如果有多张保险单承保同一标的的损失,免赔额要按保险单的规定进行分摊。

三、安装工程保险

(一)安装工程保险物质损失部分的保险责任与除外责任

安装工程保险是以各种大型机器设备的安装,包括成套设备、生产线、大型机器装置(如发电机组)、各种钢架构造、管道安装等工程为保险对象。安装工程保险的保险责任主要是承保上述工程项目在安装期间因自然灾害和意外事故造成的物质损失,以及被保险人对第三者依法应承担的赔偿责任的保险,简称安工险。它是同建筑工程保险一起发展起来的一种综合性的工程保险业务,在承保形式上和内容上与建筑工程保险基本一致,是为工程项目提供保险保障的两个相辅相成的险种,只是安装工程保险针对机器设备的特点,在除外责任方面与建筑工程保险有所区别。其具体表现在以下两个方面:

1. 因设计错误、铸造或原材料缺陷或工艺不善引起的被保险财产本身的损失以及为换置、修理或矫正这些缺点错误所支付的费用。安装工程保险对待这类损失有三种情况:①存在设计错误、铸造或原材料缺陷或工艺不善的被保险机器设备本身的损失,应由机器设备的生产厂家根据购货合同进行赔偿,安装工程保险不予承担;②为了换置、修理或矫正这些存在着设计错误、铸造或原材料缺陷或工艺不善的被保险机器设备本身的缺点错误所支付的费用,也应由生产厂家根据购货合同进行赔偿,而不应由安装工程保险承保;③由于这些设计错误、铸造或原材料缺陷或工艺不善的被保险机器设备造成其他被保险财产的损失,安装工程保险可以赔偿,但在赔偿之后有权向设备制造厂商追偿。而建筑工程保险既不承保因设计错误等原因引起的保险财产本身的损失及费用,也不承保因此而造成的其他保险财产的损失和费用。

2. 由于超负荷、超电压、碰线、电弧、漏电、短路、大气放电及其他电气原因造成电气设备或电气用具本身的损失。由于安装工程将面对大量的电气设备或电气用具的安装和调试,常常会发生超负荷、超电压等电气原因造成的事故,而这类事故往往是由于电气设备本身存在质量问题造成的。因此,安装工程保险将这类风险损失作为除外责任。但是,对于因各种电气原因造成其他保险财产的损失还是予以赔偿的,而这是建筑工程保险除外责任中所没有的。

(二)安装工程保险第三者责任部分的保险责任和除外责任

安装工程保险的第三者责任险主要承保被保险人在安装工程期间,因意外事故造成安装场所以及附近区域第三者的人身伤亡、疾病或财产损失,依法应承担的经济赔偿责任。安装工程保险第三者责任部分的除外责任与建筑工程保险绝大部分相同,但是建筑工程保险的第三者责任部分对“由于震动、移动或减弱支撑而造成的损失”是不予负责的,而安装工程保险第三者责任部分就没有此项规定。

（三）安装工程保险保险金额的确定

安装工程保险的保险金额是按保险工程安装完成时的总价值确定的，包括原材料费用、设备费用、建造费、安装费、运输费和保险费、关税、其他税项和费用，以及由工程所有人提供的原材料和设备的费用。

这里应该注意的是，安装工程承包合同价并不包括被安装设备的价值，仅仅包括安装费用和安装过程中必需的辅助材料的费用。因此，确定保险金额时，一定要以被安装设备的总价值加上安装合同的承包价之和为准。

第六章

农业保险

第一节　农业保险概述

一、农业保险概念

农业是国民经济的基础,农业保险作为财产保险的有机组成部分,是为农业生产发展服务的一种风险工具,农业保险承保的主要是对农业产业在生产过程中因遭受约定的自然灾害、事故或者病疫所造成的经济损失承担赔偿保险金责任的保险,分为种植业保险和养殖业保险两大类。种植业保险包括粮食作物保险、经济作物保险、蔬菜园艺作物保险、森林保险等;养殖业保险包括养猪保险、养羊保险、养牛保险、水产养殖保险等。

按照保险责任划分,农业保险可以分为单一风险保险、多风险保险和一切险保险。其中,单一风险保险一般只承保一种风险责任,如森林火灾保险、水稻旱灾保险等。多风险保险多采取列明风险责任的保险。一切险虽然也采取列举方式,但实质上除列示的不保责任外均属于可保责任,因此,一切险所承保的风险责任最大。

农业保险的特点,可以概括为以下几个方面:

第一,农业保险经营成本较高。

农业生产在野外进行,生产场所非一般保险中的保险地址范围可比,其数量亦非一般财产保险中的保险标的那样有限。因此农业保险标的点多面广、相对分散,加之农村交通不便,也给农业保险的展业、承保、理赔以及风险控制造成了极大的困难,从而经营农业保险的成本明显高于一般财产保险。

第二,农业保险的风险结构具有特殊性。

(1)自然风险与经济风险的双重制约。农业生产的最大特点是自然再生产与经济再生产相互交织在一起,农业保险也必然要受到自然风险与经济风险的双重制约。同时,农业保险面对的主要是各种气象灾害和生物灾害,尤其是水灾、冰雹、低温灾害、干热风、病虫害等,多数灾害只对农业生产构成严重威胁,从而与其他财产保险所面临的风险的结构具有较大的差异性。

(2)农业生产及农业灾害的地域性。该特点决定了农业保险具有较强的地域性,从而决定了开展农业保险时只能因地制宜,即根据当地的特点,开办适合的险种,制订、使用符合当地实际情况的保险条款。同时,在农业保险管理上,要重视农业保险的区划,形成合理的农业保险险种布局,在空间和时间上做到险种互补,分散农业保险的经营风险。

(3)农业生产和农业灾害具有季节性。该特点决定了农业保险一定要抓住农时,即农业保险在展业、承保、理赔、防灾防损等方面都要遵守农业生产的自然规律办事,严格把握农业生产的季节性变化特点开展业务,组织业务管理,使农业保险的各项技术活动开展恰到好处,取得最佳效果。

第三,农业保险的标的大多数是活的生物。

(1)受生物学特性的制约,农业保险标的价值的确定始终处于变化中,只有当成熟或收获时才能最终确定。在此之前,保险标的只能说是处于价值的孕育阶段,而不具备独立的价值形态。因此,保险金额的确定和定损时间及办法都与一般财产保险不同,变动保额以及收获时二次定损等技术都为农业保险所特有。

(2)农业保险标的具有生命周期性。标的的生命周期、生产规律对农业保险业务的开展划定了时间前提。农业保险承保、理赔工作的开展必须适应这些规律,而不能违背。

(3)农业保险标的具有鲜活性。农产品的鲜活特性使农业保险受损现场易灭失,对农业保险查勘时机和索赔时效产生影响。如果被保险人在出险后不及时报案,则会失去查勘定损的机会,农业保险合同如果对时效不专门约定,势必会增加保险人的经营风险。

(4)农业保险标的受损后具有自我恢复性。农作物在一定的生产期内当受到灾害后有自我恢复能力,从而使农业保险的定损变得复杂,尤其是农作物保险,往往需要收获时二次定损。

(5)农业保险标的市场价格受标的自然再生产过程的约束,农产品对市场信号反应滞后,市场风险较高,使农业保险易受道德风险的影响,所以保险人必须在保险合同中设立防范道德风险的条款。

第四,农业保险的高风险与高赔付率并存。

农业风险具有明显的巨灾特性,一次农业风险事故往往波及千家万户、上亿公顷的农田,而近年受全球变暖等因素影响,极端天气和气候灾害发生的频率和强度不断加大,农业灾害损失不断加剧,给农业保险赔付带来较大压力。由于农业生产面临的风险大,损失率高,保险赔付率通常也很高,保险人要想通过农业保险赚取利润较通过其他财产保险业务更困难。因此,真正成功的农业保险模式较为少见。

第五,农业保险需要政府的支持。

由于农业保险的高风险和高成本性以及由此带来的高费率,使保险公司的有效供给与农民的有效需求不足,纯市场运作方式因此失灵,需要政府进行干预。国际经验与国内的实践表明,农业保险的发展离不开政府的支持,包括财政税收、贷款政策等方面的支持。例如,美国的联邦农作物保险公司实质上是由美国政府投资设立的一家政策性保险公司;日本的村民共济制度亦获得了日本政府直接的财税支持。农业保险的政策性主要体现在,一是国家对参加农业保险的农户提供保费补贴,对经营农业保险的机构实行一定的优惠政策;二是各级政府在政策性农业保险的推动上具有很强的主导性,从制定补贴方案、宣传推广以及组织发动上都扮演重要角色,大部分地方都成立了由政府、财政、农业以及保险公司组成的农业保险组织机构,负责农业保险的推动工作。

二、农业保险的基本内容

(一)农业保险的险种结构

前述已经对农业保险进行了简单的分类。在将农业保险划分为种植业保险与养殖业保险的基础上,还可以进一步细分(见图6—1)。

- 农业保险
  - 种植业保险
    - 农作物保险
      - 生长期农作物保险
      - 收获期农作物保险
    - 森林保险
  - 养殖业保险
    - 陆地养殖
      - 工厂化养殖(如养鸡保险)
      - 圈养(如养猪保险)
      - 牧养(如养羊保险)
    - 水产养殖保险
      - 淡水养殖保险
      - 海水养殖保险

图6—1　农业保险的险种结构

图6—1显示了农业保险的基本结构,实际中的险种比这还要多,仅粮食作物保险就有水稻保险、小麦保险、玉米保险等许多种。因此,农业保险是一个不容忽视的保险市场。

(二)农业保险的保险金额

由于农业保险的保险标的具有自然再生产与经济再生产相结合、风险大、损失率高的特点,在保险金额的确定方面亦与其他财产保险存在着区别,总的要求是实行低保额制,以利承保人控制风险。在经营实践中,农业保险主要采取以下方式来确定保险金额:

1. 保成本。保险人按照各地同类标的投入的平均成本作为计算保险金额的依据,据此确定的保险金额即是保险人承担责任的最高赔偿限额。它适用于生长期农作物保险、森林保险和水产养殖保险。在保险标的全损的情况下,保险人按照保险金额全额赔偿；在部分损失的情况下，保险人的赔偿责任则是被保险人的收益与保险金额之间的差额。

2. 报产值。保险人按照各地同类标的的产值确定保险金额，它适用于农作物保险、森林保险和水产养殖保险。生长期农作物可以农作物的预期收益量作为保险标的的价值，按照一定成数确定保险金额；森林保险的保险金额可以按照单位面积林木蓄积量确定；水产养殖保险则可以按照水产品养殖产量的一定成数确定保险金额。

3. 估价确定。即由保险人与被保险人双方协商确定投保标的保险金额。如大牲畜保险，就可以根据投保牲畜的年龄、用途、价值等进行估价后按照一定成数确定保险金额。此外，在农业保险中还有定额承保方式，或者根据投保标的的不同生长阶段来确定保险金额。

（三）承保农业保险需要注意的事项

1. 审慎选择风险责任。保险人需要根据投保标的的风险状况及公司的承保能力与风险控制能力，确定农业保险险种的承保责任，一般可采取单一责任保单，也可以采取混合责任保单。一切险保单只有在条件成熟的情况下才宜采用，通过责任的适度限制，来控制保险风险。

2. 让被保险人分担相应的责任。农业保险所面临的巨大风险及其生产特性，以及面广量大、不易管理的特点，决定了保险人在承保时必须让被保险人同时分担相应的风险责任，即不能足额承保农业保险业务，以此达到增强被保险人安全管理的责任心的目的，并借此防止道德风险的发生。

3. 适宜采取统保方式承保。统保是分散农业生产风险和稳定农业保险财务的基本要求，保险人在承保农业险业务时，适宜采取统保方式承保，即投保人必须将同类标的全部向保险人投保，有的甚至可以要求多个被保险人同时投保某一险种。如水稻保险就必须是成片承保，而不能只保某一家的田地，等等。这种方式可以防止农业保险中的逆选择，同时亦为被保险人或更多的保险客户提供更加全面的风险保障。

4. 明确地理位置。无论是种植业保险还是养殖业保险，在保险合同中均须明确载明其地理位置，这是杜绝理赔中的纠纷、准确判定责任的重要依据。

5. 争取政府支持。从宏观出发，农业保险特别需要政府的支持，包括争取政府免税政策和财政支持，通过政府的引导来促使更多的农民投保等。

（四）农业保险的查勘定损及赔偿方式

1. 查勘定损方法

（1）定损和计赔单位的确定。首先要确定定损单位，这是确定损失程度的基础。特别对于大灾查勘定损，由于受灾范围大，受损程度轻重不一，如果定损单位定得过大，会造成损失程度不准确；如果定损单位定得过小又会使工作量加大。目前,采取大灾以村为单位,小灾以组或户为单位较为可行。

(2)损失面积的确定。损失面积的确定可采用以下三种方法:第一,目测法。可分为两种:一种是凭经验判断面积;另一种依田间参照物(如里程碑、线杆、数距等)办法,这种方法在农作物种植规范的地区比较可行。第二,实地丈量法。丈量的工具可以是钢尺、皮尺、测绳等。此方法不适用于大面积定损。第三,调查询问法。向当地政府和农民认真询问灾情,发现与实际不符的地方进行纠正,申明利害,纠正虚假面积。损失面积的确定,一般需要上述方法的综合使用才能奏效。

(3)损失程度的确定。一般采取随机抽样或等距离抽样方法抽样,尽可能使各样本段在总体中均匀分布,以提高样本的代表性。对于出险面积较大,同一地块不同部位损失程度差异较大的情况,抽样时还应考虑不同损失程度在总体中所占的比例。常用方法有:一是产量测定,二是损失程度计算。损失程度计算公式:

$$损失程度 = (1 - 受损地亩收获/未受损地亩收获) \times 100\%$$

(4)损失遥感技术定损。农作物遭受大面积灾害损失后,为了尽快对损失面积和损失程度做出评估,有条件的,可采用遥感技术或光谱仪、照度仪进行测定。

2. 赔偿方式

(1)按损失程度比例赔偿方式。这种赔偿方式适用于种植业成本保险。根据农作物种植业物化成本是随着生长进程逐渐投入的特点,将农作物生长期分为几个阶段,如苗期、营养生长期、生殖生长期,不同生长期实行不同的赔偿标准。

(2)按收获产量与保险产量的差额赔偿方式。这种赔偿方式适用于农作物产量保险。发生绝产损失时,按不同阶段确定的最高赔偿标准。苗期发生损失时,可重播的,按重播的种子秧苗计算赔偿金额,经一次赔付后保险责任并不终止;不可重播的,经一次赔付后保险责任即行终止。发生部分损失的,按实际收获产量与保险产量的差额赔偿。多次发生保险责任范围内的损失,按发生最终一次保险灾害后的实际收获产量与保险产量的差额赔偿。

第二节 种植业保险

一、种植业保险概述

(一)种植业保险的概念

种植业通常是指利用植物的生长机能,通过人工培育,以取得粮食、副食品、饲料和工业原料的生产行业,主要包括粮食作物、经济作物、饲料作物、绿肥作物以及蔬菜、果树、观赏园艺作物等项生产。我国通常把粮、棉、油、麻、丝、茶、糖、菜、烟、果、药、杂的生产经营活动定义为种植业。原农业部将稻、小麦、玉米、棉花、大豆、油菜、马铃薯7种作物定义为主要农作物,同时允许各省确定一两种农作物作为主要农作物,予以公布并报农业主管部门备案。种植业保险是指以各种农作物及林木为保险标的,对在生产或初加工过程中发生约定的灾害事故造成的经济损失承担赔偿责任的保险。

(二)种植业保险的分类

种植业生产对象广泛、按照不同的划分标准,可将种植业保险划分为不同类别。

1. 按保险标的类别划分,可以分为粮食作物保险,包括水稻保险、小麦保险、玉米保险、大豆保险和其他粮作物保险;经济作物保险,包括纤维作物保险、油料作物保险、糖类作物保险、原料作物保险、药用作物保险以及其他经济作物保险等;蔬菜园艺作物保险,包括蔬菜作物保险和花卉作物保险等;水果和果树保险;森林保险,包括公益林和商品林的保险;其他种植业保险。

2. 按农作物所处生长时期划分,可以分为生长期农作物保险和收获期农作物保险。

3. 按是否有财政保费补贴政策划分,可以分为政策性种植业保险和商业性种植业保险。

二、种植业生产风险特点

种植业风险是指人们在从事种植业生产经营活动中所遭遇的可能导致损失的不确定性。种植业与其他行业(如第二三产业)的显著区别在于其主要活动场所多数都是露天的,更直接、更密切、更经常地依赖于自然界的力量,因此,种植业生产最容易受到自然界的影响。当人类社会所拥有的科学技术不能更好地控制和把握自然界的影响时,种植业生产者成为受自然灾害影响最大的风险承担者。我国种植业生产过程中所面临的自然灾害主要有旱、涝、雹、霜冻和病虫害等多种灾害,这些灾害的发生往往具有一定的突发性、区域性、季节性,各种灾害,如暴风、暴雨、洪涝灾害可能伴随发生,且一次灾害造成的损失较大,有些甚至遍布多个省份,范围广,形成巨灾风险。

三、种植业保险承保条件的确定

承保的农作物保险标的一般要具备以下条件:

1. 经过政府部门审定的合格品种,符合当地普遍采用的种植规范标准和技术管理要求。

2. 种植场所在当地洪水水位线以上的非蓄洪、行洪区。

3. 生长正常。

4. 投保人应将符合上述条件的农作物全部投保,不得选择投保。

5. 间种或套种的其他作物,不属于保险合同承保的保险标的范围内。

四、保险责任

在保险期间内,由于暴雨、洪水(政府行蓄洪除外)、内涝;风灾、雹灾;冻灾等原因直接造成保险农作物的损失,且损失率达到一定比例,如30%以上的,保险人按照保险合同的约定负责赔偿。附加承保旱灾责任的,由于一次灾害造成的损失可能很大,鉴于目前被保险人保费和公司承受能力有限,巨灾风险基金尚未建立的情况,一般要实行低保额、高起赔点,保险金额可不高于主险保险金额的50%;赔付起赔点应设定在作物损失程度的一定比例以上。

五、除外责任

农作物保险条款中一般规定下列原因造成的损失、费用,保险人不负责赔偿:

1. 投保人及其家庭成员、被保险人及其家庭成员、投保人或被保险人雇佣人员的故意行为、管理不善。
2. 行政行为或司法行为。
3. 发生保险责任范围内的损失后,被保险人自行毁掉或放弃种植保险作物。
4. 按保险合同载明的免赔率计算的免赔额。
5. 其他不属于保险责任范围内的损失、费用。

六、保险期间

农作物的保险期限要根据作物生长期来确定。一般保险责任期间自保险作物出苗或移栽成活后起,至成熟开始收获时止。收获期农作物火灾保险承保了农作物收割后,在场院晾晒期间内发生火灾责任,保险期限不得超出保险单载明的保险期间范围。

七、保险金额

按照基本保障的原则,生长期农作物可以按照下列方法确定保险金额:

(一)按生产成本确定保险金额

生产成本包括种子、肥料、农药、人工作业费、机械或蓄力作业费、排灌费、田间运输等其他费用。根据生产成本确定保额,一般要对当地的农作物种植成本进行调查,通过调研摸清农作物种植成本的大致水平,但保险金额一般仅包括物化成本,或者为物化成本的一定比例,一般不包括人工费用。

(二)按产量确定保险金额

首先,确定保险产量。一般做法是调查条款所适用范围(省、地区或地级市、县或县级市)前3~5年农作物产量的统计数据,所选年份一定要连续,其保障水平一般按3~5年或更长时期平均产量的40%~70%。其次,保险价格一般参考同类农产品平均价格确定。保险价格与每亩保险产量的乘积，即为每亩农作物的保险金额。

(三)按作物生长阶段确定保险金额

由于种植业作物在生长过程中，各个阶段投入的成本是不同的，所以可以根据作物成长阶段由低到高确定保额。如小麦按返青期、抽穗期、灌浆期和成熟期确定不同的保险金额。

八、保险费率的厘定

保险费率的厘定要综合考虑保障程度、风险状况、损失情况、经营费用、再保险费用等多种因素，科学合理厘定，实行与经营风险和成本支出相匹配的费率水平。在厘定种植业保险费率时，应考虑以下因素：

(一)合理确定测算范围

实践表明，考虑到我国农作物种植的地理、气候、区划、受灾面积、行政区域以及保险人的技术能力等因素，实现以县或地市的范围为单位来测算保险损失率和费率比较实际。根据各地农作物种植的实际和不同的损失情况，实行区域性档次费率较为准确，投保人和被保险人不仅容易接受，也便于承保工作的开展。若在全国，一个省或在较大范围的地区实行一个费率，易导致投保人的逆选择。

(二)遵循农作物种植区划

一般情况下，平原地区农作物种植区划较为单一；而在山区、平原、丘陵相互交叉的地区，农作物种植区划就比较复杂。尽管农作物种植区划和农业保险区划不同，但在同一个种植区划的农作物种类和生产水平大体相当。因此在测算损失率时，可参照农作物的种植区划。

(三)合理选择资料年限

在调查研究的基础上，对确定测算范围的生产水平、种植面积、灾害损失情况进行逐年分析，看正常年景是否保持相近水平。若长期变化不大，所选择测算资料的年限应长些。一般来说，最好有多年，如 25 年以上的连续数据资料。若资料情况呈趋势性变化，则可缩短选择测算资料的年限，但至少应选择近 5 年的资料数据。所选资料的年限应保持连续性，不能随意选择。

(四)考虑保险标的的抗灾性

根据国内外经验，农作物对雹灾风险的抗灾性由小到大的排列顺序是：

1. 黑麦、玉米、饲草、甜菜、土豆、甘蔗、花生、大豆、豌豆、扁豆、豇豆、芝麻。
2. 纤维作物、黍米、荞麦、根菜、草籽、胡萝卜。
3. 坚果类、浆果类、草药类、苗圃、麻类。
4. 蔬菜类、樱桃、草莓、生菜、白菜、菠菜、洋葱、番茄、瓜类。

九、赔偿处理

(一)定损和计赔单位的确定

在查勘定损工作中,首先要确定定损单位,这是确定损失程度的基础。特别对于大灾查勘定损来说,由于其受灾范围大受损程度轻重不一,如果定损单位定得过大,就会造成损失程度不准确;如果定损单位定得过小又会使工作量加大。

(二)损失面积的确定

1. 目测法。可凭经验判断面积,也可以依照田间参照物(如里程牌、线杆、树距等)进行初步判断损失情况。

2. 实地测量法。可用尺子,也可通过卫星遥感技术、无人小型飞机、GPS 定位系统及各地使用的手持式 GPS 小型测亩仪进行测量,借用上述技术,尽管是不规则的承保面积,也可以基本做到准确测量。

3. 调查询问法。向当地政府和农民详细询问灾情,发现与实际不符的地方进行纠正,申明利害,纠正虚报面积。

(三)损失程度的确定

可聘请专业农业专家会同保险公司定损人员共同对损失程度进行评估确定。一般采用随机抽样或等距抽样方式,尽可能使各样本段在总体中均匀分布,以提高样本的代表性。对于出险面积较大、同一地块不同部位损失程度差异较大的情况,抽样时还应考虑不同损失程度在总体中所占的比例。例如:某作物遭灾,经查勘,1/3 面积遭受较轻,2/3 面积遭灾程度较重,抽样时,在轻重地段的抽样数量应该是 1:2。

1. 产量测定。其方法有两种:

(1)方法一:在田间取点,每点测量 10 行的密度,求出平均行距(m),根据平局行距,求出 1 平方米面积所需行长(m),在田间选择具有代表性的 5 ~ 10 个点,每点收获 1 平方米,混合脱粒后称重,求出 1 平方米的产量(kg)。

$$亩产量(kg) = 1 平方米产量(kg) \times 667$$

(2)方法二:运用作物产量构成因素计算。作物的单位面积产量(经济产量)是单株产量和单位面积上株数的乘积。作物的种类不同,其构成产量也有所不同。例如:禾谷类作物的单位面积产量,决定于单位面积上的穗数、平均每穗实粒数和平均粒重三个因素,其关系如下:

$$亩产量(kg) = 平均每穗实粒数 \times 千粒重(g/1\,000 粒)/1\,000 \times 1\,000$$

甘薯亩产量计算公式:

$$亩产(kg) = 亩株数 \times 单株平均薯重(kg)$$

棉籽亩产计算公式:

$$亩产(kg) = 亩株数 \times 亩有效桃树 \times 单桃重(kg)/1\,000$$

皮棉亩产计算公式:

$$亩产(kg) = 籽棉亩产 \times 衣分(即:皮棉占籽棉的比重)$$

2. 损失程度计算。其计算公式为：

损失程度 = 受损地单位产量/(1 - 未受损地单位产量) × 100%

(四)田间查勘定损注意事项

因农作物受灾后有一段恢复期，应根据种植险保险标的的特殊性，设立不同的观察期，本着定损先定责的原则，初次查勘时可先确定保险责任和保险标的的范围，随后科学的进行二次或多次定损。

生长期农作物部分损失的查勘一般在灾后的几天内进行，并做好详细记录，因为植物体在受灾后一般有自我恢复能力，定损一般应在收获前测产计算。

(五)赔偿方式和有关规定

1. 按损失程度比例赔偿方式。这种赔偿方式是根据农作物种植化成本随着生长进程逐渐投入的特点，将农作物生长期分为几个阶段，实行不同的赔偿标准。保险农作物无论发生绝产或部分损失，均按当时的赔偿标准和损失程度的比例赔偿。该方式适用于种植业成本保险，是目前通常做法。其赔款计算公式：

赔款额 = 受灾当期单位面积赔偿标准 × [损失程度(比例) × 受损面积 × (1 - 免赔率)]

2. 按收获产量与保险的产量的差额赔偿方式。这种赔偿方式适用于农作物产量保险。发生绝对损失时，按不同阶段确定的最高赔偿标准赔偿。苗期发生损失时，可重播的按重播的种子秧苗费计算赔偿金额，经一次赔付后保险责任并不终止；不可重播的，按当期的最高赔偿标准，经一次赔付后保险责任终止。生长后期和成熟收获期发生绝产损失，按保险价格和保险产量赔偿，经一次赔付后保险责任终止。发生部分损失时，按实际收获产量与保险产量的差额赔偿。

发生部分损失时的计算公式：

赔偿金额 = 不同生长期的最高赔偿标准 × 损失率 × 受损面积 × (1 - 免赔率)

损失率 = 单位面积植株损失程度(或平均损失产量)/单位面积平均植株数量(或平均正常产量)

第三节 森林保险

一、森林保险概述

(一)森林保险的概念

森林保险是以具有经济价值的天然原始林和各类人工营造林为标的，对他们生长过程中，因约定的、人力不可抗拒的自然灾害和意外事故造成的经济损失，保险人按照保险合同规定向被保险人提供经济补偿的一项保险业务。

(二)森林保险的特点

1. 可续保期长。在农业保险尤其是种植业保险中，保险期按生长季节只有几个月，一个有生命的标的就此结束，续保时是另一个有生命的标的；而森林保险标的则是多年生植物，生长期长，就是一般速生用材林都在 10 年以上，特别是风景林或珍贵树种有百年以上树龄,这对一个有生命的标的而言,其可续保期是相当长的。

2. 责任范围较广,危险单位大。我国森林灾害种类多样、损失分布不均。目前,各地开办财政保费补贴型森林保险业务时,通常以人力无法抗拒的自然灾害为主要保险责任,包括火灾、暴雨、暴风、洪水、泥石流等。

3. 灾后观察期长。例如,在长江流域,由于林木的火灾发生旺季是秋冬干旱期,林木被火烧后是否死亡,当时测定不出来,必须到春暖花开,观察被火烧的树木是否萌发新芽,因此其观察期在几个月左右。

二、森林保险的保险标的和保险责任

(一)保险标的

森林保险标的是按投保人或被保险人的要求确定的。是单纯林的可按防护林、可用林、经济林、薪炭林、特种用途林或林木起源进行划分确定。根据特需还可按风景林、自然保护区的森林、母树林、实验林等确定。对于橡胶树、茶树、油茶树、竹林等,也可确定为保险标的。

(二)保险责任

1. 火灾险。从理论上讲,凡是生长期的林木、竹林所面临的自然灾害和意外事故都可作为森林保险责任。目前,考虑到国家的财力、林农的保险意识和承受保费的能力、保险人的经济承受能力、专业技术人员、保险的技术力量和科技水平,森林保险在开办初期,一般选择火灾为林木的保险责任。

森林火灾发生的原因,根据起源分为自然火源和人为火源。其中,自然火源(天然火源)是指由于自然界的天然原因引起的燃烧。据调查资料显示,自然火源引起的森林火灾占全国火源的10%左右。这些自然火源主要包括雷击火、泥炭发酵自燃、岩石撞击火。而人为火源,按照性质可以分为3种类型:①生产性火源。主要是指农、林、牧、副业的生产用火,如工矿、交通运输等企业生产用火引起的森林火灾。②非生产性火源。指群众生活和其他非生产上的用火活动引起的火灾,如野外吸烟、迷信烧纸、小孩玩火等。③其他人为火源(包括外来火源)。如边境地区由于邻国的森林起火而越境引起我国森林火灾、故意纵火而引起的森林火灾等。

2. 综合险。目前,部分省份开办的财政补贴型森林保险,保险责任已由试点初期的单一火灾责任扩展为包括火灾、暴雨、暴风、洪水、泥石流、冰雹、霜冻、暴雪、雨凇、病虫害等多种灾害类型的森林综合险。

三、保险金额

(一)林木的价值概念和序列林价

保险金额的确定在森林保险业务中有某些特殊性。从理论上讲,应根据林木的实际价值确定保险金额,但在实际操作中应考虑保险人承担风险的能力和被保险人的保险意识以及其承担保费的能力。

为了更好地确定保险金额,首先应明确林木价值的三个概念:一是林木价值,林木在营造、管理过程中,除了消耗大量的活劳动,还消耗大量的物化劳动,它的价值构成是活劳动和物化劳动的总和。对天然林来说,一般以人工林的重植投入成本作为价值基础;二是林木价格,从理论上讲,林木价格是由不同地区的平均营林生产成本加上利润和税金组成;三是序列林价格,即林木不同的生长期投入的成本不一样,价值也不同,因此不同生长期就有相应的价格,此为序列林价。

(二)保险金额的确定

1. 按蓄积量确定。林木蓄积量是指林木的产量,按立木体积来度量。

林木的蓄积 = 单位面积上立木蓄积量 × 总面积

保险金额 = 木材价格 × 总蓄积量

2. 按成本价确定。林木的成本是造林和育林过程中投入的物化劳动和活劳动的总和,不包括利润和税金。按计算方法的不同,成本的构成有两种:第一种把林木经营中每年发生的实际费用累积而成。第二种把每年发生的实际费用加资金占用利息部分。这种确定保险金额的标准虽然保障程度较低,但目前保险金额大都按成本价保。

3. 按再植成本确定。林木再植成本包括挖树根、清地、挖坑、移栽、树苗、施肥到树木成活所需的一次性费用总和,这个费用就是再植成本。因不同地区的再植成本不同,应分别确定。目前,我国财政补贴型的森林保险都以林木再植成本作为保险金额。

四、赔偿处理

(一)损失责任鉴定

保险林木遭受损失后是否构成条款中的责任,可从如下两方面进行鉴定:一是,参照林业防火指挥部或相关部门的规定,对于火灾,每次起火烧毁面积在 10 亩之内的为火警。因此,到现场查勘后,若测量的面积未达到条款规定面积时,可视为没有构成保险责任或属于绝对免赔范围,不予赔偿。二是,目测火灾对林木的碳化程度,因有的森林中的杂草和残枝、叶比较少,或只是过火过程,过火后树冠没有烧毁、树枝没有伤害,仅外部树枝被熏黑,树根没有伤害的,都不属于赔付范围,若当时鉴定不出来,可设置 1 ~ 6 个月的观察期,在观察期内如果林木又发出新枝、叶,证明火烧对林木没有造成损失。

(二)损失面积的核定

森林受损面积的核定与计算是查勘定损的主要环节。因此,首先要测绘平面图,其次求受损面积,最后鉴定林木损失。

1. 灾害损失面积的测量方法

(1)目测法。目前采用较为广泛的就是这种测量方法,它适用于林木大面积受损和坡度较大的林地。其测量步骤如下:一是选择目测地点,一般要求选择在高出林地地段;二是观察受损林木在林地中的方位、实地对图,在图上确定受损位置;三是勾绘图形,先从不同角度高度观测清楚,根据实地的地形地物地貌,准确判断受损林木与未受损林木的分界线,再在图中画出分界线,把受损的林木勾绘成图。

(2)直线丈量法。这种方法主要是用皮尺或测绳等工具来测量林木受损面积,适用于受损面积较小的林木。其测量方法是将需测林地不规则的形状粗略的变换成具有一定几何形状的图形,在受测林地的边界线上找出几个点,然后再丈量出几个点间的距离,根据面积的求算公式求出面积。

(3)仪器实地测绘法。测量仪器一般有罗盘仪、经纬仪、测距仪等。仪器实测适用于地势开阔,透视良好,面积在200亩以下的地方测量。在测量火灾区域的地块时,先定点,测磁方位角,在出险受损区域周围设置闭合、多边形导线。在测量时要靠近预测受损区域的轮廓线。在量距离的同时,用支距离法量地块边缘的位置,再连接各点位置,就绘出了平面图。

(4)地形图勾绘法。当灾害损失面积在200亩以上,而且地形复杂,透视很差,不宜采用仪器测量时,可用1/25~1/50的地形图勾绘受灾分布图。方法是沿受损区域边缘步行前进,将沿线的河流、沟谷、山脊、分水岭、房屋、道路、防护林等勾绘在地图上,再逐个将整个受灾区域内部情况(如林种、荒山等)分别目测勾绘在地图上,绘制成平面图。

(5)遥感测定法。当森林受损面积达到数万亩时,利用航天、航空遥感等先进科学设备,根据火灾碳化程度以及1/5~1/10万的地形图,结合绘制出平面图。

2. 损失面积的计算方法。采取上述5种方法绘制出受灾平面图后,可用下列方法求出损失面积。

(1)网格法。采用透明的刻有1毫米、2毫米、5毫米和1厘米的网格蜡纸或方格网直接覆盖在预测的图形上,先数出图形内完整的方格数,然后估计不完整的方格,将其折合成整方格数,两者相加后乘以每个方格所代表的面积,就得到图形的面积,再按比例换算成实地面积,计算公式:

图形总面积=(完整方格数+不完整方格折合整数)×每个方格面积

(2)几何法。这种方法是根据几何原理,在平面图上,将其划成若干几何图形,分别以两处它们的低和高来计算面积,各图形面积之和即为所求平面图面积,然后再按该图的比例尺求出实际受损面积。

(3)机械法。用特制的求积仪来计算受损面积。这种方法是林业部门常用的,即用求积仪在所求图形面积的整个边界线上运行,就可求得图形面积。

根据上述3种方法测量出损失面积后,按照下列公式计算赔偿面积:

赔偿森林面积=损失森林面积=(实有森林面积-被保险森林面积)-绝对免赔面积

(三)损失程度的核定

森林火灾的损失程度按森林资源的不同而异,如原始森林发生特大火灾后,所有植被被烧成灰,而人造林大部分是部分损失。因此,按林木被火烧的程度可分为烧毁木、烧死木、烧伤木、未烧木四档。根据这四个档次,确定被火烧的森林程度,主要有以下两种核定方法。

1. 全面每木核定。火灾面积较小的,应进行每木核定。根据不同树种,测量每株树木的胸高、直径和树高。根据烧毁的四个档次填入核定表内。但在测定每木损失时,必须按标准划分出成林树木和幼树木两个类型。按规定胸径在 8 厘米以上的为成林树木,可查立案木材积表,计算材积;胸径在 8 厘米以下的为幼树,可按株数计算。

2. 抽查核定。由于火灾损失面积较大,难以进行每木核定,才采用抽样的方法核定,再推算整个火灾地区的树木损失。抽样的样本应根据树相、树种、森林类型和林木被烧情况在整个火灾地区选定具有代表性的地方,其抽取的面积一般不少于被烧面积的 1%,而且要分别均匀。根据被烧的四个档次分类填入核定表内。再根据四类分别统计林木株数和材积,最后推算整个林木损失。

整个火灾林木损失的计算公式如下:

整个火灾地林木材积损失 = 火灾面积/样本底面积 × 样本地立木材积

损失程度(%) = 抽样调查地块内林木死亡株数/抽样调查地块内实有林木株数之和 × 100%

整个火灾地林木株数损失 = (样本地烧死立木株数/样本地里亩株数) × 火灾面积

(四)赔款计算方法

保险森林遭受保险责任范围内的灾害损失后,由于各地承保的方式不同,其赔款计算方法也不一样。

1. 按蓄积量的成数投保的赔款计算方法:

赔付金额 = 每立方米价格 × (每亩蓄积量 × 承保成数 − 每亩材积损失量) × 受损面积

2. 按成本保险的赔款计算方法:

赔付金额 = 受灾面积 × 每亩保额 × [(灾前标的估价 × 受灾面积)/灾前标的估价]

3. 按造林成本费保险的赔款计算方法:

赔付金额 = 国家标准造林成本 × 赔偿面积 × (被保险林木实有密度/国家森林标准种植密度) × 损失程度

过火林地赔付金额 = 每亩保险金额 × (样本地烧毁株数/样本地林木株数) × 烧毁地赔偿面积

如果在保险期内多次发生火灾,应按有效保险金额赔付,赔付计算方法如下:

赔付金额 = 每亩保险金额 × (样本地烧毁株数/样本地林木株数) × 火烧地赔偿面积

4. 残值处理方法。按照森林火灾烧毁四个档次,仅有烧死木的用残值处理,其处理方法是把尚能做用材的木材折价给被保险人,在赔款中扣除。

第四节　养殖业保险

一、养殖业保险概述

(一)养殖业保险的概念

养殖业保险是指以有生命的陆生动物或水生生物为保险标的,保险人在被保险人支付约定的保险费后,对保险标的因遭受保险责任范围内的自然灾害、意外事故和疾病所造成的损失,对被保险人进行经济补偿的一种保险。

(二)养殖业保险的分类

由于养殖业所养殖的动物种类众多,并且养殖业生产形式也复杂多样,因此养殖业保险的分类也比较复杂,目前尚缺统一的标准。一般来说,可按以下两种方式进行分类:

1. 按照保险标的和业务管理需要分为养猪保险、养牛保险、养羊保险、养鸡保险、水产养殖保险以及其他养殖保险。

2. 按其他方法分类,包括按照保险责任可分为单一责任保险和混合责任保险;按照保险标的品种可分为单一标的保险和混合标的保险;按保险的实施方式可分为财政补贴的养殖业保险和商业性养殖业保险。

此外,国外还有养殖业产品价格保险、养殖业贷款保险等。前者承保因市场波动带来的产品价格下跌所导致的损失风险,后者承保了贷款人放贷之后,因各种意外事故导致被贷款人无力偿还债务的风险。

二、养殖业保险承保条件的确定

养殖业保险的被保险人为养殖动物的管理者或所有者,一般统称为养殖者。养殖者是养殖生产中的主导因素,由于养殖技术水平的差异,不同养殖者的管理水平也差别很大。因此,在承保时,对于不同养殖方式(如散养、规模养殖)的养殖者应当采取不同的费率和承保条件。养殖保险的承保条件是养殖业保险选择保险标的、剔除非可保风险的限制条件。例如,疫区内的动物和没有在当地经过驯化饲养的引进动物,都是损失可能性较大的动物标的,它们的损失风险就不能成为可保风险。

三、保险责任和除外责任

养殖业的可保风险必须是可以评估的风险。这包含两层意思:一是指风险发生的或然性可以通过足够的统计数据以概率计算出来;二是指风险一旦发生,风险造成损失的损失程度和损失数量,可以通过一定的专业查勘定损技术评估出结果。一种风险只有同时具备这两个条件,才有可能成为养殖业可保风险,二者缺一不可。例如,能繁母猪养殖保险中,口蹄疫的发病率根据新老疫区不同为50% ~

100%,并且发病时具有典型的临床症状和病理变化,可以通过一定的技术手段诊断出来,只有同时具备了上述可保风险的两个条件,才可以作为保险责任。而海水养殖保险中赤潮以及传染病害损失,其损失总量可以通过行业总产量和国家农业主管部门专门统计查找出来,但在实际查勘定损中往往难以准确评估风险损失程度。因此,目前海水养殖中赤潮以及传染病害损失,被列为除外责任。

四、保险期限

养殖业保险的保险期限,一般与动物养殖的生产周期一致。由于养殖对象的种类繁多,其生活习性、生长规律等各有特点,所以养殖业保险的责任期限不可能按自然年度或其他时间区间确定一个统一的保险期限,而需要根据不同的保险标的的养殖周期或风险特点来确定,保险责任期限因不同的保险标的应有长短的差异。即使同一保险标的,又因地域的气候差异,也应有先后和长短的区别。另外,由于保险责任不同,养殖业保险期限也会有较大差别。例如,种用动物的保险期限可以为一年,而肉用动物的保险期限可能仅为几个月。

五、保险金额

养殖业保险中的不同保险标的的保险金额,应根据其价值来分别确定。总的原则是不能出现超价值投保而引起道德危险。要以被保险人的可保利益为最高限额,最好让被保险人自保其中的一部分。同时,由于养殖业生产是一个经济在生产与自然再生产交织进行的连续过程,在饲养动物不停地生长中,保险金额随着成本投入的增加、饲养动物的成长变化,也处在一个价值不断增长的过程中。因此,在养殖业保险条款中,要针对种特点,计算出保险标的在不同生长阶段的保险金额。

六、保险费率的确定

养殖业保险费率的厘定方法主要是根据所保风险发生概率的大小、一次最大损失的程度以及保险责任时间的长短等因素来考虑,此外,还要充分了解当地养殖业的市场状况。

七、保险数量的确定

养殖业保险标的的数量大,承保数量主要以当地政府或畜牧部门提供的数据为依据,加之一些养殖场因防疫要求不允许外人进入,承保数量较难核实。因此,在确定保险数量时,可以根据养殖场规模、饲养场地大小、有关账册、抽样调查等方式估算实际养殖数量。此外,应用信息化管理手段可以有效建立和管理养殖业保险标的库,例如,利用国家规定的畜禽标识确定保险标的的唯一性,对保险标的进行可追溯管理。

第七章

机动车辆保险

第一节　机动车辆保险概述

一、机动车辆保险的概念及其特征

机动车辆保险是以机动车辆为保险标的的保险,主要承保机动车辆遭受自然灾害和意外事故所造成的损失。机动车辆保险是以机动车辆本身及机动车辆的第三者责任为保险标的的一种运输工具保险。在国外,通常称为汽车保险。

由于机动车辆保险承保的保险标的是处于经常移动状态之中的,因此,机动车辆保险有以下主要特点:①因为机动车辆具有流动性,所以承保的风险具有多样性;②由于驾驶人员的素质以及机动车辆所面临的地区和环境不同,因而面临的风险也不同,导致保险事故的发生具有复杂性;③由于机动车辆保险的承保范围除有形的物质损失外,还包括无形的责任风险和相关的费用损失,所以其保险标的的范围具有广泛性;④机动车辆保险属于不定值保险;⑤机动车辆保险的赔偿方式主要是修复;⑥机动车辆保险赔偿中通常规定有绝对免赔额(率);⑦机动车辆保险的续保有无赔款优惠规定;⑧机动车辆保险中的第三者责任保险可采用强制保险方式经营。

二、机动车辆保险的种类

(一)基本险

机动车辆保险基本险一般分为车辆损失险、第三者责任险、车上人员责任险、盗抢险和机动车交通事故责任强制保险。

车辆损失险是指保险车辆遭受保险责任范围内的自然灾害或意外事故,造成保险车辆本身损失,保险人依照保险合同的规定给予赔偿的一种保险。车辆损失险根据使用范围的不同,又可分为家庭自用汽车损失险、营业用汽车损失险、非营业用汽车损失险。

第三者责任险是以机动车辆驾驶员在使用车辆过程中发生意外事故,致使他人遭受人身伤亡或财产直接损毁,被保险人应负的相应的民事责任为保险标的的一种保险。机动车辆的第三者责任险又分为强制保险和商业保险。采用强制保险是为了更好地保护交通事故受害者的利益。有关机动车交通事故责任强制保险的内容将在第三节阐述。

车上人员责任保险负责赔偿因发生意外事故,造成保险车辆上人员的人身伤亡,依法应由被保险人承担的损害赔偿责任,但不负责违章搭乘人员的人身伤亡和车上人员因疾病、分娩、自残、斗殴、自杀、犯罪行为造成的自身伤亡或在车下时遭受的人身伤亡。

盗抢险承保机动车辆被盗窃、抢劫、抢夺,经出险当地县级以上公安刑侦部门立案证明,满60天未查明下落的全车损失。此外还承保保险车辆被盗窃、被抢劫或被抢夺期间受到损坏或车上零件或附属设备丢失,需要修复的合理费用,以及保险车辆在被抢劫、抢夺过程中,受到损坏需要修复的合理费用。但如果被保险车辆不是全车遭盗窃,而只是车上零部件或附属设备被盗窃或损坏;或保险车辆被诈骗、罚没、扣押造成的损失;或被保险人因民事、经济纠纷而导致保险车辆被抢劫、抢夺;或租赁车辆与承租人同时失踪;或全车被盗窃、抢劫、抢夺期间,保险车辆造成第三者人身伤亡或(本车以外的)财产损失;被保险人及其家庭成员、被保险人允许的驾驶人员的故意行为或违法行为造成的损失;或被保险人索赔时,未能提供机动车停驶手续或出险当地县级以上公安刑侦部门出具的盗抢立案证明等原因造成的损失,保险人不负责赔偿。

(二)附加险

机动车辆保险常用的附加险有:

1. 玻璃单独破碎险。对于机动车辆挡风玻璃或车窗玻璃单独破碎的损失,保险人按实际损失赔偿。但对于安装、维修机动车过程中造成的玻璃单独破碎,保险人不予负责赔偿。投保人与保险人可协商选择按进口或国产玻璃投保。保险人根据协商选择的投保方式承担相应的赔偿责任。

2. 自燃损失险或火灾、爆炸、自燃损失险。如果机动车投保的是家庭自用汽车损失险,则只可投保自燃损失险,其主要责任是因保险机动车电器、线路、供油系统、供气系统发生故障或所载货物自身原因起火燃烧造成本车的损失。机动车只有在投保营业用汽车损失保险的基础上,方可投保火灾、爆炸、自燃损失险。保险人负责火灾、爆炸、自燃造成被保险机动车的损失,以及发生保险事故时被保险人为防止或者减少被保险机动车的损失所支付的必要的、合理的施救费用。

3. 车身划痕损失险。投保了机动车损失保险的客车,可投保本附加险。保险人负责赔偿无明显碰撞痕迹的车身划痕损失,但对被保险人及其家庭成员、驾驶人及其家庭成员的故意行为造成的损失不予赔偿。

4. 可选免赔额特约保险。保险人按投保人选择的免赔额可给予相应的保险费优惠。保险机动车发生机动车损失保险合同约定的保险事故,保险人在按照机动车损失保险合同的约定计算赔款后，扣减约定的免赔额。

5. 新增加设备损失保险。新增加设备是指在被保险机动车出厂时原有各项设备以外，被保险人加装的设备及设施。投保时，应当列明车上新增加设备明细表及价格。保险机动车因发生机动车损失保险责任范围内的事故，造成车上新增加设备的直接损毁，保险人在保险单载明的附加险的保险金额内，按照实际损失计算赔偿，保险金额根据新增加设备的实际价值确定。新增加设备的实际价值是指新增加设备的购置价减去折旧后的金额。

6. 机动车停驶损失险。该附加险承保机动车辆在使用过程中，因发生车辆损失险的保险事故，致使车辆停驶的，保险人按以下规定承担赔偿责任：

(1)部分损失。保险人在双方约定的修复期内，按保险单约定的日赔偿金额乘以从送修之日始到修复竣工之日止的实际天数计算赔偿金额。实际天数超过双方约定修理天数的，以双方约定的修理天数为准。

(2)全车损失。保险人按保险单载明的保险金额计算赔偿。保险金额按照投保时约定的日赔偿金额乘以约定的赔偿天数确定。

如果被保险人或驾驶人未及时将保险机动车送修或拖延修理时间，以及因修理质量不合格重新返修导致被保险机动车停驶的，保险人不承担赔偿责任。

7. 车上货物责任险。该保险承保发生意外事故，致使被保险机动车所载货物遭受直接损毁，依法应由被保险人承担的损害赔偿责任。但保险人不负责下列损失：因偷盗、哄抢、自然损耗、本身缺陷、短少、死亡、腐烂、变质造成的货物损失；违法、违章载运或因包装不善造成的损失；车上人员携带的私人物品；应当由机动车交通事故责任强制保险赔偿的损失和费用。

8. 不计免赔率特约保险。经特别约定，保险人可以负责赔偿保险事故发生后按照对应投保的主险条款规定的免赔率计算的，应当由被保险人自行承担的免赔金额部分。保险人不负责赔偿的免赔金额有：

(1)机动车损失保险中应当由第三方负责赔偿而无法找到第三方的；

(2)被保险人根据有关法律法规规定选择自行协商方式处理交通事故，但不能证明事故原因的；

(3)因违反安全装载规定增加的；

(4)投保时指定驾驶人，保险事故发生时为非指定驾驶人使用被保险机动车而增加的；

(5)投保时约定行驶区域，保险事故发生在约定行驶区域以外而增加的；

(6)因保险期间内发生多次保险赔偿而增加的；

(7)发生机动车盗抢保险规定的全车损失保险事故时，被保险人未能提供机动车行驶证、机动车登记证书、机动车来历凭证、车辆购置税完税证明(车辆购置附加费缴费证明)或免税证明而增加的；

(8)可附加本条款但未选择附加本条款的险种规定的；

(9)不可附加本条款的险种规定的。

第二节 机动车辆保险的主要内容

一、车辆损失保险

(一)车辆损失保险的保险标的

车辆损失保险的保险标的因险种不同而不同。车辆按其使用性质不同分为家庭自用车辆、营业车辆和非营业车辆；按所有权不同分为公有车辆和私有车辆；按行驶区域不同分为全国、省内行驶的车辆；按车辆种类不同分为汽车、摩托车、拖拉机和特种车。如营业用汽车损失保险的保险标的为在中华人民共和国境内(不含港、澳、台地区)行驶的，用于客、货运输或租赁，并以直接或间接收取运费或租金的汽车。此外，保险车辆应具备的条件还包括：须有车辆牌照、领有行驶证、具有年检合格证等(也可以特别约定承保，如部分特种车、农村车辆不具有号牌等)。

(二)车辆损失保险的保险责任

1. 意外事故或自然灾害造成保险车辆的损失。

(1)碰撞、倾覆、坠落事故。碰撞是保险车辆与外界物体直接接触并发生意外撞击、产生撞击痕迹的现象。包括被保险机动车按规定载运货物时，所载货物与外界物体的意外撞击。

如保险车辆撞击火车、汽车、畜力车等运动中的物体或撞击建筑物、树木、电线杆等静止的物体所造成本身的损失，以及外界运动中的物体撞击保险车辆使其遭受的损失等情况。碰撞通常包括两种情况：一是保险车辆与外界物体的意外撞击造成的本车损失。例如，保险车辆碰撞他车或他车撞击保险车辆；保险车辆撞上树木、电线杆或房屋；保险车辆在停车场停车后退时撞坏挡泥板。二是保险车辆所装货物与外界物体的意外撞击造成的本车损失。因为按照我国《道路交通安全法》规定，车辆须按装载规定载运货物(车辆装载货物与装载规定不符，须报请公安交通管理部门批准，按指定时间、路线、时速行驶)，车辆与货物应视为一体。一般因碰撞责任所造成的损失，保险人承担赔偿责任。

倾覆指意外事故导致被保险机动车翻倒(两轮以上离地、车体触地)，处于失去正常状态和行驶能力、不经施救不能恢复行驶的状态。构成倾覆必须同时具备车身倾斜翻倒、车体触地、失去正常状态、失去行驶能力、不经施救不能恢复行驶这五个要件。但是，雨季保险车辆陷入泥坑，虽然不经施救不能恢复行驶，可是车体并未触地，所以未构成倾覆责任。

(2)意外事故。意外事故包括火灾、爆炸以及外界物体的倒塌或坠落等，又称非碰撞风险。非碰撞风险有以下五种。

①火灾风险。火灾风险指外界火源及其他保险事故造成的燃烧导致保险车辆本身的损失。这里的火灾概念与财产保险中的定义相同,都是在时间或空间上失去控制的燃烧所造成的灾害。火灾造成的车辆损失一般都很严重,大多使车辆达到报废程度,因此保险人对火灾原因都会认真追查。在火灾掌握上需要注意两个问题,一是邻处发生火灾,保险车辆本身虽未燃烧,但由于熏烤而致损失,按火灾责任处理;二是保险车辆上的电器设备因短路或超负荷引发的燃烧,不属火灾责任。

②爆炸风险。爆炸风险是由于爆炸而造成保险车辆的损失。爆炸指物体在瞬息分解或燃烧时放出大量的热和气体,并以很大的压力向四周扩散形成破坏力的现象。保险车辆因装载的易爆物品爆炸而导致车辆损毁,或外界发生爆炸波及保险车辆所致损失,按爆炸责任予以负责。但发动机因其内部原因发生爆炸,以及轮胎、电瓶爆裂等,不属于爆炸的保险责任范围。

③外界物体倒塌风险。外界物体倒塌风险指占有一定空间的个体倒下或陷下造成保险车辆的损失。不论何种原因造成外界物体倒塌所致保险车辆的损毁,如楼房、桥涵、隧道等地上或地下建筑物坍塌,树木倾倒,建筑物的部分掉落,致使保险车辆受损,都属外界物体倒塌保险责任。

④空中运行物体坠落风险。空中运行物体坠落风险指陨石或飞行器等空中掉落物体作用于保险车辆使其遭受损失。如飞机失事后残骸的坠落、陨石雨等所致保险车辆受损,都属空中运行物体坠落保险责任。

吊车作业时吊物脱落或者吊钩、吊臂断落,也可视为空中运行物体的坠落予以负责。但吊车操作人员在操作吊车时,吊钩、吊臂上下起落砸坏本车的损失不可作为空中运行物体坠落的保险责任,保险人不应赔偿。

⑤行驶中平行坠落风险。行驶中平行坠落风险指保险车辆在行驶的过程中,由于发生意外事故如方向机失灵、刹车失灵或驾驶人员过失,造成整车腾空或翻滚360°以上后,仍然四轮着地所产生的损失。例如:车辆从桥上冲出平行掉在水中或地上;车辆在盘山路上急速行驶,冲出正常路面垂直掉落在下层路面上。

以上所列按风险成因划分的两类可保风险,均属意外事故,是车损险承保的主要风险,因为95%以上的保险车辆损毁都属意外事故造成的。

(3)其他损失。其他损失主要指自然灾害。自然灾害分为天际现象风险和地表体现风险两种,它是人力不可抗的,不以人的主观意志转移的客观自然现象而引起的风险。它一般包括雷击、暴风、龙卷风、暴雨、洪水、海啸、地陷、冰陷、崖崩、雪崩、泥石流、滑坡,以及载运保险车辆的渡船遭受自然灾害,但只限于驾驶人随车照料者。

2. 合理的施救、保护费用。该项责任是指保险车辆在发生保险事故时,被保险人为了减少车辆损失,对保险车辆采取施救、保护措施所支出的合理费用。但此项费用的最高赔偿金额以保险车辆的保险金额为限(此项费用不包括保险车辆的修复费用)。该费用必须合理,即保护施救行为支出的费用是直接的和必要的,并符合国家有关政策规定。所谓施救措施是指发生保险事故时,为减少和避免保险车辆的损失所实施的抢救行为。例如,保险车辆发生火灾后,用消防器材灭火;保险车辆发生倾覆后,雇用吊车、平板车将其送往修理厂。所谓保护措施是指保险事故发生以后,为防止保险车辆损失扩大和加重的行为,例如:保险车辆受损后不能行驶,雇人在事故现场看守的合理费用,由当地有关部门出具证明的,保险人可以赔偿。

(三)车辆损失保险的除外责任

除外责任与保险责任是相对而言的,通常采用列举式明确保险人不予承担的风险和损失。除外责任包括两类,一是保险人不承担的风险责任,如战争、军事冲突等。二是保险条款中所列的可保风险由于某些原因所致,保险人不予负责。如火灾属车损险的保险责任,但自燃造成的车辆损失属车损险中的责任免除。再如,碰撞、倾覆原本属车损险责任范围,但由于被保险人或其允许的驾驶人员酒后驾车或故意行为所造成的碰撞或倾覆的损失,保险人也不负赔偿责任。同时,在保险实务中,各保险公司对除外责任的规定有所不同,以满足差异性客户需求或风险管理的需要。车辆损失险的除外责任依据保险车辆的使用范围不同有所区别。营业用的保险车辆的除外责任主要包括以下两个方面:

1.保险人不负责赔偿下列情况中的任何原因造成的保险车辆损失:

(1)地震及其次生灾害。地震是一种破坏力极大但在非地震带发生概率又极少的灾害,所以国际上都将地震列为单独承保险种,剔除不保。因此,无论地震使保险车辆直接受损,还是地震造成外界物体倒塌所致保险车辆的损失,保险人都不负责赔偿。也就是说,地震风险造成保险车辆的任何损失,保险人都是不赔的。

(2)战争、军事冲突、恐怖活动、暴乱、扣押、收缴、没收、政府征用。

(3)竞赛、测试、教练,在营业性维修、养护场所修理、养护期间。

(4)利用被保险机动车从事违法活动。

(5)驾驶人饮酒、吸食或注射毒品、被药物麻醉后使用被保险机动车。

(6)事故发生后,被保险人或其允许的驾驶人在未依法采取措施的情况下驾驶被保险机动车或者遗弃被保险机动车逃离事故现场,或故意破坏、伪造现场、毁灭证据。

(7)驾驶人有下列情形之一者,属于不合格驾驶员:①没有驾驶证或驾驶证有效期已届满;②驾驶的车辆与驾驶证准驾车型不相符合;③实习期内驾驶公共汽车、营运客车或载有爆炸物品、易燃易爆化学物品、剧毒或放射性危险物品的被保险机动车,实习期内驾驶的被保险车辆牵引挂车;④驾驶员持未按规定审验的驾驶证,以及在暂扣、扣留、吊销、注销驾驶证期间驾驶被保险机动车;⑤使用各种专用机械车、特种车的人员无国家有关部门核发的有效操作证,驾驶营业性客车的驾驶人无国家有关部门核发的有效资格证;⑥依照法律规定和公安交通管理部门规定的其他属于无有效驾驶证的情况。

(8)非被保险人允许的驾驶人使用被保险机动车。国际上习惯做法是采用保单注明驾驶员,也就是除保单所注驾驶员驾驶保险车辆造成车辆本身损失外,其他人驾车肇事的损失均列为不保风险。我国公有车辆和公务用车辆较多,保险公司为方便客户未实行这个办法,仅规定被保险人或其允许的驾驶员以外的其他人员驾驶保险车辆所致车身损失不负赔偿责任。

(9)被保险机动车辆转让他人,被保险人、受让人未履行通知义务,且因转让导致被保险机动车危险程度显著增加而发生保险事故,保险人不负赔偿责任。

(10)除另有约定外,发生保险事故时被保险机动车无公安机关交通管理部门核发的行驶证和号牌,或未按规定检验或检验不合格。

2. 保险人不负责赔偿的保险车辆损失和费用:

(1)自然磨损、朽蚀、腐蚀、故障。

(2)玻璃单独破碎,车轮单独损坏。不论任何原因引起车辆玻璃单独破碎,如由于雹灾造成机动车辆挡风玻璃的单独破碎,保险人不负赔偿责任。若保险车辆发生保险事故造成车身其他部位连同挡风玻璃破碎,则不属玻璃单独破碎,保险人应予以赔偿。

造成轮胎单独损坏有三种原因:一是机件或轮胎本身欠缺所致;二是使用过度,疏忽维护保养所致;三是人为因素或恶意行为所致。三者都不是自然灾害或意外事故所造成的损失,而是质量不佳、磨损和老化及破坏的结果,所以保险人不负赔偿责任。但是由于自然磨损、朽蚀、故障、轮胎爆裂而引起碰撞、倾覆等保险事故,造成保险车辆其他部位的损失,保险人应负责赔偿。

(3)无明显碰撞痕迹的车身划痕。

(4)人工直接供油、高温烘烤造成的损失。

(5)火灾、爆炸、自燃造成的损失。自燃是指车辆由于本身的原因,在没有外来原因作用的情况下发生燃烧的现象。保险车辆在没有发生碰撞、倾覆的情况下,因本身漏油以及电器、线路、供油系统或载运的货物等发生问题自身起火,造成保险车辆的损失,保险人不负责赔偿。

(6)遭受保险责任范围内的损失后,未经必要修理继续使用被保险机动车,致使损失扩大的部分。

(7)因污染(含放射性污染)造成的损失。

(8)市场价格变动造成的贬值,修理后价值降低引起的损失。

(9)标准配置以外新增设备的损失。

(10)发动机进水后导致的发动机损坏。

(11)被保险机动车所载货物坠落、倒塌、撞击、泄漏造成的损失。

(12)被盗窃、抢劫、抢夺,以及因被盗窃、抢劫、抢夺使车受到损坏或车上零部件、附属设备丢失。

(13)被保险人或驾驶人的故意行为造成的损失。

(14)应当由机动车交通事故责任强制保险赔偿的金额。

(四)车辆损失保险的保险金额

保险金额的确定可由投保人和保险人选择,保险人根据确定保险金额的方式承担相应的赔偿责任。

1. 按投保时被保险机动车的新车购置价确定。新车购置价是指在保险合同签订地购置与被保险机动车同类型新车(含车辆购置税)的价格。投保时的新车购置价根据投保时保险合同签订地同类型新车的市场销售价格确定,并在保险单中载明,无同类型新车市场销售价格的,可由投保人与保险人协商确定。

2. 按投保时被保险机动车的实际价值确定。实际价值是指新车购置价减去折旧金额后的价格。投保时被保险机动车的实际价值根据投保时的新车购置价减去折旧金额后的价格确定。

3. 在投保时被保险机动车的新车购置价内协商确定。

(五)车辆损失保险的保险费

1. 厘定车辆损失保险费率考虑的因素。目前大多数国家在厘定车辆损失保险费率时都十分重视从车和从人因素,以求费率的公平合理。

(1)从车因素。这主要包括以下几方面:①车辆种类;②厂牌型号,如车辆是进口还是国产、车辆价值是高还是低、车辆性能如何、车辆的可修复性等;③使用性质,如是家庭用车还是营业用车、非营业用车;④车辆新旧;⑤车辆安全配置;⑥主要行驶区域;⑦排气量;⑧停放地点等。

(2)从人因素。这主要包括以下几方面:①性别;②年龄;③驾龄;④违章肇事记录;⑤索赔记录;⑥婚姻状况;⑦驾驶员数量;⑧职业;⑨健康状况;⑩个人嗜好和品行。

(3)其他因素。这主要包括以下几方面:①多辆车优惠;②无赔款优待;③赔偿限额;④再保险;⑤通货膨胀;⑥货币的时间价值;⑦法律、法规及政策。

(4)附加或配套服务措施。保险商品需求不仅仅取决于费率的高低,在很大程度上还受到保险服务的影响。从某种意义上讲,除保险保障外,服务也可以被看作是被保险人投保后获取的一项收益,若服务质量高,则可以弥补高费率在竞争中的劣势,维持较高的费率而不影响市场竞争力。

第一,提供增值服务。所谓增值服务表现为:被保险人从保险人处获得服务比自己获得所需成本低,或者付出相同的成本,保险人提供的服务比被保险人自己获得的服务的价值含量高。例如,车险中提供的救助服务。

第二,提供延伸服务。保险公司延伸服务职能,扩大服务领域的做法有很多,如提供防灾防损服务、风险咨询服务、风险管理服务、法律事务服务等。德国安联保险集团早在 1932 年就成立了“损害研究设备检测中心”,即后来的“安联技术中心”，致力于工业技术与安全的研究，并作为研究汽车安全性的先导，将安全带引入了汽车工业。

第三，提供公益服务。虽然利润最大化是商业保险公司经营的最终目标，但保险公司经营的特殊性决定了它还应兼顾社会效益。在保险发达国家，保险公司在实现了预定的利润目标后会将一部分利润用于公益事业，以回报社会。例如，支持环保事业、教育事业、慈善事业的发展。

（5）免赔额（率）。保险人通常按照保险合同中约定的责任比例承担免赔部分。例如，负次要事故责任的免赔率为5%，负同等事故责任的免赔率为8%，负主要事故责任的免赔率为10%，负全部事故责任或单方肇事事故责任的免赔率为15%。如果被保险机动车的损失应当由第三方负责赔偿的，无法找到第三方时，免赔率为30%。如果被保险人根据有关法律法规规定选择自行协商方式处理交通事故，不能证明事故原因的，免赔率为20%。

被保险人违反安全装载规定的，增加免赔率5%；被保险人因违反安全装载规定导致保险事故发生的，保险人不承担赔偿责任。投保时约定行驶区域，保险事故发生在约定行驶区域以外的，增加免赔率10%。保险期间内发生多次保险事故的（自然灾害引起的事故除外），免赔率从第三次开始每次可增加5%。

2. 车辆损失保险的保险费的计算。方法如下：

（1）车辆损失保险一般保险费计算公式为：

车辆损失保险费 = 基础保费 +（保险金额 × 费率）

【例6－1】某车主购买一辆新的进口小轿车，用作非营业性车辆，其购置价为24万元。该车主到保险公司投保车辆损失险，基础保费为600元，费率为1.2%，则该车的保险费为：

该车的保险费 = 600 + 240 000 × 1.2% = 3 480（元）

（2）车辆损失保险短期保险费计算公式。如果保险期不满1年，应按短期费率计收保险费。短期费率分为两类：按日计费和按月计费。

3. 保险费的退费。保险人支付赔款后，保险合同终止，保险人不退还车损险及其附加险的保险费的情况有：

（1）被保险机动车发生全部损失。

（2）按投保时被保险机动车的实际价值确定保险金额的，一次赔款金额与免赔金额之和（不含施救费）达到保险事故发生时被保险机动车的实际价值。

（3）保险金额低于投保时被保险机动车的实际价值的，一次赔款金额与免赔金额之和（不含施救费）达到保险金额。

4. 保险费调整。保险费调整的比例和方式以保险监管部门批准的机动车保险费率方案的规定为准。车辆损失保险及其附加险根据上一保险期间发生保险赔偿的次数，在续保时实行保险费浮动。保险人根据上一保险年度的赔款次数调整保险车辆费率等级，并按照表6—1规定的费率浮动幅度进行费率调整。

表 7—1 无赔款优待及上年赔款记录的费率调整系数表

内容	系数
连续 3 年没有发生赔款	0.7
连续 2 年没有发生赔款	0.8
上年没有发生赔款	0.9
新保或上年赔款次数在 3 次以下	1.0
上年发生 3 次赔款	1.1
上年发生 4 次赔款	1.2
上年发生 5 次及以上赔款	1.3

(六)车辆损失保险的核保

1. 情况调查。保险人要充分了解承保机动车辆的情况,以便确定采用合适的承保方式。承保新业务一般要了解的情况包括:①车辆本身及其维修情况和与之有关的风险。通常保险人要考虑车身、车型、维护状况、意外损失、火灾风险。如果加保盗窃险,还应考虑车辆被盗的可能性。②车辆的用途和行驶区域。车辆行驶区域的范围对承保风险程度有一定影响,同一类型的车辆,用途不同风险程度也不一样,保险费率也就不同。③车辆的驾驶人。在承保机动车辆险时,对承保车辆的驾驶人主要应考虑投保人或驾驶人的年龄、视力、听力、四肢健康状况、驾车经验、驾车习惯、职业等因素。④驾驶人以往的损失记录。保险人可要求投保人必须在投保单上详细填具有关投保车辆以往的损失记录,一般为过去 3 至 5 年的记录,据此确定是否承保以及承保费率的高低。

保险人在续保时,发现投保车辆以往的损失记录不好,首先要查清原因,然后再确定续保条件。

2. 变更、批改与加费、退费。保险单在未到期前,被保险人对原承保事项如有补充或变更的,可由其提出书面申请,经承保公司同意,可以办理批改手续。一般投保人申请变更的内容包括:由于车辆转卖、转让、赠送他人引起被保险人的变更;保险车辆的危险程度发生增减;保险车辆的使用性质发生变更;保险车辆数量有增减变化;被保险人要求调整保险金额或赔偿限额,被保险人要求加保附加险;保险期限发生变更以及其他变更事项。如果投保人或被保险人申请变更事项不涉及保险期限时,其批改的保险届满日期,仍应与原保险单的期限相同。

如有增减保险单的保险费时,应按未到期的天数比例计算加费或退费,同时在批单上作出批注。加收(退还)保险费的计算公式为:

加收(退还)保费 =(批改后实交保费 - 批改前实交保费)× 未了责任天数 ÷ 保险天数

保险天数为保险期间的实际天数。计算结果为正数时,需要向投保人加收保费;为负数时,需要向投保人退还保费。

如果投保人在保险责任开始前要求解除合同,应当向保险人支付保险费金额5%的退保手续费。如果投保人在保险责任开始后要求解除合同,保险人可以收取自保险责任开始之日起至合同解除之日止期间的保险费,剩余部分退还投保人。

(七)车辆损失保险的赔偿处理

1. 理赔程序。机动车辆保险的理赔程序为:接受出险通知、现场查勘、确定责任、登记立案、定损核损、计算赔款、核赔审批、分理单据、案卷归档、支付赔款。其赔款金额经保险合同双方确认后,保险人在10天内一次赔偿结案。

2. 索赔文件。保险车辆肇事后,经现场查勘或事后了解情况,并由被保险人提供保险单、事故证明、事故责任认定书、事故调解书、判决书、损失清单和有关费用单据,经审核无误后,保险人应按车辆损失险、施救费用、第三者责任险分别计算赔偿金额。保险人依据被保险人在事故中所负责任比例,相应承担赔偿责任。

3. 修理赔偿。被保险车辆因保险事故受损或致使第三者财产损坏,应当尽量修复。修理前被保险人须会同保险人检验,确定修理项目、方式和费用,否则保险人有权重新核定或拒绝赔偿被保险车辆在保险合同的有效期内发生保险事故而遭受的损失或费用。投保人在投保时选择了专修厂的,保险事故发生后,保险人推荐具有被保险机动车专修资格的修理厂进行修理;投保人在投保时未选择专修厂的,保险事故发生后,保险人推荐修理资质不低于二级的修理厂进行修理。

4. 事故责任比例。被保险人或被保险机动车驾驶人根据有关法律法规选择自行协商或由公安机关交通管理部门处理事故未确定事故责任比例的,按照下列规定确定事故责任比例:被保险机动车方负主要事故责任的,事故责任比例为70%;被保险机动车方负同等事故责任的,事故责任比例为50%;被保险机动车方负次要事故责任的,事故责任比例为30%。

5. 赔偿金额计算。分下面几种情况。

(1)按投保时被保险机动车的新车购置价确定保险金额的:

①发生全部损失时,保险金额高于保险事故发生时被保险机动车实际价值的,按保险事故发生时被保险机动车的实际价值计算赔偿。

保险事故发生时被保险机动车的实际价值根据保险事故发生时的新车购置价减去折旧金额后的价格确定。保险事故发生时的新车购置价根据保险事故发生时保险合同签订地同类型新车的市场销售价格(含车辆购置税)确定,无同类型新车市场销售价格的,由被保险人与保险人协商确定。折旧金额可根据保险合同的约定确定,一般计算公式为:

折旧金额 = 保险事故发生时的新车购置价 × 被保险机动车已使用月数 × 月折旧率

②发生部分损失时,按核定修理费用计算赔偿,但不得超过保险事故发生时被

保险机动车的实际价值。其计算公式如下：

赔款 =（核定修理费用 − 残值 − 交强险赔偿金额）× 事故责任比例 ×（1 − 免赔率之和）

（2）按投保时被保险机动车的实际价值确定保险金额或协商确定保险金额的：

①发生全部损失时，保险金额高于保险事故发生时被保险机动车实际价值的，以保险事故发生时被保险机动车的实际价值计算赔偿；保险金额等于或低于保险事故发生时被保险机动车实际价值的，按保险金额计算赔偿。

②发生部分损失时，如果保险车辆的保险金额低于投保时的新车购置价，按照保险金额与投保时的新车购置价比例计算赔偿修复费用，但不得超过保险事故发生时被保险机动车的实际价值。其计算公式为：

赔款 =（核定修理费用 − 残值 − 交强险赔偿金）×（保险金额 ÷ 投保时新车购置价）× 事故责任比例 ×（1 − 免赔率之和）

③保险车辆损失最高赔款金额及施救费用分别以保险金额为限。施救费用仅限于对保险车辆的必要、合理的施救支出。

其计算公式为：

施救费用 = 核定施救费用 × 事故责任比例 ×（保险财产价值 ÷ 实际被施救财产价值）×（1 − 免赔率之和）

保险金额低于投保时的新车购置价的，其计算公式为：

施救费用 = 核定施救费用 × 事故责任比例 ×（保险金额 ÷ 投保时新车购置价）×（保险财产价值 ÷ 实际被施救财产价值）×（1 − 免赔率之和）

如果施救财产中含有保险车辆以外的财产，则应按保险车辆的实际价值占施救总财产的实际价值的比例分摊施救费用。

二、第三者责任保险

（一）第三者责任险的保险责任

机动车辆第三者责任险的保险责任是被保险人或其允许的合法驾驶人在使用被保险机动车过程中发生意外事故，致使第三者遭受人身伤亡或财产直接损毁，依法应由被保险人承担的损害赔偿责任，保险人依照保险合同的约定，对于超出机动车交通事故强制责任保险各分项责任限额以上的部分负责赔偿。

1. 第三者责任保险的保险责任的成立要件。它包括使用被保险机动车、发生意外事故、造成损失和依法承担经济赔偿责任三大要件。

（1）第三者责任险所适用的机动车。这是指在中华人民共和国境内（不含港、澳、台地区）行驶，以动力装置驱动或牵引，上道路行驶的供人员乘用或用于运送物品的以及进行专项作业的轮式车辆（含挂车）、履带式车辆和其他运载工具，但不包括摩托车、拖拉机和特种车。

（2）第三者。按照保险合同关系来看，保险合同法律关系的主体是保险人和投保人。因此，第三者是指因被保险机动车发生意外事故遭受人身伤亡和财产损失的人，不包括被保险机动车上的人员、投保人、被保险人和保险人。

(3)使用过程。对机动车辆的使用过程解释为车辆行驶及停放期间，即包括了“行驶”和“停放”两种状态。机动车辆的功能和用途多种多样，例如，汽车一般都作为机动车辆，通过车辆的行驶来运送人员和物资，但许多特种车辆，如吊车、消防车、挖土机、装载机、油田压井车等，它们的使用过程大多并不是处在行驶状态。仅以“行驶”来定义机动车辆的使用过程是不完全的，汽车处于停放状态时，也有可能发生或引起意外事故而承担民事责任。因此，车辆的使用过程既包括“行驶”，也包括“停放”。

2. 损害赔偿。事故损害赔偿，可分为人身损害赔偿和财产损坏赔偿两部分。

(1)人身损害赔偿。在人身损害赔偿中，有经济损失和精神损害两种。由于事故的发生而产生的必要合理的支出和由于事故发生而不能得到的收入，属于经济损失。因事故发生所带来的精神上的痛苦，属于精神损害。

人身损害的经济损失是指由于事故使被害者增加支出或减少收入，例如，医疗费、误工费、护理费、交通费、住宿费、住院伙食补助费、必要的营养费、残疾赔偿金、残疾辅助器具费、被抚养人生活费，以及因康复护理、继续治疗实际发生的必要的康复费、护理费、后续治疗费、丧葬费、被抚养人生活费、死亡补偿费及受害人亲属办理丧葬事宜支出的交通费、住宿费和误工损失等其他合理费用。

根据最高人民法院《关于审理人身损害赔偿案件适用法律若干问题的解释》以及《关于确定民事侵权精神损害赔偿责任若干问题的解释》，交通事故造成他人人身伤亡，受害人或者死者近亲属遭受精神损害的，有权向致害人请求精神损害赔偿。精神损害的赔偿数额根据以下因素确定：①侵权人的过错程度，法律另有规定的除外；②侵害的手段、场合、行为方式等具体情节；③侵权行为所造成的后果；④侵权人的获利情况；⑤侵权人承担责任的经济能力；⑥受诉法院所在地平均生活水平。

根据现行《机动车第三者责任保险条款》的规定，保险人不负责精神损害赔偿。根据现行《机动车交通事故责任强制保险条款》的规定，被保险人依照法院判决或者调解承担的精神损害抚慰金，保险人在死亡伤残赔偿限额内负责赔偿。

(2)财产损失赔偿。财产损失包括财产直接损毁和间接损失两部分。财产直接损毁是指保险车辆发生意外事故时，直接造成事故现场他人现有财产的实际损毁。从空间上看，被损毁的财产必须在事故的现场之内；从时间上看，被损毁的财产必须是现有的，而不是过去曾有过的或未来将有的；从行为上看，被损毁的财产必须是保险事故直接造成的。保险人要负责财产直接损毁的赔偿。

财产间接损失是指保险车辆发生意外事故致使第三者营业停止、车辆停驶、生产或通信中断和不能正常供电、供水、供气造成的损失，以及由这些原因引起的其他人员、财产或利益的损失，不论在法律上是否应由被保险人负责，保险人都不负责赔偿。例如，保险车辆撞倒路旁电杆，电杆随即又砸伤行人和砸坏建筑物的损失,均为直接损毁,保险人负赔偿责任。但由此引起的停电、停产、停业等的损失,则为间接损失,保险人不予负责。

(二)第三者责任险的除外责任

机动车第三者责任保险的除外责任按照性质的不同分为以下几类:

1. 被保险机动车造成下列人身伤亡和财产损失,不论在法律上是否应当由被保险人承担赔偿责任,均不属于保险的责任范围。具体内容包括:

(1)被保险人及其家庭成员的人身伤亡、所有或代管的财产的损失;

(2)被保险机动车本车驾驶人及其家庭成员的人身伤亡、所有或代管的财产的损失;

(3)被保险机动车本车上其他人员的人身伤亡或财产损失。

2. 与车辆损失险共同的除外责任。例如:地震及其次生灾害、战争、军事冲突、恐怖活动、暴乱、扣押、收缴、没收、政府征用;竞赛、测试、教练,在营业性维修、养护场所修理、养护期间;利用被保险机动车从事违法活动;驾驶人饮酒、吸食或注射毒品、被药物麻醉后使用被保险机动车;事故发生后,被保险人或其允许的驾驶人在未依法采取措施的情况下驾驶被保险机动车或者遗弃被保险机动车逃离事故现场,或故意破坏、伪造现场、毁灭证据;不合格的驾驶人;非被保险人允许的驾驶人使用保险车辆;被保险机动车转让他人,未及时通知保险公司,且因转让导致被保险车辆危险程度显著增加而发生保险事故的;除另有约定外,发生保险事故时被保险机动车无公安机关交通管理部门核发的行驶证和号牌,或未按规定检验或检验不合格;被保险机动车拖带未投保交强险的机动车(含挂车)或被未投保交强险的其他机动车拖带等。

3. 保险人不负责赔偿的损失和费用:

(1)被保险机动车发生意外事故,致使第三者停业、停驶、停电、停水、停气、停产、通信或者网络中断、数据丢失、电压变化等造成的损失以及其他各种间接损失;

(2)精神损害赔偿;

(3)因污染(含放射性污染)造成的损失;

(4)第三者财产因市场价格变动造成的贬值、修理后因价值降低引起的损失;

(5)被保险机动车被盗窃、抢劫、抢夺期间造成第三者人身伤亡或财产损失;

(6)被保险人或驾驶人的故意行为造成的损失;

(7)仲裁或者诉讼费用以及其他相关费用。

4. 应当由交强险赔偿的费用和损失,保险人不负责赔偿。如果保险事故发生时,被保险机动车未投保机动车交通事故责任强制保险或该保险合同失效的,对于交强险各分项赔偿限额以内的损失和费用,保险人不予负责。

5. 保险人依据保险合同约定的免赔率(额)部分。

6. 其他不属于保险责任范围内的损失和费用。

（三）第三者责任险的赔偿限额

1. 赔偿限额的确定。赔偿限额是保险人计算保险费的依据，同时也是保险人承担第三者责任险每次事故赔偿的最高限额，通常按每次事故确定。每次事故的最高责任限额，由投保人和保险人在签订保险合同时按保险监管部门批准的限额档次协商确定。

主车与挂车连接使用时应视为一体。发生保险事故时，由主车保险人和挂车保险人按照保险单上载明的机动车第三者责任保险责任限额的比例，在各自的责任限额内承担赔偿责任，但赔偿金额总和以主车的责任限额为限。

2. 赔偿限额的调整。在保险合同有效期内，被保险人要求调整赔偿限额，应向保险人书面申请办理批改。保险人签发批单后，申请调整的赔偿限额才有效。

（四）第三者责任险的保险费

第三者责任保险的保险费是一种固定保险费，一般根据车辆种类、使用性质、投保人选择的赔偿限额档次从费率表中查出其保险费收费标准。我国机动车辆第三者责任险的固定保费是按不同车辆种类和使用性质对应的第三者责任险每次事故最高赔偿限额确定的。保险人按照保险监管部门批准的机动车保险费率方案计算保险费。

如果责任限额为 100 万元以上，其投保的赔偿限额应是 50 万元的整倍数。

$$\text{保险费} = A + 0.9 \times N \times (A - B)$$

式中，A 为同档次限额为 100 万元时的保险费；B 为同档次限额为 50 万元时的保险费；$N = (\text{限额} - 100\text{ 万元})/50\text{ 万元}$。

【例 6－2】某甲拥有一台非营业的上海别克轿车，现单独投保第三者责任险，赔偿限额为 300 万元，则其保险费计算如下：

$$A = 1\ 972\text{ 元}; B = 1\ 514\text{ 元}$$

$$N = (300\text{ 万元} - 100\text{ 万元})/50\text{ 万元} = 4$$

所以，应收保险费 $= 1\ 972\text{ 元} + 0.9 \times 4 \times (1\ 972 - 1514)\text{ 元} = 3\ 620\text{ 元}$。

（五）第三者责任险的赔偿处理

1. 第三者责任险的赔偿金额计算。保险车辆发生第三者责任事故时，按《中华人民共和国道路交通安全法》确定的赔偿范围、项目和标准以及保险合同的规定，在保险单载明的赔偿限额内核定赔偿数额。对被保险人自行承诺或支付的赔偿金额，保险人有权重新核定或拒绝赔偿。当被保险人按事故责任比例应付的赔偿金额超过赔偿限额时，其计算公式为：

$$\text{赔款} = (\text{赔偿限额} - \text{交强险赔偿金额}) \times \text{事故责任比例} \times (1 - \text{免赔率之和})$$

当被保险人按事故责任比例应付的赔偿金额低于赔偿限额时，其计算公式为：

$$\text{赔款} = (\text{应负赔偿金额} - \text{交强险赔偿金额}) \times \text{事故责任比例} \times (1 - \text{免赔率之和})$$

2. 第三者责任险的免赔率。保险人依据保险合同约定的免赔率计算免赔额。保险人通常按照保险合同约定的责任比例确定免赔率。如负次要事故责任的免赔率为5%，负同等事故责任的免赔率为10%，负主要事故责任的免赔率为15%，负全部事故责任的免赔率为20%。

第三节 机动车辆交通事故责任强制保险

一、机动车辆交通事故责任强制保险的法律规定

（一）《中华人民共和国道路交通安全法》的规定

《中华人民共和国道路交通安全法》（以下简称《道路交通安全法》）第17条规定，国家实行机动车第三者责任强制保险制度，设立道路交通事故社会救助基金。具体办法由国务院规定。

《道路交通安全法》第76条规定，机动车发生交通事故造成人身伤亡、财产损失的，由保险公司在机动车第三者责任强制保险责任限额范围内予以赔偿，不足的部分，按照下列方式承担赔偿责任：

1. 机动车之间发生交通事故的，由有过错的一方承担责任，双方都有过错的，按照各自过错的比例分担责任。

2. 机动车和非机动车驾驶人、行人之间发生交通事故的，非机动车驾驶人、行人没有过错的，由机动车一方承担责任。但是，有证据证明非机动车驾驶人、行人有过错的，根据过错程度适当减轻机动车一方的赔偿责任；机动车一方没有过错的，承担不超过10%的赔偿责任。

交通事故的损失是由非机动车驾驶人、行人故意碰撞机动车造成的，机动车一方不承担责任。

（二）《中华人民共和国保险法》的规定

《保险法》第65条规定，责任保险是指以被保险人对第三者依法应负的赔偿责任为保险标的的保险。保险人对责任保险的被保险人给第三者造成的损害，可以依照法律的规定或者合同的约定，直接向该第三者赔偿保险金。

（三）《机动车辆交通事故责任强制保险条例》的规定

根据国务院462号令的规定，《机动车辆交通事故责任强制保险条例》（以下简称《条例》）自2006年7月1日起施行。该保险是国家为保障在交通事故中受到伤害的人员的经济权益而实施的全国性的强制性保险，具有一定的法律约束，规定在任何情况下的交通事故损失保险公司都要承担赔偿责任。因此，该保险具有法律的强制性，又称法定保险。

二、交强险与商业三责险的比较

根据《条例》的规定，机动车辆交通事故责任强制保险（简称"交强险"）是由保险公司对被保险机动车发生道路交通事故造成本车人员、被保险人以外的受害人

的人身伤亡、财产损失，在责任限额内予以赔偿的强制性责任保险。交强险是法定强制责任保险的一种。其设置的目的是为避免道路交通事故发生后，因肇事车辆没有保险保障或致害人的赔偿能力有限，受害人得不到及时的赔偿引发赔偿纠纷。交强险制度通过国家法律强制机动车辆所有人或管理者投保，可以在最大限度上为交通事故受害人提供及时和基本的经济保障。交强险与机动车第三者责任保险可配合使用。目前实行的机动车辆第三者责任保险是由投保人自愿选择购买。两者的区别如下：

第一，商业三责险以盈利为目的，而交强险不以营利为目的。

商业三责险属于商业保险。保险公司经营的交强险业务与其他商业保险业务分开管理、单独核算，无论盈亏，均不参与公司的利益分配。

第二，商业三责险适用总项责任限额制，交强险实行分项责任限额制。

交强险分项责任限额制度的含义是指，受害人的单项损失只能限于在对应的分项责任限额内获得赔偿，当某一项责任限额未用尽时其所剩余额不能填补于其他损失范围内。如交强险的赔偿限额122 000元，下含三个分项：第一项死亡伤残赔偿限额110 000元；第二项医疗费用赔偿限额10 000元；第三项财产损失限额2 000元，不得挪用。商业三责险中，受害人的总项责任限额制则完全不同。该项制度下，受害人的各种单项损失的获赔额不受分项额的限制，只要全部损失总额不超过总的责任限额均可获赔。

第三，商业三责险不具有强制性，交强险具有强制性。

交强险是机动车必须投保的法定险种，机动车所有人、管理人没有是否投保的选择权，保险人也没有是否承保的选择权。而对于商业三责险，投保人、保险人双方均有是否签订保险合同的选择权。交强险具有法定性和强制性，其功能在于对不特定的受害者的损害给以基本的保障；具有明显的公益性，《条例》要求保险公司不得拒绝承保，是企业应承担社会公益责任的体现。商业三责险是投保人为获得更多的抗风险能力而自愿投保的险种，对其利益保障具有独立性和延伸性。

表7—2 交强险与商业三责险的区别

	交强险	商业三责险
强制性	机动车所有人或管理人必须投保；保险公司不得拒保或随意解除合同	自愿投保
条款费率	价格、条款全国统一	各公司按照规定确定，各地也有不同
定价原则	不盈利、不亏损	无特别规定
赔偿限额	全国统一的赔偿额度，赔偿限额分项目	根据需要，保额可自己选择，赔偿限额不分项
无责赔付	无责时也能赔付	无责时不予赔付
赔偿计算	按肇事方的数目分摊	按事故责任比例计算

三、社会救助基金的特殊功能及其与交强险的关系

交通事故社会救助基金是一种公益性基金,其主要功能是为受害人垫付部分或全部的抢救费用与丧葬费用,不承担其他损失的赔偿,即其特殊功能在于紧急性的救死扶伤。基金的垫付责任与交强险的垫付责任之间存在着补充关系,即当存在交强险时,先由保险公司在抢救(医疗)费用责任限额内依法承担垫付责任,不足部分再由基金补充垫付。基金还承担未投保交强险及肇事者逃逸情形下抢救费用的垫付责任。《条例》也赋予了基金机构对责任人的追偿权,其原理与交强险中的追偿制度相同。

四、交强险的主要内容

(一)交强险的保险责任和除外责任

1. 保险责任。交强险的保险责任是在中华人民共和国境内(不含港、澳、台地区),被保险人在使用被保险机动车过程中发生交通事故,致使第三者遭受人身伤亡或财产损失,依法应由被保险人承担的损害赔偿责任,保险人按照交强险合同的约定对每次事故负责赔偿。

2. 除外责任。依据《交强险条款》,交强险不负责赔偿和垫付的损失与费用有:

(1)因受害人故意造成的交通事故的损失;

(2)被保险人所有的财产及被保险人机动车上的财产所受的损失;

(3)被保险机动车发生交通事故,致使受害人停业、停驶、停电、停水、停气、停产、通讯或网络中断、数据丢失、电压变化等造成的损失,以及受害人财产因市场价格变动造成的贬值、修理后因价值降低造成的损失等其他间接损失;

(4)因交通事故产生的仲裁或诉讼费用以及其他相关费用。

(二)交强险的责任限额

交强险责任限额是指机动车辆发生道路交通事故,保险公司对每次事故所有受害人的人身伤亡和财产损失所承担的最高赔偿金额。现行条款规定的交强险责任限额最高 122 000 元,具体分为以下细目:

表 7—3 交强险赔偿限额——统一责任限额

被保险机动车有责任	
死亡伤残赔偿限额	110 000 元
医疗费用赔偿限额	10 000 元
财产损失赔偿限额	2 000 元
被保险机动车无责任	
死亡伤残赔偿限额	11 000 元
医疗费用赔偿限额	1 000 元
财产损失赔偿限额	100 元

在死亡伤残和无责任死亡伤残的赔偿限额项下,保险人负责赔偿丧葬费、死亡补偿费、受害人亲属办理丧葬事宜支出的交通费用、残疾赔偿金、残疾辅助器具费、护理费、康复费、交通费、被扶养人生活费、住宿费、误工费以及被保险人依照法院判决或调解承担的精神损害抚慰金。

在医疗费用和无责任医疗费赔偿限额项下,保险人负责医疗费、诊疗费、住院费、住院伙食补助费,以及必要的、合理的后续治疗费、整容费、营养费。

(三)交强险的保险费率

交强险费率由交强险基础费率表及说明、交强险费率浮动比率表及交强险费率浮动办法、保险费的计算办法和解除保险合同保费计算办法四个部分组成。

1. 基础保险费的计算。下面分别说明1年期和短期基础保险费的计算。

(1)1年期基础保险费的计算。投保1年期交强险的,根据《交强险基础费率表》中相对应的金额确定基础保险费。

(2)短期基础保险费的计算。投保保险期间不足1年的交强险的,按短期费率系数计收保险费,不足1个月按1个月计算。具体为:先按《交强险基础费率表》中相对应的金额确定基础保险费,再根据投保期限选择相对应的短期月费率系数,两者相乘即为短期月费率系数。

2. 交强险基础费率浮动比率表。

表7—4　交强险费率浮动因素及比率

浮动因素			浮动比率
与道路交通事故相联系的浮动	A1	上一个年度未发生有责任道路交通事故	-10%
	A2	上两个年度未发生有责任道路交通事故	-20%
	A3	上三个及以上年度未发生有责任道路交通事故	-30%
	A4	上一个年度发生一次有责任不涉及死亡的道路交通事故	0%
	A5	上一个年度发生两次及两次以上有责任道路交通事故	10%
	A6	上一个年度发生有责任道路交通死亡事故	30%

计算公式如下:

交强险最终保险费=交强险基础保险费×(1+与道路交通事故相联系的浮动比率A)

3. 解除保险合同保费计算办法。根据《条例》规定,解除保险合同时,保险人应按如下标准计算退还被保险人保险费(包括从中提取的道路交通事故社会救助基金部分)。

(1)投保人已缴纳保险费,但保险责任尚未开始的,全额退还保险费;

(2)投保人已缴纳保险费,但保险责任已开始的,退还未到期责任部分保险费:

退还保险费=保险费×(1-已了责任天数÷保险期间天数)

(四)交强险的保险期限

根据《条例》规定,交强险的保险期限为1年。投保人可以购买1年以内短期险的情况有:

第一,境外机动车临时入境;

第二,机动车临时上路行驶;

第三,机动车距规定的报废的期限不足1年;

第四,中国保险监督管理部门规定的其他情形。

(五)交强险的投保与承保

1. 交强险实施的时间。根据《条例》规定,交强险制度于2006年7月1日起实行。机动车辆所有人、管理人必须要投保交强险,并在保险机动车上放置保险标志。投保人在投保时要选择具备从事交强险业务资格的保险公司,保险公司不得拒绝、拖延承保。

2. 交强险与商业第三者责任保险的关系。交强险主要是承担基本保障,对于更多样、更广泛、更高额的保障需求,投保人可以在购买交强险的同时自愿购买商业第三者责任保险和车辆损失保险等。

3. 投保人购买交强险应注意的问题。这包括:

(1)每辆机动车只需投保一份交强险,如果投保人需要更高水平的保障,可以选择投保不同责任限额的商业保险。

(2)签订交强险合同的同时,保险公司不得强制投保人订立商业保险合同以及其他的附带要求。

(3)除投保人对重要事项未履行如实告知义务外,保险公司不得解除交强险合同。

(六)交强险的理赔处理

1. 告知索赔事项。保险机动车辆发生道路交通事故,被保险人或者受害人通知保险公司的,保险公司应当立即给予答复,告知被保险人或者受害人具体的赔偿程序等有关事项。

2. 理赔事项。保险机动车辆发生道路交通事故,由被保险人或者受害人向保险公司申请赔偿保险金。保险公司自收到索赔申请之日起1日内,书面告知被保险人应向保险公司提供哪些与赔偿有关的证明和资料。

3. 赔偿时效。保险公司应当自收到被保险人提供的证明和资料起5日内,对是否属于保险责任作出核定,并将结果通知被保险人;对于不属于保险责任的,应当书面说明理由;对于属于保险责任的,在与被保险人达成赔偿保险金的协议后10日内,赔偿保险金。

4. 垫付抢救费用。道路交通事故具有突发性。为了确保交通事故受害人能得到及时有效的救治,《条例》规定,对于驾驶人在未取得驾驶资格、醉酒、保险机动车被盗抢期间肇事、被保险人故意制造道路交通事故等情况下发生交通事故,造成受害人受伤需要抢救的,保险人在接到公安机关交通管理部门的书面通知和医疗机构出具的抢救费用清单后,按照国务院卫生主管部门制定的交通事故人员创伤临床诊疗指南和国家基本医疗保险标准进行核实,对于符合的抢救费用,可在交强险医疗费用赔偿限额内垫付。被保险人在交通事故中无责任的,保险人按照无责任医疗费用限额垫付,同时对于垫付的抢救费用,保险公司有权向致害者追偿。因上述四种原因发生交通事故造成的其他损失和费用,保险人不负责垫付和赔偿。

5. 道路交通事故社会救助基金的来源。道路交通事故社会救助基金的来源包括:①按照交强险的保险费的一定比例提取的资金;②对未按照规定投保交强险的机动车的所有人、管理人的罚款;③救助基金管理机构依法向道路交通事故责任人追偿的资金;④救助基金的孳息;⑤其他资金。

(七)交强险快速理赔机制

1. 交强险财产损失无责赔付简化处理机制。保监会要求各保险公司从2008年2月1日起在全国范围内全面实施交强险无责财产赔付简化处理机制,简化交强险无责方的理赔手续,提高理赔效率。具体做法是:由全责方保险公司全权处理有关交通事故的所有赔偿事宜,从而简化索赔手续。

2. 交强险重大人伤事故提前结案处理机制。主要针对涉及人身伤亡事故,损失金额明显超过交强险医疗费用赔偿限额或死亡伤残赔偿限额的。人身伤亡事故赔偿医疗费用超过1万元或死亡赔偿超过11万元(满足其中一个条件),消费者在提供必要证明后,保险公司5日内即支付赔款。

3. 交强险财产损失互碰自赔处理机制。自2009年2月1日起,我国保险行业开始在全国范围正式实施“交强险财产损失互碰自赔处理机制”。“互碰自赔”,简单说就是当机动车之间发生轻微互碰的交通事故时,如果满足一定条件,各方车主可以直接到自己的保险公司办理索赔手续,无须再到对方的保险公司索赔。

适用“互碰自赔”需要符合以下条件:一是两车或多车互碰,各方均投保交强险;二是仅涉及车辆损失(包括车上财产和车上货物)、不涉及人员伤亡和车外财产损失,各方车损金额均在交强险有责任财产损失赔偿限额(2 000元)以内。

在交强险财产损失互碰自赔处理机制下,由交通警察认定或当事人根据出险地关于交通事故快速处理的有关规定自行协商确定双方均有责任(包括同等责任、主次责任)。同时,当事人须都同意采用“互碰自赔”方式处理。

第八章

船舶与货物运输保险

第一节　船舶保险

一、船舶保险概述

船舶保险是指以各种船舶(包括其船壳、救生艇、机器、设备、仪器、索具、燃料、物料等)及相关利益作为保险标的的保险。狭义的船舶保险仅指船体保险(又称船壳保险),其保险保障范围一般包括以下三方面:

第一,船体的物质损失。被保险船舶发生保险事故,造成包括船壳、救生艇、机器、设备、仪器、索具在内的物质损失时(有的也包括燃料、物料),保险人根据保险合同的约定负责赔偿。

第二,共同海损、救助及施救费用。依照国家有关法律或规定应由保险船舶分摊的共同海损,以及被保险船舶在发生保险事故时,被保险人为防止或减少损失而采取施救及救助措施所支付的必要的合理的施救或救助费用、救助报酬,保险人根据保险合同的约定负责赔偿。

第三,第三者责任。被保险船舶与其他船舶碰撞或触碰任何固定的、浮动的物体或其他物体而引起被保险人应负的法律赔偿责任(碰撞、触碰责任),保险人根据保险合同的约定负责赔偿。

国际上比较通行的船舶险条款是伦敦保险人协会 1983 年 10 月 1 日修订的《伦敦保险人协会定期船舶保险条款》(简称 1983 年协会条款)。鉴于 1995 年 1 月 1 日英国法律已引入《1989 年国际救助公约》,《1994 年约克－安特卫普规则》也于 1995 年 1 月 1 日开始生效,伦敦保险人协会对《1983 年协会条款》进行了修订,形成了《1995 年协会条款》。由于《1995 年协会条款》在市场上一直受到冷落,此条款在 2002 年、2003 年又分别作了修订。

在 1972 年以前,我国远洋船舶保险一直沿用的是英国伦敦保险人协会船舶保险条款。1972 年,由当时的中国人民保险公司制定了我国自己的《船舶保险条款》。1986 年 1 月 1 日,中国人民保险公司又参照联合国贸易发展委员会制定的

《统一国际船舶保险条款》,以及英国《1983 年协会条款》、挪威《海上保险计划》、美国《船舶保险条款》等,对 1972 年《船舶保险条款》进行了修订,形成《中国人民保险公司船舶保险条款》,该条款于 1986 年 1 月 1 日正式使用。目前普遍使用的是《中国人民财产保险股份有限公司船舶保险条款(2009 版)》。

中国人民保险公司还制定了新中国第一个船舶保险条款,即《1981 年国内船舶保险条款》,该条款随后进行了多次修订,现普遍使用的是《中国人民财产保险股份有限公司沿海内河船舶保险条款(2009 版)》《中国人民财产保险股份有限公司沿海船舶保险条款(2009 版)》《中国人民财产保险股份有限公司内河船舶保险条款(2009 版)》,以及上述三个主险条款的附加险。

二、远洋船舶保险

(一)远洋船舶保险的责任范围

根据《中国人民财产保险股份有限公司船舶保险条款(2009 版)》规定,其险别有全损险(Total Loss)和一切险(All Risks)两种,一切险在全损险的基础上增加了部分损失、碰撞责任、共同海损和救助、施救等保险责任。

1. 全损险的责任范围。因下列原因造成的被保险船舶的全部损失,属于全损险的保险责任。

(1)海上风险。海上风险一般是指由海上自然灾害和意外事故构成的海上灾难,包括:地震、火山爆发、闪电等自然灾害和搁浅、碰撞、触碰任何固定或浮动物体及其他物体等意外事故。这里的“搁浅”,是指船舶因各种原因搁在浅滩或礁石上的事故,不包括“共同海损”行为所致的抢滩座浅,或由于潮水涨落所引起航道、港口的水深不够造成的船舶座浅。

(2)火灾或爆炸。按传统的海上风险理解,火灾与爆炸与海洋没有必然的联系,因此将其单独列为一项保险责任。

(3)来自船外的暴力盗窃或海盗行为。所谓“暴力盗窃”是指船上人员以外的不法分子对船舶机器、设备、索具、燃料、物料,进行带有恐吓或威胁船上人员的行窃。所谓“海盗行为”是指那些专门从事海上掠夺的匪徒及不法分子团体,对船舶及所载货物、船上贵重物品和船员行李物品进行抢劫并对船舶造成损失。该风险原属于战争风险的范围,由于国际保险市场将暴力盗窃、海盗风险都列为海上风险承保,我国保险条款也作了相应的修改。

(4)抛弃货物。船舶在海上航行中遭遇海难,为了船舶的安全,船长下令将船上装载的货物抛弃时,可能引起火灾、爆炸,造成船舶全部损失;或是在抛弃货物后,船舶由于重心移动而使船身断裂所造成的损失。

(5)核装置或反应堆发生的故障或意外事故。这种风险包括船上和岸上的核装置和核反应堆发生故障或意外事故造成船舶的损失。但这是非军事用的,是为了适应现代科技发展的需要而扩展承保的一项风险。

(6)装卸或移动货物或燃料时发生的意外事故。船舶在装卸或移动货物时,往往要使用吊车,如果不慎发生事故就会引起火灾、船体碰损或爆炸,造成船舶的损失。装卸燃料时风险更大,加油作业中容易引起火灾事故,也会造成船舶的损失。

(7)船舶机件或船壳的潜在缺陷。潜在缺陷是指船舶各部位存在的,虽经有资格的人在常规检查过程中运用合理的技能也未能发现的隐患。这种缺陷通常是船舶在建造上的缺陷。船东如果发现船舶的潜在缺陷,应主动进行修理或调换。一般说来,如果故障是由于正常磨损、锈蚀、腐烂或被保险人保养不周、材料缺陷造成,保险人不负赔偿责任。保险人对潜在缺陷造成的船舶损失负责,但对船壳和机器潜在缺陷本身的损失或修理不负赔偿责任。

(8)船长、船员有意损害被保险人利益的行为。这些行为包括:船长、船员未经船东或船舶保险人同意,擅自将船诈售或抵押给他人侵占价款;或从事走私,或故意穿越封锁线,致使船舶遭受扣押或被没收;恶意弃船,或纵火焚烧或将船凿沉。这些不法行为所侵害的是被保险人的利益,被保险人作为受害人可向保险人请求索赔。但是保险人对于这种索赔的受理是以被保险人没有纵容,没有私谋授意船长、船员做出不法行为为前提条件的。

(9)船长、船员和引水员、修船人员及租船人的疏忽行为。主要是指上述人员在驾驶、引航或修理船舶过程中,没有采取适当措施,或采取某种行为却没有充分考虑由此而引起的后果等,造成船舶损失。这里所指的租船人不包括光船租船人。

(10)任何政府当局为防止或减轻因承保风险造成被保险船舶损坏引起的污染所采取的行动。这是参照伦敦协会船舶保险条款而增加的油污风险。

2. 一切险的责任范围。船舶一切险除承保全损险责任范围内的风险所致被保险船舶的全部损失外,还负责因这些风险造成的船舶的部分损失,以及碰撞责任、共同海损分摊、救助费用和施救费用。一切险的承保范围要比全损险大,但承保的风险是相同的。一切险的保险责任范围如下:

(1)全部损失。全部损失包括被保险船舶由于遭受保险风险而造成的实际全损和推定全损。保险人对全部损失的赔偿以保险金额为限,并且不扣除免赔额。

(2)部分损失。部分损失是指被保险船舶由于遭受保险风险而造成的一部分损失。保险人在保险金额的限度内负责船舶的部分损失,如果船舶在保险期限内连续发生两次或多次事故造成部分损失,尽管累计损失额超过保险金额,但只要每次损失额不超过保险单载明的保险金额,保险人仍负责赔偿,不过在赔偿时应按每次事故扣除免赔额。

(3)碰撞责任。碰撞责任是指被保险船舶与其他船舶碰撞或触碰任何固定的、浮动的物体或其他物体所引起的第三者的财产损失,被保险人应负的法律赔偿责任,包括被撞船舶的损失或修理费用、救助费用;被撞船舶所载货物的损坏或灭失;被撞船舶或其所载财产因碰撞所产生的污染或沾污(包括预防措施或清除的费用)。

条款中的“碰撞责任”包括船与船之间有实际接触的碰撞(包括A船撞B船造成B船撞C船,A船对C船承担的碰撞责任),但不包括非接触性的情况,例如被保险船舶“浪损”他船、对方船因采取避碰措施造成的损害等情况。此点与国际市场上承保的碰撞责任概念相同。

条款中的“触碰责任”是指被保险船舶与固定的、浮动的物体或其他物体发生触碰(FFO)引起的责任。国际市场上其他的船舶险条款一般不承保FFO责任,传统上这部分损失是由保赔保险人承担的。

按照人保财险公司船舶一切险条款规定,保险人承担被保险船舶应赔付第三方损失的全部责任,称之为4/4碰撞责任,国际市场上其他的船舶险条款一般只承保3/4碰撞责任(即船东自己或保赔协会要承担剩余的1/4碰撞责任)。

保险人在碰撞责任项下不予赔偿的损失、费用和责任有:

①人身伤亡或疾病;

②被保险船舶所载货物或其所承诺的责任;

③清除障碍物、残骸、货物或任何其他物品;

④任何财产或物体的污染或沾污(包括预防措施或清除费用),但与被保险船舶发生碰撞的他船或其所载财产的污染或沾污不在此限;

⑤任何固定的、浮动的物体以及其他物体的延迟损失或丧失使用的间接费用。

碰撞责任是船舶保险扩展承保的责任,我国船舶保险碰撞责任的赔偿以被保险船舶的保险金额为限。按照国际惯例,被保险船舶与同一船队的其他船舶发生碰撞事故需承担责任时,应视同为第三方船舶一样对待,由保险人负责赔偿。

(4)共同海损和救助。共同海损是指船舶和船上所载货物遭遇共同危险时,为了共同安全,有意而合理地做出特殊的牺牲或支付额外的费用。由于这种特殊的牺牲和额外的费用是为船舶、船上所载货物以及运费的共同安全而产生的,因此这种牺牲和费用也由各方受益人按各自的获救价值进行分摊,这种分摊称为共同海损分摊。我司船舶一切险条款明确规定承保共同海损,也就是承保船舶共同海损的分摊。

救助是指被保险船舶遭受保险风险时,单凭自身的力量无法解脱其所处的困境和危险,只好委请第三者或由第三者自愿提供帮助解决危险的一种行为。由此行为引起的费用称为“救助费用”。如果救助费用是船舶或与船舶有关的利益方所引起的,通常列为共同海损费用,参加共同海损分摊。

有关共同海损处理的规定如下:

第一,保险人只负责赔偿被保险船舶的共同海损、救助费用的分摊部分。被保险船舶若发生共同海损牺牲,被保险人可获得对这种损失的全部赔偿,而无须先行使向其他各方索取分摊额的权利。

第二,共同海损的理算应按有关合同规定或适用的法律或惯例来进行,如果运输合同没有明确规定,应按《北京理算规则》或其他类似规则的规定办理。

第三,当所有分摊方均为被保险人,或当被保险船舶空载航行并无其他分摊利益时,共同海损理算应按《北京理算规则》(第5条除外)或明文同意的类似规则办理,如同各分摊方不属于同一人一样。该航程应自起运港或起运至被保险船舶抵达除避难港或加油港外的第一个港口为止,若在上述中途港放弃原定航次,则该航次即行终止。本条就是所谓"空载共损条款",其目的是为了鼓励被保险人在空载情况下采取措施避免风险,防止在危险情势下冒险航行。值得注意的是,空载共损必须是发生在航次租船的预备航次上,即船舶在前往受载完成航次的途中。此时发生保险事故,对于船舶在避难港产生的船员工资等费用,保险人应作为共同海损给予赔偿。但是,如果船舶在中途放弃执行原定航次,则自放弃时起应认为该航次已结束,以后产生的费用不得计入共损理算。

第四,在核定共同海损和救助费用时,如出现保险金额低于约定价值或低于共同海损分摊价值时,保险人要按船舶的保险金额与船舶的共同海损分摊价值的比例承担赔偿责任。

(5)施救费用。由于承保风险造成船舶损失或船舶处在危险之中,被保险人为防止或减少根据船舶保险可以得到赔偿的损失而付出的合理费用,保险人应予以赔付。施救费用是一种单独费用。因此,保险人对施救费用的赔偿不受船舶本身损失、碰撞责任、共同海损分摊和救助费用等赔偿金额的限制,但不得超过船舶的保险金额。如果船舶的保险价值高于保险金额,保险人要按比例赔偿施救费用。

(6)其他费用。由于船舶碰撞事故或第三者过失造成被保险船舶受损,被保险人或保险人对第三者提出诉讼或抗辩引起的法律诉讼费用,可由保险人负责赔偿。另外,为确定保险责任范围的损失,进行检验、查勘等的合理费用,包括船舶搁浅后检验船底的费用,也可由保险人负责赔偿。

(二)远洋船舶保险的除外责任

1. 被保险船舶不适航。对于船舶的不适航有两种解释:一是船舶本身的不适航,这种不适航仅指船舶本身的机械性能、结构设备等技术状态不符合船级规范要求以及船舶航运时应具备的技术要求;二是保险业务中所指的不适航,主要包括人员配备不当、船舶装备或装载不妥。船舶保险所列明的不适航包括三个方面的问题:

(1)船长和船员的配备不当。包括船员的质量不合格(船员,特别是船长、驾驶船员、轮机人员和无线电通信操作人员等高级船员,无适任证书、适任证书已经过期、船员证书与担任的职务或者航区不相匹配等),船员的数量不充足(未能满足正常航行值班或者作业的要求,未能满足船舶最低安全配员的要求)等。

(2)船舶的装备不妥。船舶装备是指航海所需的各种设备及必要的文件。妥善地装备船舶就是要求雷达、罗经等助航仪器,锚、缆绳等系泊设备,海图、航路指南等航行资料,电台、卫星定位系统等通讯和定位仪器均应齐全并处于良好的工作状态。使用的海图、导航仪器的误差开航前没有校正,航行仪器工作不正常,锚链锈蚀、缆绳损耗过度而不予更新,舵、车叶存在故障,开航前未能准备充足的燃料、物料和给养等物品等,均构成被保险船舶的不适航。

(3)船舶装载不妥。即船舶超载,货物装载没有按照船舶种类和型号的要求进行配载,或者是没有按照货物的特性要求进行配载。

被保险船舶不适航作为除外责任,根据海上运输的复杂性,应以被保险人在开航前或开航时知道或应该知道这一事实为前提条件。所谓知道或应该知道,是指被保险人已经知道或按惯例应该知道船舶在开航时船舶航行或管理方面具备不适航的事实。例如,在船舶开航时,船东知道船长突然生病,离船治疗,便命令大副代理行使船长的责任,同意开航。又如,船舶机械设备每年应进行一次常规检查,但因船东疏忽造成漏检,导致船机设备出现毛病,构成不适航的事实。如果被保险人在开航前或开航时已经知道或应该知道被保险船舶存在不适航的情况,并致使船舶发生损失,保险人不负赔偿责任。

2. 被保险人及其代表的疏忽或故意行为。船舶保险的被保险人一般是指船东或经营船舶航运的轮船公司,也包括对船舶实际上拥有调动权和使用权的法人代表。船东的代表主要是指行使船东权利管理船舶以及有权调度船舶的部门。船长和船员不是船东,也不是船东的代表,因此船长、船员的行为导致的船舶损失,保险人负责赔偿。

3. 被保险人恪尽职责应予发现的正常磨损、锈蚀、腐烂或保养不周或材料缺陷,包括不良状态部件的更换和修理。自然磨损是指船舶在营运期间,机械磨损、船壳生锈腐烂等必然的可以预料的损失。如果被保险人对船舶不及时进行维修保养,则会加剧船舶机械的磨损程度。同时,船东为了维护船舶的安全,保持船级和适航性,应对船舶进行定期维修,并及时更换和修理有缺陷的材料或处在不良状态的部件,由此而产生的费用也属于正常开支。保险人对于上述的各种损失及费用都不予负责。因为必然的和可以预料的风险损失,不在保险风险之列;同时,正常的维修和费用开支是被保险人应尽的职责。

(三)远洋船舶保险的保险期限

远洋船舶保险按保险期限分类,可分为定期保险(Time Insurance)和航次保险(Voyage Insurance)。

1. 定期保险,是指以时间作为保险责任起讫期限的保险。定期保险的责任期限一般为1年,最短为3个月。责任起讫时间以保险单上注明的日期为准。保险期限届满时,如果被保险船舶还在航行途中或处在危险中,或在避难港或中途港停靠时，被保险人须事先通知保险人并按日比例加付保险费后，保险责任期限可以延长到船舶抵达目的港为止。被保险船舶如在延长时间内发生全部损失需加付6个月的保险费，包括原已在延长期内按日比例加付的部分。被保险船舶按日比例加付保险费的计算公式如下：

应加付保险费 = 保险金额 × 保险费率 ×（延长天数 ÷ 365）

2. 航次保险，是指以船舶自起运港到目的港为保险责任起讫期限的保险。航次保险的责任期限按保险单上载明的航次为准。保险责任的起讫时间规定如下：

(1)不载货船舶的起讫时间自起运港解缆或起锚时开始，至目的港抛锚或系缆完毕时为止。

(2)载货船舶的起讫时间自起运港装货时开始，至目的港卸货完毕时终止。但自船舶抵达目的港当日午夜零时起，最多不得超过30天。超过者应事先征得保险人同意，并加付保险费后保险合同继续有效，延长部分最长期限为90天。

(四)远洋船舶保险的免赔额(率)规定

免赔额(率)，是指被保险船舶发生保险事故时，保险人按照保险事故损失额的比例或一定数额免于赔偿。我公司远洋船舶保险条款第3条规定，当被保险船舶发生部分损失时，保险人可按照保险单订明的数额免于承担一部分赔偿责任。免赔额(率)具体实施的规定如下：

1. 免赔额(率)的适用范围。船舶保险规定的免赔额(率)适用于对保险风险所造成的部分损失的赔偿，而对于被保险船舶的全部损失、共同海损、碰撞责任、救助费用或施救费用的赔偿均不适用免赔额(率)规定。但是船舶发生搁浅，专门为检验船底而产生的合理费用，保险人在赔偿时需扣除免赔额(率)。

2. 免赔额(率)按每次事故扣除。免赔额(率)应在每一次事故造成的损失总额中扣除。也就是说，当每次保险事故造成船舶部分损失时，保险人在计算赔偿金额时都要扣除免赔额(率)。

3. 因恶劣气候造成两个连续港口之间单独航程的损失赔偿应视为一次事故，保险人只扣除一次免赔额(率)。

例如，两个连续港口之间的航程中，如果损失是由于恶劣气候造成的均定为一个事故。被保险船舶从A港开航后驶向C港，原定中途停靠B港。船舶在A港至B港的单独航程中遭遇飓风袭击，折断桅杆，随后船舶在航行中又遇上台风，造成船体其他部位受损，保险人应按照一次事故从赔偿金额中扣除免赔额(率)。

(五)远洋船舶保险的海运条款规定

对于被保险船舶从事一些特殊的航行活动时，被保险人应事先征得保险人的同意，在保险人同意并接受修改后的承保条件和所需加付的保险费的基础上，才予以负责。具体情况有：

1. 被保险船舶从事拖带或救助服务。被保险人将被保险船舶从事拖带业务或救助工作,使船舶的危险程度增加,因此要经保险人同意,并按保险人提出的承保条件加付一定的保险费,保险单才能继续有效。但是根据国际公约的规定,如《1910 年国际救助公约》规定任何船舶有责任对遇难船舶进行救助与拖带。在这种情况下,被保险人在接到船长的报告后只要通知保险人,保险单仍继续有效。

2. 被保险船舶与他船(非港口或沿海使用的小船)在海上直接装卸货物,包括驶近、靠拢和离开。在正常情况下,被保险船舶装卸货物都是在码头或使用港口的一些小型船舶来完成。如果被保险船舶在海上与其他船舶直接装卸货物,碰撞事故就随时可能发生。同样,被保险船舶与他船驶近、靠拢或离开时,只要其中一条船稍有疏忽,就可能导致碰撞发生。

3. 被保险船舶作为拆船或为拆船目的出售意图的航行。船舶的保险金额一般以船舶投保时的市场价格为标准来确定。即将被拆或出售以拆船为意图的船舶,其市场价格往往低于船舶投保时的价格,甚至与市场上的废钢价格一样,但是这种船舶的设备陈旧、机械老化,发生海难事故时其修理费用又很高。因此,保险人在承保时要额外附加条件:第一,限定保险人的最高赔偿限额是船舶的卖价;第二,根据该航程的客观情况,加收一定保险费。

(六)远洋船舶保险的赔偿处理

1. 全部损失。相关赔偿规定如下:

(1)被保险船舶发生完全损毁或严重损坏不能恢复原状,或者被保险人不可避免地丧失该船舶,保险人可按全部损失赔偿。

(2)被保险船舶在预计到达目的港日期超过 2 个月后,尚未得到它的行踪消息时,保险人可按全部损失赔偿。这种情况称为船舶失踪,可视为实际全损。

(3)当被保险船舶的实际全损已不能避免,或者恢复、修理、救助的费用以及这些费用的总和超过船舶保险价值时,被保险人向保险人发出委付通知后,保险人可按全部损失赔偿。这种情况称为推定全损。

推定全损是指发生海难事故后,被保险船舶尚未达到完全损毁的程度,但救助费用、修理费用的任何一项或两者之和,估计要达到或超过船舶的保险价值的损失。

委付是指当保险标的物处于推定全损状态时,被保险人将保险标的物的所有权以及由此引起的各种义务和责任,以书面形式正式转移给保险人,以此作为请求保险人按推定全损赔付的条件。如果被保险船舶的损失已构成推定全损的状态,而且被保险人向保险人发出委付通知,则保险人核实损失情况后,不管接不接受委付,都要按全部损失赔偿。如果被保险人不提出委付,保险人对被保险船舶的损失只能按部分损失的办法处理,赔偿金额最高不得超过保险金额。委付必须经保险人同意才有效。保险人只要正式接受委付就不得撤销,同时还需接受所委付的财产所有权以及由此带来的各种义务和责任。因此,作为保险人来说,一般不能轻易接受委付。

2. 部分损失。相关赔偿办法如下：

(1)保险人对被保险船舶的部分损失均予以赔付，并且对于受损零件的重新置换不扣减折旧费用；

(2)保险人对船底的除锈或喷漆费用不予赔付，除非这些费用与船舶损失有直接关系；

(3)船东为使船舶适航做必要的修理或按惯常进入干船坞时，被保险船舶也需要为所承保的损坏同时进行修理，这时进出船坞或船坞的使用费用应平均分摊。

3. 船舶碰撞责任。在两船双方互有过失的情况下，保险人对船舶碰撞责任的赔偿可采用单一责任和交叉责任两种计算方法。根据远洋船舶保险条款的规定，除一方或双方船舶适用海事赔偿责任限制外，保险人对船舶碰撞责任的赔偿按交叉责任方法计算。

【例 8-1】甲乙两船相撞，双方互有过失。经判定甲船的过失责任为60%，乙船的过失责任为40%。甲船和乙船的损失情况如表8—1所示。

表8—1 甲乙两船因碰撞所致损失

损失项目	甲船	乙船
船舶修理费用	200 000元	400 000元
船期损失	40 000元	80 000元
所载货物损失	100 000元	150 000元
救助费用		50 000元
人身伤亡		60 000元
合计	340 000元	740 000元

根据远洋船舶保险碰撞责任条款的规定，对被撞船舶的船期损失和所载货物损失可以负责赔偿，但人身伤亡除外。因此甲船承担的碰撞责任为408 000元[即(740 000元-60 000元)×60%]；乙船承担的碰撞责任为136 000元(即340 000元×40%)。保险人的赔偿金额计算如下：

①甲船保险人承担的赔偿责任：

甲船损坏修理费用200 000元；

甲船碰撞责任408 000元；

扣减乙船赔甲船修理费80 000元(即200 000元×40%)；

故甲船保险人应付给甲船东的赔款为528 000元。

②乙船保险人承担的赔偿责任：

乙船修理费用400 000元；

乙船救助费用50 000元；

乙船碰撞责任136 000元；

扣减甲船赔乙船修理费、救助费270 000元[即(400 000 +50 000)×60%]；

故乙船保险人应付给乙船东的赔款为316 000元。

4. 被保险人为获取、提供资料和文件所花费的时间和劳务，或被保险人委派和以其名义行事的任何经理人、代理人、管理或代理公司的佣金或劳务费用，保险人均不予赔付，除非经保险人事先同意。

5. 凡保险金额低于约定价值或低于共同海损或救助费用的分摊价值时，保险人对所承保的本船损失、共同海损或救助费用的赔偿，按保险金额与约定价值或分摊价值的比例计算赔偿金额。

6. 被保险船舶与同一船东所有或由同一管理机构经营的船舶之间发生碰撞或接受救助，应视为与第三方船舶一样，保险人也负责赔偿。

7. 招标修理。相关规定如下：

(1)当要对被保险船舶的损失进行修理时，被保险人要像一个精打细算未投保的船东一样，对受损船舶的修理进行招标以接受最有利的报价。此类招标经保险人同意并被接受时，保险人赔偿被保险人发出招标通知书之日起至接受投标时止所支付的燃料、物料及船长船员的工资与给养，但最高不得超过船舶当年保险价值的30%。

(2)保险人也可对受损船舶的修理进行招标或要求再次招标。

(3)被保险人可以决定受损船舶的修理地点，但保险人有权对船东的决定行使否决权，或从赔偿金额中扣除因船东招标修理不当而增加的费用。

三、沿海内河船舶保险

(一)沿海内河船舶保险的保险标的

沿海内河船舶保险承保的船舶是指依照中华人民共和国的法律、法规和主管部门的规章进行登记注册，在中华人民共和国境内水域，从事合法营运或作业航行的船舶，包括海船、河船和其他可视为船舶的水上移动或浮动的装置。船舶包括船壳和按照国家及行政管理部门的有关规定应该配备的机器、设备、仪器和索具，但船上配备的燃料、物料、给养、淡水等不属于本保险标的范围。用于军事目的的船舶和渔业船舶不适用本保险条款。

按航行区域分类，远洋船舶的航行区域属于一类，即只要根据自身的状况和性能，能够停靠和通航的水域均可航行；沿海内河船舶的航行区域限制在沿海二类、三类、内河以及湖泊水库内。

(二)沿海内河船舶保险的保险责任

沿海内河船舶保险的险别名称与远洋船舶保险是一样的，也分为全损险和一切险。但在责任范围上,沿海内河船舶保险的保险责任采取列明风险的方式,保险单上没有列明的风险保险人不予负责。

1. 全损险的保险责任。全损险是指发生保险责任范围内所列明的灾害或事故致使保险船舶全损时,保险人负责赔偿的一种保险。全损包括实际全损和推定全损。因下列原因造成保险船舶的全损属于保险责任范围:八级以上(含八级)大风、洪水、地震、海啸、雷击、崖崩、滑坡、泥石流、冰凌、火灾、爆炸、碰撞、触碰、搁浅、触礁,上述灾害或事故引起的船舶倾覆、沉没,船舶失踪。条款所指的"船舶失踪",必须具备三个条件:第一,船舶在航行中失踪;第二,船员和船舶同时失踪;第三,失踪满6个月以上。

2. 一切险的保险责任。一切险是在全损险的基础上,有条件地扩大保险责任范围。一切险在保险赔偿责任方面,将全损险对船舶发生全损时才赔偿的责任,扩大为船舶发生全损或部分损失时均予负责赔偿;在承保的风险方面,增加了被保险船舶碰撞他船或触碰他物而产生的对第三者依法承担的赔偿责任和被保险船舶发生的共同海损、救助及施救费用损失的风险等。

(1)碰撞、触碰责任。一切险承保被保险船舶在可航水域碰撞其他船舶或触碰码头、港口设备、航标,致使上述物体发生的直接损失和费用,包括被碰撞船舶上所载货物的直接损失,依法应当由被保险人承担的赔偿责任。保险人对每次碰撞、触碰责任事故仅负责赔偿金额的3/4,但在保险期限内一次或累计的最高赔偿额以不超过船舶保险金额为限。非机动船舶不负碰撞、触碰责任,但保险船舶由同一公司承保的拖船拖带时,可视为机动船舶,负碰撞、触碰责任。碰撞、触碰责任项下不负责赔偿本船舶上的货物损失。碰撞、触碰责任的赔偿按照过失双方责任的比例交叉计算。

(2)共同海损、救助和施救费用。分别说明如下:

①共同海损。在航程中或者在航程结束后,发生的船舶或者货物因迟延而造成的损失等,均不得列入共同海损范围。共同海损的分摊应按《北京理算规则》和《海商法》第十章的规定办理,即应由同一航程的船、货、运费三方按各自的获救价值进行分摊。

②救助是指保险船舶在可航水域,遭受保险责任范围内的自然灾害或意外事故,致使船舶处于危险局面,借助第三者提供的帮助,使船舶脱险的一种行为。由此种行为引起的必要的合理费用为救助费用。

③施救是指保险船舶因自然灾害或意外事故处于危险之中,被保险船舶尽一切可能采取自救行为,由此而支付的必要的合理费用。

④保险人对共同海损、救助和施救费用赔偿的前提是被保险船舶必须在发生保险事故时,被保险人为了防止或减少损失而采取救助或施救措施所支付的费用必须是必要的、合理的。

⑤保险人对每次保险事故所支付的共同海损、救助及施救三项费用之和的最高赔偿额以保险金额为限。三项费用包括为确定保险事故的性质、程度而支出的检验、估价的合理费用,以及为执行保险人的特别通知而支出的费用。

⑥当保险金额低于实际价值时,保险人应当按照保险金额与实际价值的比例,支付上述三项费用。

(三)沿海内河船舶保险的除外责任

沿海内河船舶保险的保险人对下列情况所造成的损失、责任和费用不予赔偿:

1. 船舶不适航、不适拖(包括船舶技术状态、配员、装载等,拖船的拖带行为引起的被拖船舶的损失、责任和费用,非拖轮的拖带行为所引起的损失、责任和费用)。

2. 船舶正常的维修、油漆,船体自然磨损、锈蚀、腐烂及机器本身发生的故障和舵、螺旋桨、桅、锚、锚链、橹及子船的单独损失。

3. 浪损、座浅。

4. 被保险人及其代表(包括船长)的故意行为或违法犯罪行为。

5. 清理航道、污染和防止或清除污染的责任和费用,水产养殖及设施、捕捞设施、水下设施、桥梁的损失和费用。

6. 因保险事故引起被保险船舶及第三者的间接损失和费用以及人员伤亡或由此引起的责任和费用。

7. 战争、军事行动、扣押、骚乱、罢工、哄抢和政府征用、没收。

8. 其他不属于保险责任范围内的损失。

总之,凡未在保险责任范围内列明的原因引起的船舶损失和费用,保险人均不负责赔偿。

(四)沿海内河船舶保险的保险金额

船龄在3年(含3年)以内的船舶视为新船,新船的保险价值按重置价值确定。船龄在3年以上的船舶视为旧船,旧船的保险价值按实际价值确定。

保险金额可按保险价值确定,也可以由保险双方协商确定,但保险金额不得超过保险价值。重置价值是指市场新船购置价,实际价值是指船舶市场价格或出险时的市场价格。船舶保险金额的确定还应考虑船舶的使用年限、新旧程度、船体结构及船舶用途等因素。

(五)沿海内河船舶保险的赔偿处理

1. 全损险的赔偿处理。船舶全损按照保险金额赔偿。保险金额高于保险价值时,赔偿金额以出险当时的保险价值为限。

2. 一切险的赔偿处理。船舶部分损失的赔偿方法如下:

(1)新船发生部分损失时的赔偿方法。按照实际发生的损失计算赔偿,新船的保险金额小于保险价值时,按新船的保险金额与保险价值的比例计算赔偿。计算公式如下：

实际赔偿金额 =（实际损失和费用 − 残值）×（1 − 免赔率）× 保险金额 ÷ 保险价值

或 实际赔偿金额 =（实际损失和费用 − 残值）× 保险金额 ÷ 保险价值 − 免赔额

（2）旧船发生部分损失时的赔偿方法。旧船按保险金额与投保时或出险时的新船重置价的比例计算赔偿，两者以价高的为准；部分损失的赔偿金额以不超过保险金额或实际价值为限，两者以价低的为准。但无论一次或多次累计的赔款等于保险金额的全数时（含免赔额），则保险责任即行终止。旧船发生部分损失时，采取扣除折旧的办法，以保险金额和重置价值的比例为依据。赔偿方式有两种：

第一种，保险金额大于或等于旧船的保险价值时。其计算公式为：

实际赔偿金额 =（实际损失和费用 − 残值）×（1 − 免赔率）× 保险金额 ÷ 重置价值

或 实际赔偿金额 =（实际损失和费用 − 残值）× 保险金额 ÷ 重置价值 − 免赔额

第二种，保险金额小于旧船的保险价值时。其计算公式为：

实际赔偿金额 =（实际损失和费用 − 残值）×（1 − 免赔率）×（保险金额 ÷ 保险价值）×（保险价值 ÷ 出险时的重置价值）

或 实际赔偿金额 =（实际损失和费用 − 残值）×（保险金额 ÷ 保险价值）×（保险价值 ÷ 出险时的重置价值）− 免赔额

3. 船舶碰撞、触碰责任赔偿的规定。保险人负责赔偿被保险船舶在可航水域碰撞其他船舶或触碰码头、港口设施、航标致使上述物体发生的直接损失和费用，包括被碰撞船舶上所载货物的直接损失，依法应当由被保险人承担的赔偿责任。保险人对每次碰撞、触碰责任仅负责赔偿金额的3/4，保险期限内一次或累计最高赔偿额以船舶保险金额为限。因被保险船舶的碰撞责任所致被碰撞船舶及其所载货物的损失应当合并计算。被保险船舶上的货物损失，本保险不负赔偿责任。

4. 共同海损、施救及救助的赔偿规定。三项费用之和的最高赔偿额以保险金额为限；对于不足额投保的船舶，其共同海损、施救及救助费用应当按比例分摊。

第二节 货物运输保险

一、货物运输保险概述

货物运输保险是指以各种被运输货物作为保险标的，保险人依照合同对于在运输过程中可能遭受的各种自然灾害或意外事故所造成的损失承担赔偿责任的保险。

（一）货物运输保险的分类

1. 按运输方式分类，货物运输保险可分为水上运输货物保险、陆上运输货物保险、航空运输货物保险、邮包保险、联合货物运输保险、管道货物运输保险等。

2. 按承保方式分类，货物运输保险可以分为逐笔保险、预约保险、流动保险和总括保险等。

3. 按标的流动的范围分类，货物运输保险可以分为国内货物运输保险和进出口货物运输保险。

（二）货物运输保险的险种

为适应被保险人对货物运输保险的具体要求，根据不同的标的和采用不同的运输方式所可能遭受到的不同危险，规定了不同的险种和险别。现行的货运险主要险种有以下几种。

1. 国内货物运输保险。包括：

（1）国内公路货物运输保险。承保标的为国内经公路运输的货物，其保障范围包括自然灾害和意外事故，还综合承保碰损、破碎、包装破裂、渗漏、雨淋等危险。

（2）国内铁路货物运输保险。承保标的为国内经铁路运输的货物，分基本险和综合险两种。基本险保障范围包括自然灾害和意外事故；综合险的责任范围除基本险责任外还负责碰损、破碎、包装破裂、渗漏、雨淋、盗窃、提货不着等危险。

（3）国内水路货物运输保险。承保标的为国内经水路运输的货物，分基本险和综合险两种。基本险保障范围包括自然灾害和意外事故；综合险的责任范围除基本险责任外还负责碰损、破碎、包装破裂、渗漏、雨淋、盗窃等危险。

（4）国内航空货物运输保险。承保标的为国内经航空运输的货物，其保障范围包括自然灾害和意外事故，还综合承保碰损、破碎、包装破裂、渗漏、雨淋、盗窃、提货不着等危险。

根据现行国内货物运输保险条款规定，无论是经铁路、水路、公路还是空运的货物，均可成为国内货物运输保险的标的，但不包括蔬菜、水果、活牲畜、禽鱼类和其他动物。金银、珠宝、钻石、玉器、首饰、古币、古玩、古书、古画、邮票、艺术品、稀有金属等贵重财物，非经投保人与保险人的特别约定，并在保险单（凭证）上载明，也不在保险标的的责任范围内。

2. 进出口货物运输保险。包括：

（1）海洋运输货物保险。主要险别有平安险、水渍险、一切险三种。

（2）陆上运输货物保险。主要险别有陆运险和陆运一切险两种。

（3）航空运输货物保险。主要险别有空运险和空运一切险两种。

（4）邮包保险。主要险别有邮包险和邮包一切险两种。

二、海洋运输货物保险

由于进出口货物运输大多采用海洋运输的方式，因此，海洋运输货物保险是进出口货物运输保险中投保最多的一个险种。在保险市场上，通常采用中国保险条款或者英国协会货物保险条款进行承保。

中国保险条款（China Insurance Clause，简称 CIC 条款），是指中国人民保险公司制定的适用于进出口货物运输保险的全套条款，包括 1981 年 1 月 1 日修订的

《海洋运输货物保险条款》《陆上运输货物保险条款》《航空运输货物保险条款》《邮包险条款》等主险条款及其战争、罢工险等特殊附加险条款,1972 年 4 月 1 日修订的《偷窃、提货不着险条款》等 11 个一般附加险条款,及其特别附加险条款。现行条款是中国人民财产保险股份有限公司于 2009 年向保监会报备的条款,条款名称后均带有(2009 版)字样。

伦敦保险协会货物保险条款(Institute Cargo Clause,简称 I. C. C. 条款),是指英国伦敦保险协会制定的货物保险条款,最早制定于 1912 年。为了适应不同时期国际经济贸易、国际海运业务以及法律等方面的发展变化,该条款已先后多次补充和修改,现今使用的是 2009 年 1 月 1 日实施的新版条款。该条款共包括六种险别:①协会货物条款(A)【(简称 ICC(A)】;②协会货物条款(B)【(简称 ICC(B)】;③协会货物条款(C)【(简称 ICC(C)】;④协会战争险条款(货物)(IWCC);⑤协会罢工险条款(货物)(ISCC);⑥恶意损害险(Malicious Damage Clause)。

(一)海洋运输货物保险主险的保险责任

根据我国现行的《海洋运输货物保险条款》规定,主险可分为平安险、水渍险和一切险三种。

1. 平安险(Free from Particular Average,简称 F. P. A)。其英文字面原意是"不负责单独海损",仅对全部损失和共同海损负赔偿责任。随着国际航运和国际贸易的发展,经过多次修改和补充,平安险的保险责任已经超出仅对全损赔偿的范围。具体地说,平安险的保险责任包括:

(1)被保险货物在运输途中由于恶劣气候、雷电、海啸、地震、洪水等自然灾害造成整批货物的全部损失或推定全损。当被保险人要求赔付推定全损时,须将受损货物及其权利委付给保险公司。被保险货物需用驳船运往或运离海轮的,每一驳船所装的货物可视作一个整批。

(2)由于运输工具遭受搁浅、触礁、沉没、互撞、与流冰或其他物体碰撞以及失火、爆炸等意外事故造成货物的全部或部分损失。

(3)在运输工具已发生搁浅、触礁、沉没、焚毁等意外事故的情况下,货物在此前后又在海上遭受恶劣气候、雷电、海啸等自然灾害所造成的部分损失。

(4)在装卸或转运时,由于一件或数件整件货物落海造成的全部或部分损失。

(5)被保险人对遭受承保责任内危险的货物采取抢救、防止或减少货损的措施而支付的合理费用。保险人的赔偿责任以不超过该批被救货物的保险金额为限。

(6)运输工具遭受海难后,在避难港由于卸货所引起的损失,以及在中途港、避难港由于卸货、存仓及运送货物所产生的特别费用。

(7)共同海损的牺牲、分摊和救助费用。

(8)运输合同中订有“船舶互撞责任”条款,根据该条款规定应由货方偿还船方的损失。

从平安险责任的具体内容中可以看出平安险条款的一些特点:

第一,平安险既不是表示只要被保险人投保了这个险别就意味着保险人要负责货物所有的风险损失,又不是表示在这个险别下保险人对任何单独海损都不负赔偿责任。实际上,平安险的主要责任有三项:①自然灾害造成保险标的的全部损失;②意外事故造成保险标的的全部损失和部分损失;③在意外事故发生前后,由于自然灾害所造成的部分损失。平安险一般适用低值、裸装的大宗货物,如矿砂、钢材、铸铁制品等。

第二,负责赔偿根据运输契约中订有的“船舶互撞责任”条款所规定的应由货方偿还船方的损失。“船舶互撞责任”条款主要是针对进出口美国的货物或按照美国运输契约规定而特别制定的。根据《1910 年〈统一船舶碰撞若干法律规定的国际公约〉规定》,船舶发生碰撞双方互有过失责任时,应按过失比例负责对方损失,并明确发生人身伤亡负连带责任。但是,美国没有参加这个公约。根据美国的法律,对于互有过失碰撞所造成的损害,不论是人身伤亡还是财产损害都应负连带责任。因此,在船舶碰撞互有过失的情况下,货主若在美国起诉,他就可以从对方船索取 100% 的赔偿,对方船随后可以向承运船摊回与过失比例相应的赔款额。美国这种碰撞损失赔偿处理规定不符合承运人与货主签订的运输合同上有关航海过失免责条款的规定。为解决上述问题,自 1951 年以来,凡是去美国载货船舶,在其租船合同或提单中均载入“船舶互撞责任”条款。该条款规定:“货物所有人应退还他从对方船获得承运船过失比例的赔款。”据此,各国货物运输保险条款把运输契约订有“船舶互撞责任”条款,由货方偿还船方的损失由保险人来承担,但在不足额保险的情况下,保险人则按承保比例承担。

2. 水渍险(With Particular Average,简称 W. A)。水渍险承保的责任范围除包括平安险的各项责任外,还负责被保险货物由于恶劣气候、雷电、海啸、地震、洪水等自然灾害所造成的部分损失,即水渍险的保险责任是在平安险的基础上,加上被保险货物由于自然灾害所造成的部分损失。可见,水渍险的保险责任大于平安险的保险责任,与此相适应,水渍险的保险费率也高于平安险。

水渍险的特点有:水渍险虽然负责对单独海损的赔偿责任,但并不是被保险货物只要发生了单独海损都是水渍险的责任范围。一般说来,水渍险不负责被保险货物因某些外部原因所造成的部分损失,如碰损、锈损、钩损等。因此,水渍险只适用于那些不大可能发生碰损、破碎,或容易生锈但不影响使用的货物,如铁钉、铁丝、螺丝等小五金类商品,以及旧汽车、旧机床、旧设备等二手货。

3. 一切险(All Risks,简称 A. R)。一切险的保险责任,除包括平安险和水渍险的所有责任外,还包括被保险货物在海上运输途中由于各种外来原因所造成的全部损失或部分损失。

(二)海洋运输货物保险主险的除外责任

根据《海洋运输货物保险条款》的规定,三个主险险别的除外责任均为:

1. 被保险人的故意行为或过失所造成的损失;

2. 属于发货人责任所引起的损失;

3. 在保险责任开始前,被保险货物存在的品质不良或数量短差所造成的损失;

4. 被保险货物的自然耗损、本质缺陷、特性以及市价跌落、运输延迟所引起的损失或费用;

5. 属于海洋运输货物战争险条款和货物运输罢工险条款规定的保险责任和除外责任的货损。

(三)海洋运输货物保险附加险的保险责任

海洋运输货物保险的附加险可分为一般附加险、特别附加险和特殊附加险三种。海洋运输货物保险一切险涵盖了一般附加险的责任范围。

1. 一般附加险(General Additional Risks)。一般附加险亦称"普通附加险",承保一般外来原因所造成的货物损失。我国海上运输货物保险承保的一般附加险共有 11 种。

(1)偷窃、提货不着险(Theft, Pilferage and Non - Delivery,简称 TPND)。在保险有效期内,被保险货物遭到偷窃或者运输工具抵达目的地后,对于整件货物短交的损失,保险人负赔偿责任。"偷窃"不包括使用暴力手段的公开劫夺。"提货不着"是指收货人在目的地未能提取整件货物或全部货物。如被保险货物遭受偷窃行为所致损失,被保险人必须在提货后 10 日内申请检验;如遇整件货物提货不着的损失,被保险人必须向责任方、港方、海关或有关当局取得整件提货不着的证明,否则保险人不负责赔偿。

(2)淡水雨淋险(Fresh Water Rain Damage,简称 FWRD)。该险主要承保直接由于淡水或雨水所造成货物的损失,包括船上淡水舱或水管漏水、船舱内水汽凝结而形成的舱汗造成货物的损失。淡水是相对海水而言,平安险、水渍险只负责海水所致的损失,因此,淡水雨淋是扩展平安险、水渍险的附加责任。为了鉴别淡水和雨水是承保期间外来的,条款规定包装外部应有淡水或雨水的痕迹或有其他适当证明。同时规定,被保险人必须及时提货,并在提货后 10 日内申请检验,否则不负赔偿责任。

(3)短量险(Risk of Shortage)。该险主要承保货物在运输过程中因外包装破裂、裂口、扯缝或散装货物发生散失,比实际重量短少的损失。对有包装货物的短少,必须看外包装是否有破裂、扯缝等异常情况,以区别货物是原来的短少还是外来原因造成的短少。对散装货物则应以装船重量和卸船重量之间的差额作为计算短量的依据,但不包括正常损耗。

(4)混杂、玷污险(Risk of Intermixture and Contamination)。该险主要承保被保险货物在运输过程中,因混进杂质或被玷污所造成的损失。例如:矿砂、矿石等混进了泥土、草屑等而使其质量受到影响;布匹、纸张、食物、服装等被油类或带色的物质玷污而造成损失,保险人负责赔偿。

(5)渗漏险(Risk of Leakage)。该险主要承保流质、半流质的液体货物和油类货物,在运输过程中因为容器损坏而引起的渗漏损失,以及用液体储装的货物,如湿肠衣、酱渍菜等因为液体渗漏而使肠衣、酱菜等发生腐烂、变质所致的损失,保险人负责赔偿。

(6)碰损、破碎险(Risk of Clashing and Breakage)。该险主要承保货物在运输途中,因震动、碰撞、受压造成的碰损和破碎损失。碰损主要是针对金属或木质货物而言的,如搪瓷、钢精器皿、机器、景泰蓝、漆木家具或用具等在运输途中因受震动、颠簸、挤压等外来原因造成货物本身的凹瘪、脱漆、脱瓷、划痕等损失。破碎最容易发生在陶器、瓷器、玻璃器皿、大理石等易碎货物上,如果这类货物在运输途中因粗暴装卸、运输工具的震颠、挤压、撞击等外来原因造成破碎损失,保险人应予以赔偿。由于平安险和水渍险对自然灾害或意外事故所造成的货物碰损和破碎损失已经承保,因此该附加险是对外来原因所致的碰损和破碎损失予以负责。

(7)串味险(Risk of Odour)。该险主要承保货物因受其他物品气味的影响而引起的串味、变味损失。例如,茶叶、香料、药材、饮料等在运输途中受到一起堆储的皮张、樟脑等异味的影响使品质受到损失,或因装载在未清洗干净的船舱里,受到船舱中遗留的异味的影响使品质受到损失。

(8)受潮受热险(Damage Caused by Sweating and Heating)。该险主要承保货物在运输途中,因气温突然变化或由于船上通风设备失灵致使船舱内水汽凝结、发潮或发热,造成货物霉烂、变质或溶化的损失。

(9)钩损险(Hook Damage)。该险主要承保货物在装卸过程中,因使用手钩、吊钩等钩类工具造成的损失,以及对包装进行重新更换、修补所支付的合理费用。

(10)包装破裂险(Loss for Damage Caused by Breakage of Packing)。该险主要承保货物在运输过程中因搬运或装卸不慎使包装破裂造成货物的损失,以及为继续安全运输的需要,对包装进行修补或重新更换包装所支付的合理费用。如果是因包装不良等其他原因,致包装破裂所造成的被保险货物损失,保险人不负责赔偿。

(11)锈损险(Risk of Rusting)。该险主要承保货物在运输途中因生锈而造成的损失,但这种生锈必须是在保险期间内发生的,如果被保险货物在投保以前就已存在,则保险人不负赔偿责任。一般来说,对裸装的金属板、块、条、管等不予承保。

2. 特别附加险(Special Additional Risk)。特别附加险与一般附加险不同之处有两点:一是特别附加险不含在一切险责任范围内;二是导致特别附加险的货物损失原因往往同政治、国家行政管理以及一些特殊的风险相关。我国现行的特别附加险主要有以下六种：

(1)交货不到险(Failure to Deliver)。交货不到险的保险责任自被保险货物装上船舶时开始，不论由于何种原因，如被保险货物不能在预定抵达目的地的日期起6个月以内交货，保险人将按全部损失赔付，但该货物的全部权益应转移给保险人。

(2)进口关税险(Import Duty Risk)。该险主要承保由于货物受损，但仍需按完好价值缴纳进口关税所造成的损失。由于世界上有些国家对进口货物征收关税时，不论货物是否损失，一律按货物的完好价值十足计税，进口关税险就是承保因上述原因引起的关税损失。进口关税险的保险金额由被保险人根据其进口国关税的税率考虑确定，通常按发票金额的一定比例确定。进口关税险的保险金额与货物的保险金额应分别载明于保险单内，在发生关税损失时，保险人只在该保险金额限度内赔付，与主险的保险金额不能串用。保险人对进口关税的赔偿只限于被保险人就货物损失部分应缴纳的关税。

(3)舱面险(on Deck Risk)。该险主要承保装载于舱面的货物因被抛弃或被风浪冲击落水所造成的损失。海上运输货物按照惯例都是装载在舱内的，但有些货物由于体积大、有毒性、有污染性或是易燃易爆物品等，根据航运习惯必须装载于舱面上。舱面险就是为了满足这些货物的运输需要产生的。由于装载于舱面的货物极易受损，遭受海水浸湿、雨淋的情况更是经常发生，因此保险人只愿意在平安险的基础上加保舱面险，以免责任过大。

在集装箱运输业中，集装箱货物装载于舱面与装在舱内的集装箱均视为舱内货物承保，不再加收保险费，同时也不限于只投保平安险，而允许根据需要选择投保适当险别。

(4)拒收险(Rejection Risk)。该险主要承保货物在进口时，不论何种原因在进口港被进口国的政府或有关当局拒绝进口或没收所造成的损失。保险人一般按照货物的保险价值赔偿。如果货物在起运后，进口国宣布实行任何禁运或禁止命令，保险人则负责赔偿运回到出口国或转口到其他目的地而增加的运费，最多不得超过该批货物的保险价值。如果在货物批发前，进口国已宣布禁运或禁止，保险人则不负责赔偿。

(5)黄曲霉(毒)素险(Aflatoxin Risk)。该险主要承保某些含有黄曲霉素食物因超过进口国对该毒素的限制标准而被拒绝进口、没收或强制改变用途而遭受的损失。黄曲霉素是一种致癌霉素，发霉的花生、油籽、大米里往往含有这种霉素。各国卫生当局在检验这类货物时，如发现含有黄曲霉素，并且超过了进口国对该毒素的限制标准，就会拒绝进口，或没收或强制改变用途。被保险人若加保了这种附加险，保险人就会按照被拒绝进口或被没收的部分货物的保险价值或改变用途所造成的损失负责赔偿。实际上，这是一种专门原因的拒收险。

(6)出口货物到香港(包括九龙在内)或澳门存仓火险责任扩展条款(Fire Risk Extension Clause for Storage of Cargo at Destination HongKong, including Kowloon or Macao)。该险主要承保我国内地出口到港澳地区的货物，如果直接卸到保险单载明的过户银行所指定的仓库时，则延长存仓期间的火险责任。这一保险主要是为了保障过户银行的利益。保险货物通过银行办理押汇，在货主未向银行赎单前，货物的权益属于银行，因此在保险单上必须注明货物过户给放款银行。在此阶段货物即使到达目的港，收货人也无权提货。

该附加险的保险责任期限是从被保险货物运入过户银行所指定的仓库时开始，到银行收回贷款，解除货物权益或者运输责任终止时起计算满30天为止。如所承保的货物卸离运输工具后，不存入保单载明的过户银行指定的仓库，而是存入其他仓库时，则保险责任的终止按货物运输保险条款的规定办理。

3. 特殊附加险(Specific Additional Risk)。特殊附加险和特别附加险一样，不属于一切险的责任范畴。特殊附加险承保的风险主要是战争和罢工这两种风险。

(1)战争险(War Risk)。战争险包括海运、陆运、空运和邮包等各种战争险，这些都是承保战争或类似战争行为等风险引起被保险货物的直接损失。各种不同运输方式的战争险，由于运输工具各有其特点，在具体责任上也有些差别，但就战争险的共同责任范围来说，基本上是一致的。以中国人民保险公司的海洋运输货物战争险条款为例，其具体内容如下：

①保险责任。该险主要承保直接由于战争、类似战争行为和敌对行为、武装冲突或海盗行为所致的损失；由于上述原因引起的捕获、拘留、禁止、扣押所造成的损失；各种常规武器，包括水雷、鱼雷、炸弹所致的损失；以及上述原因引起的共同海损的牺牲、分摊和救助费用。

②除外责任。保险公司对于敌对行为中使用原子或热核制造的武器所致的损失或费用是不予负责的。因为这种原子或热核武器的破坏性非常大，造成的损失难以估计。此外，海运战争险对于因执政者、当权者或其他武装集团的扣押、拘留引起的承保航程的丧失和挫折也不负责赔偿。

③保险期限。战争险的责任起讫与海上运输货物保险不同，不是按"仓至仓"条款负责，而是以"水面危险"为限，即从货物装上保单所载起运港的海轮或驳船开始负责，到卸离保单所载目的港的海轮或驳船时为止。

(2)罢工险(Strike Risk)。罢工险适用于海运、陆运、航空及邮包各种运输方式。罢工险承保因罢工者、被迫停工工人及参加工潮、暴动和民众斗争的人员采取行动造成保险货物的损失。此外，对于任何人的恶意行为造成的直接损失也予以负责。由此引起的共同海损的牺牲、分摊和救助费用，也是保险人的责任范围。

罢工险对于在罢工期间由于劳动力短缺或不能履行正常职责等原因所致的被

保险货物损失,包括因此而引起的动力或燃料缺乏使冷藏机停止工作所致的冷藏货物的损失,不承担赔偿责任。同时罢工险对于罢工引起的间接损失,如港口工人罢工无法在原定港口卸货,改到另一个港口卸货引起的运费增加,不予负责。

若被保险人已投保了战争险,再根据需要加保罢工险时,保险人不另行收取保险费。如果被保险人只投保罢工险,则要按战争险费率缴付保险费。

(四)海洋运输货物保险的保险期限

我国海洋运输货物保险的保险期限采用“仓至仓”条款(Warehouse to Warehouse Clause,简称W/W),规定保险人对被保险货物所承担责任的空间范围是从货物运离保险单所载明起运港发货人的仓库时开始,一直到货物运抵保险单所载明的目的港收货人的仓库或储存处所或被保险人用作分配、分派或非正常运输的其他储存处所时为止。保险人的保险责任起讫分为正常运输和非正常运输两种情况。

1.正常运输情况下保险责任的起讫。正常运输是指按照正常的航程、航线行驶并停靠港口,包括途中正常延迟和正常转船,其过程自被保险货物运离保险单所载明的起运地发货人仓库或储存处所开始,直到货物到达保险单所载明的目的地收货人仓库或储存处所为止。假设某批被保险货物的运输过程是从保险单载明起运地发货人仓库起运,先装卡车再装火车,最后在起运港装海轮。如果该批货物从卡车卸到铁路仓库等待装火车时,铁路仓库失火,货物被烧毁,保险公司将负赔偿责任,因为货损发生在正常运输范围内。如果将货物运往打包厂加工整理打包,即使加工厂是处于发货人仓库去装船港的途中,若打包厂失火,货物焚毁,保险公司可不负任何赔偿责任,因为货物是在打包期间受损,不属于正常运输的范围。

在正常运输情况下,海上运输货物保险的责任起讫以“仓至仓”条款为依据,即保险责任从被保险货物运离保险单所载明的起运地仓库或储存处所开始运输时生效,直至该项货物到达保险单所载明的目的地收货人最后仓库或储存处所时为止。一旦货物到达收货人的最后仓库,保险责任即行终止。在保险实务中,由于被保险货物所运往的目的地有时在卸货港,有时在内陆,保险人对保险责任的终止也有不同的规定:

(1)被保险货物运抵卸货港并全部卸离海轮后,未被收货人立即运到自己的仓库时,保险责任可以从货物全部卸离海轮时起算满60天终止。若在60天内货物到达收货人仓库,保险责任即在到达仓库时终止。

(2)被保险货物运抵卸货港,卸货港即为目的地,收货人提货后并不将货物运往自己的仓库,而是将货物进行分配、分派或分散转运,那么保险责任就从开始分配货物时终止。

(3)如果被保险货物以内陆为目的地,收货人提货后运到内陆目的地自己的仓库,保险责任即行终止。如果收货人提货后没有将货物直接运往自己在内陆目的地的仓库,而是先行存入某一仓库,然后在这个仓库对货物进行分配、分派或分散转运,即使其中一部分货物运到了保险单所载明的内陆目的地的最后仓库,则先行存入的某一仓库视为收货人的最后仓库,保险责任在货物到达该仓库时终止。

第(2)、(3)项规定也受被保险货物全部卸离海轮后满60天的限制。如果在这两项规定的情况发生之前,时间已满60天时,货物才全部卸离海轮,保险责任的终止以先发生的为准。

2. 非正常运输情况下保险责任的起讫。非正常运输是指在运输过程中由于遇到被保险人无法控制的情况,致使被保险货物无法运往原定卸载港而在途中被迫卸货、重装或转运,以及由此而发生的运输延迟、绕航或运输合同终止等非正常的情况。根据保险条款规定,在非正常运输情况下,保险公司要求被保险人在获知货物被迫卸货、重装或转运等情况时,及时通知保险人,并酌情收取部分费用后,原保险单继续有效。但是,保险单继续有效的责任期限要按下列规定处理:

(1)被保险货物如在非保险单所载明的目的地出售,保险责任至交货时终止,但不论任何情况,均以被保险货物在卸载港全部卸离海轮满60天为止。

(2)被保险货物如在上述60天期限内继续运往保险单所载明的原目的地或其他目的地时,保险责任仍按正常运输情况下所规定的“仓至仓”条款内容办理。

(五)海洋运输货物保险的保险金额

海洋运输货物保险的保险金额通常是以货物价值、运费、保险费、经营费用及预期利润的总和为基础适当加成进行确定的,也就是说以CIF价格(即成本加保险费加运费价格,也称到岸价)为基础加成一定比例作为保险金额。按照国际商会制定的《国际贸易术语解释通则》和《跟单信用证统一惯例》中有关规定,一般是加成10%。当然,根据不同货物、不同地区进口价格与当地市价之间不同差价、不同的经营费用和预期利润水平,也可以与被保险人约定不同的加成率,但一般不应超过30%。

$$保险金额 = CIF价格 \times (1 + 加成率)$$

【例8-2】某出口商品的CIF价格为500美元,加成10%投保,则保险金额为:

$$保险金额 = 500 \times (1 + 10\%) = 550(美元)$$

在国际贸易中,CFR和FOB也是两种常用的价格条件。CFR价格,即成本加运费价格。在这种价格条件下,卖方负责租船订舱,将货物装上船并支付运费,负担装船以前的一切风险和费用;由买方办理有关保险并支付保险费。按照CFR价格条件成交的货物,卖方需要在将货物装上船后立即向买方发出装船通知,便于买方及时办理保险手续。FOB价格,又称“离岸价格”,是指装运港船上交货的价格条件。在FOB价格条件下,卖方按照合同规定的货物品质、数量、包装,按时在装船港口备妥交货,自货物装上买方指定的海轮时起,卖方就全部履行完合同责任,此后的一切责任、费用和风险等概由买方承担。因此,一般按FOB价格条件成交的货物,都明确规定由买方办理海上运输货物保险。但买方办理的保险是自货物在起运港越过船舷之后生效的，保险公司对买方所负的赔偿责任仅限于货物上船之后由承保危险所造成的损失。对于货物从发货人仓库运到装船码头未装船之前这一期间的损失，买方因为尚未承担货物的风险，也就不能向保险公司索赔。因此，对于这一期间的风险，卖方应自行办理保险。

由于海上运输货物保险金额是以 CIF 价格为计算基础的，因此，以 CFR 或 FOB 价格条件成交的情况下，有必要将 CFR 价格或 FOB 价换算成 CIF 价格，然后再加成计算保险金额。

CFR 价格换算成 CIF 价格的计算公式是：

$$CIF = CFR \div [1 - (1 + \text{加成率}) \times \text{保险费率}]$$

【例 8-3】某商品出口到汉堡，定价为 CFR 汉堡每公斤 1 100 元，保险费率为 0.8%，加成 10%，则该批货物的 CIF 报价为：

$$CIF = 1\ 100\text{元} \div [1 - (1 + 10\%) \times 0.8\%] = 1\ 109.77(\text{元})$$

FOB 价格换算成 CIF 价格的计算公式是：

$$CIF = [FOB \times (1 + \text{运费率}) \times \text{保险费率}] \div [1 - (1 + \text{加成率}) \times \text{保险费率}]$$

（六）海洋运输货物保险的保险费

1.影响海洋运输货物保险费率的因素。由于海上运输风险的多样性，使得海上运输货物保险费率确定的因素不仅多而且不稳定。影响海上运输货物保险费率的因素主要有以下几方面：

（1）货物的种类、性质、特点和包装。海上运输货物的种类、性质和特点是确定保险费率的首要因素，因为不同种类的货物在运输过程中如果遭到同一种自然灾害和意外事故，其发生损失的可能性和损失的程度也全然不同。例如，船舶在航行期间，遭到暴风雨袭击，引起船舶颠簸、货物挤压、海水进入舱内等情况，对棉织品来说，挤压不会造成重大损失，但海水浸泡则会造成较大损失；对钢精器皿、搪瓷制品等货物来说，海水浸泡不会有多大损失，而颠簸、挤压会造成凹瘪、脱瓷等重大损失。此外，货物的包装与配载对损失发生的可能性也有很大影响。包装好坏会直接关系到货物破损、碰损的程度，所以集装箱货物的风险程度就相对较低。因此，要根据各种风险对货物可能造成的损失程度以及货物本身的特点和包装，确定相应的保险费率。

（2）运输工具、运输线路和港口情况。运输工具的新旧程度（船龄）对运输中的货物损失影响很大；运输路线的自然条件、气候条件、航线长短及区域范围等状况对于保险标的遭受损失的可能性也有相当大的关系。由于世界各地的港口在装卸设备、吞吐能力、治安状况、管理水平等方面差异极大，也会使保险标的在各港口装卸时发生货损货差的情况有所不同。因此，在确定保险费率时必须综合考虑上述因素。

（3）运输方式。在不同的运输方式下，保险标的发生损失的可能性及损失程度也是不同的。例如，海上运输风险就大于陆上运输风险，而海陆联运的风险则更大。除此之外,直达运输、转船运输或扩展内陆运输的危险程度也存在相当大的差异。因此,确定保险费率时应区别对待,实行差别费率。

(4)保险责任范围和保险条件。保险责任范围和保险条件是决定费率高低的主要因素,即承保责任范围与保险费率成正比例关系。承保范围愈广,保险费率愈高,反之就愈低。在海上运输货物保险中,一切险的费率最高,平安险的费率最低。此外,附加的保险条件越多,保险人承担的风险就越多,费率相应也越高。例如含有不计免赔率的保险条件的保险合同,其保险费率就必须相应提高。

(5)被保险人和船东的信誉以及过去3年(或5年)的损失记录。由于海上运输货物保险的风险发生通常与人的因素较为密切,加上货物在运输中,保险人又难以发挥检查、监督和防损等职能,故对被保险人及船舶经营人和管理人在商业信誉和素质的考察并在保险费率中加以体现就显得更加重要。例如:船舶管理人的疏忽、缺少航海经验及对船舶维护不够等,均可造成重大损失;不诚实的被保险人也可以影响保险人对风险的估计。因此,被保险人和船东的资信,以往或近期的损失记录,船长的航海记录、学识与经验,船员的素质等,都是确定费率时必须考虑的因素。

(6)其他因素。国内外保险市场的供求状况,市场上同业竞争的状况,国内外政治形势的变动,战争、罢工发生的情况等因素虽然不是直接增加海上运输货物的风险程度,但对保险人的经营活动有很大影响。例如,由于海上运输货物保险保障范围、保障风险和保障对象都涉及国际贸易、航运、金融、保险等市场行情的变化,保险人在制定保险费率时,不能单纯以本国市场的情况和数据为依据,还要结合国际市场的有关情况,使保险费率水平能适应国际市场的行情,以增强自身在国际市场上的竞争能力。另外,保险费率要为国际再保险人所接受,才能顺利分散所承保的风险。

2. 海洋运输货物保险费率的构成。海洋运输货物保险费率一般由基本险费率、附加险费率和老龄船舶加费费率构成。其中,基本险费率根据一般货物和指明货物的区别分别作出规定。

(1)一般货物的基本险费率。一般货物是指凡未被列入"指明货物"中的其他所有货物。一般货物费率按不同的运输方式分为海运、陆运、空运和邮包四种。海运的一般货物费率按险别分为平安险、水渍险和一切险三类;陆运、空运和邮包的一般货物费率按险别各分为陆运险或空运险或邮包险和一切险两类。此外,用同一险别承保的货物运往不同的地区洲、国家和港口的费率均有所不同。

(2)指明货物的基本险费率。指明货物的基本险费率仅适用于特别指明的货物,这些货物由于损失率高,因而其费率比一般货物较高。指明货物可分为八类,即粮油食品及土畜产类、轻工品类、纺织品类、五金矿产类、工艺品类、机械设备类、化工品类和危险品类。凡是指明货物费率表中所列举的货物,在计算保险费率时应先算出一般货物的费率,然后再加上该指明货物的费率。

(3)附加险的加费规定。附加投保一项或一项以上一般附加险的,除费率表另有规定外,都按一切险费率计收。附加投保舱面险,其费率按平安险或水渍险的费率另外计收,附加投保其他特殊附加险费率根据具体附加的险别加费。战争险、罢工险需要同时附加投保时,只需按战争险费计收保险费;如果仅加保罢工险,也按战争险收费。

(4)老龄船舶加费费率规定。一般来说,对于船龄超过10年的油轮或船龄超过15年的其他载运船舶应当按"老船加费费率表"加收保险费。

计算海洋运输货物保险的费率时,应把基本险费率(包括指明货物费率)、附加险费率和老龄船舶加费费率几部分都包括进去,计算公式如下:

保险费率 = 一般货物基本险费率 + 指明货物基本险费率 + 附加险费率 + 老龄船舶加费费率

3. 海洋运输货物保险费的计算。不同价格条件下计算方式不同。

(1)CIF价格条件下保险费的计算公式为:

$$保险费 = CIF \times (1 + 加成率) \times 保险费率$$

【例8-4】某贸易公司出口玉器10箱到日本,CIF价为300 000美元,投保海洋运输货物一切险、附加战争险、罢工险,总保险费率为4%,买方要求按CIF价加二成投保,则应交保险费为:

$$保险费 = 300\ 000美元 \times (1 + 20\%) \times 4\% = 14\ 400(美元)$$

(2)CFR价格条件下保险费的计算公式为:

$$保险费 = \{CFR \div [1 - (1 + 加成率) \times 保险费率]\} \times (1 + 加成率) \times 保险费率$$

【例8-5】出口到香港的畜产品1 000箱,CFR价格为40 000美元,买方要求卖方代办海上运输货物一切险,费率为0.9%,加成10%投保,则应交保险费为:

$$保险费 = 40\ 000美元 \div [1 - (1 + 10\%) \times 0.9\%] \times (1 + 10\%) \times 0.9\% = 400(美元)$$

(3)FOB价格条件下保险费的计算公式为:

$$保险费 = \{[FOB \times (1 + 运费率 + 保险费率)] \div [1 - (1 + 加成率) \times 保险费率]\} \times (1 + 加成率) \times 保险费率$$

【例8-6】出口茶叶5 000箱运往英国,FOB价格为100 000美元,买方要求国内某出口公司代为办理海上运输货物一切险、附加战争险,运费率为10%,费率为1.03%,加成10%投保,则应交保险费为:

$$保险费 = [100\ 000 \times (1 + 10\% + 1.03\%)] \div [1 - (1 + 10\%) \times 1.03\%] \times (1 + 10\%) \times 1.03\% \approx 1\ 272.39(美元)$$

(七)海洋运输货物保险的赔偿处理

1. 索赔准备。被保险人在向保险人索赔时,必须提供下列单证:

(1)保险单或保险凭证正本。这些是向保险人索赔的基本证明文件,它们可以证明与保险人之间存在保险合同关系以及保险人承担的保险责任。

(2)运输合同正本。包括海运提单、陆空运单、邮单等运输单证。其中提单尤为重要,它是证明被保险货物在交给承运人时状况的依据。因为提单是承运人在接受货物并装船后出立的,提单上所填写的各项内容,对保险人在理赔中审核受损货物是否为保险标的以及了解货物在保险责任开始以前是否受损,有着十分重要的价值。

(3)货物价值证明。如货物发票、货物购销合同、出口报关单,这是承运人收到运送货物及其价值的凭证,同时也是计算保险赔款额的依据。

(4)重量单。重量单也叫装箱单或磅码单,证明被保险货物装运时的件数、重量、标志及日期,是核对损失数量的依据。

(5)向承运人等第三者责任方请求赔偿的函电或其他单证和文件。这些文件中往往应包括第三者责任方的签复文件,它是证明被保险人已经履行了他应该办的追偿手续,对于维护保险公司的追偿权利十分有利。

(6)检验报告。它是证明损失原因、损失程度、损失金额、残余物资价值以及受损货物处理经过的证明,是确定保险责任和应赔金额的主要证件。检验报告由公证或检验机关等第三方出具。一般来说,出口货物由保险人或检验人出具,进口货物由保险人或其代理人会同收货人联合出具。

(7)海事报告或海事申明书。它是载运货物的船舶在航运途中遭遇恶劣气候或其他人力不可抗拒的海上事故时,船长将其实际情况以书面形式概要地向有关管辖部门报告,并经该部门签注的一种证明文件。同时,海事报告书还载有货物可能遭受损失的推测意见以及船方不承担因此而造成损失的声明。海事报告书是证明船舶遭受恶劣气候的重要文件,但不能据此断定货物的损失是遭遇海上恶劣气候的结果。因为从事远洋运输的船舶在长时间的航海中总会遇到恶劣气候,所以恶劣气候可能不是货物损失的唯一原因。

(8)货损、货差证明。被保险货物交付给承运人运输,承运人在装船后如果签发的是清洁提单,即表明货物是完好的。当货物运抵目的地发现残损或短少时,要由承运人或其代理人签发货损、货差证明。货损、货差证明既可作为向保险人索赔的有力证明,又是日后向承运人追偿的依据。因此,特别是整件短少的情况,更应该要求承运人签具短缺证明。

(9)索赔清单。它是被保险人提交给保险人并要求后者据以赔偿的详细清单。清单上要列明索赔的金额和计算依据以及有关费用的项目和用途等。

(10)索赔授权书。被保险人以外的其他人向保险人提出索赔时,必须出示经被保险人正式同意的授权书,否则保险人可以拒绝受理索赔。

(11)其他单证。在遇到特殊情况时,被保险人或收货人还应提供其他单证。如涉及集装箱本身有残缺的,应提供到货时的集装箱设备交接单。涉及冷藏(冻)箱运输货物腐烂的应提供集装箱温度记录表。此外,还有运输工具的相关单证等。

2. 检验受损货物。步骤如下：

(1)检查货物包装。货物包装外表的各种痕迹是判断损失原因的重要依据，必须仔细检查，即使是微小的或不明显的迹象也应重视。检验人员检查外包装时应注意下列事项：

①核对包装种类、唛头、号码是否与单证所载相符，并注意包装外观是否完好。

②注意外包装上是否刷有“不得倒置”、“不得受潮、受热”等标记，以确定损失是否归因于没有这类标记，或是否归因于装卸时未按标记要求，将货物倒置或受热、受潮致损。

③注意包装是否适应商品性能并符合长途运输要求，以确定损失原因是否归因于包装不良。

④核对包装的质量与材料是否符合运输合同的要求，以确定损失的原因能否归因于包装材料的缺陷。

除此之外，还要检查货物的内包装。各种货物按其不同特性应有一定的内包装和衬垫保护；内包装的各种不正常现象和破损痕迹都是判断货物损失原因的主要依据。检验时，首先要注意内包装及衬垫是否能起到保护货物的作用，并且符合习惯或合同规定；其次要看内包装的排列和装置是否适当，以确定货物损失是否由于倒置、侧放或缺少固定装置而造成的。

(2)判断货物损失原因。判断货物损失原因是确定损失责任归属的基础和依据。因此，检验人员从开始检验时起，就要随时随地留意察看并充分掌握证据，要以实事求是的态度，结合货物特性、损失情况以及装卸、配载、仓储、运输、内外包装等进行综合分析，作出合情合理、有根有据的判断。

(3)确定损失程度。对残损货物重量、数量、短缺的鉴定和残损的估算是确定索赔数额的依据。检验人员在检验时，首先应确定货物遭受了什么性质的损失，如破碎、渗漏、汗湿、水渍等，然后再按货物损失的情况确定损失程度，必要时应聘请技术专家作出正确的鉴定和估算。确定损失程度时应考虑以下方面：

①确定损失数量。对于货物短少或提货不着的情况，应根据原始单据及到货数量，确定实际短少的数额。

②确定贬值率。对于不能确定货物损失数量的，或受损货物仍有部分完好或经加工后仍有价值的，应算出一个合理的贬值率来确定损失程度。贬值率的计算公式为：

贬值率 = (货物当地完好市价 − 货物当地受损后的价值) ÷ 货物当地完好市价 × 100%

③确定责任归属。对于同一批货物，由不同原因造成的损失，应根据不同的原因和性质分别定损，以便向不同的责任方索赔。

④确定费用损失。受损货物合理的修补、整理加工费用，应按实际金额计算。

(4)审阅有关单证。在检验受损货物时，检验人员还需审阅有关单证，如货物发票、保险单或保险凭证、海运提单或转运提单、海事报告或航海日志、外运到货通知书、订货合同、装箱单、卸货港理货单和货运记录等。

(5)出具检验报告。检验报告是保险人凭以理赔的依据,必须充分反映检验工作的全面情况。因此,检验人员对于报告中的每一项目都要详细填写,叙述要清楚,用词要确切,特别是对于致货物损失的原因不能用笼统或含糊不清的词语描述。报告必须采用准确的词语说明货物在运输途中受到什么样的损失,是如何受损的,如有分析化验资料和残检货物照片的,应将它们附在报告后面。联合检验报告应由参加检验的有关方共同签署。

3. 赔偿金额的计算。具体如下:

(1)全部损失赔偿金额的计算。在海上运输货物保险中,几乎都是采用定值保险承保。因此,无论是实际全损还是推定全损,其赔偿金额都是该被保险货物的全部保险金额。但下列三种情况例外:

①在发生部分全损的情况下,该损失的赔偿金额应是全损部分的保险金额,而不是全部的保险金额。例如,某货主将20件货物投保海上运输货物保险,保险金额20万元,其中10件在卸货时连同驳船一同沉没而无法打捞。在这种情况下,其赔偿金额并非20万元,而是全部保额的1/2,即10万元。

②在货物尚未全部装运的情况下,其全损的赔偿金额不是全部保险金额,而是已经装运部分的保险金额。例如,一张保单承保3 000袋水泥,总保险金额15万元,用驳船分三次运至海轮上,每次驳船装1 000袋。其中第一次驳船在驳运过程中触礁而沉没,驳船上所载水泥遭到全损,保险人对此只承担5万元的赔偿责任。

③如果发生全损时,构成保险金额的部分费用尚未支出,以至于无须支出时,其赔偿金额也非全部保险金额。具体地说,在这种情况下,计算赔偿金额时应将无须支出的费用予以扣除。

【例8-7】某批矿石按CFR价格条件出口,货物成本为80万元,运费20万元,保险金额为100万元运费约定在装船后支付。然而,货物在装船之前,因码头发生火灾,造成货物全部灭失,那么保险人就不会赔偿被保险人100万元,而只会赔偿80万元,即100-20=80(万元)。

(2)部分损失赔偿金额的计算。货物遭受部分损失时,其赔偿金额的计算因货物种类、损失性质不同而采用各种不同的计算方法。

①货物数量损失的计算方法。货物数量损失的赔偿,是根据货物运抵目的地时数量灭失或短少的情况计算的,其赔偿金额就是灭失或短少部分的保险金额。计算公式如下:

赔偿金额=保险金额×[已损货物件数(或重量)÷承保货物的总件数(或总重量)]

【例8-8】某批散装粮食20 000吨,投保海上运输货物一切险,保险金额为50万元。货物到达目的地卸货时重量为19 900吨,保险人赔偿金额计算如下:

赔偿金额=500 000×[(20 000-19 900)÷20 000]=2 500(元)

②货物质量损失的计算方法。在货物呈现损坏状态并已运抵目的地的情况

下，可通过检验人与保险人联合审定货物受损的原因与程度，并与被保险人商定货物的贬值率。货物质量损失的计算公式是：

赔偿金额＝受损部分货物的保险金额×[（货物当地完好市价－货物当地受损后的价值）÷货物当地完好市价]×100%

【例8－9】出口粮食10 000吨，每吨250元，投保海上运输货物水渍险，附加受潮受热险，加成10%投保，保险金额为275万元。其中有500吨粮食在航行中受潮，到达目的地以后，未受潮的粮食可以卖220元/吨，受潮粮食只能卖150元/吨，保险赔款计算如下：

赔偿金额＝250×500×110%×[（220－150）÷220]×100%＝43 750（元）

③扣除免赔率的计算方法。散装货物应扣除整批货物原重量的免赔率后赔付。袋装货物如好包、破包的短量一起赔付的，应扣除整批货物原重量的免赔率后赔付；袋装货物如只赔破包中的短重，只扣除破包部分原重量的免赔率后赔付。即：

免赔重量＝（散装货物）整批货物原重量×免赔率

或　免赔重量＝已损货物件数×每件货物原重量×免赔率

赔偿重量＝损失重量－免赔重量

赔偿金额＝单位货物的保险金额×赔偿重量

【例8－10】出口机油1 000桶，每桶净重60公斤，其中160桶发生渗漏，短重7 350公斤。保单规定的免赔率为5%，保险金额为50 000美元，赔偿金额计算如下：

免赔重量＝160×60×5%＝480（公斤）

赔偿重量＝7 350－480＝6 870（公斤）

赔偿金额＝50 000÷（1 000×60）×6 870＝5 725（美元）

④加成投保的计算方法。为了保证国际贸易的预期利润收入，出口货物保险一般按货物发票价值另加一定的成数投保。加成投保的货物发生损失时，其计算公式如下：

赔偿金额＝保险金额×（按发票价值计算的损失额÷发票价值）

【例8－11】出口工艺品20箱，发票金额为20 000美元，保险金额为22 000美元，运输途中损失5箱，按发票价值计算的损失金额为5 000美元，则赔偿金额为：

赔偿金额＝22 000×（5 000÷20 000）＝5 500（美元）

（3）费用损失赔偿金额的计算。

①施救费用损失的赔偿金额计算。施救费用损失的赔偿金额是被保险人或其他代理人、受雇人、受让人实际支出的金额。即使这项金额与货物本身损失的赔偿金额合计超过保险金额时，只要施救费用的支出是合理的，同时它所用来防止或减少的损失是保险人所承保的危险，保险人仍如数赔偿，但最多以保险金额为限。也就是说，保险人对施救费用和货物损失的赔偿各按一个保险金额来计算。如果保

险金额低于保险价值,保险人按比例赔偿施救费用。

②特别费用损失的赔偿金额计算。它是由被保险人或其代理人、受雇人、受让人实际支出的金额,但在赔偿时受两种限制:一是已经损失的特别费用必须是保险单承保危险而产生的从属费用,赔偿时是与作为货物自身损失的单独海损一起计算的;二是特别费用损失的金额与货物损失的金额合计超过保险金额时,保险人的赔偿金额须以保险金额为限。

③救助费用损失的赔偿金额计算。对救助费用,即被保险人支付给自愿对遭受保险风险的货物采取救助行为并取得成效的第三者的报酬,保险人予以赔偿。对救助费用的赔偿金额要按下列情况区别对待:第一,如救助行为不涉及他人财物时,其赔偿金额以被救助的货物价值或保险金额为限;第二,如果救助行为涉及他人财物,货物与载货船舶一同被救时,其赔偿金额则按各关系方的被救助的财物价值比例计算。保险人对救助费用的赔偿金额与对被保险货物本身损失的赔偿额合计以一个保险金额为限。

④额外费用损失的赔偿额计算。额外费用损失的赔偿金额是被保险人在索赔中实际支出的金额。只要索赔成立,保险人支付赔偿的同时也应负担赔偿与索赔有关额外费用,反之则不用。额外费用不能加在保险标的的损失金额内,以达到或超过规定的免赔额(率)而要求索赔。

(4)受损货物残值的确定。在海上运输货物保险赔偿中,残值处理比较常见。所谓残值是指经保险人赔偿后的受损物资,其残余部分尚有一定的价值,包括全部损失赔偿后被保险货物的残存部分及其包装,或部分损失赔偿后经配置或修理换下的被保险货物的部件等。

受损货物的残值的确定方式有:①由保险人与被保险人协商确定;②由保险人指定的检验代理人根据当地、当时的市场价格确定处理残值;③必要时还可委请公估拍卖行来确定受损货物的残值。总之,在估算货物残值时应考虑的因素包括货物的性质、目的地的完好价值、受损程度、损余状态、市场需求情况以及过去处理同类货物的经验等。

三、陆上运输货物保险

根据2009年中国人民保险公司《陆上运输货物保险条款》的规定,陆上运输货物保险的承保对象是火车和汽车运输的货物。结合陆上运输的特点,我国陆上运输货物保险基本险的险别分为陆运险、陆运一切险;专门险有陆上运输冷藏货物险;附加险有陆上运输货物战争险。

陆运险(Overland Transportation Risks)的保险责任范围与海洋运输货物保险“水渍险”相似,陆运一切险(Overland Transportation All Risks)的保险责任范围与海洋运输货物保险的“一切险”相似。

四、航空运输货物保险

航空运输货物保险的主险分为航空运输险(Air Transportation Risks)和航空运输一切险(Air Transportation All Risks)两种。航空运输险的保险责任范围与海洋运输货物保险“水渍险”相似,航空运输一切险的保险责任范围与海洋运输货物保险“一切险”相似。

五、邮包运输保险

邮包运输保险是指承保邮包通过海、陆、空三种运输工具在运输途中由于自然灾害、意外事故或外来原因所造成的包裹内物件的损失。根据中国人民保险公司《邮包保险条款》的规定,邮包运输保险的险别分为邮包险(Parcel Post Risks)和邮包一切险(Parcel Post All Risks)两种。前者与海洋运输货物保险“水渍险”的责任相似,后者与海洋运输货物保险“一切险”的责任相似。

六、国内货物运输保险

在国内货运险保险市场上,中国人民财产保险股份有限公司之前较多采用1998年自行制定的条款。2009年新《保险法》生效后,公司对国内货运条款进行了修订,现在普遍使用的是《国内水路、陆路货物运输保险条款(2009版)》《公路货物运输保险条款(2009版)》《铁路货物运输保险条款(2009版)》《水路货物运输保险条款(2009版)》《国内航空货物运输保险条款(2009版)》等条款。

(一)国内水路、陆路货物运输保险

1. 国内水路、陆路货物运输保险的保险责任。投保基本险和综合险的保险责任各不相同。

(1)基本险的保险责任。包括:

①因火灾、爆炸、雷电、冰雹、暴风、暴雨、洪水、地震、海啸、地陷、崖崩、滑坡、泥石流造成的损失;

②由于运输工具发生碰撞、搁浅、触礁、倾覆、沉没、出轨或隧道、码头坍塌所造成的损失;

③在装货、卸货或转载时,因遭受不属于包装质量不善或装卸人违反操作规程所造成的损失;

④按国家规定或一般惯例应分摊的共同海损的费用;

⑤在发生上述灾害、事故时,因纷乱而造成的货物散失以及因施救或保护货物所支付的直接合理的费用。

(2)综合险的保险责任。包括:

①基本险承保的风险,综合险均负责;

②因受震动、碰撞、挤压而造成货物破碎、弯曲、凹瘪、折断、开裂或包装破裂致使货物散失的损失；

③液体货物因受震动、碰撞或挤压致使所用容器(包括封口)损坏而渗漏的损失,或用液体保藏的货物因液体渗漏而造成保藏货物腐烂变质的损失；

④遭受盗窃或整件提货不着的损失；

⑤符合安全运输规定而遭受雨淋所致的损失。

2. 国内水路、陆路货物运输保险的除外责任。无论是基本险还是综合险条款规定,对下列原因导致的被保险货物的损失,保险人均不负责赔偿:

(1)战争或军事行动；

(2)核事件或核爆炸；

(3)保险货物本身的缺陷或自然损耗,以及由于包装不善造成的损失；

(4)被保险人的故意行为或过失；

(5)全程是公路货物运输的,盗窃和整件提货不着的损失；

(6)其他不属于保险责任范围内的损失。

3. 国内水路、陆路货物运输保险的保险期限。国内水路、陆路货物运输保险的保险责任的起讫期,是自签发保险单(或保险凭证)和保险货物运离起运地发货人的最后一个仓库或储存处所起,至该保险单(或保险凭证)上注明的目的地收货人在当地的第一个仓库或储存处所时终止。但保险货物运抵目的地后,如果收货人未及时提货,则保险责任的终止期最多延长至以收货人接到《到货通知单》后的15天为限(以邮戳日期为准)。

(1)责任开始。保险责任的开始,须同时具备"签发保险单"和"保险货物运离起运地发货人的最后一个仓库或储存处所"两个要件,缺一不可。

(2)责任终止。保险责任终止于保险货物运至该保险单上注明的目的地的收货人在当地的第一个仓库或储存处所时。这是指保险货物到达目的地收货人在当地的第一个仓库或储存处所后,从运输工具上卸载下来,并经过搬运进入仓库或储存处所(包括露堆)存放后,该件货物的保险责任即行终止。

如果保险货物运抵目的地后,收货人未及时提货,则保险责任的终止期最多延长至以收货人接到《到货通知单》后的15天为限。

4. 国内水路、陆路货物运输保险的保险金额。国内水路、陆路货物运输保险的保险金额通常按照起运地货价或起运地货价加运杂费确定。其中:货价是指货物发票价格,是购货方为取得货物所有权付出的代价;运杂费则包括运输费、包装费、搬运费及保险费等。这些费用的实际金额如果计算有困难,亦可用估计数,即在货物购进价的基础上酌加一定的比率作为保险金额。货物运输保险的保险金额一经确定,即是投保货物的保险价值,也是保险人承担赔偿责任的最高限额。

5. 国内水路、陆路(公路、铁路)货物运输保险的赔偿处理。具体处理办法如下:

(1)被保险人向保险人申请索赔时,应当提供下列有关单证:

①保险单(或保险凭证)、运单(货票)、提货单、发票(货价证明);

②承运部门签发的货运记录、普通记录、交接验收记录、鉴定书;

③收货单位的入库记录、检验报告、损失清单及救护货物所支付的直接费用的单据;

④其他有关保险理赔的单证。

保险人在接到上述索赔单证后,应当根据保险责任范围,迅速核定应否赔偿。赔偿金额一经保险人与被保险人达成协议后,应在10天内赔付。

(2)被保险货物发生保险责任范围内的损失时,按货价确定保险金额的,保险人根据实际损失按起运地货价计算赔偿;按货价加运杂费确定保险金额的,保险人根据实际损失按起运地货价加运杂费计算,但最高赔偿金额以保险金额为限。如果被保险人投保不足,保险金额低于货价时,保险人对其损失金额及支付的施救保护费用按保险金额与货价的比例计算赔偿。保险人对货物损失赔偿的金额,以及因施救或保护货物所支付的直接、合理的费用,应分别计算,并各以不超过保险金额为限。

(3)被保险货物发生保险责任范围内的损失,如果根据法律规定或有关约定,应当由承运人或其他第三者负责赔偿部分或全部的,被保险人应首先向承运人或其他第三者提出书面索赔,直至诉讼。被保险人若放弃对第三者的索赔,保险人不承担赔偿责任;如果被保险人要求保险人先予赔偿,被保险人应签发权益转让书,将向承运人或第三者提出索赔的诉讼书及有关材料移交给保险人,并协助保险人向责任方追偿。由于被保险人的过错致使保险人不能行使代位请求赔偿权利的,保险人可以相应扣减保险赔偿金。

(4)被保险货物遭受损失后的残值,应予以充分利用,经双方协商,可作价折归被保险人,并在赔款中扣除。

(二)国内航空货物运输保险

1.航空货物运输保险的保险责任。航空货物运输保险承保被保险货物在保险责任期限内的运输或存放过程中,由于下列原因遭受的损失:

(1)火灾、爆炸、雷电、冰雹、暴风、暴雨、洪水、海啸、地陷、崖崩。

(2)因飞机遭受碰撞、倾覆、坠落、失踪(在3个月以上),在危难中发生卸载以及遭遇恶劣气候或其他风险事故发生抛弃行为所造成的损失。其中,"失踪3个月以上"是指飞机起飞后与地面失去联系,下落不明,经民航局鉴定为失踪者,可按推定全损赔偿。

(3)因受震动、碰撞或压力而造成的破碎、弯曲、凹瘪、折断、开裂等损害以及由此而引起包装破裂而造成货物的散失。

(4)凡属液体、半流体或者需要用液体保存的被保险货物,在运输途中因受震动、碰撞或压力致使所装容器(包括封口)损坏发生渗漏而造成的损失,或用液体保存的货物因液体渗漏而致保存货物腐烂的损失。

(5)被保险货物因遭受偷窃或者提货不着的损失。

(6)在装货、卸货时以及港内地面运输过程中,因遭受不可抗力的意外事故及雨淋所造成的被保险货物损失。

(7)在发生保险责任范围内的灾害事故时,因施救或保护被保险货物而支付的合理费用,保险人也负责赔偿,但最高以不超过保险金额为限。

2. 航空货物运输保险的除外责任。由于下列原因造成保险货物的损失,保险人不负责赔偿:

(1)战争、军事行动、扣押、罢工、哄抢和暴动。

(2)核反应、核辐射和放射性污染。

(3)被保险货物自然损耗,本质缺陷、特性所引起的污染、变质、损坏,以及货物包装不善。

(4)在保险责任开始前,被保险货物已存在的品质不良或数量短差所造成的损失。

(5)市价跌落、运输延迟所引起的损失。

(6)属于发货人责任引起的损失。

(7)被保险人或投保人的故意行为或违法犯罪行为所致的损失。

(8)由于行政行为或执法行为所致的损失。

(9)其他不属于保险责任范围内的损失。

3. 航空货物运输保险的保险期限。航空货物运输保险保险责任起讫期是自保险货物经承运人收讫并签发保险单(凭证)时起,至该保险单(凭证)上的目的地的收货人在当地的第一个仓库或储存处所时终止。但保险货物运抵目的地后,如果收货人未及时提货,则保险责任的终止期最多延长期以收货人接到《到货通知单》以后的15天为限(以邮戳日期为准)。

由于被保险人无法控制的运输延迟、绕道、被迫卸货、重新装载、转载或承运人运用运输契约赋予的权限所作的任何航行上的变更或终止运输合同,致使被保险货物运输到非保险单所列明目的地时,在被保险人及时将获知的情况通知保险人并在必要时加缴保险费的情况下,保险合同仍然继续有效,保险责任通常按照下列规定终止:

(1)被保险货物如在非保险单所载明目的地出售,保险责任至交货时为止。但无论任何情况,均以被保险货物在卸载地卸离飞机后满15天为止。

(2)被保险货物在上述15天期限内继续运往保险单所载明原目的地或其他目的地时,保险责任仍按第一款的规定终止。

第九章

能源与航空航天保险

第一节　能源保险

一、核电站保险

(一)核电站保险概述

核电站保险是现代高科技迅速发展的产物。高科技、高风险使核电站保险有着与其他财产保险不同的特点。第一,核风险是核电站保险的主要承保责任。在所有的财产保险中,保险人都将核风险列为除外责任,而核电站保险恰恰相反,不仅承保核风险造成的财产损失,而且还承保核风险所致的第三者责任。第二,控制风险是核电站保险承保的主要手段。由于核电站风险太高,保险人特别注重风险控制。为了控制风险,保险人在承保时往往以低于保险标的实际价值的标准来确定保险金额和责任限额,并采用集团共保或再保险方式,将风险转嫁到国际保险市场,以保证经营的稳定性。第三,政策性强是核电站保险的显著特征。世界上许多国家都通过立法规定核损害的赔偿方式。因此,核电站及乏燃料处理企业必须购买核第三者责任险才能取得运行许可证,以保证公众的利益。此外,各国的核能保险集团在相互分保时,不使用再保经纪人,同时分保手续费比其他财产保险也要低,以减轻被保险人的负担。目前,在世界上有20多个国家成立了核能保险集团,中国核保险共同体于1999年5月正式成立,专门经营核风险,为民用核能的发展提供保障。

(二)核电站保险的种类

在建造核电站的合同中,通常对所有参与建造的各方涉及的保险问题做了规定,包括核电站从建设期到营运期的各种保险。因此,核电站保险的险种也分为五种。

1. 核电站建筑安装工程保险。该险种的保险标的是在核电站安装的各种机器设备。保险人主要承保保险标的在安装过程中因自然灾害和意外事故所致的损失,核风险属于除外风险。在核电站建设时期,核电站建安工险与常规的建安工险没有什么不同。但从核燃料转入反应堆开始,与核电站发电密切相关的核风险就开始了,核电站需要投保核电站物质损失保险。在此阶段应处理好核物质损失险和建安工险的责任衔接。

2. 核电站海运险。该险种主要承保核电站设备及核燃料的运输,包括运输中的临时仓储。投保人一般为业主,并以业主、主承包商、分承包商和其他合作方为共同保险人。该险种的其他规定与海上运输货物保险基本相同,但第三者责任险通常由核能保险集团承保,并经由核能保险集团安排分保。

3. 核电站常规岛机器损坏保险。该险种承保核电站除核岛外的机器设备。常规岛机器损坏险是通常建立在常规机器损坏险基础之上的,承保核电站高放区之外的所有设备,核反应堆压力容器及其内部设备属于此保单的除外责任而只能由核物质损失险进行承保。常规岛机器损坏通过对核风险予以除外,机损险保险人对从核岛设备中泄露出的辐射导致的损失不予负责。也就是说,损失发生后无论是否由于故意导致保险财产受到污染,所发生的清污费用都予以除外,如正常运营导致的结果。

4. 核电站物质损失保险。该险种的保险标的是核电站厂址内的财产如反应装置、核燃料、发电设备等项目。其保险责任除了核风险也对常规风险提供保障。常规风险包括火灾、雷电、爆炸等;核风险包括核裂变过程中超常规释放以及事故造成的核污染等。此外,保险人还可以扩展承保清除核污染的费用和损失。

5. 核电站责任保险。凡有核电站的国家,均颁布了有关核设施的法律。因此,核电站责任险主要承保核电站所有人依照本国法律规定,因发生一般保险事故或核事故,包括运输中的核事故造成第三者的财产损失和人身伤亡时依法应承担的赔偿责任。在保险实务中,保险人通常按一般事故和核事故分别拟定赔偿限额。

(三)核电站保险的保险责任

1. 物质损失保险的保险责任。由于核电站为了使核风险限制在一个特定的区域内,通常将内部的核蒸气发生器放在安全壳(即核岛)中,与核电站其他设备(即常规财产)分离开,使整个电厂分为两个相对独立的整体。核电站物质损失保险是将常规财产风险和核风险的保障合在一张保险单上,由保险标的所在国的核保险集团承保或分保。核电站保险的主要保险责任是承保核风险。核风险是指核燃料、核废物或核产品引发的辐射的、有毒的、爆炸性的物质容易造成其他财产损失的风险。

2. 核电站责任险的保险责任。核电站责任险由核第三者责任和常规第三者责任两部分组成。

(1)核第三者责任保险是根据各国核电站运营的有关法律规定,主要承保由于核辐射和核放射致使第三方人身或财产遭受伤害或损失,被保险人对第三方应承担的责任。其保险责任具体为:

①在规定的工作区域里或在中国境内运输的核燃料或放射性核废料在移交其他方之前或从其他地方接受之后发生核事故，被保险人应对第三方承担的损害赔偿责任，包括人身伤亡和财产损失。

②被保险人因发生损害事故时需要承担的诉讼费用。

(2)常规第三者责任保险与其他的第三者责任险基本相同。

(四)核电站保险的除外责任

1. 物质损失保险的除外责任。在上述的物质损失保险中，保险人常将下列各项列为除外责任：

(1)由于被保险人及其代表的故意行为或重大过失引起的损失、费用或责任；

(2)战争、类似战争行为、敌对行为、武装冲突、没收、征用、罢工、暴动引起的损失、费用或责任；

(3)因自然磨损、氧化、锈蚀而造成的损失或在正常操作中造成放射性污染而产生的清污费用；

(4)全部停工或部分停工引起的损失、费用或责任；

(5)领有公共运输用执照的车辆、船舶和飞机的损失；

(6)第三者责任险条款规定的责任范围；

(7)伴随正常运转的放射能污染造成的损失；

(8)由于地震或火山爆发而引起的损失；

(9)由于暴风、暴雨、台风、洪水、滑坡、地面下沉或塌陷所引起的损失、费用或责任；

(10)盘点损失；

(11)场外核污染造成损失。

2. 核电站责任保险的除外责任。主要包括：

(1)合同责任，即由被保险人按照其与他人签订的合同应向对方承担损害赔偿责任；

(2)被保险人所有的财产损失；

(3)特大自然灾害导致的人员伤亡和财产损失，战争、暴乱、恐怖行为、内战、革命等政治风险；

(4)大气、土地、水污染等污染风险；

(5)事故发生之日起的十年后，才向被保险人提出的索赔；

(6)正常损耗等。

此外，保险人对保险单中规定的免赔额部分不承担赔偿责任。

(五)核电站保险的保险金额

在核电站保险中，保险人对核电站物质损失保险与核电站责任分别确定保险金额与赔偿限额。保险人在确定保险金额时，通常根据核保险市场的承保能力，由保险人和被保险人协商来确定保险金额。此外，对于核电站责任险，保险人也按常规风险和核风险分别确定不同的赔偿限额。

（六）核电站保险的赔偿处理

在对核风险造成的核电站责任赔偿时，保险人一般都按法律规定处理，按照绝对责任负责承担赔偿责任，而不是按照过失责任来承担。因此，当保险人的赔偿金额超过保险单规定的赔偿限额时，国家将会提供财政补偿。特别是对于核电站的场外核泄漏事故对公众造成影响时，政府必定从各方面给予保险人支持。

二、海洋石油开发保险

（一）海洋石油开发保险概述

1859 年，美国人第一次在陆地上钻出石油，但是从海底钻探石油还是 20 世纪 50 年代后的事情，到现在也只有 60 多年的历史。海洋石油开发具有技术性强、投资巨大和风险集中的特点。海洋石油开发保险是为海洋石油工业技术的发展提供保障的险种。

石油开发商和承包商在进行作业之前，都希望将风险转嫁给保险人承担。但是，由于海洋石油钻探和开发所面临的海上风险巨大，比如在海上发生井喷、起火和溢油等海洋污染事故，一开始所有保险人都不愿意承保。劳合社以接受非常规风险而享誉保险业界，劳合社采用了水险与非水风险同时承保的做法，签具了第一张海洋石油开发保险单，才有了海洋石油开发保险。

1979 年 7 月 1 日，在第三届全国人民代表大会第二次会议上通过的《中华人民共和国中外合资经营企业法》第 8 条规定："合营企业的各项保险应向中国的保险公司投保。"此规定为保险公司开办石油保险提供了有利的法律依据。该法于 2020 年 1 月 1 日正式废止，同时被新实施的《中华人民共和国外商投资法》取代。人保公司从 1980 年开始开办石油保险业务，并于 1981 年由当时的人保总公司国外业务部签发了中国的第一张海上石油险保单。

（二）海洋石油开发保险的被保险人

根据国际法，一个国家的领土、领海（包括大陆架）、领空等都是国家的主权。要进入一国领土，必须得到主权国的批准。石油勘探开发作业中，在主权国同意利用外国技术资金进行开发后，往往采用国际招标的方式将一部分区块的资源出租给外国公司去勘探和开采。这个主权国为区块的出租人，而与主权国签订协议的外国石油公司称为承租人。

某些外国石油公司来我国投标不是单独投标。他们与国际上其他石油公司合作、合资组成投标集团。合同签字后，一般在该集团中占股份比例大的石油公司即是作业者，作业者行使代表成员进行业务活动的权力。其他股份参与人称为该区块石油合同作业合伙人。作业中的重大问题，如财务开支、作业计划、作业方案等,必须经该集团的“联合管理委员会”批准才能生效外,区块的全部日常事务都由作业者决定实施。所有参加本区块投资的人都应有代表参加联合管理委员会会议。当然,也有例外情况,有些集体联合投标后,各个石油公司由于参与股份比例相同,所以难以决定作业者公司。在这种情况下,一般组织新的公司(合资公司)进行作业。投标集团的石油公司也不称为合伙人或作业人,而称为关系人。

作业者是一个石油公司,但它不可能具备近海石油开发作业的全部力量,因此,他们需要通过国际招标的方式选择某个项目的承包人来为其作业。如钻井公司,称为钻井承包人,该公司必须为作业者提供成套钻机、钻井船或钻井平台、钻井人员及其他钻井技术力量,石油作业的承包人除钻井公司以外还包括定位测量公司、测井公司、录井公司、泥浆公司、直升机公司等,海上作业还需要供应船公司、守护潜水公司、气象服务公司等。承包人与作业者通过签订承包合同确定双方的责任、义务、权利,承包合同中有保险条款,条款内容是作业者要求承包人必须投保哪些险种,并规定责任限额、免赔额的金额,保险合同与作业者的关系等都应在保单中体现。以上这些相关方均可作为石油保险的被保险人。

(三)油气开发过程与保险

海上石油和天然气的开发,从寻找到应用石油和天然气,一般要经过以下五个阶段:

1. 物探阶段。地球物理勘探(简称物探)的方法是寻找石油和天然气的先行,也是一种间接找油、气的方法。它一般是在一个地区或海域进行普查,以发现地下可能储油、气的有利地带,然后有重点地进行勘探,根据物探的结果,确定探井井位和打深井,以发现油、气构造。

地球物理勘探一般有重力、磁力、电法以及地震等方法。其中地震勘探是石油勘探工作中应用最广、最有效的方法。它的突出优点是精度高、分辨率高、穿透度大。因此大多数情况采用地震勘探方法寻找新油田。海上地震勘探,就其本质而言和陆地上地震勘探没什么区别,都是由人工激发弹性波,用检波器组接收这个弹性波在地层界面反射回来的反射波,再由仪器把这个反射波记录下来。但是海上物探作业比陆地多了海水这一条件,它在勘探设备上与陆地就有很大区别,但是在资料处理和解释上与陆地勘探相同。

物探阶段由承包商自行购买保险,包括勘探船舶保险、物探设备保险、第三者责任保险/保赔险、雇主责任险等。

2. 勘探阶段。经过物理勘探,获得地层可能存在油、气的充足数据后,就可以进行钻探合同的签订或签订包括钻探在内的长期开发合同,勘探阶段是使用钻探设备探明海底情况,以取得可靠的油矿数据的过程。陆地钻井方法与海上的方法相同,但是较海上的方法简单,因此,在此我们着重介绍海上油、气钻井方法。

海上钻井是一项非常昂贵的作业,它包括使用特殊的浮式钻井平台,并需要供应船和直升飞机的配合作业，其中最重要的是考虑选择何种类型的钻机来完成相关作业。

井喷控制费用保险一般由作业者购买，这个阶段主要涵括下述保险：

(1)钻井设备保险；

(2)各种工作船舶如供应船、救护船的保险；

(3)井喷控制费用保险；

(4)油污责任保险；

(5)第三者责任保险、保赔责任保险；

(6)战争险和政治风险保险；

(7)丧失租金保险；

(8)雇主责任保险。

3. 建设阶段。在石油开发过程中，经过海上移动性钻井平台或钻井船的初步钻探后，根据对地层岩心资料的分析，若已肯定海底有丰富油层，值得商业开发，则要开始筹建固定平台以便进行正常生产。

固定生产平台将建在井口上，在建造之前作业人对海底储油量必须有正确估计，因为平台建造以及各项设施包括陆上配套设施规模的大小都与这个因素有关系。根据油层的情况，作业的石油公司决定安装不同的平台，比如是装单井生产平台还是装多井生产平台。钻井平台或生产平台的价值取决于平台和生产能力的大小。在大型钻井或生产平台建设的同时，作为后勤基地的生活平台也同时建立起来，平台上的财产包括宿舍、器材、设施等。

建造保险一般由作业者购买，主要险种有：油田建造保险、安装工程保险、铺设油管保险等。

4. 生产阶段。从石油生产控制系统和岸上及水下各种设施管道均已完工时起，即转入正常生产。生产阶段从正常生产起开始至油田枯竭弃置为止，生产时间根据油层蕴藏量、生产速度而长短不同，一般在 15 至 20 年左右。这个阶段除继续投保钻探阶段各种保险外，还要增加各种建设、设备、油站、油库的财产保险，以及生产作业中各种其他风险。一般由业主投保生产险"一揽子"保单来转嫁生产阶段的综合风险，该"一揽子"保单里包含了多个险种，包括海上和陆上物质损失财产险、第三者责任保险、井喷控制费用保险、船舶险、运输仓储保险等。

5. 弃置阶段。当油气井的油气藏量已经开采完全，没有继续开采的价值，则需要作弃置处理。主要的弃置工作包括：撤走水面套管，拆除所有的下井设施，井洞用水泥封堵，井口用厚钢板封死，以免弃置后发生井喷。

弃置阶段保险由业主购买，弃置井的井喷风险很低，很多被保险人都选择不投保。若投保，通常购买第三者责任险。

(四)海洋石油开发保险的主要险种介绍

海洋石油开发经过物探、勘探、建设、生产、弃置五个阶段，这些阶段的保险根据风险情况不同,所使用的险种也有所不同。接下来,主要介绍一下在这五个阶段常用的险种。

1. 井喷控制费用保险。井喷的控制费用一般是根据井的自身情况以及其他因素(比如地理位置、专业井控人员的工作效果)来推测,但是也有可能为了控制井喷而钻一口或若干口救护井(又叫泄压井),如果这样的话,井喷控制费用还得包括钻救护井的费用和租用钻井船的费用。

现在,国际保险市场上通行的"井喷控制费用保险"的保单是伦敦 Energy Exploration and Development,简称 EED(8/86)保单。它是伦敦市场的承保人设计的一揽子形式的保单,保险内容基本涵括了有关控制井喷产生的相关费用。

井喷的控制费用保险主要包括三个内容:井喷控制费用,重钻/额外费用,渗漏和污染、清除和沾染费用。此外,还有几个扩展责任批单:井的安全批单,地下井喷控制费用批单,照料、保管和控制批单,撤离费用批单,扩展重钻和恢复费用批单。

2. 建造安装工程保险。海上石油开发建造安装工程保险根据生产设备的规模、建设方法等不同而有多种风险存在,主要包括以下方面的风险:

钻井/生产平台等设备在制造期的风险;

钻井/生产平台等设备由制造地点运送到安装地点的风险;

建筑/安装过程中的风险。

建造安装工程保险使用"WELCAR2001 条款",该条款是由劳合社的辛迪加威灵顿于 2001 年 4 月推荐使用的,国际保险市场的经纪人、各国的保险公司广泛地使用该条款对海上油田建造安装风险提供保障。

"WELCAR2001 条款"的保险内容主要分为物质损失和第三者责任两个部分。物质损失部分的保险责任分为两大类,即物质损失或损坏和费用。其中物质损失或损坏包括物质损失和损坏的一切险以及因为政府行为导致的故意损坏风险。费用包括共同海损与救助费用、施救费用、残骸清除费用、海上取消费用、加班费用、疏散费用、转运费用。第三者的责任旨在承包商的保单之外提供更多的有限度对第三方责任的保障。

3. 平台保险。钻井平台保险承保被保险财产的一切物质损失。其保险标的为固定平台装置,包括平台本身、人行道、登陆斜梯(但不包括系缆机)以及置放在平台上的为被保险人所有的或由被保险人负责经营或保管的各种财产。钻井平台因设计不当引起的损失,经保险人同意并加收保险费后可予以承保。钻井平台保险一般采用定值保险方式承保,保险金额以重置价值方式确定。

4. 移动式钻探设备保险。该险种通常由钻井平台或钻井船所有人或承包人负责投保。被保险财产为保险单列明的钻井平台和钻井船体及有关装置设备,包括钻井机及设备、自升机、起重设备及其他备用物、附属物,甚至包括装载在钻井船附近有关的其他船舶(船舶本身除外)上的设备、工具、机械、沉箱、起立架、材料、供应物、配件、钻井机和设备、井架、钻柱、套管、钻杆以及正在钻井中的钻柱等配套项目。

对于潜式、自升式、半潜式和钻探船四类移动式钻探设备，通常按钻井驳船保险条款进行保险，伦敦保险市场订有标准保险格式，称为"伦敦标准钻井(驳)船一切保险单格式(London Standard Offshore Drilling Barge Form-All Risks)(简称LSDBF)，该保单格式适用于此类钻井设备的保险。1996年，由伦敦钻井设备委员会推出了伦敦海上移动装置保险单格式London Market Offshore Mobile Unit Form(简称LMOMUF)格式，该格式意在为钻井船提供标准的保险保障，并更新了LSDBF的条款内容。

5. 平台钻井机保险。保险人对于在保险单列明的作业区域作业的平台钻井机所遭受的直接损失负责赔偿，同时对保险标的在岸上储存或在港口与平台之间的往返运输过程中引起的直接损失也予负责。根据保险条件，平台钻井机保险负责赔偿被保险财产的一切直接损失，但被保险人、财产所有人或管理人未恪尽职责而造成的损失不负责赔偿。

6. 第三者责任保险。海上开发石油过程中对第三者造成的损失，有法定赔偿的责任，此类责任和损失可以单独进行保险。保险内容主要是承保海上石油钻探开发作业中引起的在法律上应予以承担的第三者人身伤亡和财产损失及有关费用。

在船舶方面一般第三者责任包括在保赔责任险内，而石油开发作业人对其本身责任引起的井喷控制费用和油井引起的油污责任和费用也另行安排保险，则在钻探作业中单独投保第三者责任保险必要性不大，目前国际上有混合投保"保赔责任/租船人责任/第三者责任"保险，这也是避免重复保险而设计的险种。

7. 管道保险。管道是石油工业中输送油、气最有效的手段。管道保险可分为管道铺设保险和管道作业保险两种。前者一般按工程保险承保，有时也可附加在海洋石油开发工程建造保险中作为整个工程的一部分；后者一般按钻井平台保险承保，但保险人在承保时应查明管道铺设的时间和地点、管道承建单位、管道口径大小、作业地点水深、管道价值、水下管道是否埋设以及过去损失记录等。管道保险一般采取第一危险方式承保。管道保险的保险责任和除外责任与平台保险基本相同，只是增加了某些有关输油管线特殊风险的内容。

8. 工作船保险。海洋石油开发作业中，各种勘探船和工作船艇，根据使用、航行范围、船型等，由船东决定向保险公司投保各种船舶保险。投保险别主要为船壳险，可加保战争罢工。承保范围包括全损、救助费、沉没、触礁、搁浅、火损、水损、碰撞、共同海损和碰撞责任等。

9. 保赔责任保险。保赔责任保险属于船舶或浮式钻井平台或浮式生产储油轮的所有人的责任，是船舶保险的有效补充。按照国际惯例，海上航行的商业船舶除投保船壳险外,大部分都参加某一个船东保障与赔偿协会(Shipowners Protection & Indemnity Association 简称 P&I Club),以转嫁船舶险除外的风险。保赔协会用征集会费建立基金取代常见的保险费,协会成员在保险年度之初支付一笔根据协会以往经验估算出的全年会费,待年终时再根据全年实际损失情况支付调整部分的会费。入会的船舶可以根据需要取得协会会章规定的责任损失和费用补偿。

保赔责任保险的主要保险内容包括:

(1)对其他船及船上货物、财产造成的损失(船舶碰撞责任以外的范围);

(2)对港湾、港口固定物、移动物、海产、鱼类造成的损失;

(3)有关第三者的人身伤亡的赔偿责任;

(4)船员的人身伤亡、疾病的赔偿责任;

(5)钻井船或设备上雇佣人员以外其他人员伤亡赔偿责任;

(6)人命救助费用;

(7)吊祭费,遗物、遗骸交递费;

(8)船员衣物、行李物品的赔偿责任;

(9)检疫费用;

(10)伤病员、偷渡人员下船费用;

(11)遣返、代替人员费用;

(12)防止或减少损失所引起的诉讼费用;

(13)对被保险人自身财物带来的损失;

(14)拖航合同的责任;

(15)使用起重设备、浮船及装卸工具的合同责任;

(16)非油井原因引起的油污赔偿责任;

(17)清除船骸或建立险标等的费用。

10. 营业中断保险。营业中断险承保由于火灾和自然灾害或意外事故,被保险人在保险财产从受损到恢复至营业前状况一段时期内,因停产、停业或营业受到影响所造成的利润损失和受灾的营业中断期间所需开支的必要费用等间接经济损失。

营业中断险必须以发生一揽子保单里的建造险或生产险的物质损失为前提条件。保险保障项目分为三类:

(1)营业额减少所致的毛利润损失;

(2)营业费用增加所致的毛利润损失;

(3)工资。

第二节　航空航天保险

一、航空保险

(一)飞机保险概述

航空保险亦称飞机保险。飞机保险是随着飞机制造业的发展,在海上保险和人身意外伤害保险的基础上发展起来的一个保险领域。飞机保险具有综合性保险的特点,既包括财产保险,如以飞机及设备为保险标的的飞机及零备件保险;又包括责任保险,如承保承运人对旅客及第三者的法定责任保险;还包括人身意外伤害保险,如机组人员人身意外伤害保险、航空人身意外伤害保险等。飞机保险的种类如下。

1. 飞机机身保险。包括:

(1)飞机机身(零备件)一切险。飞机机身及零备件保险主要承保飞机机身及其零备件的损坏、灭失、失踪,飞机发生碰撞、跌落、爆炸、失火等造成的飞机的全部或部分损失。此外,保险人还负责因自然灾害和意外事故引起的飞机拆卸、重装和清除残骸的费用。

该保险一般都附加第三者责任险。第三者责任险主要承保航空公司由于飞机遭受意外事故造成第三者的人身伤亡或财产损失在法律上应负的赔偿责任。保险人负责赔偿在规定的责任限额内的第三者责任损失。

(2)飞机机身免赔额保险。该保险是机身险的附加险。飞机保险根据不同型号的飞机,规定有不同的免赔额。例如,波音 747 型飞机免赔额为 100 万美元;波音 737－300 型飞机免赔额为 75 万美元;波音 737－200 型飞机免赔额为 50 万美元。因此,保险人为了满足被保险人的需要,允许投保机身(零备件)一切险的同时附加投保免赔额保险。其保险只是将一切险原有的免赔额降到相对低的水平,而不是取消免赔额。该保险的保险金额以机身一切险的免赔额为限,保险费与该保险的免赔额的高低成反比,免赔额越高,保险费就越低。

(3)飞机试飞保险。该保险是机身险的附加险。其承保标的是从生产线上下来、出厂前或被维修后交给客户前,为验证其飞机性能而需试飞的飞机。试飞的飞机通常均未取得或需要重新取得运输适航证。保险人承保时,对于新制造的飞机,一般规定适当的飞行小时数和地面停放天数作为收取保险费的基础,保险期满时再根据实际情况加以调整;对于维修的飞机,一般以维修合同为基础,根据维修后不同的试飞项目在机身险项下加收一定的保险费。

2. 旅客法定责任保险。旅客法定责任保险主要承保航空公司对被保险飞机所载的旅客在乘坐飞机或上下飞机时,因意外事故造成的人身伤亡和行李损坏、丢失或延迟送还所造成的损失,依法应负的赔偿责任。

3. 战争和劫持险。战争和劫持险一般作为附加险，主要承保由于战争、劫持、敌对行为、武装冲突、罢工、民变、暴动、飞机被扣留、飞机被没收或第三者恶意破坏造成的被保险飞机及其部件的损坏、灭失，以及由此引起的被保险人对第三者或旅客应负的法律责任。

4. 其他保险。包括：

(1)机场经营人责任保险。简称机场责任保险，该保险主要承保由于机场经营人或其工作人员的过失、疏忽造成的第三者的飞机或其他财产损失和人身伤亡在法律上应负的赔偿责任。例如，由于机场当局拥有或操作的电梯通道或者机动车辆发生意外事故致使第三者人身伤亡或财产损失，机场经营人应当承担的有关法律赔偿责任。

(2)飞机产品责任保险。飞机产品责任保险的被保险人通常是飞机的生产制造商。该保险主要承保由于飞机制造商或设计师因设计错误、制造上的缺陷、修理错误或零配件不合格而造成飞机及其他财产损失或人身伤亡的赔偿责任。

(3)机组人员人身意外伤害保险。机组人员的人身意外伤害保险可以在飞机责任险部分扩展承保，也可以单独承保，其目的是保障机组人员因遭受意外事故造成人身伤亡后能获得必要的经济赔偿。

(4)飞机旅客人身意外伤害保险。该保险主要承保旅客在乘坐飞机过程中，因意外事故造成旅客人身伤亡，不论航空公司有无责任，保险人均负责赔偿。

(5)丧失执照保险。该保险主要承保飞机驾驶员或其他持有飞行执照的机组人员(有时也包括地面维修人员)，由于意外事故致使其丧失工作能力或者不能再从事其原来的工作而造成的损失。

(6)飞机承运货物责任保险。该保险主要承保由航空公司负责承运的货物在运输过程中发生损失时依法应承担的赔偿责任。

目前在国际航空保险市场上，除上述险种外，常见的险种还有飞机修理人责任保险、飞机注油责任保险、飞行表演责任保险等。

(二)飞机机身(零备件)一切险的主要内容

1. 飞机机身(零备件)一切险的保险责任。该保险承保各种类型的客机、货机、客货两用机以及从事各种专业用途的飞机。该保险中“飞机机身”的概念包括机壳以及其他使飞机飞行的零部件和发动机。飞机机身及零备件和设备一切险的保险责任包括：

(1)由被保险人拥有、使用的飞机不论何种原因(不包括保险单列明的除外责任)造成的损毁和灭失；或由于维修或修理时从飞机上拆卸下来且又未将同类型的零备件装配在飞机上，而由被保险人负责保管的零备件的损毁或灭失，因为该零备件或发动机尽管被拆下离开了机身，但仍属于机身的一部分，如果发生损失仍由保险人负责赔偿。

(2)由被保险人拥有或使用的从被保险飞机上替换下来的零部件和设备的损毁或灭失(通常上述零部件的保险金额应在保险单上另行列明)。

(3)被保险飞机起飞后失踪,并且在10天之内未得到任何行踪消息所构成的损失。

(4)扩展责任。包括:

①承保由于人力不可抗拒的原因或者由于判断错误致使飞机降落某地,并且无法再次起飞而必须拆机而引起的拆机费用、运送到最近的合适的停机场的运输费用和最后重新安装费用。

②承保由于被保险人或其代表因对飞机进行防护、安装、保障而引起的救助、施救和旅行费用等。

(5)修理费用。包括:

①飞机发生损失后所支付的修理费用,包括为了修理需往返于飞机停放地或修理地点之间运送修理人员、零部件、工具设备的运输费用。

②飞机修理后的试飞费用或重新取得适航证的费用。

③修理费用的计算。如果被保险人自己进行修理,被保险人可以选择两种计算修理费用的方式:一是按修理人的实际工资加250%计算修理费用;二是按被保险人工时费加上合理的运输及存放费用计算。如果是由其他人修理飞机,修理费用应为实际修理费用加上被保险人监督修理而产生的费用,以及试飞费用或重新获得适航证的费用。

2.飞机机身(零备件)一切险的除外责任。除外责任除了有战争和军事行动、飞机不符合适航条件而飞行和被保险人的故意行为等之外,还包括机械失灵、自然磨损、内在缺陷;由于发动机吸入石子、灰尘、沙土、冰块等而造成发动机的损失;存仓零备件、设备无法解释的减少、丢失或者在清仓时发现的短少等。

(三)旅客(行李、货物、邮件)法定责任保险和第三者责任保险的主要内容

1.保险责任。旅客、行李、货物、邮件法定责任保险和第三者责任保险承保由以下原因引起的被保险人依法承担的人身伤害和财产损失赔偿责任:①由于使用或拥有飞机、飞机部件造成的责任事故;②在被保险人经营业务的机场内发生的事故;③其他与被保险人从事空中运送旅客或货物业务有关的活动中发生的事故;④由于使用或经营飞机或由于从事空中运输事业而提供货物、服务而发生的事故。

2.扩展责任。旅客、行李、货物、邮件法定责任保险可以扩展承保以下损失及费用:①根据与邮政当局的签订的邮件运输合同而承担的法律责任。②与被保险人无雇佣关系但乘坐被保险人飞机的授权观察员所承担的法律责任。③清理残骸费用。即发生事故后,被保险人因清理、移动时而损坏飞机或者由于疏忽在清理或移动飞机失败而引起的责任和费用。④由于搜索、寻找、营救工作而引起的费用;⑤为了减少被保险飞机的损失或为了避免事故扩大而使用灭火剂后引起的费用,以及依据法律规定应由被保险人支付的费用等。每次事故的所有费用之和不得超过飞机保险金额的一定比例,如10%。

3. 附加人身伤害责任。旅客、行李、货物、邮件责任法定保险和第三者责任保险负责承保由以下原因引起的被保险人的人身伤害责任:

(1)非法拘留、监禁、扣押或关押;

(2)恶意中伤;

(3)错误进入、驱逐或侵入私宅及领地;

(4)由于拒绝运送而造成的非敌意的种族歧视;

(5)通过刊物或语言诽谤贬低而造成的侵权行为;

(6)由于提供必要的紧急救护而产生的医疗错误而引起的责任。保险人不承担赔偿的责任有:被保险人同意、默许的人身攻击;直接进行的人身攻击;对被保险人过去、现在或将来可能雇用的工作人员的人身攻击;在保险期限以外发行的刊物或语言而进行的人身攻击等。

4. 其他费用。包括:

(1)保险人有权代表被保险人或以被保险人的名义,就承保风险造成的损失对被保险人提出的索赔引起的诉讼进行抗辩。保险人负责赔付事先同意的上述合理的、必要的法律辩护费用。

(2)保险人负责经事先同意支付的被保险人为解除财产扣押所需的担保金和抗辩过程中要求的保证金,但最高不得超过保险单列明的责任限额。

(3)保险人负责上述诉讼中对被保险人收取的费用。

(4)保险人负责赔偿对于保险责任范围内的事故引起被保险人所承担的食品、抢救住院和医疗护理,以及丧葬或将尸体和受伤人员运送回国等合理费用。

(5)按照航空运输合同规定,被保险人有义务在迫降事故发生后,采用其他运输方式把旅客从迫降地运抵目的地,因此而引起的运费由保险人负责赔偿。

5. 除外责任。旅客、行李、货物、邮件法定责任保险和第三者责任保险对下列责任不负责赔偿:

(1)房屋或由被保险人占用的建筑物的损失;

(2)有营运牌照的机动车辆的责任及损失,但在机场范围内被保险人使用的车辆除外;

(3)由被保险人分配、提供、销售、处理、服务、修理、改装、建筑、生产的不合格产品和货物进行的修理或换置费用;

(4)由于错误或不按规定而进行工作、设计、生产而造成的损失。

(四)飞机保险的保险金额

保险种类不同,保险金额确定方式也不同。

1. 飞机机身(零备件)一切险保险金额的确定。飞机保险是定值保险,其保险金额与保险价值相等。飞机保险的保险金额可以按三种方式确定：

(1)账面价值,即按购买飞机时的实际价值或按年度账面逐年扣减折旧后的价值；

(2)重置价值,即按照市场同样类型、同样机龄飞机的市场价值；

(3)双方协定价值,即由保险人与被保险人共同协商确定的价值。

2. 旅客法定责任保险和第三者责任保险责任限额的确定。旅客法定责任保险和第三者责任保险的责任限额是按每次事故来确定的。确定责任限额主要考虑的因素有：飞机的飞行路线、飞机的型号、有关国家对人身伤亡赔偿限额的规定、旅客的构成等。如果是以机队形式投保的,还要考虑机队飞机的构成。

(五)飞机保险的保险费率

1. 飞机机身(零备件)一切险费率的确定。厘定该险种费率通常考虑的因素有：飞机类型、航空公司的损失记录、飞行员及机组人员的保险情况、飞机的飞行小时及飞机的机龄、飞行范围及飞机用途、免赔额的高低、机队规模的大小、国际保险市场的行情等。

飞机保险的保险费率分为年费率和短期费率。短期费率一般为年费率的一定比例,例如承保 1 个月,费率为年费率的 19% 左右。

2. 旅客法定责任保险和第三者责任保险的保险费计算。旅客法定责任保险的保险费一般按飞行客公里来计算,收取保险费的办法是在年初按全年预计保险费的 75% 预收(也称为预收保险费或最低保险费),到保险期限届满时,再根据实际完成飞行客公里数进行调整。如果是单架飞机投保,保险人则按旅客座位数收取一定的保险费。

第三者责任保险的保险费可以按机队规模或者按机型一次收取。

货物法定责任保险的保险费则是按航空公司每年货物运输营业额收取。

3. 飞机保险停航退费规定。飞机飞行时和停在地面上的风险是不一样的,所以飞机进行修理(仅指正常修理和非保险事故的修理)或连续停航超过规定天数(如 10 天或 14 天)时,此期间的保险费可以办理停航退费。停航退费的计算公式是：

$$停航退费 = 保额 \times (飞行费率 - 地面费率) \times 75\% \times 停航天数/365$$

如果飞机是因发生保险事故进行修理的,则在修理期间的停航不予办理退费。

(六)飞机保险的赔偿处理

对于不同的保险,赔偿办法也不同。

1. 飞机全部损失及部分损失的赔偿。飞机发生全损的,保险人按飞机的保险金额全部赔付,不扣免赔额。此外,保险人还负责赔偿清理飞机残骸的费用。如果被保险人宣布推定全损,保险人可不接受委付,但是按保险金额扣减残值方式计算赔款。飞机发生失踪,保险人按全损赔付。飞机发生部分损失,保险人按实际修理费用扣除免赔额后计算赔款。

无论飞机是全损还是部分损失,保险人均负责赔偿施救费用(通常以保险金额的10%为限)、运输费用(将飞机从出事地点运往修理厂的费用)和抢救费用(为抢救飞机而实施的灭火或其他抢救措施所支付的费用)等。

2. 旅客法定责任保险的赔偿。旅客伤亡原则上按有关法规或国际公约规定的责任限额予以赔偿,如按照《华沙公约》和《海牙议定书》的规定,每一旅客的最高赔偿限额为25万金法郎,约合2万美元;行李为每公斤250金法郎,约合20美元。

3. 第三者责任险的赔偿。第三者责任险通常不规定免赔额。第三者责任险的损失赔偿一般可分为三类:

(1)空中碰撞造成的其他飞机及人身伤亡及财产损失。对于碰撞责任通常采用分摊责任制来确定,如甲航空公司负责60%,乙航空公司负责10%,空中交通指挥负责30%。保险人按自己所承保的责任比例负责赔偿。

(2)飞机在地面上造成第三者的人身伤亡和财产损失。飞机造成地面上任何人员、设备、飞机等损失,一般按照当地机场的规定或有关合同来确定赔偿责任。

(3)飞机在空中造成地面上的第三者的任何损失(如从飞机上坠人或坠物)。一般按当地法律来处理,也可以参照有关国际公约的规定处理。

二、航天保险

航天保险是指为航天产品包括卫星、航天飞机、运载火箭等在发射前的制造、运输、安装和发射时以及发射后的轨道运行、使用寿命提供保险保障的综合性财产保险业务。它承保的是航天产品在进入太空全过程中遇挫或遭受灾害事故的经济损失。由于航天工业是当今世界的高科技系统工程,航天保险也成为保险市场上技术性最强的保险业务。同时,随着航天技术的进一步发展,航天保险的内容和技术将更加完善。

目前,国际保险市场上主要经营的航天保险业务是卫星保险。根据承保风险的不同,航天保险可以分为卫星及火箭或其他运载工具的工程保险、发射前卫星及火箭保险、卫星发射保险、卫星运行寿命保险、卫星经营者收入损失保险、卫星及发射责任保险等。

第十章

责任保险

第一节　责任保险概述

一、责任保险概念

责任保险是一种以被保险人对第三者依法应承担的经济赔偿责任为保险标的的保险。企业、团体、家庭和个人在各种生产活动或日常生活中,由于疏忽、过失等行为对他人造成人身伤亡或财产损害,依法应承担的经济赔偿责任,可以通过投保有关责任保险转移给保险人。我国《保险法》第 65 条第 4 款规定,责任保险是指以被保险人对第三者依法应负的赔偿责任为保险标的的保险。

责任保险作为一类自成体系的保险业务,始于 19 世纪的欧美国家。最初以独立险种形式出现的责任保险险种是雇主责任保险。责任保险属于广义的财产保险范畴。广义财产保险保障的财产损失可分为三种:一是直接损失。例如厂房因火灾而造成的损失;食品受潮造成的霉烂损失。二是间接损失。例如因遭受损害事故,营业中断,导致生产利润未能实现的损失。三是责任损失。责任损失是指因承担责任而造成的赔偿。例如,医生因误诊对病人要承担的赔偿责任,汽车驾驶人撞伤其他人需要承担的赔偿责任等。也就是说,被保险人致他人损害而对他人需要承担损害赔偿责任,这种后果可以致使被保险人现有财产利益减少。因此,责任保险就是对责任损失的一种补偿方法。

责任保险的适用范围是十分广泛的。其适用对象包括:各种公众活动场所的所有者、经营管理者;各种产品的生产者、销售者和维修者;各种运输工具的所有者、经营管理者或驾驶员;各种需要雇用员工的单位;各种提供职业技术服务的单位或个人;城乡居民家庭或个人;等等。此外,建设工程的所有者、承包者等也对相关责任事故风险具有保险利益;一些非公众活动场所也存在着公众责任风险等。责任保险按照不同的适用范围主要分为公众责任保险、产品责任保险、雇主责任保险和职业责任保险四大类。

二、责任保险的法律基础

民事责任是行为人违反法定民事义务、侵害他人民事权益而应承担的法律后果。民事责任与刑事责任、行政责任等都是法律责任。某一刑事违法行为如果同时造成受害人的财产损失，犯罪者就可能在承担刑事责任的同时承担民事责任，在行政违法行为中也存在类似情况。但是民事责任的主要目的不在于惩罚侵害人而在于恢复受害人的权利，弥补权利人所受到的损害。这种目的决定了民事责任兼有财产性和补偿性双重性质。

民事责任可以分为侵权责任与合同责任（违约责任）。责任保险承保的民事责任既包括侵权的民事责任（即侵权责任），也包括违反合同的民事责任（即合同责任或违约责任）。侵权责任又分为过失责任和严格责任。过失责任指行为人应当注意、能够注意却没有注意而导致他人财产损失或人身损害，构成侵权行为，从而依法对受害人承担的法律后果。责任保险中承保的大部分责任是过失责任。严格责任又称无过错责任，是指不以致害人主观过错为归责原则的侵权民事责任。不论行为人主观上有无过错，只要他的行为造成损害事实，就应当承担民事赔偿责任。

根据《中华人民共和国民法典》第 179 条规定，承担民事责任有以下方式（见图 10—1）。

承担民事责任的主要方式

- 保护物权的责任方式
  - (1)停止侵害
  - (2)排除妨碍
  - (3)消除危险
  - (4)返还财产
  - (5)恢复原状
  - (6)修理、重作、更换
- 保护债权的责任方式
  - (7)赔偿损失
  - (8)支付违约金
- 补救非财产权利的责任方式
  - (9)消除影响、恢复名誉
  - (10)赔礼道歉

图 10—1 承担民事责任的主要方式

（一）侵权责任

侵权责任因侵权行为所引起。所谓侵权行为是指行为人侵害他人财产和人身等合法权益，依法应当承担民事责任的行为。侵权行为侵害的是绝对权，如自然人或法人的人身权和财产权，这种权利不容侵犯。侵权行为的侵害人和受害人之间并不存在合同关系，只是由于侵权行为的发生而在当事人之间产生侵权损害赔偿关系。侵权行为的行为人可能是完全民事行为能力人，也可能是无民事行为能力人或限制民事行为能力人。

侵权行为主要分为一般侵权行为和特殊侵权行为两种。一般侵权行为是指行为人因自己的过错致人损害时，适用民法上的一般责任条款。特殊侵权行为是指当事人基于与自己有关的行为、事件或其他特别原因致人损害，应依照民法上的特别责任条款或民事特别法的规定而应负的民事责任，如国家机关工作人员的职务侵权行为、环境污染致人损害的行为等。

侵权民事责任构成的要件主要包括：

1. 损害事实。这是追究民事责任的前提。损害事实是侵权行为给受害人造成的不利后果，既包括财产损害，也包括人身损害。构成损害应当具备三个条件：一是损害的可补救性；二是损害的确定性；三是损害对象的合法性。

2. 行为人的过错。所谓过错，是指侵权行为人在实施侵权行为时主观上所表现出来的在法律和道德上应受非难的心理状态，包括故意和过失。所谓故意，是指行为人已经意识到行为的损害后果，但仍然积极追求或放任该种后果的发生；所谓过失，是指行为人应该意识到行为的损害后果，但由于疏忽大意未尽到合理的注意义务而未能预见到损害后果，最终导致损害结果的发生。过失行为包括作为和不作为两种。作为是指行为人以积极的行动实施了法律禁止的行为，亦即做了不该做的事情；不作为是指行为人应当实施一定行为的义务并且能够履行却不履行的行为，亦即没有做该做的事情。

3. 行为的违法性。违法行为，是指侵权行为本身为法律所禁止的行为，是承担民事责任的必要条件。按照法律规定，只有损害他人权利和利益的行为才受到法律的制裁，并依照相关法律补偿受害人。

4. 违法行为和损害事实之间的因果关系。在无过错责任的情形下，因果关系是确定责任范围的直接依据。

（二）合同责任

合同责任，又称违约责任，是指当事人不履行合同债务时，向对方当事人所应当承担的民事责任。合同责任主要为违约方应当承担的财产上的责任，包括损害赔偿、恢复原状、支付违约金等形式。

合同责任具有以下特点：①合同责任是因为违反合同约定而发生的责任。②合同责任的承担不以当事人的过错为要件。债务人不履行债务或者履行债务不符合合同约定或法律规定的，应当承担合同责任。③当事人可以事先约定合同责任的承担及其内容。

合同责任有下列两种：

1. 直接合同责任。即合同一方违反合同规定的义务，对另一方造成损害应承担的赔偿责任。例如，根据雇用合同规定，企业对员工在受雇期间受到的人身伤害应负的赔偿责任，为直接合同责任。

2. 间接合同责任。即合同一方根据合同规定，对另一方造成他人损害应负的赔偿责任。如,按照工程合同规定,在施工期间承包人的过失造成他人财产损失或人身伤害时,由工程所有人承担的赔偿责任,为间接合同责任。

三、责任保险的特点

责任保险与其他保险相比,其共同点都是以大数法则为计算保险费率的基础,经营原则与经营方式也都一致。但是,责任保险的赔偿包括人身损害和财产损失两个方面的经济损失,这些损失又是由于法律责任引起的损害赔偿。因而,与人身保险和其他财产保险比较,责任保险有着许多不同之处。

(一)保险标的不同

人身保险是以人的生命或身体为保险标的;货物运输保险、家庭财产保险和企业财产保险是以有形的财产及其相关利益为保险标的;而责任保险的保险标的是被保险人在法律上对他人的无形的民事赔偿责任。由于民事损害赔偿责任通常包括人身损害和财产损失两部分,所以,责任保险的保险风险也都在此范围内。如果保险条款中有明确的精神损害赔偿或惩罚性赔偿的约定时,保险人除赔偿人身损害和财产损失外,还可能赔偿上述约定的内容。

(二)承保事故不同

人身保险的承保事故是人体的疾病、伤残或者死亡;有形财产的承保事故是财产的损坏或者灭失。而责任保险承保事故的确立需要两个要素:①依照法律,被保险人对第三者的损失须负有赔偿责任;②第三者受到损失后向被保险人提出赔偿的要求。两者同时成立时,才产生责任保险所承保的事故。

(三)赔偿目的不同

人身保险和有形的财产保险是为了赔偿因意外事故造成被保险人自己的生命、身体或自己的财产损失;而责任保险是为了赔偿被保险人因意外事故造成其在法律上对第三者的损害赔偿责任。责任保险可以避免被保险人因承担对第三者的损害赔偿责任而遭受重大的经济损失,保障被保险人的财产安全和稳定,维护被保险人的利益。同时,责任保险也为第三者在遭受人身损害或财产损失时得到及时充分的赔偿提供了保障,从而维护了第三者的利益。因此,责任保险具有第三者保险的性质。也就是说,被保险人自己的人身或财产因意外事故受到伤害时,或被保险人的家庭成员、代理人、雇员、管理人员等因意外事故受到伤害时,责任保险的保险人不承担任何赔偿责任,只有当被保险人及其家庭成员、代理人、雇员、管理人员等致使他人(第三者)受到伤害时,引起了被保险人对受害人(第三者)的赔偿责任的,责任保险的保险人才会支付保险赔偿金。

(四)责任保险直接保障的是第三者,但也间接保障了被保险人

例如,汽车交通事故中受害者的损失由保险人赔偿,这就是所谓"代表被保险人支付"。"代表支付"的做法使责任保险更加适用于保障第三者的利益。因此,

在责任保险中,保险人赔偿的是被保险人依法负有赔偿责任时的责任损失(赔偿金额须根据保险合同的规定,在赔偿责任限额之内),赔偿金额既可以支付给被保险人,也可以支付给受损害的第三者。我国《保险法》第65条第1款规定:“保险人对责任保险的被保险人给第三者造成的损害,可以依照法律的规定或者合同的约定,直接向该第三者赔偿保险金。”在国际上,大部分责任保险的赔偿金是支付给被保险人,由被保险人转给第三者。

(五)责任保险合同当事人的特殊性

责任保险虽然赔偿第三者的损失,但这种赔偿是针对被保险人因意外事故造成的依法应向事先不确定的第三者的损失赔偿。任何一种责任保险都和财产保险一样只有保险人和被保险人两方当事人,但责任保险会涉及保险人、致害人(被保险人)、受害人(第三者)三个方面的关系。所谓“受害人”相对保险人和被保险人而言,又称为第三者。保险人与致害人之间建立的是责任保险合同关系,受害人与致害人之间建立的是被侵权者与侵权者的关系。三者的基本关系如图10—2所示。

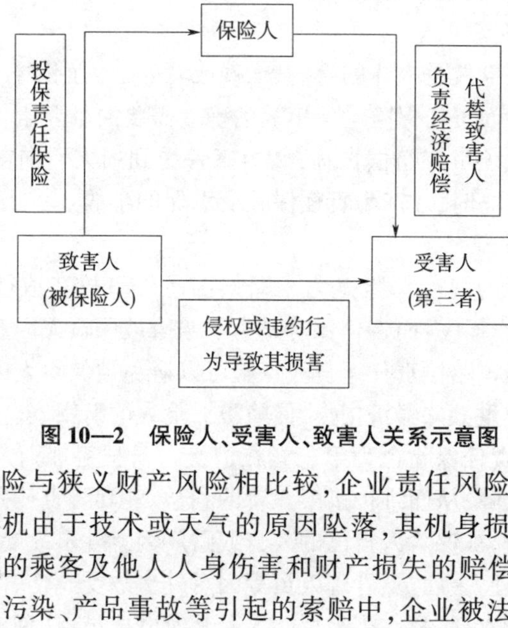

图10—2 保险人、受害人、致害人关系示意图

此外,责任风险与狭义财产风险相比较,企业责任风险具有更大的不确定性。例如,大型客机由于技术或天气的原因坠落,其机身损失可能达数千万美元,而其可能造成的乘客及他人人身伤害和财产损失的赔偿可能更加巨大。国际上因公共安全、污染、产品事故等引起的索赔中,企业被法院判处巨额赔偿的情况已司空见惯。鉴于责任风险的特点与其发展趋势,企业风险管理者应给予足够的重视。

四、责任保险的承保方式

责任保险以事故发生期间为基础,其承保方式分为两种。

(一)期内发生式

这是指被保险人的侵权行为发生在保险合同有效期内,则保险人应对被保险人的民事赔偿责任负责承担保险责任,而不论索赔是否发生在保险合同有效期内。因此,以期内发生式承保的责任保险,其保险合同终止多年以后,仍有可能发生索赔,成为"长尾巴"业务。为此,保险人通常会规定一个索赔的期限,即"报告期",超出"报告期"保险人不受理。

(二)期内索赔式

这是指在保险合同有效期内,受害人向被保险人提出的索赔只要在保险责任范围内,保险人均负责赔偿。因此,以期内索赔式承保的责任保险,不考虑责任事故发生的时间,只要第一次提出索赔的时间在保险合同有效期内,保险人就负责赔偿。同时,为避免道德风险,保险人通常会规定一个事故发生的期限,即"追溯期",超出追溯期的责任事故,保险人不负责赔偿。

为避免责任保险成为长尾巴业务,实务中,保险人多以期内索赔式作为主要承保方式。

第二节 公众责任保险

一、公众责任保险的保险责任

公众责任风险是普遍存在的,在各种公众场所,如工厂、商店、旅馆、展览馆、医院、影剧院、运动场、动物园等场所,或者旅游公司、航空公司、车队、运输公司、广告公司、建筑公司等企业,或者举行展览、表演、庆祝、游览、促销等有社会公众参加的活动,都有可能产生公众责任风险。企业在生产或经营过程中,因意外事故的发生造成第三者的人身伤害或财产损失,致害人就必须依法承担相应的民事损害赔偿责任。随着法律的健全和完善以及公民依法维护自身权益意识的提高,公众责任风险越来越有分散、转嫁的必要,这是各种公众责任保险产生并得到迅速发展的基础。

由于公众责任保险的广泛适用性和承保形式的多样性,决定了不同的公众责任保险条款的责任范围也不尽相同。公众责任保险的保险责任可表述为:主要承保因意外事故导致社会公众(第三者)人身伤亡或财产损失,被保险人依法对受害者应承担的民事赔偿责任。一般来说,公众责任保险的责任范围包括以下内容:

(一)第三者人身伤亡或财产损失

1. 公众责任保险负责赔偿意外事故发生并造成第三者人身伤亡或财产损失。这里的"第三者"是指公众,包括保险人、被保险人及其雇员以外的任何自然人或法人;人身伤亡是指人员伤残或死亡;财产损失是指财产的物质损坏或灭失,包括由此产生的丧失使用价值造成的损失和其他费用。意外事故是指不可预料的以及被保险人无法控制并造成物质损失或人身伤亡的突发性事件。

2. 被保险人依法应承担的民事赔偿责任。与其他责任保险一样，公众责任保险承担的是被保险人对第三者依法承担的民事赔偿责任。责任保险中涉及两层不同的责任关系。其一是被保险人依法对社会公众（第三者）应承担的民事赔偿责任；其二是保险人依照保险合同对被保险人应承担的保险赔偿责任。在我国，被保险人对第三者的民事赔偿责任的民事法律依据就是《民法典》。

《民法典》第 176 条确立了保险人和被保险人承担民事责任的基本原则。第 577 条和 578 第（合同编）针对合同违约作出了具体规定。

通常，公众责任保险并不在意被保险人是否有过错，只强调责任的合法性和事故的突然性、意外性。合同责任一般不在公众责任保险的责任范围之内。

3. 被保险人依法从事生产、经营等活动。保险责任必须是因依法“经营业务”而发生“意外事故”产生的。首先，强调被保险人从事生产、经营等活动必须具有合法性。如果被保险人从事的生产、经营活动是违反国家法律、法规的，这种违法活动造成的对第三者的人身损害或财产损失，保险人不负赔偿责任。其次，这里所说的业务应该是在保险单中列明的业务，如果是超出保险单中列明的业务范围，则不属于保险责任。之所以有这样的规定，是因为经营范围不同则风险程度可能不同，因此被保险人应该事先告知所有需要获得保障的业务活动供保险人评估。正因如此，保险人在承保时应明确告知投保人，投保单中“营业性质”一栏应正确填写。

4. 保险事故发生的地点范围。保险合同对保险事故的发生地点也是有限制的，即必须发生在保险单列明的被保险人的营业场所范围内。因此，如果被保险人有多处营业场所，应在保险单中一一列明。被保险人要求的承保区域范围越大，说明其业务活动范围越大，对社会公众的影响也越大，风险自然也随之增加。

5. 保险人的承保基础是期内发生式。公众责任保险一般多采用以事故发生为基础的责任方式，即保险事故必须“发生”在保险期限内，即第三者向被保险人在保险期间内提出索赔，至于被保险人向保险人索赔则不必是在当前保险期限内，只要在有效的索赔期内即可。这一点与职业责任保险和某些产品责任保险有所不同，这些保险多数采用期内索赔式。在多数情况下，采用期内发生式对于公众责任保险不会有什么问题，因为一般公众责任保险项下的保险事故从发生到其后果被发现不会有太长的时间间隔，不至于造成“长尾巴”的责任，不至于对保险人的核算管理造成麻烦。

6. 保险人赔偿的限制。被保险人对第三者应承担何种赔偿要根据法律和第三者的受害事实确定，而保险人对被保险人的赔偿责任则在此基础上根据保险合同确定。被保险人对第三者的赔偿责任要“依法确定”。这里所说的“依法确定”并不是说所有赔偿金额都必须通过正式法律程序裁定，通过调解或双方经协商就赔偿金额达成协议是常见的(也是理想的)做法。依法判定的经济赔偿责任并非全部都由保险人承担,保险人只在保单约定的责任范围和赔偿限额内赔偿。例如,一方面赔偿金额受每次事故限额限制;另一方面,赔偿内容也受保险条款中的责任免除的限制。当然,如果保险公司同意承担被保险人的合同责任,赔偿则会出现在合同规定的基础上根据保险合同确定赔偿的情况。

(二)事先经保险人书面同意承担的诉讼费用

广义地说,诉讼费用有两层含义,一是索赔人支出的、经法庭判决应由被保险人赔偿的诉讼费用;二是被保险人支出的应诉费用,如律师费、案件受理费等。前者由法庭判决产生,后者的支出必须事先经保险人的书面同意,它们与第三者的人身伤亡和财产损失的经济赔偿一起受每次事故赔偿限额的限制。

第三者向被保险人起诉的内容有可能还包括不属于保险责任的其他责任,如果诉讼费用的支出包含了超出保险赔偿金额以外的部分,则保险人应按比例赔付被保险人的诉讼费用。这些费用的支出必须是必要的、合理的,而且必须与保险责任直接相关。

应该注意到,在诉讼问题上,保险人与被保险人之间可能会发生很大的争议。比如,被保险人可能会为了保全自己的企业形象要求去打一场获胜希望不大的官司,而保险人为了减少诉讼费用的支出可能宁愿付出少量费用庭外调解解决;或者企业为了维护声誉而希望庭外和解,对受害人进行赔偿,而保险人却认为赔付金额不合理而希望通过法庭给予明确判决作为赔付的依据。因此,保险人在处理诉讼问题上须灵活掌握。

此外,还包括发生保险责任事故后,被保险人为缩小或减少对第三者人身伤亡或财产损失的赔偿责任所支付的必要的、合理的费用。

二、公众责任保险的除外责任

1. 公众责任保险的一般除外责任。其具体包括:

(1)被保险人及其代表的故意或重大过失行为;

(2)战争、敌对行为、军事行为、武装冲突、罢工、骚乱、暴动、盗窃、抢劫;

(3)政府有关当局的没收、征用;

(4)核反应、核子辐射和放射性污染;

(5)地震、雷击、暴雨、洪水、火山爆发、地下火、龙卷风、台风、暴风等自然灾害;

(6)烟熏、大气、土地、水污染及其他污染;

(7)罚款、罚金或惩罚性赔款;

(8)未经有关监督管理部门验收或经验收不合格的固定场所或设备发生火灾爆炸事故造成第三者人身伤亡或财产损失的赔偿责任,保险人不负责赔偿。因保险固定场所周围建筑物发生火灾、爆炸波及保险固定场所,再经保险固定场所波及他处的火灾责任,保险人不负责赔偿。

(9)被保险人或其代表、雇佣人员人身伤亡的赔偿责任,以及上述人员所有的或由其保管或控制的财产的损失;

(10)被保险人或其雇员因从事医师、律师、会计师、设计师、建筑师、美容师或其他专门职业所发生的赔偿责任;

(11)对于未载入保险单而属于被保险人的或其所占有的或以其名义使用的任何牲畜、车辆、火车头、各类船只、飞机、电梯、升降机、自动梯、起重机、吊车或其他升级装置造成的损失;

(12)被保险人及第三者的停产、停业等造成的一切间接损失。

需要注意的是,对于外来为被保险人提供服务的人员的伤亡责任,保险人应该负责。此外,如果受害者是被保险人的雇员,即使受伤不是发生在工作过程中,而被保险人应承担赔偿责任的,保险人也应承担赔偿责任。

在某些特定条件下,雇员发生伤亡事故,会出现是由雇主责任保险还是由公众责任保险承担赔偿的问题。如雇员在因公外出采购过程中,由于商场责任发生伤亡,在这种情况下,一般可以认为,赔偿责任由商场的公众责任保险承担。即使雇员坚持向雇主索赔,雇主责任保险的保险人也有权向商场方追偿,最终的经济赔偿责任仍然落在公众责任保险的保险人身上。但是,不论是在人身损害方面还是在财产损失方面,受害的雇员无权得到双重赔偿。这是责任保险与人身保险的明确区分。

被保险人雇员的财产损失,一般可视为属于在其控制保管下的财产,不属公众责任保险的赔偿范围。因为被保险人对其有财产保险利益,应该由被保险人在财产保险项下投保。如需要经管理部门批准、领有行驶证才能上路行驶的机动车辆的第三者责任保险,理应单独承保,不在一般的公众责任保险项下承保。飞机、船舶、火车头的责任保险,需要很强的专业知识,与一般公众责任保险的风险评估大不一样,因此也需要另行承保。

已经售出的产品造成的责任损失应由产品责任保险承担。未售出产品造成的责任事故可属于公众责任保险的保险责任。公众责任保险通常是不承担职业责任风险的,但是这种除外责任必须通过严格的责任定义或明确的免责条款才能实现。

2. 在公众责任保险项下一般作为除外责任,但经保险人的评估,通过特别约定,可附加批单特约承保的损失或责任。具体包括:

(1)被保险人与他人签订协议所约定的责任,但即使没有这种协议,被保险人依法应承担的责任不在此列;

(2)被保险人因在保险单列明的地点范围内拥有、使用或经营的游泳池发生意外事故所造成的第三者人身伤亡或财产损失;

(3)被保险人因在保险单列明的固定场所内布置的广告、霓虹灯、灯饰物发生意外事故造成的第三者人身伤亡或财产损失；

(4)被保险人因在保险单列明的地点范围内所拥有、使用或经营的停车场发生意外事故造成的第三者人身伤亡或财产损失；

(5)被保险人因出租房屋或建筑物发生火灾造成第三者人身伤亡或财产损失的赔偿责任；

(6)锅炉爆炸；

(7)不洁、有害食物或饮料引起的食物中毒或传染性疾病，有缺陷的卫生装置，以及售出的商品、食物、饮料存在缺陷造成他人的损害；

(8)被保险人因改变、维修或装修建筑物造成第三者人身伤亡或财产损失的赔偿责任。

3. 保险单列明的或有关条款中规定的应由被保险人自行负担的免赔额，以及其他不属于保险责任范围内的一切损失、费用和责任，保险人不负责赔偿。

需要注意的是精神损害的赔偿责任，目前在我国的公众责任保险中属于除外责任。我国《民法典》第 1183 条关于精神损害赔偿作出了明确要求。但是，精神损失的程度和金额难以客观地认定，有着很大的不确定性，各地对赔偿金额的规定差别很大，所以，在公众责任保险中保险人不承担这项赔偿责任。可以预料，在今后民事赔偿判决中，有关精神损害的赔偿将不断增加。为避免争议，如果保险人不愿承担这类责任，在订立公众责任保险合同时，将把精神损害赔偿列入免责条款中或者在条款中将赔偿责任限定于物质形态的损失。

三、公众责任保险的风险评估

公众责任保险承保前须考虑的主要风险因素有以下几方面：

1. 保险地点所处的地理环境及周围情况。如人口密度、临近建筑、河流等，特别要注意周围是否有学校、古代建筑物等。

2. 被保险人的经营范围、业务性质。如化工企业、娱乐场所等。

3. 被保险人的管理水平及人员结构情况。如饭店、酒店的等级就是衡量其管理水平的综合标志，企业的产品等级也是重要参考资料。

4. 保险地点的安全设施及应急抢救手段。如有无消防设施、设施配置是否合理、有无定期检查等。

5. 与周围消防、医院距离的远近程度。

6. 承保区域范围的大小及特点。如投保场所的占地面积、使用面积，是集中在一起还是分散在若干处等。

7. 当地法律规定对民事损害赔偿责任的影响。如涉外饭店的司法管辖权是否确定为世界范围。

8. 被保险人以往事故记录，特别是看，是否有被其他保险人因不良记录而注销保险单的情况。发生事故赔付后被保险人的经营性质、风险有无变化,是否采取了补救措施等。

9. 赔偿限额的高低及免赔额。

10. 被保险人的防灾防损措施。

11. 被保险人是否有其他的保障要求。如要求扩展急救费用、游泳池责任等。

进行风险评估,需要评估人员具备一定的经验和相关知识,熟悉不同企业劳动安全和工业卫生设计规程、行业标准及有关的规章制度。只有这样,才能通过现场查勘和资料整理分析来评估风险,制定出合理的承保方案。

四、公众责任保险的责任限额和免赔额

(一)责任限额

投保人通过风险管理人员对自身风险大小作出分析评估,提出责任限额,向各个不同保险人询价,保险人根据责任限额大小和其他风险因素决定承保条件,这其中自然包括了双方反复协商的过程。目前,保险市场上常见的做法是由保险人提出一个按行业划分的限额费率表,列出若干档的责任限额和费率由投保人选择投保,这样做的目的是简化投保手续,但并不意味着保险费率仅仅是与被保险人所属的行业和责任限额之间存在这种简单的对应关系。对于高限额的复杂保险项目,这种简单的做法可能难以适用。

责任限额分为每次事故限额和保险期间内累计限额,国内常见的做法是,不仅设定每次事故限额和累计限额,还对每次事故限额细分为每次人身伤亡的限额和财产损失的限额。

责任限额大小是保险人确定费率和计算保险费的重要依据之一。通常的做法是,有累计赔偿限额的情况下,以累计限额乘以费率得出保险费;无累计限额的情况下,以每次事故的限额乘以费率,从而得出保险费。在某些情况下,也有按其他因素计算保险费的,如按营业面积大小,观众人数多少,房间数量等。

(二)免赔额

公众责任保险中通常都设有免赔额或免赔率。免赔额是针对每次事故而言的。在某些情况下也有按免赔率计算的,即确定每次事故中损失金额的一定百分比为免赔额。也有二者并用的,即规定每次事故免赔额为一定金额,或损失额的一定百分比,以高者为准。

免赔额大小的确定并无一定之规,在一份保险单中,条款内容、保障范围与承保条件,费率与免赔额是两类相互对应的条件,要注意两者之间的关系,做到既保障被保险人的利益又要使保险公司风险与收费相当。

五、公众责任保险的保险费率与保险费

公众责任保险的费率受多种风险因素影响。要正确厘定费率,首先要正确识

别哪些是影响风险的相关因素，发现不同影响因素与风险大小之间不同的相关关系。总体来说，不同行业之间风险差别较大，但行业之间的差别对风险程度的影响并不是绝对的，还需看这个企业与社会公众接触程度的大小，这与其地理位置、管理方式等都有关系。

根据公众责任风险的特点，除考虑责任限额和免赔额的因素外，保险人在厘定费率时，还应考虑下列因素：①被保险人的业务性质产生损害赔偿责任可能性的大小；②被保险人的风险类型；③被保险人的管理水平与管理效果；④被保险人以往事故和赔偿记录；⑤承保区域范围的大小；⑥司法管辖范围。

公众责任保险的保险费计算方式包括以下三种情况：①以累计赔偿限额为计算依据，即：保险人的应收保险费 = 累计赔偿限额 × 适用费率；②以每次事故赔偿限额为计算依据，即：保险人的应收保险费 = 每次事故赔偿限额 × 适用费率；③对某些业务按场所面积大小计算保险费，即：保险人的应收保险费 = 保险场所面积 × 每平方米的保险费。

六、公众责任保险的索赔时效

根据《保险法》第 26 条的规定，人寿保险以外的其他保险的被保险人或者受益人，向保险人请求赔偿或者给付保险金的诉讼时效期间为二年，自其知道或者应当知道保险事故发生之日起计算。因此，被保险人的索赔期限受有关索赔时效的制约。公众责任保险条款规定："被保险人对保险人请求赔偿的诉讼时效期间为二年，自其知道或应当知道保险事故发生之日起计算。"索赔时效是指因权利人不行使权利，经过法律规定的一段时间后权利消灭或权利不受法律保护的时间。时效概念在责任保险中有两层意义：一是第三者对被保险人索赔的时效；二是被保险人对保险人索赔的时效。在保险实务中一定要注意二者的区别和联系。

七、公众责任保险的赔偿处理

公众责任保险与产品责任保险相比，在赔偿处理上有以下不同：

1. 保险人对每次事故的赔偿金额以法院或政府有关部门依法裁定的或经双方当事人及保险人协商确定的应由被保险人偿付的金额为准，但不得超过保险单明细表中列明的每次事故赔偿限额及所含人身伤亡每人赔偿限额。如果保险单载明了在保险期限内多次事故的累计赔偿金额，则保险人的赔偿金额不得超过保险单明细表中列明的累计赔偿限额。

2. 重复保险的分摊。公众责任保险条款中规定，"保险公司仅负责按比例分摊赔偿的责任"。在发生保险责任范围内的索赔时，如有其他承保同样责任或其中一部分责任的保险合同存在，保险人将对有关损失按比例负责赔偿。在计算赔偿金额时，保险人的赔偿以保险单项下每次事故的赔偿限额（包括每次事故人身伤亡或财产损失的赔偿限额)为限。

第三节 产品责任保险

一、产品责任保险的保险责任

1. 在保险有效期内,由于被保险人所生产、出售的产品或商品在承保区域内发生事故,造成使用、消费或操作该产品或商品的人或其他任何人的人身伤害、疾病、死亡或财产损失,依法应由被保险人承担赔偿责任时,保险公司在保险合同规定的赔偿限额内负责赔偿。

这项保险责任明确了以下四个方面的问题:

(1)以事故发生为基础;

(2)产品责任事故必须发生在承保区域内;

(3)依法承担的是民事损害赔偿责任;

(4)保险公司仅根据保险单的规定,在约定的赔偿限额内承担赔偿责任。

产品责任保险承担赔偿责任以产品有缺陷为前提,而该缺陷必须是在离开生产者、销售者控制以前已经存在。因产品存在缺陷造成对他人的损害,保险人才负责赔偿。“缺陷”这个概念是产品责任及产品责任保险成立的关键。一般情况下,保险人在产品责任保险项下承担的赔偿责任必须具备以下三个条件:

第一,必须有意外“事故”发生,没有事故的损失不属保险责任。比如,被保险人提供的有缺陷的轮胎造成整车质量不合格,由此引起汽车公司的经济损失。虽然因为轮胎有缺陷而导致整车不合格,但该车并没有销售到最终用户的手中,也没有发生意外事故,保险人不负责赔偿。

第二,产品责任事故必须具有“意外”和“偶然”的性质,不是被保险人事先所能预料的。比如,某食品公司在生产蛋糕时,不小心将一枚铁钉夹在蛋糕中而没有察觉。后一消费者在食用时碰巧咬在铁钉上而伤了牙,因而向该食品公司提出索赔。如果这家食品公司投保了产品责任保险,那么这起事故属于保险责任范围,就可以得到保险赔偿,因为此事完全出乎意料。但是,如果食品公司事先知道有一枚铁钉掉在蛋糕里,而且知道这将会伤害消费者,却仍将该批蛋糕投放市场,那么对于由此引起的索赔,保险人不予负责。因为伤害的发生并非意外,而是一种故意。

第三,产品责任事故必须发生在被保险人制造或销售场所以外的地方,而且产品的所有权已转移给产品使用者或消费者。如果造成伤亡、损失的有缺陷产品仍在被保险人的生产场地内,产品责任险的保险人不予承担责任。例如,有人参观烟花、爆竹的生产场所时,因烟花、爆竹爆炸受了伤,保险人不予赔偿。因为该烟花、爆竹还未离开生产场所,产品的所有权未转移,受伤者只能从公众责任保险项下获得赔偿。但如果烟花、爆竹离开了被保险人的生产场所,在消费者手中爆炸,受害人向制造商提出的索赔,则可视为产品责任保险的索赔。但是,在承保餐饮、旅馆等行业的产品责任保险时,这一条限制可以变通,因为餐饮、旅馆等行业自己生产或销售的食品、饮料等产品,一般均由消费者在餐厅、旅馆内食用,为了使被保险人由于这类产品事故引起的赔偿责任也能在产品责任保险项下获得保障,可以在保单内加以特别规定并加收一定的保险费后予以承保。

2. 被保险人应支付索赔人的诉讼费用以及经保险公司事先书面同意的被保险人自己的诉讼费用及其他费用包括抗辩费用、律师费用、取证费用等,保险公司亦负责赔偿。但是如果因法律费用很高,保险人为了避免或减少这项支出,对一些索赔金额不大、责任比较明确的案件,通常与受害人协商解决。此外,有些产品制造者、销售者为了避免在法院诉讼影响其对外声誉,也愿意和受害人私下协商解决索赔问题。在不损害保险人利益并取得保险人同意的情况下,保险人亦可承担有关费用的补偿责任,但总和不得超过赔偿限额。

二、产品责任保险的除外责任

1. 被保险人根据与他人的协议应承担的责任,但即使没有这种协议,被保险人仍应承担的责任不在此限。保险人根据他们所知的法律规定的法律责任来厘定费率,确定保险责任,然而,被保险人与他人订立的合同或协议则可能与保险人所了解的有很大不同,往往大大增加了风险。例如,如果被保险人提供的产品在各方面都完好无缺,消费者完全有可能因使用不当而受伤,但制造商根据他与消费者订立的赔偿合同,接受赔偿这种损失的条件,那么,他承担的这种合同责任就不在保险责任范围之内。

该除外责任可以应被保险人的要求,有条件地加保,但被保险人应在投保时将所有的契约责任向保险公司申报并提供契约的副本,保险公司可根据被保险人所承担的契约责任大小适当调整赔偿限额,并视具体情况加收额外的保险费。

2. 根据劳动法应由被保险人承担的责任。

3. 根据雇佣关系应由被保险人对雇员所承担的责任。被保险人根据劳动法规定对其雇员承担的赔偿责任,以及根据雇佣关系对其雇员承担的损害赔偿责任,可以通过投保工伤保险或雇主责任保险来转嫁这类风险。

4. 保险产品本身的损失。

5. 产品退换回收的损失。这项保险责任有两个重要的限制条件:一是不负责修理或置换有缺陷产品的费用;二是只限于对第三者造成的人身伤害和财产损失。上述两条除外责任正是属于产品质量保证保险的责任范围。

6. 被保险人所有、保管或控制的财产的损失。这种损失可以由被保险人投保财产保险来解决。

7. 被保险人故意违法生产、出售的产品或商品造成任何人的人身伤害、疾病、死亡或财产损失。根据保险基本原理，保险合同不能违反公众利益。保险人不能接受保险人转嫁产品责任风险以助其谋取非法利益。保险公司负责的产品责任事故必须具有“意外”和“偶然”的特性，被保险人的故意违法行为必然会造成有缺陷产品的出现，而且这些产品的缺陷的产生并非偶然性的，由此造成的产品责任事故就不是“意外”和“偶然”了。这种损失的赔偿责任，应由被保险人自己承担。

8. 保险产品造成的大气、土地、水污染及其他各种污染所引起的责任。这属于巨灾性责任风险，不是普通产品责任保险所能承担的。

9. 保险产品造成对飞机或轮船的损害责任。对飞机或轮船的损害，后果过于严重，不是普通产品责任保险条款可保的。

10. 由于战争、类似战争行为、敌对行为、武装冲突、恐怖活动、谋反、政变直接或间接引起的任何后果所致的责任。

11. 由于罢工、暴动、民众骚乱或恶意行为直接或间接引起的任何后果所致的责任。

12. 由于核裂变、核聚变、核武器、核材料、核辐射及放射性污染所引起的直接或间接的责任。

13. 罚款、罚金、惩罚性赔款。产品责任产生的侵权行为，由于法律的不同，导致的赔偿金额大相径庭，特别是美国，其特殊的司法制度，在判定制造商或销售商因为有缺陷产品导致的损害有责任时，出于同情受害人和惩罚恶劣肇事者的目的，往往在判决损害赔偿金额的同时，另外还判定一笔可能远远高于损害赔偿金额的罚款或惩罚性赔款。因此，现行的保险合同把罚款等列入除外责任。

14. 保险单明细表或有关条款中规定的应由被保险人自行负担的免赔额。

15. 其他不属于本保险责任范围内的损失、费用和责任。

需说明的是，第10、11、12条由于战争、罢工、核风险引起的后果造成的责任，属于绝对的除外责任。

三、产品责任保险的风险评估

鉴于产品责任保险的风险大、赔款高，责任事故有可能发生在国外，这就对承保技术和能力，特别是搜集用于风险评估的承保资料提出了更高的要求。保险人在决定承保前，必须对投保人的产品、经营性质、被保险人的范围等进行调查，并对调查得来的资料进行科学的分析研究，以评估该项业务的风险大小。主要的调查项目有：

1. 投保人和被保险人情况。生产商、出口商、进口商、批发商、零售商及修理商等一切可能对产品事故造成的损害负有赔偿责任的人，都具有可保利益，都可以投保产品责任保险。根据具体情况需要，可以由他们中间的任何一个人投保，也可以由他们中间的几个人或全体联名投保。为了有效地控制风险,一般保险人仅承保中国境内注册的企业、贸易公司或制造商投保产品责任保险,不接受国外公司或国外产品在中国投保产品责任保险。保险人要了解投保人和被保险人的名称、地址及分支机构,被保险人的营业性质及其投保的时间或其制造、销售投保产品的历史。

2. 产品的总体情况。产品责任保险最重要的信息部分就是产品本身,包括:

(1)投保产品的具体名称、型号、性能;

(2)投保产品的用途、使用或消费的对象,及其可能发生的事故和损失程度;

(3)投保产品的说明书、招贴广告情况;

(4)投保产品的销售方式和销往地区,如是出口产品,还需了解是哪些进口国或地区;

(5)投保产品的年销售额及过去 3 年的销售总额。

保险人原则上应要求投保人将同类产品的全部品种,不论销往何处,均按其年销售总额全部投保。

3. 投保人的风险控制能力。包括:

(1)投保产品的质量情况,即是否达到国家有关管理部门规定的标准或认证;

(2)如为出口产品,是否达到进口国家的有关规定或标准;

(3)投保产品的设计要求、标准,设计者的资格以及设计责任的承担方式;

(4)投保人内部控制投保产品的质量制度。

4. 投保产品的历史记录。包括:

(1)以往产品和现生产的其他产品与现投保产品能否明显加以区分;

(2)投保产品以往的投保记录,包括过去是否曾有保险人拒绝承保或加批特殊条款限制承保;

(3)投保产品的被索赔记录,如有,则须了解所有的索赔案件及最终处理结果。

5. 投保人的特别要求。包括:

(1)投保人要求的每次事故赔偿限额以及保险期限内的累计赔偿限额;

(2)其他需要扩展的特别责任。

上述要了解的承保情况一般都列入产品责任保险情况调查表和投保单上,要请投保人认真填写,并要求被保险人签字或盖章确认,只要投保人如实认真填写,就能使保险人了解投保产品的基本风险情况。保险人在承保之前还要加以必要的调查研究,对投保产品作出合适的风险评估,在此基础上作出承保与否的决定,并尽量保证承保时开列的费率等条件较为恰当和合理。

四、产品责任保险的赔偿限额和免赔额

1. 产品责任保险的赔偿限额。在产品责任保险中,通常规定两个赔偿限额,即

每次事故赔偿限额和保险期限内累计赔偿限额,以上每项限额还可以分别划分为人身损害和财产损失两个限额。因产品事故导致使用者或消费者人身损害或财产损失时,分别适用各自的限额。产品责任保险不同于公众责任保险,若无累计赔偿限额的限制,一旦产品尤其是出口美国的产品发生多起索赔,总计的索赔金额可能高达几百万美元甚至上亿美元,同时也很难确定每次事故的界限。因此,一般产品责任保险单都要列明每次事故赔偿限额以及累计赔偿限额,目的在于限制保险人的经济损害赔偿责任。

赔偿限额应根据不同产品在不同的销售区域发生事故后可能引起的赔偿责任的大小确定,有些产品,如食品、药品、某些机电设备,发生事故后可能造成众多的人员或财产的损害,就应考虑设立较高的限额。一般情况下,保险人负责的诉讼抗辩费用在每次事故赔偿限额以内赔付,但也可以单独订立诉讼费用赔偿限额。

2. 产品责任保险的免赔额。产品责任保险项下的免赔额与公众责任保险项下的免赔额的规定一样,一般限于对每次事故的第三者财产损失。无论受害人的财产损失有多大,免赔额以内的损失,保险人概不负责。免赔额的高低可以视风险的大小以及被保险人的承受能力由保险双方协商确定。

免赔额的形式,可以设立为百分比或确定金额或两种兼而有之,比如,免赔额为损失金额的5%或1 000美元(或以高者为准)。现在的趋势是提高免赔额,由投保人或被保险人安排较小损失的风险控制方案,保险人只是承担较大的风险。

五、产品责任保险的保险费

产品责任保险承保的是各种不同类型的产品,产品的多样化和危险程度的差异性,要求保险人对不同的产品制定不同的费率。费率的厘定一般是根据产品种类、销售区域并在研究所有的承保资料后综合考虑的风险评估结果。因此,在厘定费率时,保险人应考虑以下因素:

1. 产品的特点和可能对人体或财产造成损害的风险大小。不同的产品对人体或财产造成伤害或损失的风险不同,药品对人体的伤害比服装要高、波及面也广,因而药品的费率比服装高;烟花、爆竹的危险性大,应比电器、玩具等产品的费率高。

2. 产品的数量。产品责任保险保险费是根据产品预计的年销售总额,而不是保险单规定的赔偿限额计算,赔偿限额只是参考数字。如销售额大,表明产品多,出险的可能性就大,因此应该多收保费。

3. 承保的地区范围,即承保产品的销售地区范围的大小。一方面,承保的地区范围大,风险也大,费率就较高,如世界范围内出口销售的产品就比只在国内销售的产品责任大;另一方面,承保销往产品责任严格的国家或地区,比其他国家或地区风险大,因为这些国家或地区的索赔金额高,且实行绝对责任制原则,故费率亦高,如出口美国、非洲国家乃至欧洲国家的产品责任保险在费率上就应有所区别。

4. 产品制造者的技术水平和质量管理情况。产品制造者的技术水平高，质量控制好，产品检测严格，其产品的合格率就高，优良的产品本身就是避免或减少产品责任事故风险的关键。因此，其费率应低些；反之亦然。

5. 赔偿限额与免赔额的高低。在产品其他条件相同的情况下，赔偿限额越高，费率越高。免赔额正好相反，免赔额越高，费率就应越低。

6. 根据以往承保的经验。根据以往的承保经验，某种产品的赔付率高，产品责任风险大，费率就要提高。

7. 参照分保接受人的开价。产品责任的风险根据不同产品、不同的销售区域确定，对于赔偿限额较大的，还要参考再保险人的报价。

六、产品责任保险的保险期限和追溯期

产品责任保险的保险期限以年度为单位，一般为 1 年期。由于涉及承保基础的不同，一般的产品责任保险期满后都在同一公司续保。

产品责任保险的承保方式采用“期内索赔式”。由于很多产品责任事故的发生不是立即能知道或发现的，因此，对于某些具有缺陷“潜伏期”的产品投保产品责任保险时，就要在保险单上加批“期内索赔式”条款。于是，附加“以索赔提出为基础条款”的产品责任保险，就会出现“追溯期”。保险人只负责在保险单追溯期内发生的事故引起的人身损害或财产损失提出的索赔。保险合同通常规定追溯期为 1 ~5 年，但对于第一年投保的产品（即新保险单）不给予追溯期，只在续保的情况下提供从续保之前开始计算的追溯期。例如，某公司从 2009 年 1 月 1 日开始投保电视机的产品责任保险，当年没有追溯期，而该公司在 2012 年 1 月 1 日连续在同一家保险公司续保该项产品责任保险，保险单就可以规定追溯期从 2009 年 1 月 1 日起。

七、产品责任保险的承保区域和司法管辖权

承保产品责任保险，必须明确投保产品的销售区域，销售区域与保险人的承保区域有着密切的关系。保险人确认投保产品在保险单规定的销售区域内发生事故引起赔偿责任才予以承担，对于超出保险单规定的销售区域发生责任事故引起的赔偿，保险公司不予负责，这一规定的销售区域就是承保区域。承保区域是保险人承担赔偿责任的地理范围限制。因此，产品的承保区域必定是销售区域，但产品的销售区域并不一定是承保区域。承保区域的范围大，风险就会相对提高。如果是出口产品，承保区域扩展到美国、加拿大或欧洲等产品责任事故赔款和法律费用较高的国家，可能赔偿会很高，费率也要适当提高。

产品责任保险的司法管辖是指保险产品发生责任事故后，保险公司按照哪国法律规定、哪些法庭受理的案件或作出的最终判决来承担赔偿责任。国际上对产

品责任案件,通常适用加害行为或损害行为地法,在受害人大多在本国事故发生地或住所地法院起诉的情况下,哪个国家的法院有管辖权,一般也就适用哪一国的法律。同一个产品责任案件因适用的法律不同,往往会产生差别很大的处理结果或判决。因此,必须慎重对待司法管辖权这一问题。通常情况下,司法管辖权与承保区域是一致的。如承保区域为中国境内,司法管辖权范围则为中国范围;如承保区域为世界范围,则司法管辖权也为世界范围。但在实务中可以把美国、加拿大的司法管辖权除外。

八、产品责任保险的赔偿处理

1. 规定若发生了保险单项下承保的任何产品责任事故或诉讼时:

(1)未经保险公司书面同意,被保险人或其代表对索赔方不得作出任何责任承诺或拒绝、出价、约定、付款或赔偿。在必要时,对于被保险人自行承诺或支付的赔偿金额,保险人有权重新核定,不属于本保险责任范围或超出应赔偿限额的,保险人不承担赔偿责任。

(2)规定保险公司有权以被保险人的名义,为其利益自付费用向任何责任方提出索赔的要求。未经保险公司书面同意,被保险人不得接受责任方就有关损失作出的付款或赔偿安排或放弃对责任方的索赔权利。否则,由此引起的后果将由被保险人承担。

(3)规定在诉讼或处理索赔过程中,保险公司有权自行处理由其承担最终赔偿责任的任何诉讼或解决任何索赔案件,被保险人有义务向保险公司提供一切所需的资料和协助。

2. 规定生产出售的同一批产品或商品,由于同样原因造成多人的人身伤害、疾病或死亡或多人的财产损失,应视为一次事故造成的损失。这就与赔偿限额有相当大的关系。产品责任保险通常规定了免赔额和两项赔偿限额(每次事故赔偿限额和保险期限之内累计赔偿限额)。当一批有缺陷的产品投放市场时,将会有不止一个产品使用者或消费者因此受到损害而各自向被保险人提出索赔要求,如果被保险人以及受理这些案件的法院认为它们属于多次产品责任事故,那么,保险人必然会支付许多个每次事故的赔偿限额,而多次事故意味着多次扣除免赔额。为了便于处理一种产品因同样原因造成的一系列损害责任,同时限制自身的赔偿责任,因此制定了此赔偿处理规定。

3. 规定了被保险人的索赔期限,即从知道或应当知道损失发生之日起,不得超过两年。因此,如果产品责任保险单承保方式是"以事故发生为基础"的,那么,一般要加批"以索赔提出为基础"的附加条款,尤其是对于某些存在事故潜伏期的产品必须附加该条款。

4. 诉讼案件的注意事项。在国内,因保险产品引起的产品责任事故不多,而由此提起诉讼的就更少了。我国的产品责任保险有相当比例承保的是出口产品,特别是承保销往美国的出口产品,引起损害事故导致诉讼的案件时有发生。在处理诉讼案件时,一般应注意以下三个方面:

(1)快速反应。由于产品的缺陷导致产品责任事故发生后,销售商或生产商必须以最快的速度进入案件的调查当中并尽快通知保险人。快速反应不仅可以较快地了解事故的原因、准确地收集证据,也有机会尽快解决问题。如出现共同被告,保险人要注意共同被告的协调。

(2)诉讼文件的处理。法院在受理起诉后将按法定程序和方法将诉讼文件送交收件人,通常是被告。诉讼文件一般是诉讼通知、传票、诉讼书等,被告可能是销售商、进口商或制造商等。如果是被保险人收到诉讼文件,应立即通知保险人,并着手研究应诉之事。诉讼文件送达的目的是使被告了解送达文件的内容,以便参与诉讼活动,行使诉讼权利和履行诉讼义务。诉讼文件一经送达便发生一定的法律后果,因此,被告或被保险人收到诉讼文件后要认真了解事故真相,收集证据,积极应诉,以避免缺席判决。

(3)代理人和律师的使用。代理人通常是理算人或当地的保险公司,一般都富有经验,如案情不是很严重,经代理人的协调就可能予以解决;若案件较复杂或有必要聘请律师,应由委请的代理人出面代为聘请,以避免复杂化、时间拖延或造成律师费用高于赔款的后果。在处理这类案件时,保险人要对代理人有明确的授权,对律师采用的抗辩策略要认真研究,掌握案件动态,对案件处理自始至终进行监控。

第四节 雇主责任保险

一、雇主责任保险的保险责任

雇主责任保险的保险责任是雇主根据劳工赔偿法等法令或雇佣合同对雇员应负的赔偿责任,它仅仅负责被保险人对其雇员人身损害的赔偿责任,在任何情况下都不承担对其财产损失的赔偿责任。

现在中国人民财产保险股份有限公司普遍使用的是《中国人民财产保险股份有限公司雇主责任保险条款(1999 版)》和《中国人民财产保险股份有限公司雇主责任保险条款(2004 版)》,这两个版本在保险责任、责任免除、责任限额、赔偿处理等方面略有不同。

根据《中国人民财产保险股份有限公司雇主责任保险条款(2004 版)》规定,雇主责任保险的保险对象是中华人民共和国境内(不包括香港、澳门和台湾地区)各类企业、有雇工的个体工商户、国家机关、事业单位、社会团体、学校等所聘用的工作人员。工作人员是指与被保险人存在劳动关系(包括事实劳动关系)的各种用工形式、各种用工期限、年满十六周岁的劳动者及其他按国家规定和法定途径审批的劳动者。其基本责任包括：

1. 在工作时间和工作场所内，因工作原因受到事故伤害。

2. 工作时间前后在工作场所内，从事与工作有关的预备性或者收尾性工作受到事故伤害。

3. 在工作时间和工作场所内，因履行工作职责受到暴力等意外伤害。

4. 被诊断、鉴定为职业病。

5. 因工外出期间，由于工作原因受到伤害或者发生事故下落不明。

6. 在上下班途中，受到交通及意外事故伤害。

7. 在工作时间和工作岗位，突发疾病死亡或者在48小时之内抢救无效死亡。

8. 在抢险救灾等维护国家利益、公共利益活动中后受到伤害。

9. 原在军队服役，因战、因公负伤致残，已取得革命伤残军人证，到用人单位后旧伤复发。

10. 法律、行政法规规定的应当认定为工伤的其他情形。

11. 被保险人应支出的法律费用。

在上述雇主责任保险的基本责任中，应注意的问题有：

第一，保险条款对什么是“所雇佣的员工”有明确定义，即被保险人直接雇佣的员工，包括长期固定工、短期工、临时工、季节工和徒工。而被保险人是指与雇员有直接雇佣合同关系的人，他承担着对雇员在受雇期间遭受伤害的法律赔偿责任，这种雇佣关系是指雇主与所雇佣员工之间有着直接的权利和义务关系，且有劳动合同为依据。根据服务合同而非劳动合同为被保险人工作的人不属雇主责任保险范畴。

第二，职业性疾病是指被保险人所雇佣员工在从事生产劳动及其他职业性活动中，由于接触职业性有害因素而引起的疾病。国家卫生部、劳动人事部、财政部和中华全国总工会早在1987年就联合发布了《职业病范围和职业病患者处理办法的规定》，此规定是界定职业性疾病的依据，并根据中华人民共和国国家标准《职工工伤与职业病伤残程度鉴定》确定具体伤残程度。2002年5月1日起施行的《中华人民共和国职业病防治法》规定：本法所称职业病，是指企业、事业单位和个体经济组织等用人单位的劳动者在职业活动中，因接触粉尘、放射性物质和其他有毒、有害因素而引起的疾病。与《职业病防治法》同时施行的《职业病诊断与鉴定管理办法》规定：职业病的诊断与鉴定工作应当遵循科学、公正、公开、公平、及时、便民的原则。职业病诊断、鉴定工作应当依据《职业病防治法》及本办法的规定和国家职业病诊断标准进行，并符合职业病诊断与鉴定的程序。

第三，医疗费用的支出以员工遭受上述两项事故而致伤、致残为条件，在该项赔偿限额内进行赔偿。其他医疗费用，除经特别约定并支付附加保险费外，保险人不予负责。中国人民财产保险股份有限公司雇主责任保险条款(2004 版)和(1999 版)都承保挂号费、治疗费、手术费、床位费、检查费等医疗费用,此外,2004 版条款还承保医药费、住院期间的床位费、陪护费、伙食费、取暖费、空调费、就(转)诊交通费、急救车费、安装假肢、假牙、假眼和残疾用具费用。同时,规定上述医疗费用的发生,除紧急抢救外,受伤工作人员均应在二级以上(含二级)医院或保险人认可的医疗机构就诊。被保险人承担的诊疗项目、药品使用、住院服务及辅助器具配置费用,保险人均按照国家工伤保险待遇规定的标准,在依据上述医疗费用计算的基础上,扣除每次事故每人医疗费用免赔额后进行赔偿。

第四,应支出的法律费用,包括律师费用、取证费用以及经法院判决应由被保险人支付的诉讼费用或者应由被保险人支付的仲裁费用。此项费用必须是用于处理保险责任范围内索赔纠纷或诉讼案件所产生的合理费用。保险人对法律费用的赔偿限于该项赔偿限额之内。

另外,雇主责任保险承保的对象是雇主对其雇员依法应承担的责任,企业董事会成员视同雇主身份,不是雇主责任保险承保的对象,因此,他们在工作地点和工作期间的人身伤亡都不属于雇主责任保险的责任范围。

二、雇主责任保险的除外责任

根据中国人民财产保险股份有限公司雇主责任保险条款(2004 版)的规定,保险人不负责赔偿因下列原因造成的损失、费用和责任:

1. 投保人、被保险人的故意或重大过失行为;
2. 战争、敌对行为、军事行为、武装冲突、罢工、暴动、民众骚乱、恐怖活动;
3. 核辐射、核爆炸、核污染及其他放射性污染;
4. 行政行为或司法行为;
5. 被保险人承包商的工作人员遭受的伤害;
6. 被保险人的工作人员犯罪或者违反法律、法规的;
7. 被保险人的工作人员醉酒导致伤亡的;
8. 被保险人的工作人员自残或者自杀的;
9. 在工作时间和工作岗位,被保险人的工作人员因投保时已患有的疾病发作或分娩、流产导致死亡或者在 48 小时之内经抢救无效死亡。

对于下列损失、费用和责任,保险业也不负责赔偿:

1 罚款、罚金及惩罚性赔款;

2. 精神损害赔偿;

3. 被保险人的间接损失;

4. 被保险人的工作人员因保险合同列明情形之外原因发生的医疗费用;

5. 合同约定的免赔额

三、雇主责任保险的风险评估

通常,雇主责任保险的承保采用期内索赔式,以索赔提出的时间是否在保险单有效期内计算保险单的责任期限。保险公司在承保时,应向投保人了解有关详细的业务和风险情况,必要时应派人到现场查勘,以便对所承保的业务的风险作出科学的评估。保险公司为了评估风险,应尽量了解以下情况:

1. 被保险人的全称及详细地址。

2. 被保险人经营业务场所所处的地理环境和周边情况,是否有有损于健康的危险情况存在。

3. 被保险人的业务性质,属于哪类行业。如系生产企业,还应确定其工业风险等级。被保险人的生产过程,有无影响雇员安全生产或身体健康的特别危险存在,应分清哪类危险,注意了解特殊企业的特别风险。例如:

(1)操作人员是否按规定培训上岗;

(2)锅炉、压力容器、吊车、升降机等设备是否符合安全规章,是否定期检验;

(3)危险的切割机、冲压机等设备的防护措施;

(4)生产过程中是否有高空作业,是否有放射性物质、石棉制品、含硅粉尘、含铅物质、易燃易爆或有毒腐蚀性气体或液体、工作现场是否有严重的持续性噪音等。

4. 员工工作场所的房屋、建筑等级或结构,室内作业还是露天或野外作业;在工作场所内,是否有损害员工身体健康的污染存在,具体是哪些污染种类;被保险人的雇员是否需经常外出工作,外出工作的性质及风险。

5. 员工工种分类及其技术熟练程度。被保险人的雇员按工种分类,如办公文职人员、动力机械操作人员、外勤销售人员等各类人员的比例。

6. 员工工作场所的安全设施及应急抢救措施或手段如何,与最近的医院、消防队的距离。

7. 被保险人的管理人员结构及水平如何,是否有专门的安全管理机构或人员,是否规定了详细的安全生产规章,并有相应措施来保障其实施。

8. 劳资关系如何。劳资关系是指劳动者与所在单位之间在劳动过程中发生的关系。良好的劳资关系可以降低道德风险的发生。

9. 被保险人以往的事故记录,损害情况如何,员工及家属的索赔情况如何。

10. 被保险人以往的保险记录,是否有被保险公司解除保险合同的情况发生,如有,原因是什么;以往的赔款情况。

11. 劳动合同中被保险人对所聘用员工因为意外或患职业病而造成伤、残、死亡等规定的赔偿原则及限额高低。投保死亡、伤残赔偿限额的高低。

12. 承保区域范围有无特殊要求。

13. 被保险人有无扩展责任要求及与扩展责任相应的风险如何。

当承保人员基本掌握了被保险人的风险情况后,应根据投保单中投保人的意愿及承保人员对风险的评估意见,拟定具体的承保方案。承保方案应包括以下内容:①保险单种类。②投保人名称、被保险人名称、地址及业务性质。③被保险人的营业性质。④被保险人所聘用员工人数。⑤赔偿限额:每人伤残、死亡赔偿限额,每人医疗费赔偿限额,诉讼费用累计赔偿限额,保险期限内总的累计赔偿限额。⑥保险期限、费率及保险费。⑦免赔额。⑧承保区域。⑨司法管辖权。⑩附加责任险条款(名称、限额、增收保费)。其中,增收保费也可与基础保费合并为一个保费对外报价,但承保人员应对附加条款增收保费的幅度做到心中有数。

承保后,保险公司还应经常派员到被保险人处核查雇员名册,并督促被保险人加强管理,如发现问题,应及时向被保险人提出改进措施和建议,以达到减少事故发生的目的。

四、雇主责任保险的责任限额与免赔额

1. 雇主责任保险的责任限额。责任限额包括每人伤亡责任限额、每人医疗费用责任限额、法律费用责任限额及累计责任限额,由投保人自行确定。人保财险在2004 版的雇主责任保险条款中明确规定:每人伤亡责任限额不低于 3 万元人民币;每人医疗费用责任限额不超过每人伤亡责任限额的 50%,并且不高于 5 万元人民币;法律费用责任限额为伤亡责任限额的 20%。

值得注意的是,在保险有效期内,发生保险责任范围内的损失,保险人对每个工作人员的各项累计赔偿金额不超过保险合同载明的分项每人责任限额;保险人对应由被保险人支付的法律费用的累计赔偿金额不超过保险合同载明的法律费用责任限额;保险人对被保险人的所有赔偿不超过保险合同载明的累计责任限额。

2. 雇主责任保险的免赔额。雇主责任保险的免赔额通常按两种方式确定:一是按金额确定,即设每次事故免赔金额;二是按时间确定,通常的免赔时间为 7 ~ 15 天(雇员的工资)。目前,保险市场上的雇主责任保险单一般都是按金额来确定免赔额的。

五、雇主责任保险的保险费

雇主责任保险的保险费一般按年度费率收取。费率根据被保险人的工资总额(包括奖金、伙食补助等各种津贴、加班费等)、工作地址、行业性质、风险程度以及被保险人选定的赔偿限额来确定。

由于雇员从事工种的危险程度不同,对于不同工作类别或不同工作的费率厘定也各不相同。一般而言,从事危险行业工作的雇员,费率较高;从事一般工作的雇员,费率中等;办公室职员和做文秘工作的雇员,费率较低。对于扩展的附加责

任险,可以在该基本险的费率基础上按一定比例提高费率,也可以按其风险程度确定单独的费率。

六、雇主责任保险的保险期限

雇主责任保险的保险期限一般按时间计算,多为 1 年期,在建筑施工企业雇主责任险中也有以施工承包合同的工程期来核算责任期限。若雇主限于某些特殊的劳动合同期限的需要,也可根据该劳动合同的期限投保不足 1 年或超过 1 年的雇主责任保险。保险期限不足 1 年的,按短期费率收取保险费;对于保险期限超过 1 年的,一般按年费率乘以保险期限年数收取保险费。

七、雇主责任保险的承保区域

承保区域是指保险公司承担赔偿责任的地理范围限制,即保险责任事故必须发生在规定的地域范围之内,一般控制在被保险人企业的经营地址内。经保险公司书面同意,可以将地域范围定为中国境内;经保险公司特别约定并在加收一定保险费的基础上,也可以扩展到境外特定的国家,以保障企业员工在国外的短期公干。

八、雇主责任保险的赔偿处理

雇主责任保险的赔偿只涉及雇员的人身伤残或死亡,不涉及雇员的财产损失。发生保险责任事故后,保险人根据被保险人提供的受害雇员的医院证明,按保险单规定的条件赔付。如有必要,保险人有权要求被保险人提供其他证明材料。中国人民财产保险股份有限公司雇主责任保险条款的(1999 版)和(2004 版)的赔偿处理略有不同,具体如下:

1. 在保险有效期内,发生保险责任范围内的事件,保险人根据被保险人投保时提供的雇员名册,对发生伤、残、亡的雇员按下列标准赔偿:

(1)因工伤或职业性疾病引起伤残或死亡后,保险人根据医院或有关单位和部门出具的相关证明文件,按赔偿金额表的规定计算赔偿金额。

(2)每一雇员均适用各自的赔偿限额。

(3)对于雇员死亡、永久丧失全部工作能力的,中国人民财产保险股份有限公司雇主责任保险条款(1999 版)规定,保险人按最高赔偿金额进行赔偿。对于赔偿标准,如果法律没有明确规定的,保险人在保险合同里予以约定,如果法律有规定的,则保险人依法进行赔偿,但保险人最高的赔偿额度即为保险单上确定的赔偿限额。死亡与伤残赔偿不能兼得,且与医疗费用限额不能相互调剂使用。如果某雇员是先伤残(永久丧失全部工作能力)得到保险人赔付后又死亡的,保险人赔付的只能是该雇员的一个最高赔偿限额。雇主责任保险条款(2004 版)则规定,保险人在合同约定的每人伤亡责任限额内据实赔偿。

2. 对于雇员丧失部分工作能力的，中国人民财产保险股份有限公司(1999 版)和(2004 版)均规定保险人在规定的最高赔偿限额或每人伤亡责任限额内，按其伤残程度，按一定的比例赔偿。

3. 对于雇员暂时丧失工作能力超过 5 天(不包括 5 天)的，中国人民财产保险股份有限公司(1999 版)和(2004 版)均规定，经医院证明，在此期间保险人根据当地政府公布的每人每天最低生活标准赔偿工伤津贴，工伤医疗期满或确定伤残程度后停发，最长不超过 1 年。

如经过医疗机构诊断确定为永久丧失全部(部分)工作能力，(1999 版)规定按前述(3)款确定赔付金额，与应付工伤津贴合并在赔偿限额内予以赔偿。而(2004 版)规定，保险人按前述(3)款确定的赔偿金额扣除已赔偿的误工补助后予以赔偿。

4. 对于医疗费用的赔偿处理，中国人民财产保险股份有限公司(2004 版)比(1999 版)承担的赔偿范围略宽，具体如下：(1999 版)规定，医疗费用按实际支出扣除免赔额后在赔偿限额内赔付。保险人赔偿包括挂号费、治疗费、手术费、床位费、检查费(以 300 元为限)、非自费药费部分，但不包括受伤员工的(人保条款中包括了)陪护费、伙食费、营养费、交通费、取暖费、空调费及安装假肢、假牙、假眼和残疾用具费用。除紧急抢救外，受伤员工均应在县级以上医院或政府有关部门或承保公司指定的医院就诊。

但是(2004 版)除了赔偿挂号费、治疗费、手术费、检查费和床位费之外，还包括医药费、住院期间的陪护费、伙食费、取暖费、空调费、就(转)诊交通费、急救车费、安装假肢、假牙、假眼和残疾用具费用。同时，规定上述医疗费用的发生，除紧急抢救外，受伤工作人员均应在二级以上(含二级)医院或保险人认可的医疗机构就诊。被保险人承担的诊疗项目、药品使用、住院服务及辅助器具配置费用，保险人均按照国家工伤保险待遇规定的标准，在依据上述医疗费用计算的基础上，扣除每次事故每人医疗费用免赔额后进行赔偿。

5. 法律费用在规定的赔偿限额内根据实际支出赔付，中国人民财产保险股份有限公司(2004 版)规定保险人对于每次事故法律费用的赔偿金额不超过法律费用责任限额的 25%。

6. 对每次事故的赔偿按伤害程度在赔偿金额表中确定赔偿金额的比例，并在约定的赔偿限额内赔偿。累计赔偿限额是保险人在保险单有效期内承担的最高的赔偿金额。一旦达到累计赔偿限额，就表明保险人已经履行了保险单规定的全部赔偿义务，保险单即行终止。

7. 关于重复保险，中国人民财产保险股份有限公司(1999 版)规定，在发生保险单项下的索赔时，若另有其他保障相同的保险存在，不论该保险赔偿与否，保险人对医疗费、工伤津贴、诉讼费用仅负比例赔偿责任。但是,中国人民财产保险股份有限公司(2004 版)规定,如有其他相同保障的保险(包括工伤保险)存在,不论该保险赔偿与否,保险人对于死亡、伤残、医疗费用以及法律费用的赔偿,仅承担差额责任。当被保险人实际员工人数超过投保人数时,除因工作性质需要在征得保险人同意按人数进行约定投保,保险人按照投保人数与实际人数的比例对被保险人所聘用员工进行赔偿外,对按雇员名单投保的,保险人只对列入雇员名单的员工承担赔偿责任。

第五节 职业责任保险

一、职业责任保险的保险责任

职业责任保险是由提供各种专业技术服务的单位(如设计院、律师事务所、医院等)投保的一种保险,它适用于医生、药剂师、设计师、工程师、律师、会计师、保险经纪人、教师等各种专业技术工作者。在国外,个人律师或私人诊所医生还可以投保个人职业责任保险。

职业责任保险单可以分为两大类:一类是适用于工作与人体有接触的专业人员,一般包括医师、护士、美容师等,保险单中一般使用失职(Malpractice)进行术语表述;另一类适用于工作与身体没有接触的专业人员,一般包括律师、会计师、建筑师等,保险单中一般使用“错误或疏忽”(Errors and Omission)进行术语表述。职业责任保险并无统一的条款及保险单格式,而是由保险人根据不同种类的职业责任,设计制定专门保险单承保。

职业责任保险的保险责任,是由被保险人或其从事该职业的前任或其任何雇员或从事该业务的雇员的前任,在任何时候、任何地方从事该业务时,由于疏忽、过失所致的损失,在保险合同有效期内,向被保险人提出的任何索赔,保险人承担赔偿责任。

由此可见,职业责任保险承保的是各种职业技术人员由于职业上的疏忽行为、过失而造成的损失,主要包括以下几项内容:

第一,保险人负责被保险人的职业责任风险。所谓被保险人的职业风险除包括被保险人自己外,还包括被保险人的雇员及从事该业务的雇员的前任的疏忽行为所导致的职业责任损失。

第二,保险人负责的被保险人的责任风险必须与保险单上列明的职业有关。保险人不负责与该职业无关的原因造成的损失。

第三,保险人承担的赔偿责任包括被保险人对合同对方或其他人的财产损失或人身损害应负的法律赔偿责任,以及经保险人同意或在保险单上列明的有关费用的补偿。例如,法律诉讼费用等。

二、职业责任保险的除外责任

1. 因文件的灭失或损失引起的任何索赔。

2. 因被保险人隐瞒或欺诈行为而引起的任何索赔。如被保险人投保时已经掌握或觉察的索赔，但没有如实向保险人报告，这种情形本身是被保险人违背诚信原则或带有道德风险的因素，保险人不予负责。

3. 被保险人在投保或保险单有效期间不如实向保险人报告应报告的情况而引起的任何索赔。例如，使用的药物将要过期，建筑工地地质情况复杂等。

4. 被保险人被指控有对他人诽谤或恶意中伤行为而引起的索赔。如律师诽谤其原告或被告而导致的索赔，记者利用报道诽谤或中伤他人而引起的索赔等，均属于违背社会公德及有关法律的行为，保险人不予负责。

5. 被保险人的故意行为所致的任何索赔。如医生利用药物谋杀他人，被保险人借机报复或打击合同对方或其他人等明知故犯行为，均为现行法律所不允许，属于违法犯罪行为，保险人不予负责。

6. 职业责任事故造成的间接损失或费用（法律诉讼费用及经保险人同意支付或保险单上载明的费用除外）。如设计师提供有缺陷的图纸给建筑单位，使建筑单位不能如期施工或使用或生产而导致的利润损失，保险人不予负责。

三、职业责任保险的特约保险责任

经过特别约定，保险人对于下列职业责任风险也可以承保：

1. 文件灭失或损失引起的索赔，经过特别约定也可以扩展承保，但须加收保险费。如设计院因图纸丢失或被盗造成委托单位的损失，可以通过扩展承保，保险人予以负责。

2. 保险人被指控有对他人诽谤或恶意中伤行为而引起的索赔，也可以作为特别职业责任予以扩展承保，但因其故意所致的仍须除外。

四、职业责任保险的赔偿限额

职业责任保险通常规定一个累计赔偿限额和一个每次事故的赔偿限额。对于法律诉讼费用的赔偿，则在赔偿限额之外另行计算赔付，如果被保险人最终赔偿金额超过了赔偿限额，则以赔偿限额为限。

五、职业责任保险的保险费率

保险费率的确定，是职业责任保险中十分复杂而且重要的问题。各种职业都有其自身的风险与特点，从而也需要有不同的费率。从总体上讲，厘定职业责任保险的费率或收取职业责任保险的保险费，应着重考虑以下因素：

1. 职业种类。这是指被保险人及其雇员所从事的专业技术工作。

2. 工作场所。这是指被保险人从事专业技术工作的所在地区,如医院的所在地、会计师事务所所在地区。

3. 业务数量。这是指被保险人在保险期间内提供专业技术服务的数量、服务对象的多寡等。

4. 被保险人单位的性质,如营利性或非营利性等。

5. 被保险人及其雇员的专业技术水平。

6. 被保险人及其雇员的工作责任心和个人品质。

7. 被保险人职业责任事故的历史统计资料及索赔、理赔情况。

8. 赔偿限额、免赔额和其他承保条件。

六、职业责任保险的赔偿处理

(一)职业责任保险的赔偿方式

职业责任保险的赔偿处理以相关保险条款的规定为基本依据,在保险单规定的赔偿限额内以法院或政府有关部门依法裁定或经双方当事人及保险人协商确定的应由被保险人偿付的金额为准计算赔款。虽然强调以法院判决为原则,但在已确认属保险责任范围内的事故时,应协商处理,当然这也是以有关法律、法规为协商依据的。在达不成协议或分歧较大时,应通过法律解决,并以法院判决作为保险人赔偿的最终依据。

(二)职业责任保险的赔偿项目

无论是国内的职业责任保险还是国际惯例,对职业责任保险,保险人应承担的保险责任一般都包括以下几项:

1. 对第三者的经济损害赔偿责任。此部分赔偿以保险单约定的累计赔偿限额或每次赔偿限额为限。

2. 事先经保险人书面同意的诉讼费用的赔偿。此项一般包括处理索赔案件而支付的诉讼费、抗辩费、律师费、调查取证费等。

诉讼费用一般是指被保险人因侵权行为而应付给索赔人的法律诉讼费用及经保险人事先同意的被保险人自己支出的诉讼费用。其中,应付索赔人的法律诉讼费用是指受害人诉诸法律向被保险人索赔而支出的,根据法院判决或裁决应由被保险人偿还索赔人的费用。被保险人自己支出的诉讼费用是指被保险人在诉讼或抗辩中的诉讼费用支出,或保险人认为有必要以被保险人的名义直接和受害人在法院进行诉讼或抗辩而支出的合理费用,该项费用必须在支出前得到保险人的同意,以便保险人可以视情况判断后果和可行性。

另外,在职业责任保险中,调查取证费用的支出也非常可观。职业责任保险因涉及的领域较为独特,发生索赔后,保险人通常需要请此行业的专家或检验人出具独立、公正的调查报告，这些费用也构成了职业责任保险赔偿中不可分割的一部分。例如，建设工程设计责任保险中，保险事故发生以后，保险人往往不能依据自身的能力判断损失是否属于保险责任范围，需请相关的工程事故鉴定处理委员会或保险公估人出具检验报告，因而，需要支出相应费用。

3. 发生保险责任事故后，被保险人为缩小或减少对第三者的经济赔偿责任所支付的必要的、合理的费用。费用的必要性主要体现在如果不支付这些费用，会造成更大的保险损失。费用的合理性取决于保险事故发生时的具体情况，例如，要视费用金额的大小及所能挽回的损失而定。

七、常见职业责任保险

(一)医疗责任保险

承保医务人员由于医疗意外而致病人死亡或伤残、病情加剧、痛苦增加等，受害者或其家属要求赔偿的责任风险。它是职业责任保险中占主导地位的险种。

(二)建设工程设计责任保险

建设工程设计责任保险承保由于建设工程设计人设计上的疏忽或过失而引发工程自身损失和第三者的损失或费用，而应承担的经济赔偿责任。

(三)律师责任保险

律师责任保险承保被保险人在自己的能力范围内、在职业服务中发生的疏忽、过失行为所导致的法律赔偿责任。

(四)会计师责任保险

会计师责任保险承保因被保险人或被保险人对其负有法律责任的人，因承办条款约定业务而出具的相关报告不实，而造成他人损失，依法应负的经济赔偿责任。国内的会计师责任保险的投保人一般是依法设立的会计师事务所。

第六节 承运人责任保险

公众责任保险因其适用范围广泛，有许多险种，如场所责任保险、承包人责任保险、承运人责任保险和环境污染责任保险等。其中，随着我国公路、铁路、水路以及航空事业的迅速发展，由于这些公共交通安全涉及面广、牵涉到千家万户的利益，承运人责任保险的市场需求日益扩大，承运人责任保险已经成为责任保险的重要组成部分。

一、承运人责任保险的保险责任

承运人责任保险是以承运人依据运输合同对承运对象可能出现的损害所负的赔偿责任为标的的保险，保险人对承运人在运输过程中因为疏忽或过失而应承担的经济损害责任和相关法律费用承担赔偿责任。

承运人是指根据运输合同、规章或提货单的条款等与发货人或乘客建立承运、客运关系并承担客货运输任务的单位(法人)和个人,如铁路集团、火车站、货运公司、出租汽车公司等。对于乘客、旅客或者委托人的货物运输所发生的责任事故,依照我国的《民法典》以及其他有关法律、法规、实施细则的规定,承运人均应承担相应的损害赔偿责任。因此,承运人对承运对象负有可能出现的损害赔偿责任,承运人责任一般是合同赔偿责任。

由于运输工具种类繁多,运输对象分为客、货两种,运输方式又有直接运输和联合运输之分,承运人责任保险也只能根据不同的运输方式和运输对象设计各种保险方案。比较常见的有承运人旅客责任保险和货物承运人责任保险等。

二、承运人责任保险的赔偿限额和免赔额

承运人责任保险赔偿限额包括每人赔偿限额和年度累计赔偿限额,由投保人根据承运人类型,年客流量等诸因素所可能导致的赔偿责任风险大小以及实际需要与保险人协商确定,或由投保人根据保险人事先划分的与自身情况相对应的赔偿限额的档次选择确定。为了满足不同客户的特殊性需要,扩大对客户利益的保障,该保险设置了附加险,赔偿限额由投保人根据自身情况选择确定。

免赔额是针对每次事故财产损失而言,一般采取免赔额和免赔率相结合的形式,两者以高者为准。此免赔额为绝对免赔额,其目的是为了提高被保险人加强安全防范责任心。

三、承运人责任保险的保险费

1. 基本险保费。对于各类承运人,依据每人责任限额、累计责任限额确定基本费率,根据承运人年旅客运输量来计算其毛保费。

2. 附加险保费。附加险的累计责任限额乘以适用的费率等于附加险保费。

四、承运人责任保险的风险评估

应了解清楚承保业务的各方面情况,在投保调查中,保险人要特别注意了解以下信息:

1. 承运人的类别及运输方式。

2. 承运人的年旅客运输量。

3. 承运人以往的事故、保险记录以及事故原因、后果和赔偿金额。

4. 赔偿限额的高低和免赔额。

5. 投保人有无其他特殊责任要求。

五、承运人责任保险的赔偿处理方式

旅客责任保险的赔偿处理以条款的规定为基本依据,在保单规定的赔偿限额内以法院或政府有关部门依法裁定或经双方当事人及保险人协商确定的应由被保险人偿付的金额为准计算赔付。在确认属保险责任范围内的事故时,保险人应及时与被保险人协商处理。在达不成协议或分歧较大时,应通过法律解决,并以法院判决作为保险人赔偿的最终依据。

六、承运人责任保险的赔款计算

在认定保险责任并核定损失的条件下,保险人即可按条款规定的赔偿处理方式计算赔款,具体如下:

1. 以每次事故赔偿限额为损害和仲裁或诉讼费用赔偿的最高限额,超过部分由被保险人自行承担。旅客的人身伤亡或财产损失以及经保险人书面同意的仲裁或诉讼费用两项的每次事故的赔偿总金额不超过保险单明细表中列明的每次事故赔偿限额,其中人身伤亡以不超过每人的赔偿限额为限。即仲裁或诉讼费用与赔偿责任一并计算赔款,在赔偿限额内支付,不另行计算。

2. 对发生保险责任事故后,被保险人为缩小或减少旅客的人身伤亡或财产损失的赔偿责任所支付必要的、合理的费用,应在另一个赔偿限额内赔偿。如果被保险人最终赔偿金额超过保险赔偿限额,保险人按比例分摊该费用。

3. 重复保险的赔偿。发生保险责任范围内的索赔时,如有其他承保同样责任或其中任何一部分责任的保险存在,保险人将按照所承担责任限额的比例,对有关赔偿按比例负责赔付。

七、道路客运承运人责任保险

(一)道路客运承运人责任保险的责任范围

根据《中国人民财产保险股份有限公司道路客运承运人责任保险条款》规定,该保险的保险责任是:在保险期间内,旅客在乘坐被保险人提供的客运车辆的途中遭受人身伤亡或财产损失,依照中华人民共和国法律(不包括港澳台地区法律)应由被保险人承担的经济赔偿责任,保险人按照保险合同约定负责赔偿。保险事故发生后,被保险人因保险事故而被提起仲裁或者诉讼的,对应由被保险人支付的仲裁或诉讼费用以及事先经保险人书面同意支付的其他必要的、合理的费用,保险人按照保险合同约定也负责赔偿。

旅客是指持有效运输凭证乘坐客运汽车的人员、按照运输主管部门有关规定免费乘坐客运车辆的儿童以及按照承运人规定享受免票待遇的人员。财产损失指旅客托运行李及随身携带物品的损失。

道路客运承运人责任保险的保险费依据运输工具、运输区域、运输中的风险以及运输工具的座位数、赔偿限额等因素确定。

道路客运承运人责任保险的责任限额包括每人责任限额、累计责任限额,由投保人与保险人协商确定。

(二)道路客运承运人责任保险的除外责任

1.下列原因造成的损失、费用和责任,保险人不负责赔偿:

(1)投保人、被保险人及其雇员、代理人的故意或重大过失行为;

(2)战争、敌对行动、军事行为、武装冲突、罢工、骚乱、暴动、恐怖活动;

(3)核辐射、核爆炸、核污染及其他放射性污染;

(4)行政行为或司法行为;

(5)地震、海啸。

2.下列损失、费用和责任,保险人也不负责赔偿:

(1)被保险人或其雇员的人身伤亡及其所有或管理的财产损失;

(2)被保险人应该承担的合同责任,但无合同存在时仍然应由被保险人承担的法律责任不在此限;

(3)罚款、罚金及惩罚性赔偿;

(4)精神损害赔偿;

(5)被保险人的间接损失;

(6)非保险合同所称旅客的人身伤亡和财产损失;

(7)无有效驾驶执照的驾驶人员驾驶承运人的客运车辆时造成的损失或责任;

(8)旅客因疾病(包括因乘坐客运车辆感染的传染病)、分娩、自残、殴斗、自杀、犯罪行为造成的人身伤亡和财产损失;

(9)旅客在客运车辆外遭受的人身伤亡和财产损失;

(10)旅客随身携带物品或者托运行李本身的自然属性、质量或者缺陷造成的损失;

(11)保险责任范围内,被保险人依法应承担的经济赔偿责任低于或等于免赔额的事故造成的损失、费用和责任;

(12)保险合同中载明的免赔额。

3.其他不属于保险责任范围内的损失、费用和责任,保险人不负责赔偿。

(三)道路客运承运人责任保险的赔偿处理

1.被保险人给旅客造成损害,被保险人未向该旅客赔偿的,保险人不负责向被保险人赔偿保险金。

2.发生保险责任范围内的损失,保险人就每一旅客人身伤亡的赔偿金额不超过保险单明细表列明的每人责任限额;保险人就每一旅客财产损失的赔偿金额不超过保险单明细表列明的每人责任限额的5%。

对于每次事故,保险人对法律费用的赔偿金额不超过保险单明细表列明的累计责任限额的5%,但在保险期间内该项赔偿金额之和不得超过该累计责任限额的30%。

在保险期间内,保险人的累计赔偿金额不超过保险单明细表列明的累计责任限额。

3. 保险事故发生时,如果被保险人的损失能够从其他相同保障的保险项下也获得赔偿,则保险人按照保险合同的责任限额与所有有关保险合同的责任限额总和的比例承担赔偿责任,不负责垫付其他保险人应承担的赔偿金额。被保险人在请求赔偿时应当如实向保险人说明与保险合同保险责任有关的其他保险合同的情况,对未如实说明导致保险人多支付保险金的,保险人有权向被保险人追回多支付的部分。

八、道路危险货物承运人责任保险

根据《中国人民财产保险股份有限公司道路危险货物承运人责任保险条款》规定,道路危险货物承运人责任保险包括货物责任保险和第三者责任保险两部分,投保人可以选择性投保,也可以同时投保。

(一)道路危险货物承运人责任保险的保险责任

1. 货物损失部分的保险责任。

(1)在保险期间内,被保险人使用的运输车辆在中华人民共和国境内运输和装卸保险合同中载明的危险货物期间,因下列意外事故造成车辆上装载的危险货物的损毁、灭失,依照中华人民共和国法律(不包括港澳台地区法律)应由被保险人承担的经济赔偿责任,保险人按照保险合同约定负责赔偿:

①火灾、爆炸;

②运输车辆发生碰撞、倾覆;

③碰撞、挤压导致包装破裂或容器损坏。

(2)保险事故发生后,被保险人因保险事故而被提起仲裁或者诉讼的,对应由被保险人支付的仲裁或诉讼费用以及事先经保险人书面同意支付的其他必要的、合理的费用(简称"法律费用"),保险人按照保险合同约定也负责赔偿。

2. 第三者责任部分的保险责任。第三者是指保险人、被保险人及其雇员、托运人和收货人及其雇员或者代理人以外的人。

(1)在保险期间内,被保险人使用的运输车辆在中华人民共和国境内运输和装卸保险合同中载明的危险货物期间,因下列意外事故造成第三者人身伤亡或财产损失,由第三者自意外事故发生之日起1年内向被保险人提出索赔的,依照中华人民共和国法律(不包括港澳台地区法律)应由被保险人承担的经济赔偿责任,保险人按照保险合同约定负责赔偿:

①火灾、爆炸；

②运输车辆发生碰撞、倾覆；

③碰撞、挤压导致包装破裂或容器损坏。

(2)保险事故发生后，被保险人因保险事故而被提起仲裁或者诉讼的，对应由被保险人支付的仲裁或诉讼费用以及事先经保险人书面同意支付的其他必要的、合理的费用，保险人按照保险合同约定也负责赔偿。

(3)在保险期间内，被保险人使用的运输车辆在中华人民共和国境内(不包括港澳台地区)运输和装卸保险合同中载明的危险货物期间，因列明的意外事故造成环境污染危害的，被保险人为排除该危害而支付的合理的、必要的除污费用，保险人按照保险合同约定负责赔偿。除污费用是指为排除环境污染危害而发生的检验、监测、清除、处置、中和等费用。

(二)道路危险货物承运人责任保险的除外责任

1. 货物责任保险的除外责任。下列原因造成的损失、费用和责任，保险人不负责赔偿：

(1)自然灾害，是指雷击、暴风、暴雨、洪水、暴雪、冰雹、沙尘暴、冰凌、泥石流、崖崩、突发性滑坡、火山爆发、地面突然塌陷、地震、海啸及其他不能预见、不能避免并不能克服的自然现象。

(2)危险货物设计错误、工艺不善、本质缺陷或特性、自然渗漏、自然损耗、自然磨损或由于自身原因造成腐烂、变质等自身变化。

2. 第三者责任保险的除外责任。下列损失、费用和责任，保险人不负责赔偿：

(1)被保险人或其雇员的人身伤亡及其所有或管理的财产的损失；

(2)核辐射、核爆炸及核污染造成的损失、费用和责任；

(3)被保险人应该承担的合同责任，但无合同存在时仍然应由被保险人承担的法律责任不在此限；

(4)因环境污染危害间接受到损害的第三者的人身伤亡和财产损失。

3. 既适用于货物损失部分又适用于第三者责任部分的除外责任。在道路危险货物承运人责任保险中，既适用于危险货物损失部分又适用于第三者责任部分的除外责任主要有以下几个方面：

(1)下列原因造成的损失、费用和责任，保险人不负责赔偿：

①投保人、被保险人及其雇员、代理人的故意或重大过失行为；

②战争、敌对行动、军事行为、武装冲突、罢工、骚乱、暴动、恐怖活动；

③行政行为或司法行为。

(2)保险事故发生时，存在以下不符合道路运输管理机构与危险货物运输相关规定的情形，保险人不负责赔偿：

①被保险人不具备危险货物运输资格；

②运输车辆、容器、装卸机械及工具未经道路运输管理机构审验合格;

③危险货物的包装、装载不符合相关规定;

④驾驶人员、押运人员、装卸人员不具备相应的资格或违反相关操作规程。

(3)下列损失、费用和责任,保险人不负责赔偿:

①罚款、罚金及惩罚性赔偿;

②精神损害赔偿;

③被保险人的间接损失;

④保险责任范围内,被保险人依法应承担的经济赔偿责任低于或等于免赔额的事故造成的损失、费用和责任;

⑤保险合同中载明的免赔额。

(4)其他不属于保险责任范围内的损失、费用和责任,保险人不负责赔偿。

(三)道路危险货物承运人责任保险的保险期间

定期运输的保险期间一般为一年,以保险合同载明的起讫时间为准。单程运输的保险期间自保险合同生效后,危险货物装上运输车辆时开始至卸离运输车辆时止。

(四)道路危险货物承运人责任保险的责任限额与免赔额

货物责任保险的每次事故责任限额、累计责任限额以及每次事故免赔额由投保人与保险人协商确定。第三者责任保险的每次事故责任限额、每人人身伤亡责任限额、累计责任限额以及每次事故免赔额由投保人与保险人协商确定。同时,保险人支付的合理的、必要的除污费用的每次事故赔偿限额、累计赔偿限额以及每次事故免赔额,也由投保人与保险人协商确定。

(五)赔偿处理

1. 货物责任保险的赔偿处理

(1)被保险人给托运人或其他索赔权利人造成损害,被保险人未向该托运人或其他索赔权利人赔偿的,保险人不负责向被保险人赔偿保险金。

(2)发生保险责任范围内的损失,对于每次事故造成的损失,保险人在对应的每次事故责任限额内扣除对应的每次事故免赔额后进行赔偿;在保险期间内,对于多次事故的损失,保险人的累计赔偿金额不超过对应的累计责任限额。

(3)对每次事故法律费用的赔偿金额,保险人在货物损失赔偿金额以外按应由被保险人支付的数额另行计算,但不超过上述每次事故赔偿金额的20%;在保险期间内,对于多次事故的法律费用,保险人的累计赔偿金额不超过累计责任限额的20%。

(4)保险事故发生时,如果被保险人的损失能够从其他相同保障的保险项下也获得赔偿,则保险人按照保险合同的累计责任限额与所有有关保险合同的累计责任限额总和的比例承担赔偿责任,不负责垫付其他保险人应承担的赔偿金额。

被保险人在请求赔偿时应当如实向保险人说明与保险合同保险责任有关的其他保险合同的情况,对未如实说明导致保险人多支付保险金的,保险人有权向被保险人追回多支付的部分。

2. 第三者责任保险的赔偿处理

(1)被保险人给第三者造成损害,被保险人未向该第三者赔偿的,保险人不负责向被保险人赔偿保险金。

(2)发生保险事故,造成第三者人身伤亡或财产损失的,对于每次事故造成的损失,保险人在每次事故责任限额内扣除对应的每次事故免赔额后进行赔偿。其中,对每人人身伤亡的赔偿金额不得超过每人人身伤亡责任限额,且不扣除每次事故免赔额。在保险期间内,对多次事故造成的损失,保险人的累计赔偿金额不超过累计责任限额。

(3)发生保险事故,造成第三者人身伤亡或财产损失的,对每次事故法律费用的赔偿金额,保险人应在第三者责任的赔偿金额以外按应由被保险人支付的数额另行计算,但不超过每次事故责任限额的20%;在保险期间内,对于多次事故的法律费用,保险人的累计赔偿金额不超过累计责任限额的20%。

(4)发生保险事故,造成环境危害的,对于每次事故造成的环境危害的除污费用,保险人在每次事故赔偿限额内扣除对应的每次事故免赔额后进行赔偿;在保险期间内,对于多次事故造成的环境危害的除污费用,保险人的累计赔偿金额不超过累计赔偿限额。

(5)保险事故发生时,如另有其他相同保障的保险存在,不论是否由被保险人或他人以其名义投保,也不论该保险人赔偿与否,保险人对第三者责任保险项下的赔偿,仅承担差额责任,不负责垫付其他保险人应承担的赔偿金额。被保险人在请求赔偿时应当如实向保险人说明与保险合同保险责任有关的其他保险合同的情况,对未如实说明导致保险人多支付保险金的,保险人有权向被保险人追回多支付的部分。

第十一章

信用保险

第一节 信用保险

一、信用保险概述

信用保险是指权利人向保险人投保义务人的信用风险的一种保险。信用保险合同当事人是权利人(投保人或被保险人)和保险人。实际上,信用保险就是把义务人(债务人)的履约风险转移给保险人,当债务人不能履行其义务时,由保险人向权利人(债权人)承担赔偿责任。信用风险在政治、经济及日常生活中是普遍存在的,所以信用保险可以是一个非常广义的概念。

在保险实践中,信用保险被更多地从狭义的角度来定义,即信用保险所承保风险是贸易及投资活动中,义务人向权利人所承担的付款信用风险。按承保风险所在国别不同,信用保险可以分为国内信用保险和出口信用保险;按承保风险期限长短不同,信用保险可分为短期信用保险和中长期信用保险。这是国际信用保险界主流分类。随着需求变化及实践探索发展,市场上近几年也出现了一些创新型的信用保险产品,但贸易和投资信用保险无论从业务规模还是发展前景看都仍然是核心险种。

在信用产生较早的欧洲,开始是由一些银行和商人来承担信用风险。1919年,鉴于东方和中欧诸国的政治局势险恶,英国政府被迫出面对同这些国家进行贸易的本国公司实行担保,为此专门成立了出口信用担保局,创立了一套完整的信用保险制度,成为以后各国效仿的样板。1934 年,英国、法国、意大利和西班牙的私营和国营信用保险机构成立了"国际信用和投资保险人联合会",简称"伯尔尼协会",目的在于交流出口信用保险承保技术、支付情况和信息,并在追偿方面开展国际合作。

我国的信用保险产生于 20 世纪 80 年代初期。1983 年初,中国人民保险公司上海市分公司与中国银行上海分行达成协议,试办了我国第一笔中长期出口信用保险业务;1986 年初,中国人民保险公司上海分公司按有关协议,开始试办短期出口信用保险;1988 年,国务院正式决定由中国人民保险公司试办出口信用保险业务,并在该公司设立了信用保险部。1994 年成立的中国进出口银行的主要业务之一就是经营出口信用保险业务。2001 年 12 月,在中国人民保险公司信用保险部和中国进出口银行信用保险部的基础上,正式成立了专门经营我国出口信用保险业务的中国出口信用保险公司。

二、国内贸易信用保险

(一)基本概念

国内贸易信用保险承保国内企业开展赊销贸易所产生的应收账款安全,即卖方发货或提供服务后,买方因为破产或拖欠而导致卖方无法收回应收账款的商业信用风险。当上述风险发生时,保险人根据保险合同约定在一定范围内赔偿作为投保人(通常也是被保险人)的卖方企业的应收账款损失。

国内贸易信用保险以买卖双方签订的贸易合同为基础,通常具有物权转移或服务履行的特征。

1. 保险当事方。国内贸易信用保险的合同当事方是保险人与作为投保人(通常也是被保险人)开展赊销贸易的国内企业。

买方不是保险合同当事方。

2. 保险标的。承保风险标的为企业赊销所形成的贸易应收账款,不包括现金交易或涉及个人消费者的交易。

3. 保险责任。国内贸易信用保险的保险责任就是买方破产或拖欠。

企业破产遵循破产法相关规定,但不同保险人对于保险合同项下的“破产”可能会有不同的认定标准。

同样的,一般商业管理上认为买方到期没有按合同约定付款就是拖欠发生,但不同保险人对于各自如何认定“拖欠”可能标准也不尽相同。

需要注意的是,信用保险只承保买方的商业风险,即买方在运营中因自身原因而破产或拖欠卖方货款的风险,被保险人自身的运营、财务等任何风险都不在保险范围之内。此外,交易中发生的货物财产灭失或损坏的风险,或交易任何一方应依法承担的法律责任风险等也都不在保险范围之内。国内贸易信用保险也不承保政治风险。

4. 保险期间。保险期间即保险合同的有效期,通常为一年。根据贸易信用保险操作惯例,只要是被保险人在保险期间所发生的符合保险合同约定的赊销交易,并且履行了申报、交付保险费等义务的,无论保险期间是否结束,保险人均按约定承担保险责任。

5. 信用期限。国内贸易信用保险承保的信用期限(即应收账款账期,贸易合同所约定的买方付款期限)通常不超过 180 天。

（二）主要功能

国内贸易信用保险主要功能可以概括为三个方面：

第一，保障应收账款安全、助力企业扩大拓展市场。

当前商品交易多数都是买方市场，卖方企业在激烈的竞争环境中不得不面对越来越多的赊销（即先货后款）的付款条件才能达成交易目的。但是，我国的信用状况还不甚乐观，企业普遍面临销售后收款难的窘境，下游恶意拖欠货款甚至因为经营困难而无力偿债的情况经常出现。贸易应收账款是企业开展赊销时的一个重大经营风险。

保障应收账款是国内贸易信用保险的基本功能。当买方因为破产或拖欠而无法偿还债务时，保险人可以为卖方企业提供必要的经济补偿，维持企业现金流延续性，提高风险抵御能力。在信用保险的保障和支持下，企业可以采取更加灵活、大胆的交易方式，选择优质买家，提高竞争能力，扩大销售规模，确保既定企业发展战略的持续稳定实施，从而最终帮助企业实现发展。

第二，提升应收账款安全等级，帮助企业获取银行贸易融资支持。

贸易应收账款实质上是卖方向买方提供的一种资金融通，会占用卖方企业大量现金流，会增加企业经营的压力和成本。开展赊销贸易的企业尤其是大量中小企业对于资金的需求普遍迫切。

传统的基于固定资产抵押的融资模式已经不能满足企业的融资需求，特别是没有足够或合格资产可以抵押的中小企业，融资难的问题始终难以回避。新的物权法规定应收账款可以质押，从而为企业融资提供了一条新的解决路径。但是，银行考虑到应收账款回收的不确定性，通常要求企业购买贸易信用保险，提升应收账款安全性，才在此基础上给企业提供贸易融资服务。具体操作时，保险人、银行、企业通常签订三方赔款转让协议，改变赔款路径，在风险发生时由保险人将赔款直接支付给银行，而不是企业（被保险人）。

实践证明，这种新型的“信用保险加应收账款”的融资方式相比传统融资模式，具有评估便捷、操作灵活、成本可控等特点，非常受企业和银行的欢迎。

第三，保险人专业的信用风险管理能力帮助企业提升内部管理能力。

贸易信用保险是一个管理型险种，保险人提供的不仅仅是风险保障，还有咨询与管理等技术增值服务，这是信用保险更大的价值所在。保险人在承保过程中，要评估作为投保人的卖方企业的经营状况、风险管理能力、发展预期等，更重要的是要评估下游买方的资信状况，对买方的资金实力、行业风险、道德风险等多方面开展评估，并在承保后利用保险人的全国承保数据库及信息网络资源，对买方信用风险状况开展跟踪管理。保险人上述对交易对手的风险评估及管理活动都会及时与投保人沟通，从而帮助投保人提升风险识别和管理的能力。

保险人通常会给投保人提供信用保险操作培训并及时沟通，在业务申报与管理、信息系统对接与改善、行业或区域性风险变动、国家政策调整等多个方面给企业提供改善经营和管理的建议，帮助企业完善风险管理机制，提升企业整体实力。

三、出口信用保险

（一）出口信用保险的概念与经营特点

1. 出口信用保险的概念。出口信用保险是承保出口商在经营出口业务的过程中因进口商的商业风险或进口国的政治风险而遭受损失的一种信用保险。出口信用保险是以国家的出口贸易为基础而产生的，是应国际贸易发展的客观要求而发展起来的。出口信用保险对各国出口贸易的发展起到了巨大的推动作用，主要表现在：第一，它是国际公认的贸易促销手段；第二，它是出口商获得银行贷款的前提条件；第三，它是出口商采取灵活支付方式，开拓国际市场，增加出口安全的保证。我国从1983年开始试办出口信用保险至今，出口信用保险在支持国家出口创汇以及为出口企业提供外汇贷款保障方面起到了十分重要的作用。

2. 出口信用保险的经营特点。出口信用保险与其他各种保险在经营上最大的不同点在于它不是以大数法则为基础制定保险费率和做出承保决定的。出口信用保险的经营具有下列特点：

（1）出口信用保险离不开政府的参与。从世界范围看，根据政府支持程度的不同，出口信用保险的经营形式可以分为以下几种：

第一，政府直接经营方式。在这种方式下，政府设置某些机构直接承保出口信用保险业务。这种方式能够体现国家的出口政策。采用这种方式的国家主要有英国、日本、丹麦、瑞典和瑞士等发达国家。

第二，政府间接经营方式。在这种方式下，政府投资设立一个独立的机构，制定相应的法律、法规确定其性质、地位，政府不直接经营，但政府提供最后担保。这种方式的优点在于政府负担轻、补贴少，但对于大额资本性货物的出口和年限较长的贸易信用，这种方式就无力承保。采取这种方式的国家和地区有加拿大、澳大利亚、印度和中国香港地区等。

第三，政府委托经营方式。这种方式通常是政府委托商业保险公司来承保。这种方式既能体现国家政策的支持，又利用了商业保险公司的灵活经营机制。实行这种方式的国家有美国和德国等。

第四，混合经营方式。这种方式是指信用保险机构自己承保部分信用保险业务，并接受国家委托经营其他保险业务。采取这种方式的国家有法国、荷兰等。

（2）出口信用保险必须全额投保。全额投保是指出口商必须向保险公司投保其所有合格的出口业务。值得注意的是，全额投保要求主要是约束出口商的，对于保险人来说，并不要求全额承保。保险人一般依据国际贸易市场的变化、地区风险的大小与国家制定的限制条件决定是否承保。

(3)出口信用保险必须评估信用风险。信用风险评估包括对买方信用风险和国家信用风险的评估。第一,买方信用风险的评估。它是出口信用保险的关键。保险人通过审批买方信用限额,综合评估出口企业的经营方针和对象,制定出口信用险费率。评估买方风险时,首先应掌握买方资信的第一手资料,然后从买方企业的性质、经营管理人员素质、经营范围和能力等方面,对买方作一个综合评估,并结合买方的国家风险,作出是否承保的决定。第二,买方国家信用风险的评估。它是保险公司制定买方信用限额、厘定保险费率等必不可少的环节。保险公司要与买方国家的风险评估机构经常协同调查,互通信息,必要时可以通过国际性的组织如伯尼尔协会等,对国家信用风险进行评估。

3. 出口信用保险的种类。出口信用保险有以下几种分类方式:

(1)按保险责任的起讫时间分类,出口信用险可分为出运前保险和出运后保险。出运前的保险从出口合同生效之日开始至货物出运时终止。如果在货物出运前因商业风险或政治风险致使买方取消或中止合同,对于出口商已经采购或组织生产买方原先订购的产品,保险人负责因产品不能出口带来的直接损失。尤其是转卖性差或批量特大的产品的出口,买方在出运前毁约会给出口方带来重大损失。出运前的保险通常作为短期出口信用保险的附加险。出运后的保险是指货物一旦交付承运人,保险合同即刻生效;一旦出口商安全收汇,保险责任即告结束。在出口合同规定的信用期届满后,因保单责任范围内的风险致使出口商不能收到外汇货款,保险人在规定的等待期满后负责赔偿。

(2)按出口合同的信用期分类,出口信用险分为短期出口信用保险和中长期出口信用保险。短期出口信用保险的信用期,一般是在180天以内,经扩展也可延长,但最长不超过2年。短期出口信用保险适用于一般性商品的出口,包括所有消费性制成品、初级产品及工业用原材料的出口,汽车、农用机械、机床工具等半资本性货物出口也可适用。

中长期出口信用保险适用于资本性货物的出口,如电站、大型生产线等成套设备项目,飞机、船舶等大型运输工具等等。信用期为2~5年的,一般称为中期出口信用保险;信用期为5年以上的,一般称为长期出口信用保险。

短期出口信用险一般采取统保的承保方式,即要求出口商承诺投保其保险适用范围内的全部出口业务。而中长期出口信用保险一般采取逐个出口合同协商承保的办法。

(3)按出口信用保险的承保风险分类,出口信用险分为商业风险的出口信用保险和政治风险的出口信用保险。商业风险包括进口商资信或信誉方面的风险。政治风险是指买方国家的法律、政策或政局改变的风险。商业风险和政治风险都承保的出口信用保险称为综合出口信用保险。此外,国外的出口信用保险机构有的还提供汇率风险的保障。

(4)按出口合同的性质分类,出口信用保险分为货物出口信用保险、劳务输出信用保险和建筑工程海外承包合同信用保险等。

(二)短期出口信用保险

短期出口信用保险是目前各国出口信用保险机构开办最广泛、承保量最大、运作最规范的出口信用保险。

1. 短期出口信用保险的适用范围。根据出口信用保险条款的规定,投保短期出口信用保险的出口合同必须同时具备以下三个条件:

第一,付款条件为商业信用方式。这主要是指付款交单(D/P)、承兑交单(D/A)和赊账(O/A)方式。付款交单和承兑交单都是银行跟单托收方式。

第二,信用期不超过180天。信用期是指买卖合同中规定的买方从提单日起或见单日起或交货日起到应该支付货款的最大时间间隔。

第三,出口产品全部或部分在国内生产或制造。

对于某些不完全满足上述规定条件的特殊情况,例如以信用证方式结算的出口产品、进口产品的再出口、信用期超过180天但不超过365天的出口等,经协商也可在短期出口信用险项下承保。

不适用投保短期出口信用保险的业务,包括预收全部货款后发货的出口贸易、不通过货币结算的易货贸易、付款金额和付款期限不确定的寄售贸易、通过政府协定设立的清算账户结算的贸易、中长期资本性货物的出口贸易和进口贸易等。

2. 短期出口信用保险的保险责任和除外责任。具体为:

(1)保险责任。短期出口信用保险承保被保险人发运货物后由于商业风险和政治风险引起的货款损失。

①商业风险。包括:买方被宣告破产或实际已资不抵债;买方拖欠货款达6个月(或4个月)以上;买方违约拒收货物,致使货物被运回,降价转卖或放弃。

②政治风险。包括:买方国限制汇兑;买方国禁止贸易;买方国吊销有关的进口许可;买方国颁布延期付款令;买方国发生战争、动乱等;买方国发生非常事件,如大面积严重自然灾害等致使买方无法履行合同。

(2)除外责任。主要有:

①货物运输险项下的损失;

②汇率变动损失;

③被保险人违约或违法所致的损失;

④买方违约在先情况下被保险人坚持发货所致的损失;

⑤由于买方违反本国法令未获进口许可证所致的损失;

⑥被保险人的代理人或买方的代理人所致的损失;

⑦被保险人未按时办妥投保手续的出口业务发生的损失;

⑧被保险人向未经保险公司批准买方信用限额,或不适用被保险人自行掌握

的信用限额的买方出口时所发生的损失；

⑨在损失发生之日两年内，被保险人仍未向保险公司索赔的损失等。

3. 短期出口信用保险的承保。短期出口信用险的承保工作分为保单的承保、国家的承保、买方的承保和出运的承保，四个步骤依次进行。短期出口信用险一般不接受仅投保个别出运或个别买家或个别国家的投保。只有在投保人将其保单适用范围内的出口货物全部投保的前提下，保险人才会进一步考虑对特定国家和特定买家的出口的承保。

(1)保单的承保。保险人要认真研究投保人通过投保单提供的资料，并据以正确地签发保险单，尤其是填好保单明细表。保单的承保的内容包括：

①保单开始生效的时间。可根据投保人的意愿填写保单开始生效时间，由于这种保单的运作周期是长期的，故不需要规定保单终止时间。

②被保险人自行掌握的每一买家的信用限额。这个数额可根据被保险人的经营规模和在信用控制方面的经验确定。在此数额以下，被保险人投保时可不必每次向保险公司书面申请买方信用限额。

③赔偿比例。通常规定赔偿比例为 80% ~90%，但对信誉较差的出口商可规定更低的赔偿比例。它表明不论发生多少损失，被保险人总得自己负担一定的损失。

④保单赔偿限额。这是指保险公司在一年内在此保单项下承担的最高赔偿金额，通常根据被保险人出口业务的规模和平均信用期长短确定。

⑤保险费率。保险费率水平的高低由预计年投保额、市场结构、客户结构、出口商品种类、信用风险控制经验和以往收汇情况等因素决定。每批出口业务的保险费率是由进口国别、支付方式和信用期长短决定。短期出口信用保险的费率通常向被保险人公开，保险公司一般提供给被保险人一份保险费率表，以便被保险人自己计算应付保险费。

⑥批注。在需要时，保险人可以利用批注修改保单条款中的某些规定，如扩大或缩小保单适用范围等。

(2)国家的承保。签发保单时，附带的国家表代表了保险公司对各特定国家的承保态度。国家表的制定是建立在保险公司对各个国家进行风险评估的基础之上。评估国家风险主要考察各国的政治、经济和社会状况，如社会制度、政府稳定性、经济水平、外汇储备、法律环境、商业习惯和与出口国关系等各个方面。通常用打分的方法将以上种种因素量化，进行分类和排队，得出各国的风险等级。

制定国家表应该考虑国家的对外贸易政策。国家表由保险公司统一制定，但必须定期更新或随着国际形势的变化作不定期调整，承保人员不得擅自改动。

对风险等级较低国家的出口业务，保险公司将按较低的保险费率收取保险费；对风险等级较高国家的出口业务，保险公司将按较高的保险费率收取保险费或规定承保限制条件,如只承保信用证方式的出口等;对政治、经济形势极度混乱国家的出口业务,保险公司将作出暂时不予承保的决定。

国家的承保高于买方的承保。如果某一国家的风险不可接受,就不再考虑是否承保该国的某一买方。

(3)买方的承保。买方的承保是通过逐一审批买方信用限额来实现的。买方信用限额规定了保险公司对被保险人向某一特定买方出口所承担的最高赔偿责任。所以,审批买方信用限额是短期出口信用险承保管理中一项重要的工作。

买方信用限额是由被保险人申请的。被保险人申请买方信用限额时,必须认真如实地填写信用限额申请(审批)单中的每一栏目,并提供一切与该买方有关的资信资料,包括以往商业往来的履约情况、资信情况、近期财务报告和银行或信用机构签发的调查报告等。

买方信用限额是保险公司对被保险人向买方出口货物时可能发生的收汇风险承担的最高赔偿金额。例如,被保险人为某一买方申请了10万美元的信用限额,即若被保险人向该买方出口时收汇损失超过10万美元,保险公司只负责赔偿10万美元,而超过部分的损失将由被保险人自己承担。被保险人应该慎重地为每一买方向保险人申请适当的信用限额,保险人将根据买方的资信情况和经营情况予以审批,并将审批结果以书面形式通知被保险人。

保险公司还需确定被保险人可以自行掌握的信用限额。当被保险人没有为某一买方向保险公司申请信用限额,或虽然提出申请但不能提供任何有关该买方的资信资料而不能获得保险公司批准时,如果被保险人向保险公司申报(投保)此类没有信用限额的出口,保险公司只能给被保险人一个确定的信用额度。在被保险人向该买方出口的货物发生收汇损失时,保险公司将按该信用限额赔偿被保险人的收汇损失。这个信用额度就是被保险人自行掌握的信用限额。

此外,经批准的信用限额可循环使用。循环使用信用限额是以被保险人的某一指定买方未付款的余额不超过信用限额为前提。在此前提下,被保险人可以继续出口货物并受到保险公司的保障。

(4)出运的承保。在完成上述三个步骤的承保后,还要求被保险人于每批货物出运后,及时向保险公司申报其每批出口货物的国别、买方、商品、出运时间、支付条件、发票号和发票总值等,以便保险公司计算和收取保险费。承保人员须经常督促检查被保险人是否及时申报其全部适合投保范围的出口货物。漏申报将会导致有关出口货物漏保,严重时漏申报会造成保单无效,即便已申报出口的收汇损失也有可能得不到保险赔偿。承保人员有权拒绝接受晚于规定时间的申报,其后果被视为漏保。所以,只有在承保人员按照被保险人的申报正确计算和收取保费之后,承保工作才算完成。

4.短期出口信用保险的保险费。短期出口信用保险保险费的计算公式为:

保险费 = 申报发票总值 × 保险费率

确定短期出口信用险保险费率应考虑的因素包括：

(1)买方所在国或地区所属类别。通常出口信用保险机构将世界各国或地区按其经济情况、外汇储备情况、外汇政策和政治形势的不同划分成五类。第一类国家或地区的经济形势、国际支付能力、政治形势均较好，因而收汇风险较小；第五类国家或地区收汇风险非常明显，大部分保险公司不承保向此类国家或地区的出口贸易。

(2)支付方式。付款交单和承兑交单及信用证方式付款所带来的收汇风险各不相同，因而，保险公司确定的保险费率也不相同。

(3)赊账期的长短。赊账期长的费率高，赊账期短的费率低。

5. 短期出口信用保险的赔偿处理。相关处理办法如下：

(1)索赔时效。当获悉买方破产的消息，或买方拖欠货款已经超过一定时间，或买家提出不赎单收货，或买方所在国发生政治事变影响到买方按时支付货款时，被保险人须及时通知保险公司，并填报“可能损失通知书”，告知保险公司其可能受损的每批出口货物的品名、支付条件、出运日期和受损金额等详细情况。索赔时效自损失发生之日起满 2 年止。保险人收到“可能损失通知书”以后，理赔工作就算开始了。

(2)施救措施。理赔人员首先要考虑的是如何指导被保险人及时采取减少和挽回损失的措施。

对于破产案，一般必须要求被保险人通过当地律师向破产清算人或接管人登记债权，以便清算后取得一定补偿。

对于拖欠案，一般必须要求被保险人不断催促买方付款，直至发出一封措辞强硬、最后通牒式的追讨信，并通过托收委托行(在 D/A 条件下)向买方发出经过公证的“拒付抗议书”，以保留票据项下的权益。必要时，还应及时委托国外代理追账公司或组织出国小组上门追账。

对于拒收案，一般必须要求被保险人依据合同向买方施加压力，迫其赎单收货。如果无效，被保险人还应向买方发出警告信，声明买方必须对因其违约拒收而造成的一切损失承担赔偿责任，为日后在必要时提起法律诉讼做好准备。与此同时，被保险人应努力寻找新的买主，尽快以合理的价格将货物重新销售出去。

对于政治风险案，往往需要通过政府进行交涉，但被保险人也应尽可能与买方保持联系，争取缩小损失的范围和程度。例如，损失原因是买方国限制汇兑，应要求买方先以当地货币将货款存到某个指定的当地银行，以待限制令解除后兑成硬通货付出等。

当损失已无法避免，且损失金额已经可以确定时，理赔人员应督促被保险人及时填写“索赔申请书”。拖延索赔对保险人、被保险人双方都是不利的。

(3)索赔文件。索赔时被保险人必须提供的有关证明文件包括:

①证明被保险人已按贸易合同出口的文件,如买卖合同、提单、发票、汇票、报关单和托收委托书等。

②证明有关出口货物已经投保出口信用保险的文件,如保险单、买方信用限额审批单、出口申报及保费计算书等。

③证明损失确实已经发生及损失原因、损失金额的文件,如银行有关买方不赎单、不付款的通知,买方破产的法律文件或报刊报道,转卖货物的发票及有关费用的收据等。

④证明被保险人已经履行保单条款规定的义务,并收集了一切可以采取的减少损失的措施的文件,如双方往来函电、拒付抗议书等。

理赔人员应对被保险人提供的各种索赔单证进行认真仔细的审查。查看单证是否真实,是否齐全,相互之间是否存在矛盾。有问题的,应要求被保险人作出令人满意的解释,或补充提供其他有关文件。

(4)赔偿等待期。短期出口信用保险所承保的收汇风险大都发生在国外,核查损失和调查损失原因需要较长时间,因此,信用保险条款中一般都规定相应的赔偿等待期。被保险人提出索赔后,保险公司要在该赔偿等待期结束之后,才能定损核赔。对于不同原因造成的损失,保险公司规定的赔偿等待期不同。

①如果造成损失的原因是买方破产,保险公司通常在证实买方确已破产或确定不具备偿付能力之后,即可定损核赔。

②如果损失原因为买方拖欠货款,赔偿等待期为 4 个月。

③买方拒收货物或拒付货款的损失,赔偿等待期为该货物重新出售或处理完毕后 1 个月。但是由于贸易纠纷引起的买方拒付货款,保险公司一般不马上受理索赔,只有等纠纷解决后才予以定损核赔。

④由于政治风险造成的损失,赔偿等待期为该政治风险事件发生后 4 个月。

被保险人已经投保的出口货物确实受到损失,这一损失的原因又确实属于保单责任时,当保单规定的赔偿等待期一到,理赔人员就应编制“赔款计算书”,并在有关领导审定签字后赔付。在计算赔款时需要注意:

第一,扣除被保险人已经获得的补偿、已经丧失的权力、买方已付的款项、被保险人转卖货物或变卖抵押品所得的款项、被保险人因不必履约而节省的费用、被保险人与买方已商定的让价等。

第二,按保单规定的赔偿百分比计算。在支付赔款时,还应要求被保险人签署“权益转让书”和“追讨委托书”,以利于保险公司赔付后向买方追偿。

(5)赔款转让。如果被保险人在赔案发生前,要求将其在保险单项下的权益转让给贷款机构,则保险公司可以将赔款受益人明确为贷款银行,出口企业可以用此作为贷款银行的抵押物。贷款银行因为有了保险公司承诺,一般会顺利地向出口企业提供贷款。办理赔款转让手续时，被保险人需向保险公司提供赔款转让授权书，并需经保险公司确认后，赔款转让书方能生效。

出口信用保险的赔偿是以被保险人的债权转让为前提的。但是，被保险人在获得赔偿后，仍有义务继续向买方追索欠款，保险公司在认为必要时，才完全接手追偿工作，此时仍要求被保险人提供一切可能的帮助。

(6)追偿。追偿工作对于出口信用保险的重要性高过其他任何保险。这是因为：

①追回款收入可观，在出口信用保险的业务收入中占有相当比重，对改善经营业绩有举足轻重的作用。

②积极追偿也是对国际贸易正常秩序的维护，如果只赔不追，必将导致更多赔案的发生。

③通过追偿可以进一步搞清案情，有助于查明错赔和骗赔案件。

④追偿过程中可以获取大量承保时需要的信息。

保险公司有效开展追偿的方法有：以被保险人的名义写信或发电报敦促买方付款；与被保险人组织联合小组与买方直接谈判；委托国外追账代理公司追账；委托律师对买方采取法律行动等。采取哪种追偿方法是由案情决定的，应争取以最低的成本获得最大的收益。根据出口信用保险条款规定，追偿款由保险人和被保险人按赔款占全部损失的比例分配，追偿费用也按同样比例分担。

(三)中长期出口信用保险

1. 中长期出口保险的适用范围。中长期出口信用保险适用于信用期在 180 天至 5 年或 8 年之间的资本性或半资本性货物的出口项目，例如，工厂或矿山的成套生产设备，船舶、飞机等大型运输工具，海外工程承包以及专项技术转让或服务等项目。这类出口项目的金额较大，合同执行期限较长，涉及的产品或服务均需要专门设计、专项制造，货物的交付使用和货款的支付方法也与一般性货物的出口有较大差别。

中长期出口信用保险的承保条件和承保对象不同于短期出口信用保险，具体包括：

(1)使用银行买方信贷、卖方信贷或其他方式签订的，收汇期在 1 年至 10 年之间、贸易金额在 100 万美元至 1 亿美元之间的出口合同。

(2)出口的大型成套设备和机电产品等资本性或半资本性货物国产化率在 70% 以上，车辆、船舶和飞机等国产化率在 50% 以上。

(3)出口企业所经营的出口产品应获得国家有关部门的批准，出口企业经营状况良好。

(4)进口商或招标人应为依法注册并获得所在国家政府进口许可证的有良好的履约能力的法人。

(5)信用保险公司视具体合同、具体时间、具体国别而定的其他条件。

2. 中长期出口信用保险的保险责任。对以下情形,中长期出口信用保险负责赔偿。

(1)买方、借款人或其还款担保人倒闭、破产、被接管或清盘,或丧失偿付能力。

(2)买方、借款人或其还款担保人从商务合同或贷款协议规定的还款日起逾期6个月仍未履行还款义务。

(3)买方因故单方面停止或终止执行贸易合同。

(4)买方所在国,或借款人所在国,或任何与履行商务合同或贷款协议有关的第三国政府,颁布政令、法令实行外汇管制,限制汇兑。

(5)买方所在国或借款人所在国,与中国或任何第三国发生战争、革命、暴乱等事件,或发生不可抗的特别事件,造成进口商不能履行商务合同或借款人不能履行贷款协议项下的还款义务。

3. 中长期出口信用保险的投保与承保。

(1)投保。中长期出口信用保险的投保包括下列内容:

第一,递交投保申请和相关文件。投保中长期出口信用保险的出口企业,应在对外投标和草签商务合同前,向保险公司提出投保申请,并提交以下相关文件:①有关出口企业的文件,包括出口企业的营业执照和许可经营范围的复印件、国家有关部门关于许可出口或对外承包工程的批件和有关出口企业经营状况的资料等;②有关进口商或招标人的文件,包括进口商经营业绩资料、进口商资信评估、进口商还款能力的评价、对招标人的评估、对拟投标项目的总评估(包括对拟投标项目的市场预测、技术评估、建设条件评估、拟定生产规模评估、市场前景的预测、财务效益评估以及宏观经济效益的预测等文件);③有关方拟定的贷款银行、借款银行和借款担保人的资料;④保险公司所要求的其他文件。

第二,审查投保资料并作出承保与否的决定。保险公司将根据出口企业的投保要求及所提供的有关文件进行全面的审查,在确认投保的商务合同符合承保条件后,向出口企业开具承保意向书。承保意向书虽不具有法律效力,但出口商可凭承保意向书向银行申请贷款。保险公司在开具承保意向书的同时,向投保人开出参考保险费率,若投保人接受此参考费率,保险公司将直接介入商务合同的谈判及考察活动。

第三,提出承保方案,签订保险合同。在有关商务合同、贷款协议正式签字前,保险公司将对全部合同文件进行最终审查,并提出正式承保方案。如果该承保方案被出口商和贷款银行所接受,保险公司将在商务合同、贷款协议签字后,立即与出口企业和贷款银行签署保险协议和担保协议。

第四,缴纳保险费。在保险协议签字生效后,出口企业应在规定时间内一次性全部付清应缴纳的保险费,中长期出口信用险保险费率参照国际水平并根据进口国类别、进口商资信、贷款条件及项目具体情况逐一厘定。

(2)承保。中长期出口信用保险承保时必须注意下列两点：

①参照国际惯例，保险公司承保中长期出口信用保险比例一般为贸易合同总金额85%，其余15%的贸易合同金额应在贸易合同签字后，在买卖双方规定的时间内，由买方现汇支付出口商。

②保险公司对中长期出口信用保险项下银行买方信贷和卖方信贷的本金和利息提供100%无条件担保。

4. 中长期出口信用保险的赔偿处理。中长期出口信用保险的赔偿处理基本上与短期出口信用保险的赔偿处理相同。

四、投资保险

(一)投资保险的概念

投资保险，又称政治风险保险，是承保被保险人因投资引进国政治局势动荡或政府法令变动所引起的投资损失的保险，其承保对象一般是海外投资者。所谓政治风险是指东道国政府没收或征用外国投资者财产、实行外汇管制、撤销进出口许可证、发生内战和绑架等风险。

通常国家开展投资保险业务的主要目的是为了鼓励资本输出。美国于1948年4月根据《对外援助法》制定了《经济合作法案》，开始实施马歇尔计划，同时设立了经济合作署，专门管理外援及海外投资事务，并开始实行投资风险保险制度。1961年3月，美国国会通过了新的《对外援助法》修正案，并设立了国际开发署，接管投资保险业务。1969年又设立直属国务院的涉外私人投资公司，取代国际开发署主管海外投资保险。与此同时，其他国家也仿效美国实行投资保险制度，如英国成立出口信用担保局办理此项业务。因此，作为一项独立的新型保险业务，它是于20世纪60年代在欧美国家形成的。此后，投资保险成了海外投资者进行投资活动的前提条件。从1980年开始，我国对外投资日渐增加，为海外投资者提供投资保险服务已成为现实问题。这些年来，投资保险在我国有了一定的发展，但远远不能满足海外投资者对风险转嫁的需要。

投资保险承担的是特殊的政治风险，责任重大，因此，通常由政府设立的保险机构办理，商业性的保险公司或民间保险公司很少经营此种业务。

(二)投资保险的保险责任和除外责任

1. 保险责任。包括：

(1)战争风险，又称战争、革命、暴乱风险，包括战争、类似战争行为、叛乱、罢工及暴动造成有形财产直接损失的风险。

(2)征用风险，又称国有化风险，是投资者在国外的投资资产被东道国政府有关部门征用或没收的风险。《日本输出保险法》将其称为“被夺取”风险，即剥夺投资者所有权的风险。美国的《海外私人投资公司保险手册》明确表明，由投资项目所在国政府所“授权、许可或纵容”的任何行动，若对美国海外企业的财产和经营产生了特定的影响，或者对投资者的各种权利和经济利益产生了特定的影响，就被认为是“征用行动”。

(3)汇兑风险，即外汇风险，是投资者因东道国的突发事变而导致其在投资国与投资国有关的款项无法兑换货币转移的风险。我国投资保险规定“因政府有关部门汇兑限制，使被保险人不能按投资契约规定将应属被保险人所有并可汇出的汇款汇出”，因此引起投资者的损失，由保险公司负责赔偿。

2. 除外责任。我国投资保险条款规定因下列风险造成的损失，保险人不予赔偿：

(1)由于原子弹、氢弹等核武器造成的损失；

(2)被保险人投资项目受损后造成被保险人的一切商业损失；

(3)被保险人及其代表违背或不履行投资合同或故意违法行为导致政府有关部门征用或没收造成的损失；

(4)被保险人没有按照政府有关部门所规定的汇款期限汇出汇款所造成的损失；

(5)投资合同范围之外的任何其他财产的征用、没收所造成的损失。

此外，投资保险规定现金、证券等不属于保险财产。

3. 保险期限。投资保险的保险期限有短期和长期两种。短期为 1 年；长期的最短为 3 年，最长为 15 年。对长期的投资保险来讲，投保 3 年以后，被保险人有权要求注销保单，但如未到 3 年提前注销保单，被保险人须交足 3 年的保险费。保单到期后可以续保，但条件仍需要双方另行商议。保险人不能中途修改保险合同，除非被保险人违约。

(三)保险金额与保险费率

投资保险的保险金额以被保险人在海外的投资金额为依据确定，一般是投资金额与双方约定比例的乘积。例如，保险金额为投资金额的 90%，但对长期和短期投资项目规定保险金额的做法有所不同。投资保险费率的确定，一般考虑保险期间的长短、投资接受国的政治形势、投资者的能力、工程项目情况以及地区条件等因素。投资保险费率一般分为长期费率和短期费率，我国投资保险的短期年费率曾规定为 8‰，长期年度基础费率曾规定为 6‰。投资保险的保险费通常按年收取，且在年初预收，年末结算。

(四)投资保险的赔偿处理

1. 赔偿期限的规定。由于各种政治风险造成的投资损失有可能在不久后通过不同途径予以弥补，损失发生与否需要经过一段时间才能确定。因此，投资保险有赔偿期限的规定。根据不同的保险责任，一般有如下规定：

(1)战争、类似战争行为、叛乱、罢工及暴动造成投资项目的损失,在提出财产损失证明后或被保险人投资项目终止6个月后赔偿;

(2)政府有关部门的征用或没收引起的投资损失,在征用、没收发生满6个月后赔偿;

(3)政府有关部门汇兑限制造成的投资损失,自被保险人提出申请汇款3个月后赔偿。

2. 赔偿金额的规定。在赔偿金额方面通常规定:当被保险人在保单所列投资合同项下的投资发生保险责任范围内的损失时,保险人赔偿的损失金额按投资金额与保险金额的比例赔付;被保险人所受损失若将来追回,应由被保险人和保险人按各自承担损失的比例分享。

第二节 保证保险

一、保证保险概述

(一)保证保险的概念

保证保险是被保证人(债务人)根据权利人(债权人)的要求,请求保险人担保自己信用的保险。保证保险的保险人代被保证人向权利人提供担保,如果由于被保证人不履行合同义务或者有犯罪行为,致使权利人受到经济损失,由保险人负赔偿责任。保证保险一般由商业保险公司经营,但有些国家规定必须是政府批准的具有可靠偿付能力的专门保险公司经营。

保证保险常见的险种是合同保证保险、产品质量保证保险和忠诚保证保险。

(二)保证保险和信用保险的区别

保证保险和信用保险承保的标的都是信用风险,但二者存在着明显的区别,主要表现为:

1. 保证保险是通过出立保证书来承保的,该保证书同财产保险单有着本质区别,其内容通常很简单,只规定担保事宜;而信用保险是通过保险单来承保的,其保险单同其他财产险保险单并无大的差别,同样规定责任范围、责任免除、保险金额或责任限额、保险费、损失赔偿、被保险人的权利义务等条款。

2. 保证保险是义务人应权利人的要求投保自己的信用风险,义务人是被保证人,由保险公司出立保证书担保,保险公司实际上是保证人,保险公司为了减少风险往往要求义务人提供反担保(即由其他人或单位向保险公司保证义务人履行义务)。这样,除保险公司外,保证保险中还涉及义务人、反担保人和权利人三方。信用保险的被保险人是权利人,承保的是被保证人(义务人)的信用风险,除保险人外,保险合同中只涉及权利人和义务人两方。

3. 在保证保险中,义务人缴纳保费是为了获得向权利人保证履行义务的凭证。

保险人出立保证书,但履约的全部义务还是由义务人自己承担,并没有发生风险转移。保险人收取的保费是凭其信用资格而得到的一种担保费,风险仍由义务人承担,只有在义务人没有能力承担的情况下才由保险人代为履行义务。在信用保险中,被保险人缴纳保费是为了把可能因义务人不履行义务而使自己受到的损失风险转嫁给保险人,保险人承担着实际的风险。

不过,在这需要指出的是,关于保证保险的性质,国内争议比较大,主要存在两种观点:一种观点认为保证保险就是一种担保;另一种观点认为保证保险应当是一种保险,而不是担保。由于我国在这个问题上存在立法滞后,要完全在实务上明确保证保险的性质,还需等待立法的完善。根据目前的实践,某些保险公司的产品质量保证保险、雇员忠诚保证保险、贷款类保证保险等,采用标准保险单的形式办理,这些业务基本上具备了保险的所有特征。

二、合同保证保险

(一)合同保证保险的概念

合同保证保险又称为契约保证保险,是指因被保证人不履行合同义务而造成权利人经济损失时,由保险人代被保证人进行赔偿的一种保险。合同保证保险主要用于建筑工程的承包合同。根据建筑工程的不同阶段划分,合同保证保险可以分为以下几种:

1. 供应保证保险。其承保供货方未能按照合同的规定向需求方供货而造成需求方的经济损失。

2. 投标保证保险。其承保工程所有人因中标人不签订承包合同而遭受的经济损失。

3. 履约保证保险。其承保工程所有人因承包人不能按质按量交付工程而蒙受的经济损失。

4. 预付款保证保险。其承保工程所有人因承包人不能履约而遭受的预付款损失。

5. 维修保证保险。其承保工程所有人因承包人不履行规定的维修义务而蒙受的经济损失。

一般来说,投保人既可以按阶段投保上述险种,也可以一次性投保综合性的合同保证保险。

(二)合同保证保险的保险责任和除外责任

1. 保险责任。合同保证保险根据工程承包合同内容来确定保险责任。合同保证保险承保被保证人因违约行为所造成的经济损失。违约是指被保证人因自己的过错致使其与权利人签订的合同不能履行或不能完全履行。被保证人因违约而依法承担的经济赔偿责任由保险人负责赔偿。

2. 除外责任。合同保证保险的除外责任主要包括:第一,因人力不可抗拒的自然灾害造成的权利人的损失;第二,工程所有人提供的设备、材料不能如期运抵工地,延误工期而造成的损失。

(三)合同保证保险的保险金额

合同保证保险的保险金额与工程合同中规定的被保证人应承担的经济赔偿责任一致,一般不超过工程总造价的90%。

保证保险业务实际上是建立在"没有损失"这一概念基础上的。保险人只是出借信用,所以合同保证保险所收取的保险费,实际上是一种劳务费或手续费。这与其他保险的保险费在本质上是不同的。合同保证保险采用年度费率。

(四)合同保证保险的赔偿处理

在合同保证保险中,保险人的赔偿责任仅以工程合同规定的承包人对工程所有人承担的经济责任为限。如果承包合同中规定了承包人若不能按期保质完工就要向工程所有人支付罚款,那么,保险人的赔偿金额就以该罚款数额为限。

三、产品质量保证保险

(一)产品质量保证保险的概念

我国 2013 年修订实施的《中华人民共和国消费者权益保护法》第 18 条规定:"经营者应当保证其提供的商品或者服务符合保障人身、财产安全的要求。对可能危及人身、财产安全的商品和服务,应当向消费者做出真实的说明和明确的警示,并说明和标明正确使用商品或者接受服务的方法以及防止危害发生的方法。宾馆、商场、餐馆、银行、机场、车站、港口、影剧院等经营场所的经营者,应当对消费者尽到安全保障义务。

我国已建立了缺陷产品召回制度,此举将有效消除各类产品因系统性缺陷所带来的危及人身、财产安全的危险,切实维护公共安全、公共利益和社会经济秩序。2013 年 1 月 1 日,国务院颁布执行《缺陷汽车产品召回管理条例》,标志着我国以缺陷汽车召回为试点,加快建立缺陷产品管理制度。产品质量保证保险又称为产品保证保险,是指因被保险人制造或销售丧失或不能达到合同规定效能的产品给使用者造成经济损失时,由保险人对有缺陷的产品本身以及由此引起的有关损失和费用承担赔偿责任的一种保险。

(二)产品质量保证保险的保险责任和除外责任

1. 产品质量保证保险的保险责任。包括:

(1)使用者更换或修理有质量缺陷的产品所蒙受的损失和费用。

(2)被保险人根据法院的判决或有关政府当局的命令,收回、更换或修理已投放市场的存有质量缺陷的产品所承受的损失和费用。

2. 产品质量保证保险的除外责任。包括:第一,产品购买者故意行为或过失引起的损失;第二,不按产品说明书安装、调试和使用引起的损失;第三,产品在运输途中因外来原因造成的损失或费用等。

(三)产品质量保证保险的保险金额和保险费率

产品质量保证保险的保险金额一般按投保产品的购货发票金额或修理费用收据来确定。如产品的出厂价、批发价或零售价等都可以作为确定保险金额的依据。

确定产品质量保证保险的保险费率应考虑的因素有:

①产品制造者、销售者的技术水平和质量管理情况;

②产品的性能和用途;

③产品的数量和价格;

④产品的销售区域;

⑤保险人承保的该类产品以往的损失记录。

对一些家用电器产品投保产品质量保证保险时,其保险费是按件(个、台)数收取的固定保险费。

(四)产品质量保证保险的赔偿处理

1. 保险产品因内在质量缺陷,在使用过程中发生产品本身损坏时,保险人在保险单规定的保险金额内按实际损失赔付。

2. 对属于可修理范围内的产品,保险人按更换的零配件材料费和人工费予以赔偿。其中,零配件按成本价计算,人工费按定额计算。

3. 由于产品质量风险不易估算和控制,保险人通常在保险合同中签订有共保条款,要求被保险人共同承担损失,分担赔偿责任。

(五)产品质量保证保险与产品责任保险的区别

产品质量保证保险与产品责任保险都与产品有关,而且都与产品的质量有关,但却是两个不同的险种。二者的区别主要表现在:

1. 标的不同。产品责任保险的保险标的是产品在使用过程中因缺陷而造成用户、消费者或公众的人身损害或财产损失时,依法应由产品制造商、销售商或修理商等承担的民事损害赔偿责任。简言之,产品责任保险的保险标的是产品责任。

产品质量保证保险的保险标的是被保险人因提供的产品质量不合格,依法应承担的产品本身损失的经济赔偿责任。简言之,产品质量保证保险的保险标的是产品质量违约责任。

2. 性质不同。产品责任保险是保险人针对产品责任提供的替责任方承担因产品事故造成对受害方经济赔偿责任的责任保险。产品质量保证保险是保险人针对产品质量违约责任提供的带有担保性质的保证保险。

3. 责任范围不同。产品责任保险承保的是因产品质量问题导致用户财产损失或人身伤亡依法应负的经济赔偿责任,产品本身的损失则不予赔偿。产品质量保证保险则承保投保人因其制造或销售的产品质量有缺陷而产生的对产品本身的赔偿责任,也就是承保因产品质量问题所应负责的修理、更换产品的赔偿责任。

4. 涉及的当事人不同。产品责任保险的被保险人除制造商、销售商之外,还可以是产品承运人、保管人、修理人,受害的第三者可以选择其一提出索赔,也可以同时向各方提出索赔。而产品质量保证保险的被保险人只是提供产品(制造商或销售商)的一方,消费者直接向被保险人提出索赔或通过被保险人向保险公司提出索赔。

由于产品质量保证保险和产品责任保险的赔偿责任是紧密联系在一起的,所以,我国现行的产品质量保证保险与产品责任保险可以一起承保。

四、忠诚保证保险

(一)忠诚保证保险的概念

忠诚保证保险又称为雇员忠诚保险,是指因雇员的不法行为,如盗窃、贪污、伪造单据和挪用款项等,而使雇主遭受经济损失时,由保险人承担赔偿责任的一种保证保险。它以雇员的品德为承保对象,雇主是权利人,雇员是被保证人,雇主既可以投保所有雇员,也可以只投保指定的雇员。在保险实务中,雇员忠诚保险大多由雇主购买,由雇员购买的较少。

(二)忠诚保证保险的保险责任与除外责任

1. 保险责任。忠诚保证保险承保雇员的不法行为致使雇主遭受的经济损失。其保险责任范围包括:

(1)被保险人(雇主)的货币和有价证券损失;

(2)被保险人拥有的财产损失;

(3)被保险人有权拥有的财产或对其负责任的财产损失;

(4)保单指定区域的可移动财产损失。

2. 除外责任。对于下列原因造成雇主经济损失的,保险人不负赔偿责任:

(1)因雇主擅自减少雇员工资待遇或加重工作任务导致雇员不诚实行为所带来的损失;

(2)雇主没有采取安全预防措施和进行尽职督促检查而造成的经济损失;

(3)雇主及其代理人和雇员勾结而造成的损失;

(4)超过了索赔期限仍未索赔的损失;

(5)因核裂变、核聚变、核辐射等引起的损失;

(6)由于武装力量、暴乱造成的损失;

(7)因地震、火山爆发、风暴等自然灾害引起的损失。

(三)忠诚保证保险的保险金额和保险费率

1. 保险金额。按照承保方式分类,忠诚保证保险的种类包括指名保证、职位保证和总括保证。指名保证是指以特定个人为被保证人的忠诚保证保险,又可以分为个人保证和表定保证两种。职位保证是指保险人承保某一职位上的若干被保证人,但可不列明被保证人的姓名,并按职位确定保险金额,凡担任该职位职务的人,都按约定的保险金额自动承保。职位保证也可以分为单一职位保证和职位表定保证两种。总括保证是指在一个保险合同内承保雇主所有的正式雇员。用这种方式承保,所有雇员的保险金额都相等。

无论是指名保证保险,还是职位保证保险或总括保证保险,对每个人或职位均由雇主与保险人商定一个固定的保险金额。

2. 保险费率。确定忠诚保证保险保险费率的考虑因素主要是职业和岗位。一般而言,有较大机会实施不法行为的岗位的雇员,保险人将确定较高的费率;反之,则实行较低的费率。

(四)忠诚保证保险的保险期限

忠诚保证保险的保险期限一般为 1 年,期满可以续保。有些损失往往在很长一段时间内不易被发现,而保险人又不能一直无限期地承担责任。因此,在忠诚保证保险保单中通常有发现期的规定。

1. 忠诚保证保险规定发现期的起始时间不是从损失发生时开始,而是从合同终止时开始。

2. 雇员的任何不诚实行为必须是发生在其连续无中断的工作期间。

3. 雇员的任何不诚实行为引起的损失必须是在其被辞退或退休或死亡之后 6 个月内或忠诚保证保险合同期满 3 个月内发现。

(五)忠诚保证保险的赔偿处理

1. 雇主及其代理人在发现雇员有不诚实行为,并造成钱财损失时,应及时通知保险人。自发现之日起,应在 3 个月内提交完整的索赔单证。

2. 雇主对雇员只能提出一次索赔请求,保险金额不累计计算。例如,某雇员连续工作 5 年,事后发现他每年非法占有雇主钱财约 8 000 元,共造成损失 40 000 元。如果该雇员的保险金额是 20 000 元,保险人的赔偿则仅以 20 000 元为最高赔偿金额。

3. 雇主向保险人索赔时,应协助保险人向有不诚实行为的雇员进行追偿。

4. 自发现雇员有不诚实行为之日起,若雇主还有应付给雇员的薪金或佣金或其他钱财时,应当在保险赔偿金额中扣除。

5. 忠诚保证保险可规定免赔额。保险人在处理赔偿时,应当先扣除免赔额,然后对超出免赔额部分的损失负责赔偿。

第十二章

人身保险

《中华人民共和国保险法》第12条规定:人身保险是以人的寿命和身体为保险标的的保险。第95条对保险公司的业务范围也进行了描述,即人身保险业务,包括人寿保险、健康保险、意外伤害保险等保险业务。2023年,国家金融监督管理总局为了加强人身保险公司的保险条款和保险费率的监督管理,保护投保人、被保险人和受益人的合法权益,出台了《人身保险产品管理办法》,该办法体现了强化产品分类监管、费率市场化改革、消费者权益保护升级、产品回溯与退出机制等新变化。

第一节 人寿保险

我国目前人寿保险产品按照设计类型分为普通型人寿保险和新型人寿保险。其中普通型寿险按照保险责任分为定期寿险、终身寿险、两全保险、年金保险。新型寿险则包括投资连结保险、分红保险、万能险等。

一、普通型人寿保险

(一)定期寿险

定期寿险是指以死亡为给付保险金条件,且保险期限为固定年限的人寿保险。具体地讲,定期寿险在合同中规定一定时期为保险有效期,若被保险人在约定期限内死亡,保险人即给付受益人约定的保险金;如果被保险人在保险期限届满时仍然生存,契约即行终止,保险人无给付保险金的义务,亦不退还已收取的保险费。对于被保险人而言,定期寿险最大的优点是可以用极为低廉的保险费获得一定期限内较大的保险保障。其不足之处在于若被保险人在保险期限届满仍然生存,则不能得到保险金的给付,而且已交纳的保险费不再退还。

(二)终身寿险

终身寿险是指以死亡为给付保险金条件,且保险期限为终身的人寿保险。终身寿险是一种不定期的死亡保险,即保险合同中并不规定期限,自合同生效之日起,至被保险人死亡为止。也就是保险人对被保险人要终身承担保险责任,无论被保险人何时死亡,保险人都有给付保险金的义务。终身寿险最大优点是被保险人可以得到永久保障。如果投保人中途退保,可以得到一定数额的现金价值(或称为退保金)。终身寿险按照缴费方式可分为普通终身寿险、限期缴费终身寿险和趸缴终身寿险。

(三)两全保险

两全保险(也称为生死合险)是指被保险人在保险期限内死亡或保险期满时生存,保险人均给付保险金的人寿保险。两全保险将定期死亡保险和生存保险两种保险形式结合起来,当被保险人在保险合同规定的年限内死亡或合同期满仍然生存时,保险人均按照合同给付保险金。两全保险的储蓄性极强,其纯保费由危险保险费和储蓄保险费组成,危险保险费用于当年死亡给付;储蓄保险费则逐年积累形成责任准备金,它既可用于中途退保时支付退保金,也可用于生存给付。由于两全保险既有死亡保障又有生存保障,因此,两全保险不仅使受益人得到保障,同时也使被保险人本身享受其利益。

(四)年金保险

年金保险是指以生存为给付保险金条件,按约定分期给付生存保险金,且分期给付生存保险金的间隔不超过一年(含一年)的人寿保险。按照给付额是否变动对年金保险有定额年金和变额年金。定额年金是指每次按固定数额给付年金的年金保险。这种年金的给付额是固定的,不随投资收益水平的变动而变动。变额年金是指年金给付按资金账户的投资收益水平进行调整的年金保险。这种年金是针对定额年金在通货膨胀下保障水平降低的缺点而设计的。

二、新型人寿保险

(一)投资连结保险

投资连结保险是一种寿险与投资相结合的新型寿险产品。

1. 投资连结保险的定义。根据中国保险监管机构的规定,投资连结保险是指包含保险保障功能并至少在一个投资账户拥有一定资产价值的人身保险产品。投资连结保险的投资账户必须是资产单独管理的资金账户。投资账户应划分为等额单位,单位价值由单位数量及投资账户中资产或资产组合的市场价值决定。投保人可以选择其投资账户,投资风险完全由投保人承担。除有特殊规定外,保险公司投资连结保险的投资账户与其管理的其他资产或其他投资账户之间不得存在债权、债务关系,也不承担连带责任。

投资连结保险产品的保单现金价值与单独投资账户资产相匹配,现金价值直接与独立账户资产投资业绩相连,一般没有最低保证。大体而言,独立账户的资产免受保险公司其余负债的影响,资本利得或损失一旦发生,无论其是否实现,都会直接反映到保单的现金价值上。不同的投资账户,可以投资在不同的投资工具上,比如股市、债券和货币市场等。投资账户可以是外部现有的,也可以是公司自己设立的。除了各种专类基金供投保人选择外,由寿险公司确立原则,组合投资的平衡式或管理式基金也非常流行。约定条件下,保单持有人可以在不同的基金间自由转换,而无需支付额外的费用。

2. 投资连结保险产品的主要特征。根据国际保险市场经验及原中国保监会关于投资连结保险产品的有关规定,投资连结保险产品的主要特征体现在以下几个方面:

(1)投资账户设置。投资连结保险均设置单独的投资账户。保险公司收到保险费后,按照事先的约定将保费的部分或全部分配进入投资账户,并转换为投资单位。投资单位是为了方便计算投资账户的价值而设计的计量单位。投资单位有一定的价格,保险公司根据保单项下的投资单位数和相应的投资单位价格计算其账户价值。

(2)保险责任和保险金额。投资连结保险作为保险产品,其保险责任与传统产品类似,不仅有死亡、残疾给付、生存保险领取等基本保险责任,一些产品还加入了豁免保险费、失能保险金、重大疾病等保险责任。原中国保监会规定:投资连结保险产品必须包含一项或多项保险责任。

投资连结保险的死亡保险金额设计有两种方法:一种是给付保险金额和投资账户价值两者较大者(方法 A);另一种是给付保险金额和投资账户价值之和(方法 B)。方法 A 的死亡给付金额在保单年度前期不变,当投资账户价值超过保险金额后,随投资账户价值波动。方法 B 的死亡给付金额随投资账户价值波动而不断变化,但风险保额(死亡给付金额与投资账户价值之差)保持不变。原中国保监会《个人投资连结保险精算规定》中规定:投资连结保险产品“在保险合同有效期内,风险保额应大于零”。

(3)保险费。投资连结保险的交费机制具有一定的灵活性。在设计方式上,投资连结保险的交费机制有两种:一种方式是在固定交费基础上增加保险费假期,即允许投保人不必按约定的日期交费,而保单照样有效,从而避免了因为超过 60 天宽限期而致保险合同的失效。另外还允许投保人除交纳约定的保险费外,可以随时再支付额外的保险费,增加了产品的灵活性。另一种方式是取消了交费期间、交费频率、交费数额的概念,投保人可随时支付任意数额(有最低数额的限制)的保险费,并按约定的计算方法进入投资账户。这种方式对客户的灵活性最高,但降低了保险公司对保费支付的可控性和可预测性,同时提高了对内部操作系统的要求。

(4)费用收取。与传统非分红保险及分红保险相比,投资连结保险在费用收取上相当透明。保险公司详细列明了扣除费用的性质和使用方法,投保人在任何时候都可以通过电脑终端查询。在我国,投资连结保险产品可以收取的费用包括:初始费用,即保险费进入个人投资账户之前所扣除的费用;买入卖出差价,即投保人买入和卖出投资单位的价格之间的差价;风险保险费,即保单风险保额的保障成本;保单管理费,即为维持保险合同有效向投保人收取的服务管理费用;资产管理费,即按账户资产净值的一定比例收取的费用;手续费,即保险公司在提供部分领取和账户转换等服务时收取的费用;退保费用,即在保单中途退保或部分领取时收取的用以弥补尚未摊销的保单成本费用。

(二)分红保险

1. 分红保险的定义。分红保险是指保险公司将其实际经营成果优于定价假设的盈余,按一定比例向保单持有人进行分配的人寿保险产品。这里的保单持有人是指按照合同约定,享有保险合同利益及红利请求权的人。分红保险、非分红保险以及分红保险产品与其附加的非分红保险产品必须分设账户,独立核算。分红保险采用固定费用率的,其相应的附加保费收入、佣金、管理费用支出等不列入分红保险账户;采用固定死亡率方法的,其相应的死亡保费收入和风险保额给付等不列入分红保险账户。

2. 分红保险产品的主要特征。分红保险产品的特征主要体现在以下几个方面:

(1)保单持有人享受经营成果。分红保险不仅提供合同规定的各种保障,同时,保险公司每年要将经营分红险种产生的部分盈余以红利的形式分配给保单持有人,目前规定,保险公司应至少将分红保险业务当年度可分配盈余的70%分配给客户。这样投保人就可以与保险公司共享经营成果,与不分红保险相比增加了投保人的获利机会。

(2)客户承担一定的投资风险。由于每年保险公司的经营状况不一样,客户所能得到的红利也会不一样。在保险公司经营状况良好的年份,客户会分到较多的红利;但如果保险公司的经营状况不佳,客户能分到的红利就会比较少,甚至没有。因此,分红保险使保险公司和客户在一定程度上共同承担了投资风险。

(3)定价的精算假设比较保守。寿险产品在定价时主要以预定死亡率、预定利率和预定费用率三个因素为依据,这三个预定因素与实际情况的差距直接影响到寿险公司的经营成果。对于分红保险,由于寿险公司要将部分盈余以红利的形式分配给客户,所以在定价时对精算假设估计较为保守,即保单价格较高,以便在实际经营过程中产生更多的可分配盈余(分红)。

(4)保险给付、退保金中含有红利。分红保险的被保险人身故后受益人在获得投保时约定保额的保险金的同时,还可以得到未领取的累积红利和利息。在满期给付时,被保险人在获得保险金额的同时,也可以得到未领取的累积红利和利息。分红保险的保单持有人在退保时得到的退保金也包括保单红利及其利息。

3. 分红保险保单的红利。分红保险产品从本质上说是一种保户享有保单盈余分配权的产品,即将寿险公司的盈余,如死差益、利差益、费差益等,按一定比例分配给保单持有人。分配给保户的保单盈余,就是我们所说的保单红利。

(1)利源。分红保险的红利,实质上是保险公司的盈余。盈余就是保单资产份额高于未来负债的那部分价值。保险公司的精算等相关部门每年都要计算盈余中可作为红利分配的数额,并由公司基于商业判断予以决定分配的数额,此决定分配的数额称为可分配盈余。盈余(或红利)的产生是由很多因素决定的,但最为主要的因素是利差益(损)、死差益(损)和费差益(损)。对于以死亡作为保险责任的寿险,死差益(损)是由于实际死亡率小于(大于)预定死亡率而产生的利益(损失);当保险公司实际投资收益率高于(低于)预定利率时,则产生利差益(损);当公司的实际营业费用少于(大于)预计营业费用所产生的利益(损失)时,则产生费差益(损)。

(2)红利分配。原中国保监会《个人分红保险精算规定》中关于红利分配的具体内容包括:第一,红利分配原则。红利的分配应当满足公平性原则和可持续性原则。第二,红利分配比例。保险公司每一会计年度向保单持有人实际分配盈余的比例不低于当年可分配盈余的70%。第三,红利分配方式。红利分配方式有现金红利和增额红利两类:现金红利分配是指直接以现金的形式将盈余分配给保单持有人的方式。保险公司可以提供多种红利领取方式,比如现金、抵交保费、累积生息以及购买交清保额等。增额红利分配是指在整个保险期限内每年以增加保额的方式分配红利,增加的保额作为红利一旦公布,则不得取消。采用增额红利分配方式的保险公司可在合同终止时以现金方式给付终了红利。

(三)万能保险

万能保险是一种缴费灵活、保额可调整,非约束性的寿险。

1. 万能保险的含义。万能保险保单持有人在交纳一定量的首期保费后,可以按照自己的意愿选择任何时候交纳任何数量的保费,只要保单的现金价值足以支付保单的相关费用,有时甚至可以不再缴费。而且,保单持有人可以在具备可保性的前提下,提高保额,也可以根据自己的需要降低保额。

万能保险的经营透明度高。保单持有人可以了解到该保单的内部经营情况,可以得到保单的相关因素,如保费、死亡给付、利息率、死亡率、费用率、现金价值之间相互作用的各种预期结果的说明。但保单经营的透明度并不意味着保单持有人能对保单价值作出精确估计,只是可以了解保单基金的支配情况。万能保险具有透明度的一个重要因素是其保单的现金价值与纯风险保额是分别计算的,即具有非约束性。保单现金价值每年随保费交纳情况、费用估计、死亡率及利息率的变化而变化。纯风险保额与现金价值之和就是全部的死亡给付额。

从万能保险经营的流程上看,保单持有人首先交纳一笔首期保费,首期保费有一个最低限额，首期的各种费用支出首先要从保费中扣除。其次根据被保险人的年龄、保险金额计算的相应的死亡给付分摊额以及一些附加优惠条件(如可变保费)等费用，要从保费中扣除。死亡给付分摊是不确定的，而且常常是低于保单预计的最高水平。进行了这些扣除后，剩余部分就是保单最初的现金价值。这部分价值通常是按新投资利率计息累积到期末，成为期末现金价值。许多万能保险收取较高的首年退保费用以避免保单过早终止。在保单的第二个周期(通常一个月为一周期)，期初的保单现金价值为上一周期期末的现金价值额。在这一周期，保单持有人可以根据自己的情况交纳保费，如果首期保费足以支付第二个周期的费用及死亡给付分摊额，第二周期保单持有人就可以不交纳保费。如果前期的现金价值不足，保单就会由于保费交纳不足而失效。本期的死亡给付分摊及费用分摊也要从上期期末现金价值余额及本期保费中扣除，余额就是第二期期初的现金价值余额。这部分余额按照新投资利率累积至本期末，成为第二周期的期末现金价值余额。这一过程不断重复，一旦现金价值不足以支付死亡给付分摊额及费用，又没有新的保费交纳，该保单就失效了。

2. 万能保险产品的主要特征。万能保险产品的特征主要体现在以下几个方面：

(1)死亡给付模式。万能保险主要提供两种死亡给付方式，投保人可以任选其一。这两种方式习惯上称为 A 方式和 B 方式。A 方式是一种均衡给付的方式；B 方式是直接随保单现金价值的变化而改变的方式。在 A 方式中，死亡给付额固定，净风险保额每期都进行调整，使得净风险保额与现金价值之和成为均衡的死亡给付额。这样，如果现金价值增加了，则风险保额就会等额减少。反之，若现金价值减少了，则风险保额会等额增加。这种方式与其他传统的具有现金价值给付的保单较为类似。在方式 B 中，规定了死亡给付额为均衡的净风险保额与现金价值之和。这样，如果现金价值增加了，则死亡给付额会等额增加。

在方式 A 中，为避免由于现金价值太高而超过规定的保额，一些保险公司规定了最低净风险保额，从而使总的死亡给付额增加。原中国保监会《个人万能保险精算规定》中规定，在万能保险合同有效期内，若被保险人身故，保险公司可按照身故时该保险年度的保险金额给予保险金，也可以以保险金额与当时个人账户价值之和作为身故给付。在保险合同有效期内，其风险保额应大于零。

(2)保费交纳。万能保险的投保人可以用灵活的方法来交纳保费。保险公司一般会对每次缴费的最高和最低限额作出规定，只要符合保单规定，投保人可以在任何时间不定额地交纳保费。大多数保险公司仅规定第一次保费必须足以涵盖第一个月的费用和死亡成本，但实际上大多数投保人支付的首次保费会远远高于规定的最低金额。这种灵活的缴费方式也带来了万能保险容易失效的缺点。由于万能保险保单无法强迫投保人交纳固定保费，为了解决这一问题，保险公司的一般做法是根据保单计划所选择的目标保费,向投保人寄送保费通知书,以提醒其缴费。另外,投保人一般也会同意签发其银行账户每月预先授权提款单据。另一种做法是保险公司按投保人规划的保费金额向投保人寄送保费账单,投保人按账单金额交纳保费。

(3)结算利率。保险公司为万能保险设立单独账户。首先,万能保险的保单可以提供一个最低保证利率。万能保险的结算利率不得高于单独账户的实际投资收益率,并且二者之差不得高于2%。其次,当单独账户的实际收益率低于最低保证利率时,万能保险的结算利率应当是最低保证利率。第三,保险公司可以自行决定结算利率的频率。

(4)费用收取。万能保险保单可以收取的费用包括:初始费用,即保费进入个人账户之前所扣除的费用;风险保险费,即保单风险保额的保障成本;保单管理费,即为了维持保险合同有效向投保人收取的服务管理费;手续费,即保险公司在提供部分领取等服务时收取的相关管理费用;退保费用,即在保单中途退保或部分领取时保险公司收取的用于弥补尚未摊销的保单成本费用。

第二节 人身意外伤害保险

一、人身意外伤害保险概述

(一)意外伤害的定义

意外伤害包括意外和伤害两层含义。伤害指人的身体受到侵害的客观事实;意外是就被害人的主观状态而言的,指侵害的发生是被害人事先没有预见到的,或违背被保险人主观意愿的。意外伤害保险中所称的意外伤害是指在被保险人没有预见到或违背被保险人意愿的情况下,突然发生的外来致害物对被保险人的身体明显、剧烈地侵害的客观事实。

1. 伤害。伤害是指被保险人的身体受到侵害的客观事实。伤害由致害物、侵害对象、侵害事实三个要素构成,三者缺一不可。

(1)致害物。致害物即直接造成伤害的物体或物质。没有致害物,就不可能构成伤害。在意外伤害保险中,只有致害物是外来时,才被认为是伤害。

(2)侵害对象。侵害对象是致害物侵害的客体。在意外伤害保险中,只有致害物侵害的对象是被保险人的身体时,才能构成伤害。

(3)侵害事实。侵害事实即致害物以一定的方式破坏性地接触、作用于被保险人身体的客观事实。如果致害物没有接触或作用于被保险人的身体,就不能构成伤害。

2. 意外。意外是就被保险人的主观状态而言的,指伤害的发生是被保险人事先没有预见到的或伤害的发生违背了被保险人的主观意愿。

(1)被保险人事先没有预见到伤害的发生。这可理解为伤害的发生是被保险人事先所不能预见或无法预见的,或者伤害的发生是被保险人事先能够预见到的,但由于被保险人的疏忽而没有预见到。被保险人不能预见的伤害,或被保险人能够预见但由于疏忽而没有预见到的伤害,属于偶然发生的事件或突然发生的事件。

(2)伤害的发生违背被保险人的主观意愿。主要表现为:被保险人预见到伤害即将发生时,在技术上已不能采取措施避免,或者被保险人已预见到伤害即将发生,在技术上也可以采取措施避免,但由于法律或职责上的规定,不能躲避。应该指出的是,凡是被保险人的故意行为使自己身体所受的伤害,均不属意外伤害。被保险人故意使自己遭受伤害,与被保险人已经预见到伤害即将发生,但由于法律或责任上的规定不能躲避,性质是完全不同的。

3. 意外伤害的构成要件。意外伤害的构成包括意外和伤害两个必要条件。仅有主观上的意外而无伤害的客观事实,不能构成意外伤害。反之,仅有伤害的客观事实而无主观上的意外,也不能构成意外伤害。只有在意外的条件下发生伤害,才构成意外伤害。因此,意外伤害是指在被保险人没有预见到或违背被保险人意愿的情况下,突然发生的外来致害物明显、剧烈地侵害被保险人身体的客观事实。

(二)人身意外伤害保险的定义

人身意外伤害保险是指以意外伤害而致身故或残疾为给付保险金条件的人身保险。投保人向保险人缴纳一定的保险费,如果被保险人在保险期限内遭受意外伤害,并在自遭受意外伤害之日起的一定时期内死亡、残疾时,保险人应该按照合同约定给付被保险人或其受益人保险金。人身意外伤害保险的含义至少包含三层意思:

1. 必须有客观的意外事故发生,且事故原因是意外的、偶然的、不可预见的。

2. 被保险人必须有因客观事故造成死亡或残疾的结果。

3. 意外事故的发生和被保险人遭受人身伤亡的结果之间存在着内在的、必然的联系,即意外事故的发生是被保险人遭受伤害的原因,而被保险人遭受伤害是意外事故的后果。

(三)人身意外伤害保险的特征

1. 基本责任。意外死亡给付和意外伤残给付是人身意外伤害保险的基本保险责任。疾病导致被保险人的死亡或残疾不属于人身意外伤害保险的保险责任。

2. 保险费计算基础。人身意外伤害保险的纯保险费率是根据保险金额损失率计算的。不同于人寿保险的被保险人的死亡概率取决于其年龄,人身意外伤害保险的被保险人遭受意外伤害的概率取决于其职业、工种或所从事的活动,一般与被保险人的年龄、性别、健康状况无必然的内在联系。在其他条件都相同的情况下,被保险人的职业、工种、所从事活动的危险程度越高,应缴的保险费就越多。因此,人身意外伤害保险的费率厘定不以被保险人的年龄为依据,而被保险人的职业、工种是人身意外伤害保险费率厘定的重要因素。另外,人身意外伤害保险属于短期保险,保险期限一般不超过1年,因此,人身意外伤害保险的保险费计算一般也不考虑预定利率的因素。基于这一特点,人身意外伤害保险的保险费的计算原理近似于非寿险,即在计算意外伤害保险费率时,应根据意外事故发生频率及其对被保险人造成的伤害程度,对被保险人的危险程度进行分类,对不同类别的被保险人分别制定保险费率。

3. 承保条件。相对于其他业务,人身意外伤害保险的承保条件一般较宽,被保险人不必进行体格检查。

4. 保险期限。人身意外伤害保险的保险期较短,一般不超过1年,最多3年或5年。但是,有些意外伤害造成的后果却需要一定时期以后才能确定。因此,人身意外伤害保险有一个关于责任期限的规定,即只要被保险人遭受意外伤害事件发生在保险期限内,自遭受意外伤害之日起的一定时期内即责任期限内(通常为90天、180天或1年)造成死亡或残疾的后果,保险人就要承担给付保险金的责任。即使在死亡或者被确定为残疾时保险期限已经结束,只要未超过责任期限,保险人就要承担给付保险金的责任。

5. 保险金的给付。人身意外伤害保险属于定额给付保险。在人身意外伤害保险中,死亡保险金的数额是保险合同中约定的,当被保险人死亡时如数给付;残疾保险金的数额多按保险金额的一定百分比给付,一般由保险金额和残疾程度两个因素确定。

6. 责任准备金的计提。人身意外伤害保险年末责任准备金的提存和核算方面,与寿险业务有着很大的不同,往往采取非寿险责任准备金的计提原理,与财产保险相同,按照当年保险费收入的一定比例(如40%、50%)计算。

二、人身意外伤害保险的风险分析

人身意外伤害保险承保的风险是意外伤害,但是并非一切意外伤害都是意外伤害保险所能承保的。按照是否可保划分,意外伤害可以分为不可保意外伤害、特约保意外伤害和一般可保意外伤害三种。

(一)不可保意外伤害

不可保意外伤害,也可理解为意外伤害保险的除外责任,即从保险原理上讲,保险人不应该承保的意外伤害。如果承保,则违反法律的规定或违反社会公共利益。不可保意外伤害一般包括:

1. 被保险人在犯罪活动中所受的意外伤害。意外伤害保险不承保被保险人在犯罪活动中受到的意外伤害,原因有两个:第一,保险只能为合法的行为提供经济保障,只有这样,保险合同才是合法的,才具有法律效力。一切犯罪行为都是违法行为,所以,对被保险人在犯罪活动中所受的意外伤害不予承保。第二,犯罪活动具有社会危害性。如果承保被保险人在犯罪活动中受到意外伤害,即使该意外伤害不是由犯罪行为直接造成的,也违反社会公共利益。

2. 被保险人在寻衅殴斗中所受的意外伤害。寻衅殴斗是指被保险人故意制造事端挑起的殴斗。寻衅殴斗不一定构成犯罪,但具有社会危害性,属于违法行为,因而不能承保,其道理与不承保被保险人在犯罪活动中所受意外伤害相同。

3. 被保险人在酒醉、吸食(或注射)毒品(如海洛因、鸦片、大麻、吗啡等麻醉剂、兴奋剂、致幻剂)后发生的意外伤害。酒醉或吸食毒品对被保险人身体的损害,是被保险人的故意行为所致,当然不属意外伤害。

4. 由于被保险人的自杀行为造成的伤害属于不可保风险。

对于不可保意外伤害,在意外伤害保险条款中应明确列为除外责任。

(二)特约保意外伤害

特约保意外伤害,即从保险原理上讲可以承保,但保险人考虑到保险责任不易区分或限于承保能力,只有经过投保人与保险人特别约定,有时还要另外加收保险费后才能予以承保的意外伤害。特约保意外伤害包括:

1. 战争使被保险人遭受的意外伤害。由于战争使被保险人遭受意外伤害的风险过大,保险公司一般没有能力承保。战争是否爆发、何时爆发、会造成多大范围的人身伤害,往往难以预计,保险公司一般难以厘定保险费率。所以,对于战争使被保险人遭受的意外伤害,保险公司一般不予承保,只有经过特别约定并另外加收保险费以后才能承保。

2. 被保险人在从事登山、跳伞、滑雪、江河漂流、赛车、拳击、摔跤等剧烈的体育活动或比赛中遭受的意外伤害。被保险人从事上述活动或比赛时,会使其遭受意外伤害的概率大大增加,因而保险公司一般不予承保。只有经过特别约定并另外加收保险费以后才能承保。

3. 核辐射造成的意外伤害。核辐射造成人身意外伤害的后果,往往在短期内不能确定,而且,如果发生大的核爆炸,则往往造成较大范围内的人身伤害。因此,从技术上考虑和从承保能力上考虑,保险公司一般不承保核辐射造成的意外伤害。

4. 医疗事故造成的意外伤害(如医生误诊、药剂师发错药品、检查时造成的损伤、手术切错部位等)。意外伤害保险的保险费率是根据大多数被保险人的情况制定的,而大多数被保险人身体是健康的,只有少数患有疾病的被保险人才存在因医疗事故遭受意外伤害的危险。为了使保险费的负担公平合理,所以保险公司一般不承保医疗事故造成的意外伤害。

对于上述特约保意外伤害,在保险条款中一般列为除外责任,经投保人与保险人特别的约定承保后,由保险人在保险单上签注特别约定或出具批单,将该项除外责任剔除。

(三)一般可保意外伤害

一般可保意外伤害,即在一般情况下可承保的意外伤害。除不可保意外伤害、特约保意外伤害以外，均属一般可保意外伤害。

三、人身意外伤害保险的内容

（一）人身意外伤害保险的保险责任

人身意外伤害保险的保险责任是被保险人因意外伤害所致的死亡和残疾。而人寿保险中死亡保险的保险责任是被保险人因疾病或意外伤害所致的死亡，对意外伤害所致的残疾保险人不负责。两全保险的保险责任是被保险人因疾病或意外伤害所致的死亡以及被保险人保险期满时继续生存。

在人身意外伤害保险中有关于责任期限的规定。这一规定的具体内容是，只要被保险人遭受意外伤害的事件发生在保险期限内，而且自遭受意外伤害之日起的一定时期内（即责任期限内，如 90 天、180 天、1 年等）造成死亡残疾的后果，保险人就要承担给付保险金的责任。即使被保险人在死亡或确定残疾时保险期限已经结束，只要未超过责任期限，保险人就要负责。

人身意外伤害保险的保险责任由三个必要条件构成。

1. 被保险人遭受了意外伤害。被保险人在保险期限内遭受意外伤害是构成意外伤害保险的保险责任的首要条件。这一首要条件包括两方面的要求：一是被保险人遭受意外伤害必须是客观发生的事实，而不是臆想的或推测的；二是被保险人遭受意外伤害的客观事实必须发生在保险期限之内。如果被保险人在保险期限开始以前曾遭受意外伤害，而在保险期限内死亡或残疾，则不构成保险责任。

2. 被保险人死亡或残疾。被保险人在责任期限内死亡或残疾是构成意外伤害保险的保险责任的必要条件之一。这一必要条件包括以下两方面的要求。

（1）被保险人死亡或残疾。死亡即机体生命活动和新陈代谢终止。在法律上发生效力的死亡包括两种情况：一是生理死亡，即已被证实的死亡；二是宣告死亡，即按照法律程序推定的死亡。残疾也包括两种情况，一是人体组织的永久性残缺（或称缺损），如肢体断离等；二是人体器官正常机能的永久丧失，如丧失视觉、听觉、嗅觉、语言机能、运动障碍等。

（2）被保险人的死亡或残疾发生在责任期限之内。责任期限是人身意外伤害保险和健康保险特有的概念，在人寿保险和财产保险中，没有责任期限的概念。如果被保险人在保险期限内遭受意外伤害，在责任期限内生理死亡，则显然已构成保险责任。对于被保险人在保险期限内因意外事故下落不明，自事故发生之日起满两年，法院宣告被保险人死亡后责任期限已经超过的情况，可以在人身意外伤害保险条款中订明失踪条款或在保险单上签注关于失踪的特别约定，规定被保险人确因意外伤害事故下落不明超过一定期限（如 3 个月、6 个月等）时，视同被保险人死亡，保险人给付死亡保险金。但如果被保险人以后生还，受领保险金的人应把保险金返还给保险人。

责任期限对于意外伤害造成的残疾实际上是确定残疾程度的期限。如果被保险人在保险期限内遭受意外伤害,治疗结束后被确定为残疾时责任期限尚未结束,当然可以根据确定的残疾程度给付残疾保险金。但是,如果被保险人在保险期限内遭受意外伤害,责任期限结束时治疗仍未结束,尚不能确定最终是否造成残疾以及造成何种程度的残疾时,应该推定在责任期限结束的这一时点上被保险人的组织残缺或器官正常机能的丧失是否为永久性的,即以这一时点的情况确定残疾程度,并按照这一残疾程度给付残疾保险金。即使以后被保险人经过治疗痊愈或残疾程度减轻,保险人也不追回全部或部分残疾保险金。同理,如果以后被保险人残疾程度加重或死亡,保险人也不追加给付保险金。

3. 意外伤害是死亡或残疾的直接原因或近因。在人身意外伤害保险中,被保险人在保险期限内遭受了意外伤害,并且在责任期限内死亡或残疾,并不意味着必然构成保险责任。只有当意外伤害与死亡、残疾之间存在因果关系,即意外伤害是死亡或残疾的直接原因或近因时,才构成保险责任。

意外伤害与死亡、残疾之间的因果关系包括以下三种情况:

(1)意外伤害是死亡或残疾的直接原因。当意外伤害是被保险人死亡、残疾的直接原因时,构成保险责任,保险人应该按照保险金额给付死亡保险金,或按照保险金额和残疾程度两个因素确定给付残疾保险金。

(2)意外伤害是死亡或残疾的近因。当意外伤害是直接引起被保险人死亡、残疾事件或一连串事件的最初原因时,构成保险责任,保险人应该按照保险金额给付死亡保险金,或按照保险金额和残疾程度两个因素确定给付残疾保险金。

(3)意外伤害是死亡或残疾的诱因。当意外伤害使被保险人原有的疾病发作,从而加重后果,造成被保险人死亡或残疾时,意外伤害就是被保险人死亡、残疾的诱因,构成保险责任,但保险人不是按照保险金额和被保险人的最终后果给付保险金,而是比照身体健康遭受这种意外伤害会造成何种后果给付保险金。

构成人身意外伤害保险的保险责任的三个必要条件必须同时具备,缺一不可。

(二)人身意外伤害保险的保险金给付方式

人身意外伤害保险属于定额给付性保险,当保险责任构成时,保险人按保险合同中约定的保险金额给付死亡保险金或残疾保险金。在人身意外伤害保险合同中,死亡保险金的数额是保险合同中规定的,当被保险人死亡时如数支付。残疾保险金的数额由保险金额和残疾程度两个因素确定,残疾程度一般以百分率表示。残疾保险金数额的计算公式是:

$$残疾保险金 = 保险金额 \times 残疾程度百分率$$

意外伤害保险的保险金额不仅是确定死亡保险金、残疾保险金的数额的依据,而且是保险人给付保险金的最高限额,即保险人给付每一被保险人的死亡保险金和残疾保险金,累计以不超过该被保险人的保险金额为限。当一次意外伤害造成被保险人身体若干部位残疾时，保险人按保险金额与被保险人身体各部位残疾程度百分率之和的乘积计算残疾保险金，但如果各部位残疾程度百分率之和超过100%，则按保险金额给付残疾保险金。被保险人在保险期限内多次遭受意外伤害时，保险人对每次意外伤害造成的残疾或死亡均按保险合同中的规定给付保险金，但给付的保险金以累计不超过保险金额为限。

四、人身意外伤害保险的种类

（一）按照保险风险分类

按照保险风险分类，可将意外伤害保险分为普通意外伤害保险和特定意外伤害保险。

1. 普通意外伤害保险。普通意外伤害保险所承保的危险是在保险期限内发生的各种意外伤害（不可保意外伤害除外，特约保意外伤害视有无特别约定）。目前保险公司开办的团体人身意外伤害保险、学生团体平安保险等，均属普通意外伤害保险。

2. 特定意外伤害保险。特定意外伤害保险是以特定时间、特定地点或特定原因发生的意外伤害为保险风险的人身意外伤害保险。如保险风险仅限定于在矿井下发生的意外伤害、在建筑工地发生的意外伤害、在驾驶机动车辆中发生的意外伤害、煤气罐爆炸发生的意外伤害等的特定意外伤害保险。

（二）按照保险责任分类

按照保险责任分类，人身意外伤害保险可以分为意外伤害死亡残疾保险、意外伤害医疗保险、综合意外伤害保险和意外伤害失能收入保险。

1. 意外伤害死亡残疾保险。意外伤害死亡残疾保险即为意外伤害保险。该保险只保障被保险人的意外伤害所致的死亡和残疾。保险责任中通常规定，被保险人遭受意外伤害后，在责任期限内死亡、残疾等，按照合同规定给付保险金。

2. 意外伤害医疗保险。意外伤害医疗保险指被保险人遭受意外伤害，且在责任期限内，则因该意外伤害在医院治疗且由本人支付的治疗费用，保险人按照合同规定进行医疗保险金的支付。

3. 综合意外伤害保险。综合意外伤害保险是前两种保险的综合。在其保险责任中，既有被保险人因遭受意外伤害身故或残疾的保险金给付责任，也有因该意外伤害使被保险人在医院治疗所花费的医疗费用的医疗保险金给付责任。

4. 意外伤害失能收入保险。意外伤害失能收入保险是指被保险人因遭受意外伤害，且在责任期限内死亡、残疾的，保险人依合同规定给付死亡保险金或残疾保险金；对于被保险人因遭受意外伤害造成身故或残疾达到一定程度时，保险人对被保险人或受益人按合同约定给付收入保障年金。

（三）按照投保方式分类

按照投保方式分类，可将意外伤害保险分为个人意外伤害保险和团体意外伤害保险。

1. 个人意外伤害保险。个人意外伤害保险是投保人或被保险人个人购买的人身意外伤害保险。

2. 团体意外伤害保险。团体意外伤害保险是以团体方式投保的人身意外伤害保险。

第三节　健康保险

一、健康保险的概念

健康保险是以被保险人的身体为保险标的,使被保险人在疾病或意外事故所致伤害时发生的费用或损失获得补偿的一种人身保险。按照保险责任,健康保险可分为疾病保险、医疗保险、失能收入损失保险和护理保险(护理保险)等。疾病保险指以保险合同约定的疾病的发生为给付保险金条件的保险;医疗保险指以保险合同约定的医疗行为的发生为给付保险金条件,为被保险人接受诊疗期间的医疗费用支出提供保障的保险;失能收入损失保险指以因保险合同约定的疾病或意外伤害导致工作能力丧失为给付保险金条件,为被保险人在一定时期内收入减少或者中断提供保障的保险。护理保险是指以因保险合同约定的日常生活能力障碍引发护理需要为给付保险金条件,为被保险人的护理支出提供保障的保险。需要注意的是,构成健康保险所承保的疾病风险必须符合三个条件:第一,必须是由于明显的非外来原因造成的;第二,必须是由于非先天性的原因造成的;第三,必须是由于非长存的原因造成的。

二、健康保险的特征

与人寿保险相比,健康保险具有以下几个特征。

(一)经营风险的特殊性

健康保险的保险责任是伤病风险,其影响因素十分复杂,逆选择和道德风险更为严重。为降低逆选择风险,健康保险的核保要比人寿和意外伤害保险严格得多;道德风险导致的索赔欺诈也给健康保险的理赔工作提出了更高的要求;精算人员在进行风险评估及计算保费时,除了要依据统计资料,还要获得医学知识方面的支持。此外,健康保险的风险还来源于医疗服务提供者。因为医疗服务的数量和价格在很大程度上由他们自行决定,作为支付方的保险公司很难加以控制。

(二)精算技术的特殊性

与其他人身保险业务,特别是寿险业务相比,健康保险产品的定价基础和准备金的计算有较大差别。人寿保险在制定费率时主要考虑死亡率、费用率和利息率,而健康保险则在制定费率时主要考虑疾病率、伤残率和疾病(伤残)持续时间。健康保险费率的计算以保险金额损失率为基础,同时,还要考虑未到期责任准备金。其中,短期健康保险提取未到期责任准备金,可以采取以下方法:①二十四分之一毛保费法(已月为基础计提);②三百六十五分之一毛保费法(以天为基础计提);③根据风险分布状况采取更谨慎、合理的方法提取,但是提取的准本金不得低于前两种计提方法所得结果较小者。长期健康保险未到期责任准本金的计提应按照有关规定执行。此外,健康保险合同中规定的等待期、免责期、免赔额、共付比例、给付方式和给付限额也会影响最终的费率。

(三)保险期限的特殊性

根据保险期间和续保条件的不同,可将健康保险划分为短期健康保险和长期健康保险。短期健康保险是指保险期间在1年及1年以下且不含有保证续保条款的健康保险。长期健康保险是指保险期间超过1年或者保险期间虽不超过1年但含有保证续保条款的健康保险。保证续保条款是指在前一保险期间届满后,投保人提出续保申请,保险公司必须按照约定费率和原条款继续承保的合同约定。根据《中华人民共和国保险法》的规定,财产保险公司可以经营短期健康保险业务。

在实践中,除重大疾病等保险以外,绝大多数健康保险尤其是医疗费用保险通常为1年期的短期合同,原因在于医疗服务成本不断上涨,保险人较难计算出一个长期适用的保险费率。采用短期承保方式便于保险公司审时度势,保证经营的稳定。而一般的个人寿险合同则主要是长期合同,在整个缴费期间可以采用均衡的保险费率。

(四)保险金给付的特殊性

补偿原则是指"被保险人获得的补偿不能高于其实际损失"。关于"健康保险是否适用补偿原则"问题,不能一概而论。如费用补偿型健康保险适用该原则;而定额给付型健康保险则不适用,保险金的给付与实际损失无关。对于前者而言,强调对被保险人因伤病所致的医疗费用或收入损失提供补偿,与人寿和意外伤害保险在发生保险事故时给付事先约定的保险金不同。

(五)成本分摊的特殊性

健康保险所承保的责任之一是因疾病(通常不包含分娩)医疗给付责任,即对被保险人的疾病医疗所发生的医疗费用支出,保险人按规定给付相应的疾病医疗保险金。由于健康保险有风险大、不易控制和难以预测的特性,因此,在健康保险中,保险人对所承担的疾病医疗保险金的给付责任往往制定很多限制或制约性条款。

(六)合同条款的特殊性

健康保险为被保险人提供医疗费用和残疾收入补偿,除订立保险合同时另有指定外,一般其保险金受益人为被保险人本人。健康保险合同中,除适用寿险合同的不可抗辩条款、宽限期条款、不丧失价值条款等外,还采用一些特有的条款,如既存状况条款、转换条款、协调给付条款、体检条款、免赔额条款、等待期条款等。此外,健康保险合同中有较多的名词定义,有关保险责任部分的条款也比较复杂。

三、健康保险的种类

(一)医疗保险

医疗保险是指以约定的医疗费用为给付保险金条件的保险,即提供医疗费用保障的保险,它是健康保险的主要内容之一。医疗费用是病人为了治病而发生的各种费用,它不仅包括医生的医疗费和手术费用,还包括住院、护理、医院设备等的费用。医疗保险就是医疗费用保险的简称。

医疗保险的范围很广,医疗费用则一般依照其医疗服务的特性来区分,主要包含医生的门诊费用、药费、住院费用、护理费用、医院杂费、手术费用、各种检查费用等。各种不同的健康保险保单所保障的费用一般是其中的一项或若干项的组合。

1. 医疗保险的主要类型。按照不同的标准,医疗保险可以划分为不同的业务类型。

(1)按保障范围划分。常见的医疗保险主要有普通医疗保险、住院保险、手术保险和综合医疗保险。

①普通医疗保险。普通医疗保险主要承保被保险人治疗疾病的一般性医疗费用,包括门诊费用、医药费用、检查费用等。这种保险的保费成本较低,比较适用于一般社会公众。由于医药费用和检查费用的支出控制有一定的难度,这种保单一般也具有免赔额和比例给付规定,保险人支付免赔额以上部分的一定百分比(比如80%),保险费用则每年规定一次。每次疾病所发生的费用累计超过保险金额时,保险人不再承担保险责任。

②住院保险。由于住院所发生的费用是相当可观的,故将住院的费用作为一项单独的保险。住院保险的费用项目主要是每天住院的房间费用、住院期间医生费用、使用医院设备的费用、手术费用、医药费等。住院时间长短将直接影响其费用的高低。因此,这种保险的保险金额应根据病人平均住院费用情况而定。为了控制不必要的长时间住院,这种保单一般规定保险人只负责所有费用的一定百分比(例如90%)。

③手术保险。手术保险提供因病人需作必要的手术而发生的费用。这种保单一般是负担全部手术费用。

④综合医疗保险。综合医疗保险是保险人为被保险人提供的一种全面的医疗费用保险,其费用范围包括医疗、住院、手术等的一切费用。这种保单的保险费较高,一般确定一个较低的免赔额和适当的分担比例(如85%)。

(2)按照保险金的给付性质划分。医疗保险可分为费用补偿型医疗保险和定额给付型医疗保险。

费用补偿型医疗保险是指根据被保险人实际发生的医疗费用支出,按照约定的标准确定保险金数额的医疗保险,其给付金额不得超过被保险人实际发生的医疗费用金额。原保监会于2006年9月1日颁布实施的《健康险管理办法》中规定,“保险公司不得诱导被保险人重复购买保障功能相同或者类似的费用补偿型医疗保险产品”。

定额给付型医疗保险是指按照约定的数额给付保险金的医疗保险。这种产品不考虑被保险人的实际支出,在理赔时也无须提供医疗费用单据,因此适用的投保人群较广。

2. 医疗保险的常用条款。医疗保险的常用条款主要有免赔额条款、比例给付条款和给付限额条款。

(1)免赔额条款。免赔额条款是医疗保险的主要特征之一。在健康保险中,一般均对一些金额较低的医疗费用采用免赔额的规定,即保险人只负责超过免赔额的部分。这样做,一方面是金额较低的医疗费用,被保险人在经济上可以承受,同时,也可以省去保险人因此而投入的大量工作。另一方面,这一规定可以促使被保险人加强对医疗费用的自我控制,避免不必要的浪费。免赔额的计算一般有三种方法:一是单一赔款免赔额,即针对每次赔款确定一个免赔额。二是全年免赔额,即按全年赔款总计,超过一定数额后才赔付。三是集体免赔额。针对团体投保而言,规定了免赔额之后,小额的医疗费用由被保险人自负,大额的医疗费用由保险人承担。如果是一个家庭投保,免赔额可在整个家庭成员费用之和的基础上规定。

(2)比例给付条款。比例给付条款(又称共保比例条款)是对超过免赔额以上的医疗费用部分采用保险人和被保险人共同分摊的比例给付办法。此条款是在免赔额基础上经常采用的一个条款。在健康保险中,由于以人的身体为保险标的,不存在是否足额投保问题,同时由于健康保险的危险不易控制,因此,在大多数健康保险合同中,对于保险人医疗保险金的支出均有比例给付的规定。比例给付既可以按某一固定比例(例如保险人承担70%,被保险人自负30%)给付,也可按累进比例给付,即随着实际医疗费用支出的增大,保险人承担的比例累计递增,被保险人自负的比例累计递减。这一规定,既有利于保障被保险人的经济利益,解除其后顾之忧,也有利于保险人对医疗费用的控制。

(3)给付限额条款。由于危害人体健康的风险大小差异很大,医疗费用支出的高低不等,相差悬殊。为了加强对健康保险的管理,保障保险人和广大被保险人的利益,一般对保险人医疗保险金的最高给付均有限额规定,以控制总支出水平。当然,在以某些专门的大病为承保对象的健康保险中,也可以不设此类规定。但这种合同的免赔额一般比较高,被保险人自负的比例一般也较高。

(二)疾病保险

疾病保险是指以疾病为给付保险金条件的保险。某些特殊的疾病往往给病人带来高额的费用支出,例如癌症、心脏疾病等。这些疾病一经确诊,必然会产生大额的医疗费用支出。因此,通常要求这种保单的保险金额比较大,以足够支付其产生的各种费用。疾病保险的给付方式一般是在确诊为保险合同约定的特种疾病后,立即一次性支付保险金额。

1. 疾病保险的基本特点。疾病保险的基本特点有:

(1)个人可以选择投保疾病保险。作为一种独立的险种,它不必附加于其他某个险种。

(2)疾病保险条款一般都规定观察期,观察期一般为180天(不同的国家规定有所不同)。被保险人在观察期内因疾病而支出的医疗费用及收入损失,保险人概不负责,观察期结束后保险单才正式生效。

(3)疾病保险为被保险人提供切实的疾病保障,且保障程度较高。疾病保险保障的重大疾病,均是可能给被保险人的生命或生活带来重大影响的疾病项目,如急性心肌梗塞、恶性肿瘤等。

(4)保险期限较长。疾病保险一般都能使被保险人"一次投保,终身受益"。保费交付方式灵活多样,且通常设有宽限期条款。

2. 重大疾病保险。重大疾病保险在国内比较流行,保障的疾病一般有心肌梗塞、冠状动脉绕道手术、癌症、脑中风、尿毒症、严重烧伤、暴发性肝炎、瘫痪和重要器官移植手术、主动脉手术等。

(1)按保险期间划分,重大疾病保险分为定期重大疾病保险和终身重大疾病保险两类。

①定期重大疾病保险。定期重大疾病保险为被保险人在固定的期间内提供保障。固定期间可以是1年或数年(如10年),也可以按被保险人年龄确定(如保障至70岁)。

②终身重大疾病保险。终身重大疾病保险为被保险人提供终身的保障,直至被保险人身故。终身重大疾病保险产品一般都含有身故保险责任,费率相对比较高。

(2)按保险金的给付形态划分,重大疾病保险分为提前给付型、附加给付型、独立主险型、按比例给付型、回购式选择型五种。

①提前给付型重大疾病保险。提前给付型重大疾病保险的保险责任包含重大疾病、死亡和(或)高度残疾,保险总金额为死亡保额,但包括重大疾病和死亡保额两部分。如果被保险人罹患保单所列重大疾病,被保险人可以将一定死亡保额比例的重大疾病保险金提前领取,用于医疗或手术费用等开支,身故时由身故受益人领取剩余部分的死亡保险金。

②附加给付型重大疾病保险。附加给付型重大疾病保险通常作为寿险的附约,不同于提前给付型的是该类产品有确定的生存期间。如果被保险人罹患重大疾病且在生存期内死亡,保险人给付死亡保险金;如果被保险人罹患重大疾病且存活超过生存期间,保险人给付重大疾病保险金,被保险人身故时再给付死亡保险

金。此种产品的优势在于死亡保障始终存在,且不会因重大疾病保障的给付而减少死亡保障。

③独立主险型重大疾病保险。独立主险型重大疾病保险包含的死亡和重大疾病责任是完全独立的,各自的保额为单一保额。如果被保险人身患重大疾病,保险人给付重大疾病保险金,死亡保险金为零;如果被保险人未患重大疾病,则给付死亡保险金。此类保险产品较易定价,即单纯考虑重大疾病的发生率和死亡率,但对重大疾病的描述要求严格。

④按比例给付型重大疾病保险。按比例给付型重大疾病保险产品是针对重大疾病的种类而设计的,同时可应用于以上诸类产品中,主要考虑某一种重大疾病的发生率、死亡率、治疗费用等因素,被保险人罹患某一种重大疾病时按照重大疾病保险金总额的一定比例给付,其死亡保障不变。

⑤回购式选择型重大疾病保险。回购式选择型重大疾病保险产品是针对提前给付型产品存在的因领取重大疾病保险金而导致死亡保障降低的不足而设计的。该产品允许被保险人在领取重大疾病保险金后,如果存活时间较长,还可以按照某固定费率按一定比例(如25%)逐步买回原保险总额。回购式产品带来的逆选择是显而易见的,因此对于“回购”的前提或条件的设定至关重要。目前,该类产品在我国尚属空白。

(三)失能收入损失保险

1.失能收入损失保险的定义。失能收入损失保险是指以因意外伤害、疾病导致收入中断或减少为给付保险金条件的保险。当被保险人由于疾病或意外伤害导致残疾,丧失劳动能力不能工作以致失去收入或减少收入,保险人在一定期限内分期给付保险金。其主要目的是为被保险人因丧失工作能力导致收入的丧失或减少提供经济上的保障,但不承担被保险人因疾病或意外伤害所发生的医疗费用。

2.失能收入损失保险的特点。失能收入损失保险一般分为两种:一种是补偿因伤害而致残疾的收入损失;另一种是补偿因疾病造成残疾而致的收入损失。在实践中,因疾病而致残疾比因伤害而致残疾更为多见。失能收入保险的特点主要体现在以下几个方面:

(1)给付方式。失能收入损失保险一般是按月或按周进行补偿,主要根据被保险人的选择而定,每月或每周可提供等额的收入补偿。失能收入损失保险所提供的保险金不一定能完全补偿被保险人因伤残而遭致的收入损失。失能收入损失保险的给付额一般都有一个最高限额,该限额低于被保险人在伤残以前的正常收入水平。这一限制的目的是为了促使残疾的被保险人尽早重返工作岗位。

失能收入损失保险除了在被保险人全残时给付保险金外,还可以提供其他利益,包括部分伤残保险金给付、未来增加保额给付、生活费用调整给付、残疾免缴保费条款、移植手术保险给付、非失能性伤害给付、意外死亡给付等。这些补充利益作为特殊条款通过缴纳附加保费的方式获得。

(2)给付期限。给付期限是指收入保障保单支付保险金的最长时间。给付期限可以是短期也可以是长期。短期补偿是为了补偿被保险人在身体恢复前不能工作的收入损失,长期补偿是为了补偿被保险人全部残疾而不能恢复工作的收入损失。一般而言,失能保险期间不论是生病致残还是受伤致残均相同,从 13 周、26 周、52 周,到 2 年、5 年或给付至 65 岁,如全残始于 55 岁、60 岁或 65 岁,可提供终身给付。多数失能为短期失能,约 98% 的失能者在 1 年或 6 个月内可恢复,若恢复期超过 12 个月,恢复工作能力的概率也锐减,尤其是年老者,对此更宜选择较长的保险给付期间。

(3)免责期间。免责期间是指在残疾失能开始后无保险金可领取的一段时间,即残疾后的前一段时间。免责期间类似于医疗费用保险中的免责期或自负额,在此期间保险人不给付任何补偿。免责期的设定目的在于排除一些不连续的疾病或受伤,因其所致丧失劳动能力可能只有几天,或者在短时间内,被保险人还可以维持一定生活。同时,设置免责期还可以通过取消对短期残疾的给付而减少保险成本。各保险公司的免责期不同,如 30 天、2 个月、3 个月、6 个月和 1 年等,越长的免责期保费愈便宜。此外免责期间允许中断,如被保险人在短暂恢复后(一般限定为 6 个月以内)再度失能,可将两段失能期间合并计算免责期。

3. 失能收入损失保险中关于残疾的界定。残疾和全残是失能收入损失保险中两个非常重要的概念。残疾指由于伤病等原因在人体上遗留的固定症状,并影响正常生活和工作能力。导致残疾的原因通常有先天性的残障、后天疾病遗留、意外伤害遗留等。失能收入保险对先天性的残疾不给付保险金,并规定只有满足保单载明的全残定义时,才可以给付保险金。在失能收入损失保险保单中,关于残疾的定义有很多种,下面就完全残疾和部分残疾的定义作简要说明。

(1)完全残疾。完全残疾一般指永久丧失全部劳动能力,不能参加工作(原来的工作或任何新工作)以获得工资收入。为鼓励被保险人积极参加力所能及的工作,全部残疾给付金额一般比残疾前的收入少一些,通常是原收入的 75% ~80%。商业保险中常见的全残定义有以下几种:

①通用的全残定义。目前多将残疾分成两个阶段,在致残初期,如被保险人不能完成其惯常职业的基本任务,则可认定为全残或完全丧失工作能力,被保险人就可按规定领取保险给付;在致残 2 ~5 年后,被保险人仍不能完成任何与之所受教育、训练或经验相当的职业任务,可认定为全残,并继续领取残疾收入给付直至保险期满。这种定义可能导致被保险人自愿重返任何一种有收入的职业后就不能再领取全残保险给付。

②列举式全残。列举式全残是指保险公司在保单中列举出被保险人可以被认定为“全残”的情况,这些情况通常包括:双目永久完全失明;两上肢腕关节以上或

两下肢踝关节以上缺失;一上肢腕关节以上及一下肢踝关节以上缺失;一目永久完全失明及一上肢腕关节以上缺失;一目永久完全失明及一下肢踝关节以上缺失;四肢关节机能永久完全丧失;咀嚼、吞咽机能永久完全丧失;中枢神经系统机能或胸、腹腔部脏器机能极度障碍,终身不能从事任何工作,为维持生命必要的日常生活活动,全需他人扶助等。

③推定全残。在某些情况下,被保险人患病或遭受意外伤害,最终是否残疾在短期内难以判定,为此,保险公司往往在保险条款中规定一个定残期限如180天。如果被保险人发生的伤残在定残期限届满时尚无明显的好转征兆,将自动被认定为全残。

④原职业全残。一些失能收入损失保险对从事某些特定职业者(如钢琴师、医师、牙医、律师或会计师等)签发的保单进一步放宽了对全残的限制,规定如被保险人因伤残不能完成原职业的基本任务时,就可认定为全残,也即可以领取约定的保险金,而不论他是否从事其他有收入的职业。

⑤收入损失全残。被保险人由于残疾而遭受收入损失,就可被认定为全残。这种保险单提供的残疾收入保险金包括两种情况:一是被保险人因全残而丧失工作能力;二是被保险人尚能工作,但因伤残而致使其收入降低。

⑥绝对全残。失能保险单中将全残定义为绝对全残,即该残疾使得被保险人不能从事任何职业。现在大多数公司已经不再采用此种苛刻的定义。

(2)部分残疾。部分残疾是指部分丧失劳动能力。如果我们把全部残疾认为是收入全部损失,那么,部分残疾则意味着被保险人还能从事一些有收入的其他职业(显然这种职业会比原来的收入少)。在这种情况下,保险人给付的将是全部残疾给付的一部分,其计算公式如下:

部分残疾给付 = 全部残疾给付 ×(残疾前的收入 - 残疾后收入)/残疾前的收入

(四)护理保险

1.护理保险的定义。护理保险是健康保险的重要组成部分,在国外比较流行。护理保险是为因年老、疾病或伤残而需要长期照顾的被保险人提供护理服务费用的健康保险。护理保险虽然起步较晚,但是发展较快。

2.护理保险的责任范围。护理保险负责被保险人在符合条件的情况下接受各种个人护理服务而发生的护理费用,按责任范围分为医护人员看护、中级看护、照顾式看护和家中看护四个等级。通常保险人可以通过医学上的必要性和认知能力障碍等标准来确定保险责任。(通常保险人可以通过被保险人的日常活动能力损失、认知能力损失以及特定疾病如阿尔茨海默病性痴呆、血管性痴呆、帕金森病性痴呆等来判断确定保险责任。)

3.护理保险的特点。包括:

(1)护理保险的给付期限。护理保险保险金的给付期限有1年、数年和终身等几种不同的选择,同时也规定有免责期,保险人只承担被保险人免责期过后的护理服务费用。

(2)护理保险的保险费。护理保险的保险费通常为平准式,也有每年或每一期间固定上调的。其年交保险费因年龄、等待期间、保险金额和其他条件的不同而有很大区别。护理保险一般都有豁免保险费保障,即从保险人开始履行保险金给付责任的60天、90天或180天起再收取保险费。

(3)护理保险的保单。所有护理保险的保单都是保证续保的,可保证对被保险人续保到某特定年龄,如79岁,有的甚至保证对被保险人终身续保。保险人可以在保单更新时提高保险费率,但不得针对具体的某个人,必须一视同仁地对待同样风险情况下的所有被保险人。

(4)护理保险的特殊条款。护理保险有不没收价值条款,即当被保险人撤销其现存保单时,保险人会将保单积累的现金价值退还投保人。

第十三章

再保险

第一节　再保险概述

一、再保险的基本概念

再保险也称分保,是保险人将其所承保的风险责任向其他的保险人进行保险的行为,即为"保险的保险"。

在再保险交易中,分出业务的叫原保险人或分出人(分出公司),接受分保业务的叫作再保险人或分保接受人或分入人(分入公司)。原保险人分出的那部分风险责任金额叫作分出额或分保额,自己承担的那部分风险责任金额叫作自留额。分保接受人也可将接受的再保险业务再分保出去,叫作转分保,分出方为转分保分出人,接受方为转分保接受人。一个保险人既可以是分保分出人,又可以是分保接受人。

和直接保险转嫁风险一样,原保险人向再保险人转嫁风险责任也要支付一定保费,这种保费叫分保费或再保险费。同时,由于原保险人在招揽业务过程中支出了一定的费用,原保险人也要向再保险人收取一定的费用加以补偿,这一部分费用称为分保手续费或分保佣金。

二、再保险的特征

(一)再保险是原保险的进一步延续

再保险的基础是原保险,是原保险的进一步延续。再保险的产生是基于原保险人经营中分散风险的需要。因此,原保险和再保险是相辅相成的,它们都是对风险的承担与分散。原保险是投保人以缴付保险费为代价将风险责任转嫁给保险人,实质是在全体被保险人之间分散风险,互助共济;再保险是原保险人以缴付分保费为代价将风险责任转嫁给再保险人,在它们之间进一步分散风险,分担责任。因此,再保险是原保险的进一步延续,也是保险业务的组成部分。

（二）再保险是原保险强有力的后盾

在现代保险经营中，再保险的地位与作用越来越重要，再保险可以反过来支持保险业务的发展，甚至对于某些业务，如果没有再保险的支持，保险交易难以达成。所以，再保险已成为原保险强有力的后盾。

（三）再保险是保险人之间的一种业务经营活动

再保险只在保险人之间进行，按照平等互利、互相往来的原则分出分入业务。原保险人可以充当再保险人，再保险人也可以是原保险人，它们的法律地位可以互换。但是，再保险人与投保人和被保险人不发生任何业务关系，再保险人无权向投保人收取保险费；同样，被保险人对再保险人没有索赔权，原保险人也不得以再保险人不对其履行赔偿义务为借口而拒绝或延迟履行其对被保险人的赔偿或给付义务。

（四）再保险合同的当事人均为保险人

原保险合同的当事人是投保人和保险人；而再保险合同的当事人均为保险人，一方是原保险人，另一方是再保险人。

（五）再保险合同是独立合同

再保险合同是在原保险合同的基础上产生的，没有原保险合同就不可能有再保险合同。但是除法定再保险合同外，是否分保，分出多少业务，由原保险人根据自己的资产和经营状况自主决定。所以，再保险是一种具有独立性的保险业务，再保险合同也独立于原保险合同。

（六）再保险合同是补偿性合同

从合同性质来看，原保险合同具有补偿性和给付性之分，即财产保险合同属于补偿性合同，人身保险合同属于给付性合同；而再保险合同无论是财产保险的再保险还是人身保险的再保险，全部属于补偿性合同。因为，再保险人的责任是对原保险人所支付的赔款或给付的保险金给予一定的补偿。

三、再保险的分类

（一）按责任限制分类

按责任限制分类，再保险可以分为比例再保险和非比例再保险。其中，比例再保险主要有成数再保险、溢额再保险以及成数和溢额混合再保险。非比例再保险主要有险位超赔再保险、事故超赔再保险和超过赔付率再保险。

（二）按分保安排方式分类

按分保安排方式划分，再保险可以分为临时再保险、合同再保险和预约再保险。其中，临时再保险是分出公司根据业务需要，临时选择再保险人，经双方逐笔协商达成协议而进行的再保险。合同再保险是由分出公司与分入公司用签订合同的方式确定双方的再保险关系，双方通过合同将业务范围、地区范围、除外责任、分保手续费、自留额、合同最高限额、账单编制和付费等各分保条件用文字写明，明确双方的权利和义务。合同再保险的特点在于其强制性，即凡经分出公司和分入公司议定，并在合同内明确规定的业务，分出公司必须按合同的规定向分入公司办理分保，分入公司也必须接受，双方都无选择的自由。预约再保险是介于合同再保险和临时再保险之间的一种再保险，往往用于对合同再保险的一种补充。对于合同规定的业务，分出公司无义务约束，是否要办理分保或分出多少完全可以自由决定。而对于分入公司来说，则有一定的强制性，即凡属预约再保险合同内的每一笔业务不能挑剔选择，更不能拒绝接受。预约再保险对于分出公司具有与临时再保险类似的选择性，而对分入公司则具有与合同再保险类似的强制性。

四、再保险的作用

(一)进一步分散风险

保险是投保人将自己本身的风险转嫁给保险人，保险人通过集合众多具有相同风险的投保人，使风险得以分散。而通过再保险，则可以使得风险进一步分散。

1. 分散巨额风险。保险人承保的一些价值巨大的保险标的，如宇宙卫星、航天飞机、核电站、高额寿险、责任险等，一旦发生保险事故，保险人将要一次支付巨额赔款。原保险人通过再保险就可以将超过自己承保能力的这类风险分给再保险人来承担，从而分散巨额风险。

2. 分散巨灾风险。某些保险事故发生，可能会使众多遭灾受损标的的损失金额累积值巨大，同样会使保险人在一次事故后支付巨额保险金。如洪水对沿岸聚居区财产、生命的威胁，火灾对密集的商业区、街区、工业区的侵袭，核泄漏、核爆炸、有毒物质泄漏等对聚居区生命、财产的危害等都将可能使保险人面临累积赔款、给付总额巨大的风险。原保险人通过再保险可以将一次巨灾事故中累计责任超过自己的承保能力的这类风险分由再保险人来承担，从而分散巨灾风险。

3. 分散经营风险。由于保险人受地域与经营性质等因素影响，往往难以承保到大数法则所要求的足够多的保险标的的数量和同质性的风险，而预定的费率将可能与实际所发生的损失补偿和给付之间存有较大的差异。通过再保险，原保险人可以将那些同质性较差、数额太少、保额又过高的保险业务部分或全部地转嫁给其他保险人，以分散风险。

(二)控制保险责任

再保险可以使保险人根据自己的技术、资金能力确定自留额度，从而控制保险责任，保证经营的稳定性与安全性。

1. 控制每个风险单位的责任。控制每个风险单位的责任又称险位控制。原保险人在决定分保时，通常是根据有关法律、条例以及自身的承保能力，首先确定对每个风险单位的自留额，将超过自留额以上的部分进行分保。这样，自留额尺度将所有风险单位的责任整齐划一了，从而增强了标的与风险的同质性。

2. 控制一次巨灾事故的责任累积。控制一次巨灾事故的责任累积也称事故责任控制。因巨灾风险事故可能使大量风险单位一次受损，如果仅用险位控制则难以控制巨灾造成的责任累积。对此，原保险人通过确定一次事故的累积责任自留额，将超过累积责任自留额的部分通过再保险方式分由再保险人来承担，这样就可以对巨灾风险的累积责任加以控制。

3. 控制全年的责任积累。灾害事故造成损失的年度具有不平衡性，使保险人各年度承担的赔偿、给付责任不均衡，甚至会出现很大的差异；险位责任控制与事故责任控制又难以平衡年度责任的差异。要控制一年内多次责任事故的累积责任，原保险人可以通过再保险来确定年度累积自留责任限额，将超过部分分保出去，就可以稳定其经营保险。

（三）扩大经营能力

保险公司的承保能力是受其资本金和总准备金等自身财务状况的限制的。由于保险公司的自有资金额是有限的，因而其自身的承保能力也是一定的。通常各国都通过保险的有关立法，控制保险公司的经营额度和经营范围。我国《保险法》第 102 条规定："经营财产保险业务的保险公司当年自留保险费，不得超过其实有资本金加公积金总和的四倍。"第 103 条规定："保险公司对每一危险单位，即对一次保险事故可能造成的最大损失范围所承担的责任，不得超过其实有资本金加公积金总和的百分之十；超过部分，应当办理再保险。"

由此可见，保险人的业务发展要受到其资本量的限制。但是，如果利用再保险，则可以突破限额，扩大保险人的业务量，因为在计算保费收入时可扣除分出保费，只计算自留保费。因此，可利用分保，在不增加资本的情况下，增加业务量。

（四）增进国际间的交流，提高保险技术

对于保险业正处于发展中的国家以及一些新成立的保险公司来说，由于保险的经验、资料、技术和财力都比较薄弱，在保险的经营方面会遇到很多障碍。通过再保险的方式，可以获得再保险公司在业务、技术方面的指导和协助，避免一些失误，少走一些弯路，从而迅速发展起来。由于再保险业务是超越空间与国界的，又主要是在国际范围内进行的，所以，通过再保险，可以增进对国际保险市场、再保险市场的了解。通过业务往来，利于学习发达国家保险的先进经验和技术，促进同业之间的友好往来和技术交流。

（五）形成巨额联合保险基金

现代科学技术的高速发展，在使财富迅速积累的同时也带来了更大的风险。对于巨额风险和巨灾风险，如果仅靠一家或几家保险公司独自积累的保险基金是难以应付的。而如果通过再保险则可以将各保险集团集合成更大的分散风险的网络，在更大范围内将保险基金积聚起来，使保险基金由分散走向联合，形成同业性或国际性的联合保险基金,增强保险的整体经营能力和抗御巨额风险、巨灾风险的能力。

第二节 比例再保险与非比例再保险

一、比例再保险

比例再保险是以保险金额为基础,确定分出公司自留额和分入公司责任额的再保险方式。在比例再保险中,分出公司的自留额和分入公司的责任额都表示为保险金额的一定比例,该比例也是双方分配保险费和分摊赔款的依据。比例再保险有以下三种方式。

(一)成数再保险

成数再保险是比例再保险的基本方式,是指分出公司的自留额和分入公司的责任额都是按照双方约定的保险金额百分比确定的。按照比例再保险方式,不论分出公司承保的每一风险单位的保额大小,只要在合同规定的限额内,双方都按约定的固定比例来分担责任,且每一风险单位的保险费和发生的赔款,也都按同一比例分配和分摊。

总之,成数再保险的责任、保费和赔款的分配,表现为一定的百分比。在一定意义上讲,它就是按照双方约定的百分比进行责任、权利和义务的分配的。

成数再保险的特点主要表现为:第一,合同双方利害一致,即对盈余或亏损原保险人和再保险人的利益是一致的。第二,手续简化,节省成本。第三,缺乏弹性。由于不论业务大小和质量好坏,双方均按约定的比例分担,因而不能满足分出公司获得准确再保险保障的需求。第四,不能均衡风险责任。按成数决定责任,原保险合同保险金额高低不齐的问题在成数分保后仍然存在。

成数再保险的这些特点决定了这种方式比较适于小公司、新公司、新业务和某些特种业务以及那些保额和业务质量比较平均的业务,在国际再保险的交往中,成数再保险可用于分保交换。

(二)溢额再保险

溢额再保险是分出公司按每个风险单位确定自留额,将超过自留额的保险金额即溢额部分,分给分入公司。如果某一笔业务的保险金额在自留额之内就不必办理再保险,这也正是溢额再保险与成数再保险的最大区别。在溢额再保险中,分出公司和分入公司也是按照各自的责任额在总承保额中所占的比例来分享保险费和分担赔付义务的。

风险单位、自留额、线数(即自留额的一定倍数)是溢额再保险的三个要素。风险单位的划分由分出公司来决定,属于固定因素,自留额和线数则为变动因素。自留额的大小决定了原保险人承担责任的大小;线数的多少关系到再保险人承担的责任。

在溢额再保险中,原保险人的自留额和再保险人的责任额与总保险金额之间的比例关系随着承保金额的大小而变动,这是与成数再保险的比例固定不变所不同的。

一般来说,分出公司根据承保的风险单位的损失率、承保业务量规模、保费收入的大小及公司准备金的多少等因素来确定自留额和安排溢额再保险合同的最高限额。但是,由于承保业务量的增加,业务的发展,有时需要设置不同层次的溢额,依次称为第一溢额、第二溢额、第三溢额等。当第一溢额的分保限额不能满足分出公司的业务需要时,可以组织第二溢额分保甚至第三溢额分保作为第一溢额分保的补充。

溢额再保险是比例再保险中最早和最广泛应用的方式,它可以灵活确定自留额,确保业务的安全性和营利性,比较适于业务质量优劣不齐、风险标的的保险金额不平衡的业务。

(三)成数和溢额混合再保险

成数和溢额混合再保险是将成数再保险和溢额再保险组织在一个合同里,以成数再保险的限额作为溢额再保险的起点,再确定溢额再保险的限额。成数溢额分保合同并无一定的形式,可视分出公司的需要和业务品质而定。

二、非比例再保险

非比例再保险又称超过损失再保险,它是以赔款或损失确定再保险双方当事人的责任的再保险方式,即以赔款为基础规定一个分出公司自己负担的赔款额度,对超过这一额度的赔款由分入公司承担赔偿责任。非比例再保险又可分为以下三种:

(一)险位超赔再保险

险位超赔再保险是以每一风险单位所发生的赔款为基础,确定分出公司自负责任的限额即自赔额和分入公司责任额的再保险方式。

在险位超赔再保险中,若总赔款金额不超过分出公司的自负责任额,全部损失由分出公司赔付;若总赔款金额超过分出公司的自负责任额,超过部分由分入公司赔付。但分保责任限额根据分保合同规定也有一定的限度。

(二)事故超赔再保险

事故超赔再保险是依一次巨灾事故中多数风险单位所发生赔款的总和为基础,来确定自负责任额和分保责任额的再保险方式。它是险位超赔再保险在空间上的扩展。在这种非比例再保险中,分入公司负责当任何一次事故累积的损失超过规定自负责任额以后的赔款。

(三)赔付率超赔再保险

赔付率超赔再保险是以赔款与保费的比例来确定自负责任额和分保责任额的

再保险方式,即在约定的一定时期(通常为1年)内,当分出公司的赔付率超过一定标准时,超过部分由分入公司负责至某一赔付率或金额。

在赔付率超赔再保险中,除了有赔付率的限制外,还限定一个赔付金额,并在二者中以低者为限。而且,分出公司的自负责任额和分入公司的分保责任额都是由双方协议的赔付率标准限制的。因此,正确、恰当地规定这两个标准,是赔付率超赔再保险的关键。

第三节 再保险业务的操作

一、分出业务操作

(一)分出业务的流程

分出业务的操作流程一般分为以下三个阶段。

1. 提出分保建议。当分出合同的条件确定,拟定了分保接受人的人选后,分出人应立即以最迅速、最准确的方式将分保条件发送给选定的接受公司或经纪公司。分保建议一般应将接受人需要了解的事实详细列明。如非水险合同分出安排的建议通常应提供的资料包括:分保条件、统计数字、大赔款一览表和业务构成的详细资料、合同的承保范围及地区范围。分出人提供的信息越详尽,资料的质量越高,越有利于接受人作出决定,大大缩短分保安排的时间。

2. 完备缔约手续。在合同续转和分出谈判结束后,分出人和接受人双方应尽快完备缔约手续。一般情况下,续转结束后的第一个季度之内,分出人应将合同文本及摘要表或者修改条件的附件发送给接受人。每次发送的需签字的文件应一式两份或三份。合同文本及其组成部分是分出人和接受人之间签订的正式的法律文件。一旦合同文本签订之后,双方的权利和义务就具有法律依据。

3. 赔款的处理。当分出人接到直接承保部门的出险通知或赔款通知时,第一步计算分保合同项下的接受人应承担的责任比例和金额,然后向接受人发送出险通知。分出人的出险通知应包括的内容有:合同名称及业务年度;保险标的名称及坐落地点;保单金额及分出比例;估计赔款金额及合同项下估计摊赔金额;赔款发生日期、地点;损失原因及是否委托检验人以及可能产生的费用。

(二)分出业务的手续

1. 临时分保手续。当某笔业务需要进行临时分保时,分出部门根据已有的接受人的资料信息库,结合分出业务的性质,选择适合的接受人,发出分保建议,以保证临时分保安排的实现。在拟定的分保接受人名单列出后,分出部门应以最迅速有效的方式,向分保接受人提供分保条件。在临时分保安排完毕后,分出人要向分保接受人发送正式的分保条,有特殊需要时还需补充发送附约。当临时分保业务项下发生赔案时,必须立即通知分保接受人。大多数情况下,临时分保需要重新协议办理续转手续。

2. 合同分保手续。首先应确定分保的市场,分出的规模和选择经纪人。在市场选好后,用电传、电报或信件将分保建议及有关的资料通知或送给分保接受人,由他们考虑是否接受。然后分保接受人和分保分出人双方用函、电书面承诺和确认所接受的成分而达成分保协议。

3. 预约分保手续。预约分保主要适用于火险和水险的比例分保业务。对分出公司而言,主要可以增加承保能力,在合同分保限额不足的情况下,运用预约分保方式作为合同分保的自动补充。在实务中,遇有大额业务,超过合同分保限额,则能运用预约分保的限额,而不用与分保接受人临时洽商,逐笔分保。

二、分入业务操作

(一)分入业务的流程

分入业务的操作流程也有三个阶段。

1. 审核分入业务质量。承保前对分入业务质量的审核是再保险经营的重要环节。在接受分入业务前,对分保分出人提出的分保条件或建议,要认真分析和研究,然后再作出承保决定。具体审核的内容包括:分出业务种类、分保的方式方法、承保范围和地区;分出公司自留额与分保限额;分保限额或责任限额与分保费之间的比率;支付分保费的保证条件;估计分入业务的收益;保费准备金和赔款准备金;首席承保人条件等。

当分入公司接到分出公司或经纪公司提出的分保建议,经审查后如不同意,应以电复的形式婉言拒绝;如同意接受,应电告接受成分,并进行登记和填制摘要表。

2. 检验接受业务的质量。分入业务承保后,要加强对业务成绩的考核,严格检验接受业务的质量,核对和审查合同文本,做好摘要表,审好账单和结算情况,做好登记和业务统计,记录赔款处理、未决赔款和未了责任的情况,并将有关资料输入电脑。要注意与分出公司和经纪公司核对账务和办理结算。如果是通过经纪人办理结算,要特别注意账单寄送是否及时、有无截留保费和准备金等情况。对开出的信用证要加强管理,要注意货币兑换损益、兑换率的应用,密切注意通货膨胀对分入业务赔款计算的影响。

3. 承保额的确定。承保额是接受公司对于分出公司转让的危险或责任所接受或承担的限额。对于比例再保险合同承保额的确定应考虑两个因素:一是合同的分保限额;二是业务量。对于非比例分保合同的承保额的确定方式因业务不同而各异,财产险、水险、航空险和各种意外险的险位超赔,虽然合同的分保责任额是按每个危险单位或每次损失规定,但实际接受的承保额度也应从两个方面考虑:一是分保责任额;二是以所估计的年度最高损失额减去分保费后的可能亏损额。事故超赔一般是分层安排分保,接受公司为了承保目的,可将事故超赔分为低、中、高三个层次，分别考虑和确定关于所要接受的承保额度。

（二）分入业务的手续

1. 审核分保建议。当分入公司接到分出公司或经纪公司提出的分保建议，经审查后，如不同意，应以电复婉言拒绝；如同意接受，应电告接受成分，并进行登记和填制摘要表。

2. 分保条、合同文本和附约的审核、签署与管理。对于分出公司或经纪公司寄来的分保条、合同文本，接受公司要认真核对，签署后，一份自然归卷，其余归还。当接到有关修改合同条文和承保条件等函电，审核后应电复证实，并对摘要表有关栏目进行更改和登录。对寄来的附约，经审核后一份自留，与合同一并归卷备查，其余归还。

3. 现金赔款的处理。收到现金赔款的通知后，应填制现金赔款审核表，并登录现金赔款登记簿，经审核批准后送会计部门结付。

4. 开具信用证。对于未满期保费和未决赔款有要求提供信用证的，应填制申请表并登录信用证登记簿，经核准后送会计部门开具信用证手续。

5. 到期续转和注销。为了争取主动，在合同到期前，在合同规定的期限内，向对方发出临时注销通知。如经双方协商同意续转，可将临时注销通知撤回。如不同意续转，可将临时注销通知作为注销通知，合同终止。

6. 归档。即将上述业务的函电文件归档。分入业务的函电文件的归档采取的方式可以有分散归档或集中归档。

第十四章

保险经营

第一节　保险经营概述

一、保险经营的特征

以特定风险为经营对象的保险业,是对自然灾害和意外事故所造成的经济损失和人身伤亡进行补偿或给付的特殊行业。尽管保险经营也是一种商品经营,但它是一种特殊商品的经营,因此有其独特的经营思想和经营行为。

(一)保险经营活动是一种特殊的劳务活动

保险企业不同于工业企业和农业企业,也不同于其他商业企业,它既不直接生产某种物质产品,也不直接以某种实物形态产品来满足人们生产和生活上的需要。保险经营的是一种社会性的经济损失补偿和给付活动,它以特定风险的存在为前提,以集合尽可能多的单位和个人风险为条件,以大数法则为数理基础,以经济补偿和给付为基本功能。因此,保险企业所从事的经营活动,不是一般的物质生产和商品交换活动,而是一种特殊的劳务活动。首先,这种劳务活动依赖于保险业务人员的专业素质。如果保险企业拥有一批高素质的业务人员,提供承保前、承保时和承保后的系列配套服务,社会公众对保险企业的信心就会增强,保险企业的竞争能力就能提高。其次,这种劳务活动体现在保险企业的产品质量上。保险企业根据保险市场需求精心设计保险条款,合理规定保险责任,科学厘定保险费率,保险产品就能切合实际,保险合同数量就能逐渐增加,而保险合同数量愈多,保险经营就愈稳定,保险成本就愈节省。

(二)保险经营资产具有负债性

一般商业企业的经营资产来自自有资本的比重较大,这是因为它们的经营最受其自有资本的约束,所以必须拥有雄厚的资本为其经营后盾。保险企业也必须有资本金,尤其在开业初期需要一定的设备资本和经营资本。正因为如此,我国《保险法》第 69 条规定:“设立保险公司,其注册资本的最低限额为人民币二亿元”。但是保险企业的经营资产主要来自投保人按照保险合同向保险企业所缴纳的保险费和保险储金,具体表现为从保险费中所提取的各种准备金,包括未到期责任准备金和未决赔款准备金。保险企业的经营活动就是借所聚集的资本金以及各种准备金而建立起的保险基金,来实现其组织风险分散、进行经济补偿的职能。由此可见,保险企业的经营资产相当部分是来源于其所收取的保险费,而这些保险费正是保险企业对被保险人未来赔偿(或给付)责任的负债。

(三)保险经营成本和利润的计算具有特殊性

与其他商品成本计算相比较,保险经营成本具有不确定性。因为保险商品现时的价格(即保险费率)制订所依据的成本是过去的、历史的支出的平均成本,而现时的价格又是用来补偿将来发生的成本,即过去成本产生现时价格,而按现时费率所收取的保险费又是补偿将来的成本。我们在计算保险历史成本时,也需要大量的统计数据和资料。事实上,一般保险企业无法获得足够的历史资料和数据,而且影响风险的因素随时都在变动,这就使得保险人确定的历史成本很难与现时价格吻合,更难以与将来成本相一致。因此,保险经营成本的不确定性决定了保险价格的合理度不如其他商品价格,保险成本与保险价格的关系也不如其他商品密切。

此外,保险利润的计算也与一般企业不同。经营一般商品时,企业只需将出售商品的收入减去成本、税金,剩下来的就是利润。而保险企业的利润除了从当年保费收入中减去当年的赔款、费用和税金外,还要减去各项准备金的提存。由于每年保险风险的发生具有不平衡性以及保险未了责任具有延续性特点,保险企业在进行保险利润核算时,需要特别注意未了责任,即保险的负债。因此,如果提存的各项准备金数额较大时,则对保险利润会有较大的影响。

(四)保险经营具有分散性和广泛性

一般商业企业的经营过程是对单一产品、单一系列产品或少数几种产品进行生产管理或销售的过程,其产品只涉及社会生产或社会生活的某一方面,即使企业破产倒闭,所带来的影响也只会涉及某一行业或某一领域。保险经营则不然,保险企业所承保的风险范围之宽,经营险种之多,涉及的被保险人之广泛是其他企业无法相比的。例如,被保险人包括法人和自然人,而就法人来说,包括各种不同所有制的工业、农业、交通运输业、商业、服务业和各种事业单位以及国家机关;就自然人来说,有各行各业的人士和各个阶层的人士。无论是自然人还是法人,既可以在国内的不同地区,又可以在世界各个国家和地区。一旦保险经营失败,保险企业丧失偿付能力,势必影响到全体被保险人的利益乃至整个社会的安定。所以说,保险经营的过程,既是风险的大量集合过程,又是风险的广泛分散过程。众多的投保人将其所面临的风险转嫁给保险人,保险人通过承保将众风险集合起来,而当发生保险责任范围内的损失时,保险人又将少数人发生的风险损失分摊给全体投保人。

二、保险经营的原则

保险经营原则是指保险企业从事保险经济活动的行为准则。由于保险商品除具有一般商品的共性外,还具有自身的特性,因此,在经营保险这一特殊商品的过程中,既要遵循一般企业经营的基本原则,又要遵循保险企业经营的特殊原则。保险经营的特殊原则包括风险大量原则、风险选择原则和风险分散原则。

(一)风险大量原则

风险大量原则是指保险人在可保风险的范围内,应根据自己的承保能力,争取承保尽可能多的风险和标的。所谓风险,一般是指某种损失发生的不确定性。所谓可保风险,是指保险人可以承保的风险责任。只有可保风险才是保险经营的范围。如果保险人承保的风险超出可保风险的范畴,保险经营的稳定性将受到影响。

风险大量原则是保险经营的首要原则。这是因为:第一,保险的经营过程实际上就是风险管理过程,而风险的发生是偶然的、不确定的,保险人只有承保尽可能多的风险和标的,才能建立起雄厚的保险基金,以保证保险经济补偿职能的履行;第二,保险经营是以大数法则为基础的,只有承保大量的风险和标的,才能使风险发生的实际情形更接近预先计算的风险损失概率,以确保保险经营的稳定性;第三,扩大承保数量是保险企业提高经济效益的一个重要途径,因为承保的标的越多,保险费的收入就越多,而营业费用则随之相对减少,以达到降低成本、提高经济效益的目的。

遵循风险大量原则,保险企业应积极拓展保险业务,在维持、巩固原有业务的同时,不断发展新的客户,扩大承保数量,拓宽承保领域,实现保险业务的规模经营。

(二)风险选择原则

为了保证保险经营的稳定性,保险人在承保时不仅需要签订大量的、以可保风险和标的为内容的保险合同,还须对所承保的风险加以选择。风险选择原则就是基于这一目的,要求保险人充分认识、准确评价承保标的的风险种类与风险程度以及投保金额的恰当与否,从而决定是否接受投保。保险人对风险的选择表现在两方面:一是尽量选择同质风险的标的承保,从而使风险能从量的方面进行测定,实现风险的平均分散;二是淘汰那些超出可保风险条件或范围的保险标的。可以说,风险选择原则否定的是保险人承保的盲目性,强调的是保险人对投保意愿的主动性选择,使集中于保险人保障之下的风险单位不断地趋于质均划一,有利承保质量的提高。

保险人选择风险的方式有两种:一是事先风险选择;二是事后风险选择。

1. 事先风险选择。事先风险选择是指保险人在承保前考虑决定是否接受承保。此种选择包括对“人”和“物”的选择。所谓对“人”的选择,是指对投保人或被保险人的评价与选择。例如,在人寿保险中,应了解被保险人年龄,是否从事危险职业,是否患有慢性疾病或不治之症,或者直接对被保险人进行体格检查等。在财产保险中,应了解被保险人的资金来源、信誉程度、经营能力、安全管理状况和道德风险等因素。所谓对“物”的选择,是指对保险标的物及其利益的评估与选择。例如:对投保财产保险的建筑物,应了解和检查其结构、使用情况以及坐落地点等;对投保的机动车辆、船舶、飞机等运输工具,应了解是否属于超龄服役的旧车、旧船、旧飞机以及它们的用途和运输区域等。保险人在承保前若发现被保险人和保险标的物的风险已超出可保风险的条件和范围,则应拒绝承保,简称“拒保”。拒保是常见的一种事先选择风险的方法。

需要指出的是,有时某些保险标的物虽然明显存在着较大危险,但可以通过某种条件加以控制,保险人也会与投保人协商或调整保险条件,如提高保险费率、提高免赔额(率)、附加特殊风险责任或赔偿限制性条款等方式,实行有条件的承保,而不是一概拒保。总之,保险人无论是拒保还有条件地承保,目的都在于对承保风险的有效控制,能够公平合理地承担风险损失。

2. 事后风险选择。事后风险选择是指保险标的物的风险超出核保标准,而保险人对保险合同作出淘汰性选择。保险合同的淘汰通常有三种方式:第一,保险合同期满后不再续保;第二,按照保险合同规定的事项予以注销合同,如我国远洋船舶战争险条款规定,保险人有权在任何时候向被保险人发出注销战争险责任的通知,通知在发出后 7 天期满时生效;第三,保险人若发现被保险人有明显误告或欺诈行为,可以中途终止承保,解除保险合同。

总之,无论保险人是采取事先风险选择还是事后风险选择的方式,都是采用了风险管理中避免风险的手段,可见保险经营与风险管理的关系甚为密切。

(三)风险分散原则

风险分散是指由多个保险人或被保险人共同分担某一风险责任。保险人在承保了大量的风险后,如果所承保的风险在某个期间或某区域内过于集中,一旦发生较大的风险事故,可能导致自身偿付能力不足,从而损害被保险人利益,也威胁着自身的生存发展。因此,保险人除了对风险进行有选择的承保外,还要遵循风险分散的原则,尽可能地将已承保的风险加以分散,以确保保险经营的稳定。

保险人分散风险的做法主要分两个阶段进行,即核保时和承保后。

1. 核保时的风险分散。核保时的风险分散主要表现在保险人对风险的控制方面,即保险人对将承保的风险责任要适当加以控制。控制风险的目的是为了减少被保险人对保险的依赖性,同时也是为了防止因保险而可能产生的道德危险。保险人在核保时控制风险的方法主要有以下几种:

(1)控制保险金额。保险人在核保时对保险标的物要合理划分危险单位,按照每个危险单位的最大可能损失确定保险金额。例如,对于市区密集地域段的建筑群,应按风险相对独立的情况,分成若干地段,并科学估测每一地段的最大可能损失,从而确定保险人对每一地段所能自负的最高限额。如保险金额超过保险人的承保限额时,保险人对超出部分不予承保。这样一来,保险人所承担的保险责任就能控制在可承受的范围之内。

(2)规定免赔额(率)。保险人对一些保险风险造成的损失规定一定额度或比率,由被保险人自负这部分损失,保险人对于该额度或该比率内的损失不负责赔偿。例如,在机动车辆保险中,对机动车辆每次事故规定有免赔额,只有超过免赔额的部分才由保险人承担赔偿责任。

(3)实行比例承保。保险人按照保险标的物实际金额的一定比例确定承保金额,而不是全额承保。例如,在农作物保险中,保险人通常按平均收获量的一定成数确定保险金额,如按正常年景的平均收获量的6~7成承保,其余部分由被保险人自己承担责任。

2. 承保后的风险分散。承保后的风险分散方法以再保险为主。再保险是指保险人将其所承担的业务中超出自己承受能力之外的风险转移给其他保险人承担。例如,某保险公司承保了100万元的保险标的,限于自己的承保能力,确定自留额为30万元,而将超过其承受能力的70万元保险责任转让给其他保险人。

保险人以再保险等手段使风险在空间上得以分散,同时又以提存各种准备金的制度,使风险在时间上得以分散。

第二节 保险营销管理

一、保险营销的概念与特点

(一)保险营销的概念

保险营销是指以保险为商品,以市场为中心,以满足被保险人需要为目的,实现保险企业目标的一系列整体活动。从整体来看,保险营销活动由三个阶段组成,即分析保险市场机会、研究和选择目标市场、制定营销策略。具体包括保险市场需求的调查、保险市场的细分、保险险种的组合与设计、保险营销渠道的比较以及保险促销策略与手段等。

从保险营销的定义出发,我们可以得出以下结论:

第一,保险营销是一种交换过程,是买卖双方即保险人与投保人为实现各自的目标而进行的交换过程。

第二,保险营销是由包括保险推销在内的一系列具体营销活动构成的一个整体管理过程,而非仅仅指保险推销。

第三,保险营销的起点是发掘消费者的保险需求,终点是满足消费者的保险需求,因而是一个循环往复的过程。

第四,保险营销的目的是通过满足消费者的保险需求来创造利润,而非通过扩大消费者的保险需求来创造利润。

（二）保险营销的特点

1. 保险营销是一种经营理念。保险营销是保险企业的一种经营指导思想，一种经营管理的哲学，一种导向，一种理念。具体就是如何摆正保险企业、消费者和社会三者之间的利益关系的问题。因此，保险营销并非等于保险推销。保险推销是指推销人员通过说服等手段，促使客户购买保险的活动过程。显然，保险推销仅仅是保险营销过程中的一个阶段，在这一阶段的任务就是千方百计把保险单卖出去，而保险商品是否适销对路，营销管理是否卓有成效等都不是保险推销的任务。

2. 保险营销特别注重推销。保险商品具有特殊性，即保险业经营的是看不见摸不着的风险，"生产"出来的商品仅仅是对保险消费者的一种承诺，而且这种承诺的履行只能在约定的事件发生或约定的期限届满时实现，而不像一般商品或服务能立即有所感受。也就是说，保险单从其外在形式来看只不过是一纸合同，它虽然代表了保险公司的信用，但对投保人而言，却无法在购买保险时立即见到保险单的收益及效果。此外，由于保险商品过于抽象，保险条款过于专业，使得人们对保险商品了解甚少，在没有强烈的销售刺激和引导下，一般不会主动地购买保险商品。正是这种购买欲望的缺乏，使保险推销成为保险营销中的一个重要组成部分，即保险必须靠推销。

3. 保险营销更适应于非价格竞争。保险商品价格（费率）是依据对风险、保额损失率、利率等多种因素的分析，通过精算而确定的，因此它是较为科学的。一般而言，保险商品的价格不能轻易提高或降低，或者说保险商品价格的需求弹性较小。同时，为了规范保险市场的竞争，保证保险人的偿付能力，保险行业协会也会对保险费率的统一提出要求，所以价格竞争在保险营销中并不占有重要地位，相反，非价格竞争更适于保险营销活动。其具体表现为保险营销的服务性和专业性。首先，保险服务不仅表现为在保险消费者购买保险之前，即要根据投保人的需求设计保险方案，选择适当的保险公司或保险险种，而且还表现在他们购买保险之后，即应根据投保人保险需求的变化和新险种的出现，帮助投保人调整保险方案，或在损失发生时，迅速合理地进行赔付。可见，优质的服务是保险营销的坚实基础。其次，保险营销需要高素质的专业推销人员，他们不仅要具备保险专业知识，还应具备推销保险商品的其他知识，如经济、法律、医学、社会学等方面的知识。因为对一个被保险人而言，购买保险并不是一种纯粹的消费行为，而更重要的是一项风险管理计划、一项投资计划、一项财务保障计划。因而，保险推销人员需要运用自己丰富的知识，根据保险市场的行情，结合不同客户的心理特征，帮助其选择购买合适的保险保障。因此，保险推销人员丰富的专业知识是保险营销的根本前提。

二、分析市场机会

分析营销环境，寻找市场机会，是保险营销活动的立足点。所谓机会，是指在营销环境中存在的对保险企业的有利因素。一个市场机会能否成为保险企业的市场机会,要看它是否符合保险企业的目标和资源。如果有些市场机会不符合本企业的目标,也就不能转化成市场机会。如承保出租汽车的车身险,能大幅度增加保险公司的保费收入,但由于道德风险的难于控制会导致高赔付率,这样不但不能为公司增加利润,还会使公司利益受到影响。随着保险业的发展,各类营销环境会不断发生变化,这一方面给保险公司创造了机会,另一方面也造成了新的威胁,保险营销的任务就是要善于抓住机会,克服威胁,以适应新的环境。

为了分析保险市场机会,发掘保险营销机会,保险公司首先需要对自己的营销环境进行调研和分析,然后具体分析各类保险营销市场的需求以及保险消费者的消费行为。保险营销环境包括微观环境和宏观环境两大类。微观环境因素包括:与营销部门发生各种联系的保险公司的各个职能部门、保险代理人和保险经纪人、保险消费者、同行竞争者和公众。宏观环境因素包括人口环境、经济环境、技术环境、政法环境、文化环境。一般来讲,所有的微观环境因素都要受到宏观环境因素的影响和制约。对保险消费者的消费行为进行分析,包括个体消费者和团体消费者的消费行为模式以及相关因素的分析,由此掌握各类消费者的消费心理、消费行为及其变化规律,以消费者的保险需要为依据,制订营销方案。

三、制定营销策略

在以市场为导向的营销观念的指导下,保险企业都尽可能地利用自身资源来满足保险市场的需求,以实现企业目标。因此,保险企业要解决的一个核心问题就是如何制定合适的营销策略。从经营财产保险和人寿保险的共同特征来看,其营销策略都应包括三个方面的内容:如何选择目标市场;如何发展适当的营销组合来满足目标市场的需求;如何才能胜过竞争对手。这三项内容即为营销策略中的目标市场策略、营销组合策略和竞争策略。

(一)目标市场策略

目标市场策略是指选择适当的保险消费者作为保险企业的目标市场。换言之,保险企业根据自身情况和市场情况确定最具吸引力的细分市场作为自己为之服务的目标市场,以自己有限的能力来满足市场上特定保险消费者的需要。所谓目标市场,是指保险企业经过市场细分后所要服务的保险消费者群体。

1. 选择目标市场的步骤。包括:

(1)细分市场。按照消费者对险种和营销组合的不同需求,将市场划分为不同的消费群体。保险企业根据保险消费者的需求特点、投保行为的差异性,把保险市场划分为若干个细分市场,每一细分市场都是由具有同类需求倾向的保险消费者构成。保险企业在细分保险市场时要注意其有效性和实用性。有效性表现在细分后的市场能为保险企业制定营销组合策略提供依据;实用性则以细分市场能否成为保险企业的目标市场为条件。保险市场细分的依据是保险消费者对保险需求的差异。每个保险消费者都会因其居住地区、经济状况、生活习惯、购买保险的动机和方式等情况不同而影响其对保险的需求。因此,在细分保险市场时应充分考虑这些因素。如年龄在26~35岁的人,对医疗保险、养老保险、子女教育保险的需求较高,这是因为这个年龄段的人开始建立了家庭并有了孩子,对家庭负有一定责任。

(2)选择目标市场。制定衡量细分市场的标准,选择一个或几个要进入的细分市场。

(3)确定营销险种及营销组合策略。确定保险企业向每个目标市场提供的险种和营销组合策略,以保证本企业在市场上的竞争地位。

2. 选择目标市场的依据。保险企业在选择目标市场时,必须考虑三个要素,即目标市场的规模与潜力、目标市场的吸引力、保险企业的目标和资源。

(1)目标市场的规模与潜力。潜在的目标市场必须具有适度规模和潜力,因为只有具有一定的购买力,目标市场才有实际意义;有了足够的营业额,目标市场才具有开发的价值。但"规模"是个相对概念,大的保险企业重视销售量大的细分市场,往往忽视销售量小的细分市场,认为不值得为它苦心经营。同时,小的保险企业也要避免进入大的目标市场,因为市场过大则需要投入的资源太多。

此外,目标市场的潜力也是选择目标市场时考虑的一个重要因素。保险企业在选择目标市场时,要考虑是否有尚未满足的需求和尚未充分开发的潜力。例如,某寿险公司准备开发女性寿险市场,该公司一定要考虑有多大的潜力,会不会影响正在推出的还本终身寿险。因为保险企业一般都想通过扩大市场份额,来增加利润收入。

(2)目标市场的吸引力。目标市场可能具备理想的规模和潜力,然而,从赢利的观点来看,它未必有吸引力。决定整体市场或细分市场是否具有长期吸引力的有五种因素:

①现实的竞争者的影响。如果某个细分市场已经有了为数众多的、强大的或者竞争意识强烈的竞争者,该细分市场就失去吸引力。如果出现细分市场过于稳定或萎缩状态、固定成本过高、撤出市场的壁垒过高、竞争者投资很大等情况,保险企业要想坚守这个细分市场,就会出现价格战、广告争夺战。

②潜在的竞争者的影响。如果新的竞争者进入某个细分市场时遭遇森严壁垒,并且遭受到细分市场内原有企业的强烈报复,这个细分市场就最具有吸引力。反之,保护细分市场的壁垒越低,原来占领细分市场的保险企业报复心理越弱,这个细分市场就越缺乏吸引力。

③替代产品的影响。如果某个细分市场现已存在着替代产品或者有潜在的替代产品,该细分市场就失去吸引力。因为替代产品会限制细分市场内产品价格和利润的增长。

④购买者议价能力的影响。如果某个细分市场中购买者议价能力很强或正在加强,该细分市场就没有吸引力。因为购买者会设法压低价格,对产品的质量和服务提出更高的要求,并且使竞争者相互争斗,使保险企业的利润受到损失。

⑤供应者控制能力的影响。如果供应商,如银行、公用事业部门、行业公会能够控制某个细分市场的保险商品价格或服务质量等问题,这个细分市场就失去了吸引力。

保险公司必须充分估计以上五种因素对长期获利率所造成的威胁和机会。

(3)保险企业的目标和资源。任何时候保险企业均应将其自身目标与所选择的细分市场结合考虑,如某一细分市场有较大的吸引力,但不符合保险企业的长远目标,也应该放弃。对于符合保险业目标的细分市场,保险企业在进入时也要考虑自己是否具备必要条件,如是否具有足够的竞争能力,或者是否能充分发挥自己的优势等,否则也不应该贸然进入。此外,保险企业还要考虑是否具有足够的资源来进入这一细分市场。

3. 目标市场策略。保险公司在选择好目标市场之后,还要选择适当的目标市场策略。一般来说,可供选择的目标市场策略有三种。

(1)无差异性市场策略,亦称整体市场策略。这种策略是保险公司把整体市场看做是一个目标市场,只注意保险消费者对保险需求的同一性,而不考虑他们对保险需求的差异性,以同一种保险条款,同一标准的保险费率和同一营销方式向所有的保险消费者推销同一种保险。保险企业的许多险种都是适用于无差异性营销的。如汽车第三者责任保险,可在一个国家的任何地区用同一种营销方式和保险费率进行推销。

无差异性市场策略适用于那些差异性小、需求范围广、适用性强的保险险种的推销。这种策略的优点是:减少保险险种设计、印刷、宣传广告等费用,降低成本;能形成规模经营,使风险损失率更接近平均的损失率。缺点是:忽视保险消费者的差异性,难以满足保险需求的多样化,不适应市场竞争的需要。

(2)差异性市场策略。差异性市场策略是指保险企业选择了目标市场后,针对每个目标市场分别设计不同的险种和营销方案,去满足不同保险消费者的保险需求的策略。差异性市场策略的目的就是要保险企业根据保险消费者需求的差异性去捕捉保险市场机会。差异性市场策略的优点是:使保险营销策略的针对性更强,有利于保险企业不断开拓新的保险商品和使用新的保险营销策略;适用于新的保险企业或规模较小的保险企业。缺点是:提高了营销成本,增加了险种设计和管理核算等费用。

(3)集中性市场策略,亦称密集性市场策略。保险企业选择一个或几个细分市场为目标市场,制定一套营销方案,集中力量争取在这些细分市场上占有大量份额,而不是在整个市场上占有小量份额。集中性市场策略的优点是:能够集中力量,迅速占领市场,提高保险商品知名度和市场占有率,使保险企业集中有限的精力去获得较高的收益;可深入了解特定的细分市场,实行专业化经营,适用于资源有限、实力不强的小型企业。缺点是:如果目标市场集中,经营的保险险种较少,则经营风险较大,一旦市场上保险需求发生变化,或者有强大的竞争对手介入,就会使保险企业陷于困境。

(二)营销组合策略

营销组合策略是指用来满足目标市场内保险消费者需求的综合营销手段。它包括险种策略、费率策略和促销策略等。

1.险种策略。险种策略主要有险种开发策略、险种组合策略和险种生命周期策略等。

(1)险种开发策略。新险种是整体险种或其中一部分有所创新或改革的、能够给保险消费者带来新的利益和满足的险种。新险种开发的程序包括:构思的形成、构思的筛选、市场分析、试销过程和商品化。

(2)险种组合策略。险种组合应遵循一定的原则,包括满足客户需求的原则、以基本保障为主体的原则、提高保险公司效益的原则、有利于保险产品促销的原则。险种组合的策略有:

①扩大险种组合策略。扩大险种组合策略有三个途径:一是增加险种组合的广度,即增加新的险种系列;二是加深险种组合的深度,即增加险种系列的数量,使险种系列化和综合化;三是险种广度、深度并举。按照第一种途径,保险企业应在原有的险种系列基础上增加关联性大的险种系列,如人身保险可细分为人寿保险、意外伤害保险、健康保险等相关险种系列。人寿保险又可细分为死亡保险、生存保险、两全保险等相关的险种系列。按照第二种途径,保险企业应把原有的险种扩充为系列化险种,也就是要在基本险种上附加一些险种,扩充保险责任。例如,财产保险附加利润损失保险,不仅对火灾等风险造成的财产直接损毁负责赔偿,而且对因火灾引起营业中断造成利润损失的间接损失也承担责任。险种系列化可使得保险消费者的需求获得更大的满足。第三种途径则是第一、第二种途径的结合。

②缩减险种组合策略。这种策略是指保险企业缩减险种组合的广度和深度,即减掉一些利润低、无竞争力的保险险种。这是保险企业在保险市场处于饱和状态、竞争激烈、保险消费者缴付保险费能力下降的情况下,集中精力进行专业化经营而采取的策略。具体做法是将一些市场占有率低、经营亏损、保险消费者需求不强烈的险种取消,以提高保险企业的经营效率。

③关联性小的险种组合策略。如财产保险的险种与人身保险的险种关联性较小,但是随着保险市场需求的开发,这些关联性小的险种组合将更能满足保险消费者的需求。例如,家庭财产保险与家庭成员的人身意外伤害保险的组合,房屋的财产保险与分期付款购房人的人寿保险的组合,将形成具有特色的新险种。

(3)险种生命周期策略。险种生命周期是指一种新的保险商品从进入保险市场开始,经历成长、成熟、衰退的全过程。险种的生命周期包括投入期、成长期、成熟期和衰退期四个阶段。

①投入期的营销策略。险种投入期是指险种投放保险市场的初期阶段,其特点是:第一,由于对承保风险缺乏了解,所积累的风险资料极为有限,保险费率不尽合理;第二,由于承保的保险标的数量极为有限,风险分散程度较低;第三,由于保险费收入低,而投入的成本较高,保险企业利润很少,甚至会出现亏损。因此,保险企业通常采用的营销手段有四:其一,快速掠取策略,即以高价格和高水平的营销费用推出新险种;其二,缓慢掠取策略,即以高价格和低水平的营销费用将新险种投入保险市场;其三,迅速渗透策略,即用低价格和高水平的营销费用推出新险种;其四,缓慢渗透策略,即用低价格和低水平的营销费用推出新险种。

②成长期的营销策略。险种成长期是指险种销售量迅速增长的阶段,其特点是保险企业已掌握风险的出险规律,险种条款更为完善,保险费率更加合理,保险需求日益扩大,风险能够大量转移,承保成本不断下降等。因此,保险企业应采取的营销策略包括不断完善保险商品的内涵,广泛开拓营销渠道,适时调整保险费率,确保售后服务的质量,以尽可能地保持该险种在保险市场上长久的增长率。

③成熟期的营销策略。险种成熟期是指险种销售量的最高阶段,其特点是险种的利润达到最高峰,销售额的增长速度开始下降,市场呈饱和状态,潜在的消费者减少,更完善的替代险种开始出现。因此,保险企业应采取的营销策略有:第一,开发新的保险市场,如原来主要以城市人口为对象的养老保险,可以转移到农村,开办农村养老保险。第二,改进险种,如在承保一些特殊保险标的时,适当增加保险责任。第三,争夺优质客户。对于向保险企业投保同一保险标的的投保人,可采取适当降低保险费率或提供优质服务来吸引他们。

④衰退期的营销策略。险种衰退期是指险种已不适应保险市场需求,销售量大幅度萎缩的阶段。这一阶段的特点是,保险供给能力大而销售量迅速下降,保险企业的利润也随之下滑,保险消费者的需求发生了转移等。因此,保险企业要采取稳妥的营销策略,但不要仓促收兵,而是要有计划地、逐步地限制推销该险种。此外,还应有预见性地、有计划地开发新险种,将那些寻求替代险种的消费者再次吸引过来。

2. 费率策略。费率策略是保险营销组合策略中最活跃的策略,它与其他策略存在着相互依存、相互制约的关系。有关保险费率的概念及其制定方法将在其他章节阐述,此处只讨论保险费率策略在营销中的运用。保险费率策略包括如下几种:

(1)低价策略。低价策略是指确定的保险费率低于原价格水平的策略。实行这种定价策略的目的是为了迅速占领保险市场或打开新险种的销路,更多地吸引保险资金。但是保险企业要注意严格控制低价策略使用的范围,如只用于与人们生活密切相关的险种——家庭财产保险,或政府给予扶植政策的险种——种养两业保险等。实行低价策略,是保险企业在保险市场上进行竞争的手段之一,但是如果过分使用它,就会导致保险企业降低或丧失偿付能力,损害保险企业的信誉,结果在竞争中失败。

(2)高价策略。高价策略是指确定的保险费率高于原价格水平的策略。保险企业可以通过实行高价策略获得高额利润,有利于提高自身的经济效益,同时也可以利用高价策略拒绝承保高风险项目,有利于自身经营的稳定。但是保险企业要谨慎使用高价策略。因为保险价格过高,会使投保人支付保险费的负担加重而不利于开拓保险市场。此外,定价高、利润大,极容易诱发激烈竞争。

(3)优惠价策略。它是指保险企业在现有价格的基础上,根据营销需要给投保人以费率折扣的策略。实行优惠价策略的目的是为了刺激投保人大量投保、长期投保,并按时缴付保险费和加强风险防范工作等。优惠价策略主要有以下几种:

①统保优惠。如某个律师协会为所有律师统一投保职业责任保险,保险公司可以优惠一定比例的保险费,因为统保能为保险企业节省对单个投保人所花费的营销费用和承保费用。

②续保优惠。财产保险企业通常对现已投保的被保险人,如果在保险责任期内未发生保险赔偿,期满后又继续投保的,可按上一年度所交保险费的一定比例给予优惠。

③趸交保费优惠。在长期寿险中,如果投保人采取趸交方式,一次交清全部保险费,保险人也可给予优惠。因为这样减少了保险人按月、按季或按年收取保险费的工作量。

④安全防范优惠。例如,财产保险的条款中规定,保险人对于那些安全措施完善,安全防灾工作卓有成效的企业可以给予一定的安全费返还。

⑤免交或减付保险费。如人身保险的子女婚嫁保险规定,如果投保人在保险期限中死亡或完全残废无法继续交保险费时,保险人允许免交未到期部分的保险费,而其受益人到约定年龄仍可领取保险金。

(4)差异价策略。这一策略包括地理差异、险种差异和竞争策略差异等。地理差异是指保险人对位于不同地区相同的保险标的应采取不同的保险费率。险种差异是指各个险种的费率标准和计算方法都有一定的差异。竞争策略差异的主要做法有:第一,与竞争对手同时调整费率,以确保本企业在保险市场占有的份额;第二,在竞争对手调整费率时,保持原费率不变,以维护本企业的声誉和形象;第三,采取跟随策略。在已知竞争对手调整费率时,先不急于调整本公司的费率,待竞争对手的费率对市场销售产生较大影响时,才跟随竞争对手调整相关费率。

3.促销策略。在保险营销的活动中,促销策略起着十分重要的作用。由于各家保险企业提供的险种差别甚微,因此,谁的促销策略高明,谁将夺得竞争的主动权。下面着重介绍广告促销、公共关系促销和人员促销三种方式。

(1)广告促销。广告是通过大众媒介向人们传递保险商品和服务信息,并说服其购买的活动。广告是保险促销组合中的一个重要方面,是寻找保险对象的有效手段。广告的作用主要有:①建立公司的企业形象;②介绍新险种的服务项目或营销策略;③宣传社会对保险企业的评价;④促进保险消费者接受保险营销的手段;等等。

财产保险公司采用广告的做法较之寿险公司少,其原因是财产保险所承保的均为灾害事故,以此打广告不易为保险消费者接受。但是近年来,财产保险公司采用公益广告,宣传防火、谨慎驾驶等防灾防损的观念,获得社会的好评。

(2)公共关系促销。公共关系对保险营销能够产生积极的作用。保险企业在保险营销中可运用的公关工具有新闻宣传、事件创造、公益活动、书刊资料、视听资料、电话等等。

①新闻宣传是指利用报纸、杂志、广播、电视等媒介对新闻的传播活动。新闻宣传具有社会影响面广、公众容易理解和信任、传播成本低的特点。保险企业应更多地利用新闻宣传的方式提高保险及保险企业的知名度和美誉度。因此,保险企业公关人员应善于发现和创造对本企业及其险种有利的新闻,并通过新闻媒介尽快公布于众。公关人员应尽可能结识新闻编辑人员和记者,与新闻界的交往愈多,保险企业就愈有机会获得积极的新闻报道。

②事件创造就是利用机会安排一些特殊事件,来吸引公众对保险服务的注意,以提高保险企业的公众信誉。例如,当保险公司发生巨额理赔时,召开理赔兑现大会。此外还有新闻发布会、保险知识竞赛、保险咨询日、周年庆典活动等。

③公益活动就是保险企业通过投入一定资金和人员用于社会公益事业,有利于树立保险企业良好的企业形象。例如,举办音乐会、儿童绘画比赛、老年人登山等活动时,由保险营销员邀请一些准保户参加,举办后再对这些活动情况进行调查。这样做不仅增进了主办单位与客户的关系,而且为营销人员创造了拜访机会,从而加深了准保户对公司的了解。

④书刊资料与视听资料。保险企业可以借助保险报刊、宣传手册等一些书刊资料来影响公众。此外,电视、电影、录像带和录音带等视听资料也可以用作公关工具,其影响力大,效果也佳。

⑤电话促销。通过打电话,潜在的客户和现有的客户可从保险企业那里获得更多的信息和良好的服务,从而促使他们购买保险。电话最好是在电视、报刊、杂志刊登保险广告和邮寄保险广告之后使用,当准保户收到有关的保险广告之后,保险人及时用电话与他们联系,就能促使他们更快地产生购买保险的欲望。

(3)人员促销。人员促销是指保险营销员直接与客户接触洽谈,宣传、介绍、销售保险商品的活动。人员促销与其他非人员促销方式相比,具有信息获得的直接性、信息反馈的迅捷性、人员促销的亲融性、保险服务的人性化等特点。

保险营销人员的主要任务有:①招揽新保险业务;②做好售后服务;③收集信息,提供相关信息和挖掘潜在的客户资源。营销人员的促销方式主要有:缘故法、介绍法、直销法,每种方法都可因人因时因地交互使用。

(三)竞争策略

保险企业为了获得成功,必须采取竞争策略,以有效地与竞争者相抗衡,长期保持竞争优势。制定保险企业的竞争策略,需要考虑的因素很多,如在行业中的竞争地位、企业目标、经营实力、市场机会等。下面主要探讨竞争地位和竞争策略与竞争地位的关系。

1. 竞争地位。根据保险企业在目标市场上所起的作用,可将这些企业的竞争地位分为四类,即市场领导者、市场挑战者、市场跟随者和市场拾遗补缺者。

(1)市场领导者的策略。市场领导者是指在保险市场上占有市场最高份额的保险企业。它通常在保险商品开发、保险费率变动、保险促销强度等方面领导其他企业。无论领导者是否受到赞赏或尊敬,其他企业都不得不承认它的领导地位。但是领导者也必须随时注意其他企业的动向,不使自已轻易丧失良机,失去领导地位。因此,市场领导者通常采取的策略是:①扩大总市场,即扩大整个保险市场的需求;②适时采取有效防守措施和攻击战术,保护其现有的市场占有率;③在市场规模保持不变的情况下,扩大市场占有率。

市场领导者扩大整个保险市场,是因为它在现有市场上占有率最高,只要市场的销售量增加,它就是最大的受益者。市场领导者既可以采取扩大营销的方式来提高其市场占有率,又可以采用各种防守措施来保护其市场占有率。总之,一个有经验的市场领导者的策略是永远不留任何机会给竞争者的。

(2)市场挑战者的策略。市场挑战者是指在行业中名列第二或第三名的保险公司。它们以市场领导者、经营不善者或小型经营者为攻击对象,以扩大市场占有率为目标,选择进攻策略。市场挑战者最常用的策略是正面攻击、侧翼攻击、围堵攻击和游击战等。例如,甲保险公司在某细分市场的市场占有率最高,而乙保险公司也想进入此市场,这对乙公司而言就是采取正面攻击策略,这种竞争策略往往遭到的反击也最大。又如,甲公司在财产保险市场占有率达65%,乙公司也极力扩大其在财险市场的占有率。若采取侧翼攻击,乙保险公司考虑进入的细分市场就是甲保险公司部分服务较差的市场,假如甲公司在寿险经营上比较薄弱,乙公司就专门研究寿险市场,开发寿险险种。若进行迂回攻击,乙保险公司可以采取不直接与甲保险公司发生正面冲突的方式竞争,如开发新的目标市场。若采取游击战的竞争策略,乙保险公司如果无法对甲保险公司发出正面挑战,就可向对方某个细分市场发动小规模的、断断续续的攻击,比如有选择的降价、猛烈的爆发式的促销行动等。一般来说,游击战是小公司用来对付大公司的常用策略。总之,市场挑战者的策略旨在掠夺领导者地位和吞并弱小者市场。

(3)市场跟随者的策略。市场跟随者是指那些不想扰乱市场现状而想要保持原有市场占有率的保险公司。市场跟随者并非不需要策略,而是谋求用其特殊能力参与市场的发展,有些市场跟随者甚至能获得比本行业的领导者更高的投资回报率。因此,市场跟随者必须懂得如何保持现有的客户,如何争取一定数量的新客户。每个跟随者都力图给目标市场带来某些独特的利益,如在地点、服务和融资方面给予优惠或方便。市场跟随者必须保持低廉的成本和优秀的产品质量与服务,当新市场开放时,市场跟随者也必须很快进入。跟随策略有三种,即紧随其后策略、有距离的跟随策略和有选择的跟随策略。

(4)市场拾遗补缺者等策略。拾遗补缺者是指一些专门经营被大型保险公司忽视或不屑一顾的业务的小型保险公司。成为拾遗补缺者的关键是专业化。有些专业化经营程度较高的保险公司,尽管在整个市场上占有率较低,但仍有利可图。

2. 竞争地位与竞争策略的关系。每一保险企业在保险市场上都会利用或根据其竞争地位来决定采取的竞争策略,而采取特定竞争策略的保险企业也能达到某种竞争地位。换言之,竞争策略和竞争地位为因果关系,互相影响。

既然竞争地位与竞争策略互相依存,互相影响,那么保险企业如何根据自己的竞争地位来决定竞争策略呢?除了要考虑自身的经营目标、实力和市场机会外,还应考虑的因素有:①竞争者无法模仿的策略,如精英战术;②竞争者不愿采用的策略,如放宽承保或理赔条件;③竞争者不得不追随的策略,如采用更优惠办法;④竞争双方均获利的策略,如保险企业广泛宣传保险,使社会公众对保险产生良好的印象。总之,竞争是保险市场开放后不可避免的趋势,也只有通过竞争才能使保险业的经营更有效率。因此,保险企业如何在现有的竞争地位上,拟定一套行之有效的竞争性营销策略,是整个保险营销工作不可忽视的一环。

四、营销渠道管理

保险营销渠道是指保险商品从保险企业向保户转移过程中所经过的途径。对于保险企业来说,如果不能使保险消费者在想买的时间和地点买到自己需要的保险商品,就不能达成最终的营销目标。因此,保险营销渠道的选择直接制约和影响着其他营销策略的制定和执行效果。选择适当的营销渠道,不仅会减少保险企业经营费用的支出,而且还会促成保险商品的销售。

(一)保险营销渠道的种类

按照有无中间商参与的标准,可将保险营销渠道划分为直接营销渠道和间接营销渠道。直接营销渠道,亦称直销制,是指保险企业通过支付薪金雇佣业务人员对保险消费者直接进行各种保险险种的销售和提供服务。这种方式适合于实力雄厚、分支机构健全的保险公司。间接营销渠道,亦称中介制,是指保险企业通过保险代理人和保险经纪人等中介机构推销保险商品的方法。保险中介人不能真正代替保险人承担保险责任,只是参与(或代办、或推销、或提供专门技术服务)等各种保险活动,从而促成保险商品销售的实现。

在保险市场不健全的时期,保险企业大都采用直销制进行保险营销。但随着保险市场的发展,保险企业仅仅依靠自己的业务人员和分支机构进行保险营销是远远不够的,同时也是不经济的。无论保险公司的资金实力多么雄厚,都不可能建立一支足以包容整个保险市场的营销队伍,即使可能,庞大的工资支出和业务费用也势必提高其保险经营的成本。因此,在现代保险市场上,保险企业在依靠自身的业务人员进行直接营销的同时,更广泛地利用保险中介进行间接营销。保险中介包括保险代理人和保险经纪人。

1. 在间接营销渠道中,保险代理人是从事保险代理活动的人,保险代理制度是代理保险公司招揽和经营保险业务的一种制度。保险代理人根据不同的标准,可分为不同的种类:

(1)按授权范围不同,保险代理人可分为总代理人、地方代理人和特约代理人。总代理人是经保险人授权,全面负责某一地区的保险业务的人。地方代理人,亦称营业代理人,是指由总代理人所委托,但同时又可与保险人保持直接联系的人,其授权仅限于招揽业务、交付保险单、收取第一次保险费。特约代理人是受保险人委托处理某项特别事物的代理人,如医生、海损理算师等。

(2)按代理对象不同,保险代理人可分为专属代理人和独立代理人。专属代理人只能为一个保险公司代理保险业务。独立代理人则可以以独立的身份和名义同时为几个保险人代理保险业务。

(3)按代理性质的不同,保险代理人可分为专职代理人和兼职代理人两种。专职代理人是指受保险人的委托,以保险人的名义专门为保险人代理保险业务,并向保险人收取代理手续费的单位或个人。兼职代理人则是指本身有固定的职业或工作,同时又接受保险人的委托,以保险人的名义代替保险人办理保险业务,并向保险人收取代理手续费的单位或个人。在兼职代理人中,金融部门的代理作用日益增强。随着金融竞争的加剧和金融一体化的推进,金融业内三大支柱——银行、证券、保险联手合作、相互渗透的趋势日渐明显。其中,银行与保险的混业经营发展迅速,引人注目。银行代理保险作为新的保险销售渠道有着下列优势:

①银行有着卓越的品牌,与保险公司相比,客户更加信任银行。

②银行有固定的办公地点,业务人员也相对稳定,客户对银行售卖的保险产品也相对放心。

③商业银行密集而庞大的银行网络是银行办理保险业务的重要资源。银行可以利用现有的销售渠道,节约成本。在开展银行保险业务时,增加保险业务的边际

成本较保险公司独立完成的成本要低得多。

④银行网点可直接与客户保持着经常的联系,存在提供低成本销售保险产品的机会,有利于银行向客户出售和推荐保险产品。

⑤银行掌握着丰富的客户资源,是银行开展保险业务的最重要的优势。从营销学的角度来看,对一个老客户提供新业务品种的成本是向新客户提供产品所需成本的1/3左右。

⑥由于银行与保险公司在所经营的产品上有一定的趋同性,即都是为客户提供具有预防和投资性质的金融产品,因此,银行在代理保险业务时也易于得到客户的认同。同时,通过银行保险,可以在同一家金融机构获得所有金融服务,正好迎合了消费者的心理。

⑦银行经过多年的发展,有一批金融知识丰富、业务熟练、掌握客户营销手段的队伍,只要经过适当的培训,就能很快掌握有关的保险业务知识,并能够独当一面。

2. 在间接营销渠道中,保险经纪人是代表投保人或被保险人的利益参与保险活动的人,保险经纪制度是指保险人依靠保险经纪人争取保险业务,推销保险单的一种保险营销方式。保险经纪人按险种可分为人寿保险经纪人、非人寿保险经纪人和再保险经纪人三种。

(1)人寿保险经纪人是指在人寿保险市场上代理保险客户选择保险人,代为办理投保手续,并从保险人处收取佣金的中介人。人寿保险经纪人必须熟悉保险市场行情,了解保险标的(被保险人)的情况,掌握较深厚的保险专业知识,通晓法律,了解如何计算人寿保险费率等。

(2)非人寿保险经纪人主要为保险人介绍财产保险、责任保险和信用保证保险等非寿险业务。他们比人寿保险市场上的经纪人更为活跃,如在海上保险中,保险经纪人的作用十分突出,他们既深谙航海风险,又通晓保险知识,能为被保险人寻求最佳保险保障。

(3)再保险经纪人是指专门从事再保险业务的特殊保险经纪人。再保险经纪人不仅为再保险公司介绍再保险业务,提供保险信息,而且在再保险合同有效期间继续为再保险公司服务。由于再保险业务具有较强的国际性,事实上,每个国家的许多巨额的再保险业务都是通过再保险经纪人一手促成的,因此,充分利用再保险经纪人就显得十分重要。

在西方国家,保险代理人制度十分完善,保险代理人是整个保险市场上不可缺少的部分。在国际保险市场上,英国的保险经纪人制度影响最大。以劳合社为例,投保人和被保险人不能向劳合社承保人直接办理保险业务手续,劳合社承保人只接受劳合社保险经纪人介绍的业务,保险经纪人的作用就是为投保人或被保险人寻找合适的承保人。

(二)保险营销渠道的选择

保险企业在选择营销渠道时需要考虑的最重要的问题就是能否以最小的代价最有效地将保险商品推销出去。因此,保险企业在评价保险营销渠道,作出决策之时,都要考虑保险险种、市场需求、企业自身条件等因素。保险险种将直接影响到保险企业对营销渠道的选择。保险企业准备推销何种保险、保险费率是多少,面对什么的目标客户推销,这些都是选择保险营销渠道时首先要考虑的问题。市场需求主要是考虑保险消费者的偏好。有效的营销渠道规划需要决定不同目标市场内的消费者从该营销渠道中能得到哪一种服务。如果保险企业所提供的服务是不切实际的、超高水准的服务,将导致营销渠道成本增加,对消费者而言则意味着价格的提高。因此,保险企业必须在满足消费者的服务需求、符合需求的成本和可行性以及消费者对价格的偏好三者之间达到平衡的基础上选择营销渠道。保险企业自身条件包括营销管理的技能和经验,资信实力以及对营销渠道的控制能力等等。如果保险公司自身条件好,就可能采取直接营销渠道;反之,则采取间接营销渠道。

直接营销渠道适合于新成立的、规模较小的保险公司。间接营销渠道一般适合于规模较大、市场占有份额较大、营销控制能力较强的保险公司。对于财产保险公司,宜采用直接营销渠道,以便于减少企业营销成本,并加强承保控制。随着电话直销、电子商务(网上销售)直销等方式的逐渐推广,财险公司更多地借助现代科技手段以增强企业竞争力。而对于人寿保险公司而言,则宜采用代理制。

总之,保险企业无论选择哪种营销渠道,都必须根据自身条件、保险商品的特性和保险市场需求情况,对可供选择的各种渠道的费用、风险和利润进行详细的分析、评价和比较,只有这样才能选择出最有效的保险营销渠道。

第三节 客户关系管理

一、客户关系管理概述

(一)客户关系管理的含义

客户是保险营销工作的起点,只有保证富有潜在利润的客户群的数量,保险公司的经营才有可能进入良性循环。通用汽车公司的总裁杰克·史密斯先生曾经说过:"把所有的一切——全部的资产、决策都集中在顾客身上,他们才是成败的最终裁判。"因此,保持良好的客户关系是维持保险公司业务、对保险市场进行深度开发和保险公司精细化经营管理的基础。客户关系管理对保险公司具有重要的经济意义。

客户关系管理(Customer Relationship Management,简称 CRM)是指企业围绕以客户为中心的经营理念,通过管理手段和信息技术的结合,在企业的市场营销、销售服务等与客户相关领域开展的识别、选择、争取、发展和保持客户的整个商业过程,以最终实现提高客户获得、客户保留、客户忠诚和客户创利的目的。

1. 客户关系管理思想。包括:

(1)客户关系管理重新诠释"客户"概念。客户不仅是已经与保险公司发生业务往来的现有客户,它还应包括保险公司的目标客户、潜在客户、业务合作伙伴等。

(2)客户关系管理重新定义客户管理范畴。客户关系管理除了包含传统的客户管理内容外,还包括相应的营销管理、服务管理、分析决策、营销机会挖掘、合作伙伴管理、竞争对手管理、产品管理和员工管理等。

(3)客户关系管理强调业务进程管理。业务进程管理包括:业务产生、业务跟踪、业务控制、业务落实和业务评价等环节。业务进程的管理是实现市场营销、销售服务的协同工作,确保保险公司目标达成的有效手段。

(4)客户关系管理的核心是客户价值管理。对保险公司来讲,客户的价值是不同的。保险公司80%的利润来自20%的价值客户,已是众所周知的真理。客户关系管理通过对客户价值的量化评估,能够帮助保险公司找到有价值的客户,将更多的关注投向他们。

2. 实施CRM的意义。CRM是一种旨在改善保险公司与客户之间关系的新型管理机制,通过客户关系管理,保险公司可以清楚地了解和掌握客户的状态和特征。CRM主要实施于保险公司的市场营销、销售服务与技术支持等与客户有关的领域。CRM一方面通过提供更快速和周到的优质服务吸引和保持更多的客户;另一方面通过对业务流程的全面管理降低保险公司的成本。

其意义在于:一是客户细分,吸引并赢得新的有价值的目标客户;二是巩固和维系客户关系,提高客户忠诚度;三是寻找并发现交叉销售、深度销售和服务改进的机会,提高客户价值。

3. CRM的认识误区。客户关系管理是一种新的经营模式,目前,我国保险公司对其存在着认识上的误区,这些认识误区可概括为以下几点:

(1)客户关系管理能取代一切。这种观点认为,保险公司只要关注客户关系管理就行了,无需在其他环节花费力气,将客户关系管理体系神化。其实,客户关系管理的实质是保险公司以客户关系为核心和出发点,但这并不意味着其他环节不重要。

(2)客户关系管理只是营销部门的事。实际表明,只靠营销部门是难以建立保险公司客户关系管理体系的,客户关系管理实质是一种整合营销,它要求保险公司各部门的支持和配合。

(3)将客户关系管理等同于"客户第一"、"服务第一"。客户关系管理是保险公司新的经营理念、新的运营模式,它不同于"客户第一"和"服务第一",后者是"点"式经营,专注于营销的某个具体环节;前者是"体"式经营,专注于保险公司供应链的整个过程。保险公司引入客户关系管理将改造原有的流程,将拉动整个保险公司运营模式和流程的变革。

(二)客户关系管理产生的背景

20世纪90年代开始,随着市场买卖双方角色地位的逆转,保险公司面对的客户和市场环境都发生了巨大的变化。

1. 客户日益成熟。在新型的市场竞争环境下,客户与原来相比拥有更多的选择空间和多样化的购买渠道,很难盲目地保持对某一保险公司的绝对忠诚,如果客户对保险公司感到不满意,会迅速转向其他供应商。而保险公司需要用比留住一个老客户多几倍的投入来发展一个新客户,而且此消彼长,使竞争对手的实力日益强大。

2. 客户需求差异。在过去,保险公司通常用相同的产品及服务方式来满足不同购买特征和使用习惯的客户,但随着人们生活质量的提高,现有的这种营销模式很难满足客户日益增长的个性化、差异化需求。因此,随着市场经济的发展,保险公司的产品结构、营销及服务模式和工作流程都应该逐步从"以产品为中心"的模式向"以客户为中心"的模式转移,以满足顾客个性化、差异化的需求。

3. 产品的同质化。产品是客户选择保险公司的一种重要因素,传统保险公司的竞争力主要依赖于自身的产品优势,如先进的技术、精湛的工艺、独特的设计等。但在全球市场化、技术一体化的今天,技术的壁垒已经打破,保险公司的核心竞争优势已经从产品优势逐步向包含经营管理及服务优势等在内的客户关系管理优势转变。

4. 保险公司关注重点改变。很多保险公司往往将工作中心放在内部运营管理上,对市场环境的变化反应迟缓。在以客户、市场为驱动力的市场经济中,保险公司关注的焦点已从内部运作转移到客户关系上来,希望取得成功的保险公司,就必须关注公司外部环境的变化,牢牢抓住客户与市场。

5. 客户资源浪费。在传统的营销方式中,保险公司总是不断地投入人力、物力,去寻找新的潜在客户,却不注重于对老客户营销机会的挖掘,结果造成客户流失和客户资源的浪费。来自北美和欧洲的统计数据表明,全球500强保险公司在5年内大约流失了50%的客户,但保险公司争取一个新客户的成本是保留一个老客户的7~10倍,留住5%的客户有可能为保险公司带来100%的利润。因此,如何才能留住老客户、提高客户的忠诚度,成为保险公司最关心的问题。

6. 营销与服务脱节。传统保险公司的组织结构是面向有形产品的营销设计的,营销人员缺乏与支持服务人员的沟通,使支持服务人员对客户在产品购买过程中提出的服务要求茫然不知;在客户服务过程中发现的营销机会也不能及时地反馈给营销人员。营销与服务的脱节,严重阻碍了保险公司自身的发展。

7. 内部管理松散。在"以产品为中心"的经营模式下,保险公司内部管理存在很大的盲目性和随意性。保险公司在营销管理上仅凭口说笔记造成的重复报价、客户流失等现象自己却没有掌握。营销人员可以给出的折扣漏洞颇多，核心营销人员的跳槽可能会改变保险公司的营销预期。

在这种背景下，保险公司的经营开始逐步从“以产品为中心”的模式向“以客户为中心”的模式转移。为了实现这种转移，必须克服传统市场营销中的弊病。现代市场营销理论的核心已经由原来的4P，即产品（Product）、价格（Price）、渠道（Place）、促销（Promotion），发展演变为4C，即消费者（Customer）、消费者愿意支付的购买成本（Cost）、便利（Convenience）、沟通（Communication），实现了真正意义上的以客户为中心。一切从客户的利益出发，建立以客户关系为中心的管理制度，目的就是为了提高顾客的忠诚度，只有长期忠诚的顾客才是保险公司创造利润的源泉。现代信息技术推动着CRM的发展。如呼叫中心拉近了企业与客户的距离，使绕开中间渠道，实现与客户的低成本捷径成为可能；数据仓库和商业智能使客户细分和客户信息应用更加方便、深入和广泛。

二、客户关系管理的内容

（一）保险公司客户的分类

保险公司的客户一般可分为内部客户和外部客户。保险公司的内部客户由公司支付工资，并且是公司的雇员。这些雇员被称为“客户”，是因为他们从公司其他部门那里得到产品和服务。保险公司的外部客户是使用或购买公司的产品或服务的消费者。保险公司要想识别最有价值的客户，必须要考虑公司的所有客户。保险公司的外部客户包括：

①曾经购买或正在使用公司产品的个人或企业；

②准备购买或使用公司产品的个人或企业；

③在公司不支付任何报酬的情况下向其他人建议购买或使用公司产品的个人或企业。

（二）保险公司客户关系管理的内容

从国内外保险行业客户关系管理发展的情况看，保险公司的客户关系管理主要包含以下几个方面：

1. 根据已有的客户信息，建立完整的客户信息档案。充分发挥客户服务中心的信息搜集功能，收集客户的抱怨与建议、客户的基本资料，包括交易与联系信息、偏好与关心的议题等信息，并定期整理分类。在此基础上，对客户实力进行评价；根据客户的性质，对客户的深度需求进行评估；确定公司的险种开发及产品组合营销方向，寻找突破口或客户与保险公司利益的连接点，并以此作为指导下一步营销主攻方向的依据。

2. 留住老客户，提高续保率，以获得客户的长期忠诚。让客户了解公司，同时公司也了解客户的真正需求，据此留住老客户。有调查表明，吸引新客户的成本可能是保持现有顾客满意成本的7～10倍。这说明进攻性营销明显比防守性营销成本高,因为这需要花更多的努力和成本将满意的客户从竞争对手那里吸引过来。因此,留住老客户,提高续保率,提高客户忠诚度,是客户关系管理的基本内容。

要留住老客户,首先可利用CRM系统提供的完整的客户资料,对客户进行差异化分析,制定差异化服务策略。必须清楚老客户有哪些特征、他们的行为习惯和偏好、导致老客户离开的缘由。当办理老客户的业务时,要尽量按照老客户喜欢的方式和他们的意愿提供服务。其次,要与客户保持良性的接触。在推出新的服务项目时,要能够及时通知老客户,甚至提醒客户其子女什么时候过生日等这样的细节。这样,老客户一般就会选择这家保险公司,除非由于某些特殊的原因,譬如搬家、工作调动等,他们才会去选择别家保险公司,因为他们已经习惯了这种服务方式,一下转变过来需要付出精神和心理上的成本。再次,要建立对客户需求的快速响应机制,即要做到快速回应客户的抱怨,从速协助解决客户的困扰,并让客户感受到贴心的服务。最后,要推出满足客户真正需求的产品和服务,找到客户与保险公司业务的利益结合点。

3. 细分客户、识别重点。有关保险公司利润与客户结构之间关系的一项数据表明,在保险公司的客户构成中,占客户群20%的金牌客户实现的利润往往占到保险公司利润总额的80%以上,而根据保险公司成本—利润分析,证明许多客户实际上并未给保险公司带来利润。CRM所要做的事情就是根据对客户的成本—利润分析,来找出这些金牌客户,并对市场进行细分,重点处理,合理利用公司的资源。

4. 积极进行市场的二次开发,提高保险单附加值。利用公司现有的产品,充分开发客户的潜在需求,即在续保的基础上,引导客户深层次的需求,进行市场的二次开发。具体做法是,分析客户信息,包括对客户的服务历史、营销历史进行分析,并针对客户的营销和收入,以及关于客户的人口统计学资料和生活方式等方面的数据进行统计分析,建立一个完整的客户信息数据库。一旦顾客的信息被综合成为反映其产品购买、收入、服务历史、人口统计学资料和生活方式的信息,就有可能将客户的行为和收益率进行归类,开发一种能预知将来客户行为的客户关系管理模型。

(三)开展客户关系管理工作的要件

客户关系管理无疑对保险公司的市场开拓具有重要的指导作用,但开展客户关系管理工作还需要满足以下条件:

1. 建立较完善的客户档案。目前大多数公司的客户档案建设工作还处在初级阶段,其原因是多方面的。一方面,客户档案的建设工作还没有引起公司决策者的兴趣和重视,业务员和基层领导的热情不高,档案资料停留在基层营业机构,很多公司还没有规范的、系统的客户档案资料。另一方面,目前的客户档案仅限于续保警示、催缴保费、大客户回访等内容,营业机构的台账、客户资料摘要或客户资料卡内容也非常简单,信息不充分。因此,建立完善的客户档案,是开展客户关系管理的前提条件。

2. 加强业务员的职业道德教育,提高业务员的综合素质,树立保险公司良好的形象。市场的多变性不仅要求业务员具备一定的职业技巧,重要的是要具有熟练全面的业务知识和技能。职业技巧是基本技能,而业务员对多种产品的理解和熟练程度,才是开展业务的秘密武器。否则,客户关系管理如同纸上谈兵。对一些保险公司而言,业务员是公司与客户之间最直接的联系人和联系途径,客户掌握在业务员手中,业务员的职业道德直接代表着公司的形象和信誉。

3. 规范公司的客户服务体系。公司的客户服务工作是公司接触客户,与客户深入沟通的基础。客户服务工作应有计划、有系统地展开,应做到既不会打扰客户,又能够收到理想的效果。

三、客户关系管理技能

(一)客户分类管理

客户是保险公司的安身立命之本,但是不同客户的盈利能力是不同的,而服务客户是要付出成本的。因此,保险公司应该对客户进行分类管理,将有限的资源配置到赢利产出最佳的客户身上,通过对客户进行差异分析,识别保险公司的"金牌"客户。对客户进行分类管理具有重要的意义。第一,能让保险公司分配资源更有效。因为许多客户挤占了保险公司的时间、精力和员工的情感,而对保险公司的回报很少或对保险公司无益,所以保险公司不应该在所有的客户上花费相同的时间。第二,通过对金牌客户提供优质服务,使保险公司的声望得以提升,赢得较好的口碑,保险公司的竞争地位也随之提升。第三,因为不同层级的目标不同,所以向不同的客户提供不同的服务更能满足客户的需求。如果能清楚地划分客户需求,就能为不同层级开发新的服务,为目标市场提供更有针对性的产品,这样保险公司在市场上成功机会更大,更能满足客户的要求。

客户分类管理的具体内容主要包括:

①哪些客户导致了保险公司成本的发生?

②保险公司本年度最想和哪些客户建立关系?如何选择出这些客户?

③上年度有哪些大宗客户对保险公司的产品或服务多次提出了抱怨?列出这些企业。

④去年最大的客户今年是否继续投保?找出这些客户。

⑤是否有些客户从你的保险公司只选择一两种保险产品,却从其他公司选择很多种保险产品?

⑥根据客户对于本保险公司的价值、与本公司业务交往的年限等,对客户进行

分类。

(二)客户忠诚度管理

客户忠诚是指客户始终忠诚于一家保险公司,购买其产品和服务,并帮助保险公司改进形象和经营。客户忠诚能够刺激保险公司的收益和业务增长,客户不仅会续签保险单,而且还可能从该保险公司购买额外的保险产品并可能将保险公司的产品介绍给其他消费者。一般情况下,保险公司可以通过重复购买次数、客户选择时长、价格敏感度、对竞争产品的态度、对产品/服务质量的承受能力等五个指标来分析客户忠诚度。

(三)新客户的开发

对于保险公司来说,老客户并不是唯一重要的,新客户也绝非可有可无。美国著名的经销商波库克根据多年积累的经验提出了这样一个观点——“新客户是招揽生意的有力来源。”他认为,“新客户对于他们刚买到的商品既是喜又是爱,如果此商品使用后确实很方便,他们会赞不绝口,乐于向他们的亲朋好友推荐。从这些新客户,你就可以开发出许多潜在客户。”所以,保险公司的营销人员必须不断地开发新的客户。进行新客户开发之前,应首先搜集新客户的有关资料,然后将客户资料进行归档,实施“建档管理”。客户档案一般包括客户的特征、客户的需求、客户的交易能力等信息。日本保险大师原一平对准客户进行分类管理的方法就是其成功进行新客户开发的“助推器”。原一平从事推销保险工作 50 年,他积累的准客户近 3 万个,他把这些准客户依成交的可能性,分为 A 到 E 级,建立他的准客户卡。

原一平每次与每一级准客户接触,都会将获得的信息资料记录在相应的卡片上,最后形成较完整的客户档案,针对不同客户的特点进行开发。

应该注意的是,在开发新客户时,一定要考虑新客户的“质”。通常,保险公司在开发新客户时,都因过多地考虑客户的数量而忽略其质量。比如,不能因为提高客户的数量,将所提供的险种的档次降低,这样虽然会短时间内吸引更多的新客户,但从长远来看,会损害保险公司的赢利,使原来的老客户产生不满,因为开发过多的客户,可能会分散维系现有客户的精力。

(四)客户信息资料的管理

CRM 可以通过先进的信息与通信技术、数据仓库和数据挖掘技术,分析现有客户和潜在客户相关的需求、模式、机会、风险和成本,从而最大限度地赢得保险公司整体经济效益。就保险公司来说,基于信息技术的 CRM 系统通过对积聚于保险公司的大量数据进行综合分析,识别在市场竞争中最有利可图的客户群,确定目标市场,将客户通过多种指标进行分类,针对不同的客户,实施不同的策略,为目标客户群提供一对一的、符合客户心理的服务。同时,通过分析各种数据之间的关联,衡量客户的需求、忠诚度、满意度、赢利能力、潜在价值、信用度和风险度等指标,为保险公司管理层提供正确的决策支持,提升其竞争能力和赢利能力。

第四节　非寿险精算

一、非寿险精算概述

（一）非寿险精算的概念

精算是随着保险业的发展不断完善的。精算最初的定义是“通过对火灾、盗窃以及人的死亡等损失事故发生的概率进行估算以确定保险公司应收取多少保费”。精算理论的发展与完善，使得精算技术与现代金融市场的结构要求相和谐，大大拓宽了精算学的应用领域。目前，不仅保险业、证券业等金融行业，现代大型企业、跨国公司乃至政府部门都开始应用精算技术。

非寿险精算是指将数学方法（主要是概率统计方法）应用于保险定价、利润评估、负债评估、准备金提取等技术而产生的一套理论，主要包括利息理论、人口理论、修匀理论、生存模型、生命表的构造理论、风险理论、非寿险精算数学、养老金数理技术、时间序列等。时至今日，非寿险精算已发展成为涉及经济学、金融学、保险学、数学、会计学、投资学等多学科的交叉学科，其重要性、权威性与科学性已得到保险界的公认。

非寿险精算有两个重要分支：一是损失分布理论。它研究在过去有限的统计资料的条件下，未来损失的分布情况以及损失和赔款的相互关系等问题。二是风险理论。它通过对损失频率和损失幅度的分布分析，研究出险次数和每次损失大小的复合随机过程，以期洞察保险公司应准备多少基金，方可不“破产”以及评估“破产”概率的大小等问题。

（二）非寿险精算的作用

精算在保险业发展中的作用日益突出，主要表现在以下几个方面：

1. 保险产品的开发和定价。在保险市场越来越激烈的竞争中，只有不断推出符合人们需要的新保险产品才能生存和发展，而精算师是新保险产品的主要设计者。一个新保险产品的条款、价格设计，既要保证公司能赢利，又要有管理的可行性，更要符合人们需要，并定价合理，有市场竞争力。

2. 保险产品的适销性和利润分析。根据经营目标（如资本增值率等）、公司经营特点（如再保险的安排、现金价值的制定、投资业绩等）、市场特点（如客户群的构成、目标市场的影响力等）进行每个产品销售的可行性分析，为产品定价打下基础，并以此为依据作整体的成本和利润分析。

3. 对各类影响利润因素所作的经验分析。在数据共享和统计积累的基础上，对本公司保险业务中的死亡率、解约情况、费用分布、预算状况及被保险人、保险金额分布等进行归纳分析，为市场销售决策和定价决策提供依据。

4. 为提取各种责任准备金及提供精算报告做好准备。比较和分析各种准备金计算方法,针对各类产品,选择最适合该类产品特性、公司目标或有关政策规定的方法,在合法的前提下,分析评估假设变化对公司现状和未来的影响;选择最有利于实现公司经营目标的评估假设;对各类准备金计算及其结果提供相应精算报告。

5. 对现金流动进行分析并参与资产负债管理。通过对不同条件下现金流动的个案分析及其对公司财务的影响分析,并对资产构成及其与负债的匹配进行分析,寻找到一个较佳的产品和策略组合以应付可能面临的各类风险。

6. 参与投资结构及其策略的研究和制定。根据经验分析的数据和资产负债管理的经验,提出投资决策意见和建议。

7. 定期准备各类报表。如参与财务报表主要部分的准备,为不同目标提供的报表准备不同的适合的准备金,其中准备金又包括未到期责任准备金、未决赔款准备金(包括已发生未赔款、已发生未报告准备金)、理赔费用准备金及各类风险准备金等。

8. 监控保险公司偿付能力状况,确保保险公司承担的风险被控制在能够承受的范围之内,实现保险公司的长期稳健经营。

(三)非寿险精算的基本原理

非寿险精算最基本的原理可简单归纳为大数法则。所谓大数法则,是用来说明大量的随机现象由于偶然性相互抵消所呈现的必然数量规律的一系列定理的统称。其主要包括:

1. 切比雪夫(Chebyshev)大数法则。这一法则的结论运用可以说明,在承保标的数量足够大时,被保险人所缴纳的纯保险费与其所能获得赔款的期望值相等。这个结论其实说明了保险人应如何收取纯保费。

2. 贝努利(Bernoulli)大数法则。这一法则对于利用统计资料来估计损失概率是极其重要的。在非寿险精算中,往往假设某一类标的具有相同的损失概率,为了估计这个概率的值,便可以通过以往有关结果的经验,求出一个比率——这类标的发生损失的频率。而在观察次数很多或观察周期很长的情况下,这一比率将与实际损失概率很接近。换句话说,当某个需要的概率不能通过等可能分析、理论概率分布近似估计等方法加以确定时,则可通过观察过去大量实验的结果而予以估计,即用比率代替概率。反过来,经估计得到的比率,可由将来大量实验所得的实际经验而修正,以增加其真实性。

3. 普阿松(Poisson)大数法则。普阿松大数法则的意思是说:当实验次数无限增加时,其平均概率与观察结果所得的比率将无限接近。

二、保险费率的厘定

非寿险精算包括保险费率的厘定、责任准备金的评估、利润分析、风险评估与自留额的确定等内容。在此,我们仅就保险费率的厘定、责任准备金的评估加以简单说明。

(一)保险费率厘定的方法

保险费率是保险费与保险金额的比例。保险费率又被称为保险价格,通常以每百元或每千元保险金额应缴纳的保险费来表示。但作为保险价格的保险费率是不同于其他商品的价格的,因为保险人制定费率时主要依据过去的损失和费用统计记录,而不是已保保险标的的损失资料。

1. 观察法。观察法是指对个别标的的风险因素进行分析,观察其优劣,估计其损失概率,直接决定其费率。这种方法的采用,往往是因为保险标的数量较少,无法采用统计资料,因而主要凭借精算人员的知识与经验。

应该说明的是,观察法并非是一种不科学的方法,相反,观察法所制定的费率最能反映个别风险的特性,具有灵活、精确的特点,这是因为:①在风险单位数量很少的情况下,不能硬性将风险性质差异很大的各风险单位集中在一块,统一制定费率,否则,将违反利用大数法则估计损失概率的前提条件;②观察法制定费率,虽是针对个别标的而言,但精算人员往往根据过去的费率和经验,以及对此标的有影响的各种风险因素进行仔细的分析,然后才确定费率;③观察法通常也要利用一些资料,只不过较为粗略而已。我们还可以注意到,在精算实务中,其他确定费率的方法,也不可避免地带有观察、判断的意味。

2. 分类法。分类法是指将性质相同的风险分别归类,而对同一分类的各风险单位,根据它们共同的损失概率,订出相同的保险费率。这是最常用也是最重要的费率厘定方法,因为其他确定费率的方式都要直接或间接利用这种方法。由于分类费率所反映的是每一集团的平均损失经验,因此在决定分类时,应注意每类中所有各单位的风险性质是否相同,以及在适当的长期中,其损失经验是否一致,以保证费率的精确度。当然,为了使总体损失的发生具有相对稳定性,各分类中的风险单位的数量是很重要的。

分类费率确定之后,经过一定时期,如与实际经验有所出入,则应进行调整,其调整公式为:

$$M=\frac{A-E}{E}\times C$$

式中:M——调整因素,即保险费应调整的百分比;

A——实际损失比率;

E——预期损失比率;

C——信赖因素。

对于许多具体业务来说,费率的调整比费率的计算更重要。采用上面的公式来决定费率调整的百分比,关键在于确定信赖因素 C 的大小。信赖因素的大小,表示经验期间所取得的数据的可信赖程度。客观地确定信赖因素的大小,也是非寿险精算的内容之一。

3. 增减法。增减法是指在同一费率类别中,对被保险人给以变动的费率。其变动或基于在保险期间的实际损失经验,或基于其预想的损失经验,或同时以两者为基础。增减法对分类费率可能有所增加,但也可能有所减少,主要在于调整个别费率。增减法在实施中又有表定法、经验法、追溯法、折扣法等多种形式。

(1)表定法。采用表定法时,必须首先在各分类中对各项特殊显著的风险因素设立客观标准。当被保险人购买保险时,就以这种客观标准来测度风险的大小。例如,建筑物火灾保险,可以砖造、具有一般消防设施的建筑物为基点,对影响建筑物火灾的四大因素——用途、位置、构造、防护设施设立一定的调整幅度。

(2)经验法。采用经验法制定费率,是根据被保险人以往的损失经验,对按照分类费率制定的费率加以增减变动。所以,经验法主要是一种调整费率的方法。过去有利的经验将使投保人减少保险费的支出;反之,过去不利的经验将使投保人增加保险费的支出,因而具有鼓励保户防灾防损的作用。采用经验法调整费率的公式为:

$$M = \frac{A - E}{E} \times C \times T$$

式中:M——保险费率调整的百分比;

A——经验时期被保险人的实际损失;

E——被保险人适用某分类时的预期损失;

C——信赖因素;

T——趋势因素(考虑平均赔偿金额支出趋势及物价指数的变动)。

(3)追溯法。追溯法是与经验法相对的一种费率调整方式,它以保险期内被保险人的实际损失为基础,计算被保险人当期应缴的保险费。由于被保险人当期的实际数额须到保险期满后才能知道,这样,确切应缴的保险费在保险期满后才能计算出来。因此,在使用这种方法时,先在保险期开始前以其他方式确定预缴保险费,然后在保险期满后,根据实际损失,对已缴保费进行增减变动,其计算公式如下:

$$RP = (BP + L \cdot LCF) \cdot TM$$

式中:RP——Retrospective Premium,为计算所得的追溯保险费;

BP——Basic Premium,为基本保险费;

L——Loss,为实际损失金额;

LCF——Loss Conversion Factor,为损失换算因数(其数值大于1);

TM——Tax Multiplier,为租税乘数(其数值大于1)。

(4)折扣法。顾名思义,折扣法是对个别被保险人采用折扣费率。

(二)纯保险费率的厘定

保险费由纯保险费和附加保险费构成。纯保险费主要用于支付保险赔款或给付保险金。附加保险费主要用于保险业务的各项营业支出,包括营业税、代理手续费、企业管理费、工资及工资附加费和固定资产折旧等。同样,保险费率也由纯费率与附加费率两部分组成。财产保险纯费率的计算依据是保额损失率,人寿保险纯费率的计算依据是利率和死亡率。附加费率是附加保费与保险金额的比率。把纯费率和附加费率加总起来,就构成了保险费率,即营业费率。

财产保险费率的厘定是以保额损失概率为基础的。通过对保额损失率和均方差的计算求出纯费率,然后再计算附加费率,最后将纯费率和附加费率相加即得出营业费率。

1. 确定保额损失率。保额损失率是指单位保额的保险损失赔偿额,即有效索赔额或实际赔偿额占承保保险金额的比率。对于保额损失率概念的理解,应当注意:第一,保额损失率不是保险标的损失额与保险金额之比,而是保险赔偿金额与保险金额之比。事实上,在财产保险实务中,保险人并不是对所有保险标的的损失都予以赔偿。受各种保险赔偿方式和保险责任的具体规定的影响,保险人实际赔偿的金额与保险标的实际损失金额在绝大部分情况下是不一致的,所以,计算保额损失率时应采用赔偿金额而不是保险标的损失金额。第二,保险财产的损失率常常要高于社会平均财产损失率,所以计算未来保额损失率,必须根据保险公司的经验数据,而不是根据全社会的财产损失统计资料。

由于承保的风险是不确定的,保险人需要运用历史经验数据对未来有效索赔额的规律作出统计分析。保险人对相同类型的若干个风险单位,经过一定时间的考察,根据统计分析得知,影响保额损失率的因素包括:

(1)保险事故发生的频率,即保险标的发生保险事故的次数与承保的全部保险标的的件数的比率;

(2)保险事故的损失率,即受灾保险标的的件数与保险标的发生保险事故的次数比率;

(3)保险标的损毁程度,即保险赔偿额与受灾保险标的的保险金额的比率;

(4)受灾保险标的的平均保险金额与全部保险标的的平均保险金额的比率。

保险赔偿与这四个影响因素有着内在的联系,通常保额损失率等于它们的乘积。

【例 14-1】已知:保险标的的件数为 16 000 件,全部保险标的的保险金额为 100 000 000元,发生保险事故的次数为 32 次,受灾保险标的的件数为 40 件,受灾保险标的的保险金额为 320 000 元,保险人支付的保险赔偿金额为 120 000 元。计算保额损失率:

$$保险事故发生的频率=\frac{32}{16\ 000}=2‰$$

$$保险事故的损失率=\frac{40}{32}=1.25$$

$$保险标的的损毁程度=\frac{120\ 000}{320\ 000}=0.375$$

受灾保险标的的平均保险金额与全部保险标的的平均保险金额的比率为：

$$\frac{320\ 000 \div 40}{100\ 000\ 000 \div 16\ 000} = 1.28$$

所以，保额损失率为：

$$2‰ \times 1.25 \times 0.375 \times 1.28 = 0.0012 = 1.2‰$$

实际上，也可以用保险赔款金额除以保险金额直接求得保额损失率：

$$\text{保险损失率} = \frac{120\ 000}{100\ 000\ 000} = 1.2‰$$

2. 历年保额损失率的选择。为了使平均保额损失率能够比较精确地替代损失概率，必须选择适当的历年保额损失率。因为对于过去真实情况反映越准确，它与未来损失概率就越接近。选择历年保额损失率时应当注意的问题包括：

第一，必须有足够年份的保额损失率。一般地说，至少需要有保险事故发生比较正常的连续 5 年的保额损失率。

第二，每年的保额损失率必须是基于大量统计资料计算出来的。

第三，该组保额损失率必须是比较稳定的。

第四，适当以动态的眼光考虑保额损失率的逐年变化规律。

通常，对于一组保额损失率数据，我们用其均方差与算术平均值之比来反映该组保额损失率的稳定性。为此，我们定义稳定性系数(k)：

$$\text{稳定系数}(k) = \frac{\text{均方差}}{\text{平均保额损失率}} = \frac{\sigma}{\bar{X}} = \frac{\sqrt{\frac{\sum_{i=1}^{n}(X_i - \bar{X})^2}{n}}}{\bar{X}}$$

其中：

$$\text{均方差}(\sigma) = \sqrt{\frac{\sum_{i=1}^{n}(X_i - \bar{X})^2}{n}}$$

$$\text{平均保额损失率}(\bar{X}) = \frac{1}{n}\sum_{i=1}^{n} X_i$$

稳定性系数 k 值越大，表明各年保额损失率差别越大，从而这组保额损失率的稳定性就越差，保险人的损失赔付情况就越不平衡；反之，稳定性系数 k 值越小，表明各年保额损失率差别就越小，即该组保额损失率的稳定性就越好，保险人的损失赔付情况就越均匀。

【例 14－2】某财产保险公司企业财产保险基本险业务过去 5 年的承保及理赔统计情况见表 14—1。计算平均保额损失率，并分析其稳定系数。

表 14—1 某财产保险公司企业财产保险业务的承保及理赔统计表 单位:亿元

年　份	2001	2002	2003	2004	2005
保险金额	210	263	298	418	568
赔偿金额	4.200	6.575	10.132	12.958	15.904
保额损失率	2%	2.5%	3.4%	3.1%	2.8%

用 $\bar{X}$ 表示平均保额损失率,X_i 表示不同年份的保额损失率($i=2001,2002,\cdots,2005$),n 表示年期,则:

$$\bar{X}=\frac{\sum_{i=1}^{n}X_i}{n}=\frac{2\%+2.5\%+3.4\%+3.1\%+2.8\%}{5}=2.76\%$$

该保险公司的企业财产保险基本险业务过去 5 年间的平均保额损失率是 2.76%。显然,它还不是该类保险业务的纯保险费率,还必须考虑它的波动因素,即稳定系数。

将本例中的有关数据代入稳定系数计算公式,得:

$$稳定系数=\frac{\sqrt{\frac{\sum_{i=1}^{n}(X_i-\bar{X})^2}{n}}}{\bar{X}}=\frac{\sqrt{\frac{\sum_{i=1}^{n}(X_i-2.76\%)^2}{5}}}{2.76\%}$$

$$=\frac{\sqrt{\frac{(2\%-2.76\%)^2+(2.5\%-2.76\%)^2+(3.4\%-2.76\%)^2+(3.1\%-2.76\%)^2+(2.8\%-2.76\%)^2}{5}}}{2.76\%}$$

$$=\frac{\sqrt{2.344\times10^{-5}}}{2.76\%}$$

$$\approx\frac{0.0048}{0.0276}$$

$$\approx17.54\%$$

从数值上看,稳定系数的值在 10% 到 20% 之间比较合适。结果表明,这组保额损失率稳定性比较好,因此,其平均保额损失率可以作为该保险公司基本险业务确定纯费率的依据。

3. 附加均方差修正纯费率。根据一组适当的保额损失率,我们能够得到纯费率的近似值——平均保额损失率,但还不能直接把它当作要求的纯费率。事实上,平均保额损失率既然是以往各年份保额损失率的算术平均值,那就必然有些年份的保额损失率比它高,而有些年份的保额损失率比它低。倘若我们直接把平均保额损失率作为纯费率,则一般说来,赔偿金额超过当年纯保费的可能性是很大的。

为了减少或避免赔偿金额超过纯保费收入的不利年份的出现,通常采用在平均保额损失率上附加这组年保额损失率的一次、二次或若干次均方差的方法来确定其纯费率。

就【例 14－2】来看，平均保额损失率 $\bar{X}=2.76\%$，均方差 $\sigma=0.48\%$。

若附加一次均方差，则纯费率为：

$$\bar{X}+\sigma=2.76\%+0.48\%=3.24\%$$

若附加二次均方差，则纯费率为：

$$\bar{X}+2\sigma=2.76\%+2\times0.48\%=3.72\%$$

若附加三次均方差，则纯费率为：

$$\bar{X}+3\sigma=2.76\%+3\times0.48\%=4.2\%$$

由此可见，附加均方差次数越多，纯费率越高，赔偿金额超过纯保险费的可能性越小。这对于保险公司来说，得到的保障就越多，但对于投保人来说，负担也就越重。根据费率厘定的原则，附加均方差的次数必须适当。一般认为，所附加均方差与平均保额损失率之比，在10%～20%之间较为合适。在本例中，附加一次均方差是比较合适的，因为，附加均方差与平均保额损失率之比为17.39%（0.48%÷2.76%）。

因此在实务中，保险人厘定保险费率经常采用的纯费率计算公式是：

$$\text{纯费率}=\text{平均保额损失率}\times(1+\text{稳定系数})$$

（三）附加保险费率的确定

附加保险费率主要是根据保险公司的营业费用来确定的。财产保险公司的营业费用主要包括：按保险费的一定比例支付的业务费、企业管理费、代理手续费及缴纳的税金；支付的职工工资及附加费用等。附加费率的计算公式是：

$$\text{附加费率}=\frac{\text{营业费用总额}}{\text{保险金额}}\times100\%$$

附加保险费率还可以用纯保险费率的一定比例来表示，如规定附加保险费率为纯保险费率的20%等。

（四）营业保险费率的确定

财产保险的营业保险费率（亦称毛费率）是由纯保险费率和附加保险费率相加构成的。其计算公式为：

$$\text{营业保险费率}=\text{纯保险费率}+\text{附加保险费率}$$

以上分析了财产保险费率厘定的一般原理。需要强调的是，在保险实务中，财产保险费率厘定远比这里介绍的过程要复杂得多。

三、准备金的评估

（一）非寿险准备金的评估

1. 未到期责任准备金的评估。未到期责任准备金的评估方法包括比例法和风险分布法。比例法假设被评估险种或产品的风险发生在承保期间内，服从均匀分布，而风险分布法则考虑被评估险种或产品风险发生的实际分布状况。

(1)比例法。按照国际惯例和保险主管部门相关规定，未到期责任准备金通常采用1/24法、1/365法等比例法进行评估。

①1/24法。该方法假设所有保单在月度内均匀分布，因此，月度内生效的保费可以假定为在该月的月中承保。对于1年期的保单，保单生效的当月月底已到期比例为1/24，23/24的保费则为未到期责任，以后每过1个月已到期责任增加2/24，未到期责任准备金减少2/24，所以到年末，1月份生效的保单未到期责任准备金为保费的1/24，二月份的是3/24，依此类推，到12月份的保单则提取到23/24。因此，年底未到期责任准备金的计算公式为：

未到期责任准备金 = 1月份保费收入 × 1/24 + 2月份保费收入 × 3/24 + … + 12月份保费收入 × 23/24

若以 An 表示某月的自留保险费；Pn 表示某月的未到期责任准备金；n 表示某月度，$n = 1, 2, 3, 4, \cdots, 12$；$(2n-1) \div 24$ 表示未到期责任准备金时间系数；P 表示年底未到期责任准备金，则：

$$Pn = An \times (2n - 1) \div 24$$

$$P = P_1 + P_2 + P_3 + \cdots + P_{12}$$

对于1年期保单，计算年底以外时点的未到期责任准备金时，针对最近12个月的保费收入进行提取。对于保险期限超过1年期的保单，分母将由24改为保险期限月度的2倍，分子也据此作相应调整。

②1/365法。该方法是以“天数”为基础，逐单进行未到期责任准备金评估的一种相对比较精确的方法。对于每个保单，分母为该保单的保险期限天数，分子为截止评估时点该保单的未到期天数，二者相除即为该保单的未到责任，所有保单的未到期责任相加，即为该评估时点的未到期责任准备金。近似计算公式：

保单的未到期责任 = 该保单承保的保费 × 未到期天数 ÷ 保险期限天数

相对于1/24法，1/365法的精确度更高，而且适用于任何短期保单和长期保单。如果应用数据系统，该方法也比较容易操作。

③其他方法。1/2法和1/8法的原理与1/24法类似，分别假定保单在年度内和季度内均匀分布。但相对1/24法和1/365法，这两种方法较粗略，在实际操作中已很少采用，因此在这里不作阐述。

(2)风险分布法。风险分布法相对于比例法更加复杂，主要根据风险的分布状况提取未到期责任准备金。该方法能够较为准确地反映保险公司的未到期风险，尤其适用于风险分布不均匀的险种，如车辆消费信贷保证保险等。该方法的缺点是技术性相对比较强，操作不是很简便，常用的风险分布法包括78法则、逆78法则、流量预期法等方法。

①78 法则与逆 78 法则。78 法则评估未到期责任准备金时,假设自保单生效日开始后,风险呈逐月等额递减的趋势。例如:对于 1 年期保单,自保单生效日开始,每月的风险以比例 12:11:10……逐月递减;反之,对于逆 78 法则,自保单生效日开始,每月的风险以比例 1:2:3……逐月递增。

对于一些风险特别符合递增和递减情况的险种,可以考虑选用 78 法则或逆 78 法则进行未到期责任准备金的评估。

②流量预期法。流量预期法根据历史经验数据,对所评估险种的预期损失和风险分布进行预测,确定未到期责任的比例,并依此评估未到期责任准备金。该方法依赖于所评估险种的历史经验数据和精算假设,并增加了主观判断,因此操作较为复杂。

保险公司在提取未到期责任准备金时,应当对其充足性进行测试。未到期责任准备金不足时,要提取保费不足准备金。充足性测试主要是比较提取的未到期责任准备金及对应的预期投资收益与预期发生的赔款、理赔费用、保单维持费用、递延成本和保单持有人红利,如果前者小于后者,则差额部分为保费不足准备金。

2. 未决赔款准备金的评估。未决赔款准备金包括已发生已报案未决赔款准备金、已发生未报案未决赔款准备金和理赔费用准备金。各类未决赔款准备金的评估方法简要介绍如下:

(1)已发生已报案未决赔款准备金。已发生已报案未决赔款准备金评估方法较为简单,主要采用逐案估损法和案均赔款等方法,即主要根据保险公司理赔查勘后的估损金额或者根据历史已决赔案的案均情况进行估计。

(2)已发生未报案未决赔款准备金。

①评估思路。主要根据赔案发生、发展至最终结案的规律估计赔案的最终损失,从最终损失中扣减已决赔款和已发生已报案未决赔款准备金,即为已发生未报案未决赔款准备金。

A. 最终损失的估计。已决赔款和未决赔款等数据是估计最终损失的基础,而这些数据通常以流量三角形的形式列示,即将赔款相关数据按照保险事故发生年度和赔案结案年度进行交叉排列。保险事故发生年度与赔案结案年度之间的延迟称为发展年。如下图所示,左上角数据为已决赔款的累计发展三角。首先要预测右下角空白部分的各事故年度最终损失,即根据左上角的已决赔款数据,总结赔款发展的规律,找出赔付趋势的特点,并预测右下角空白部分各期累计损失,最后得出各事故年度的最终损失。

表 14—2 已决赔款累计发展三角

事故年	发展年							
	0	1	2	3	4	5	6	7
1999 年	83 559	212 311	216 992	218 340	219 256	219 256	219 256	219 256
2000 年	108 994	128 029	134 699	136 346	136 346	136 541	136 541	
2001 年	85 014	189 164	203 372	205 639	208 022	209 330		
2002 年	93 457	159 934	170 089	170 821	171 881			
2003 年	66 032	161 443	169 453	173 364				
2004 年	99 661	148 487	159 886					
2005 年	40 813	157 662						
2006 年	53 198							

除了已决赔款的三角外,还可以建立已报案赔款的三角,即将已决赔款和已发生已报案未决赔款相加得出流量三角形,预测最终的损失。相应的赔案件数也可以建立流量三角形。

未决赔款准备金的评估在参考历史赔付趋势的基础上,还要考虑各类影响准备金评估的内外部因素,包括费率变化、政策变动和条款变化等因素,并依此对赔付情况进行判断,从而评估最终损失。

B. 已发生未报案未决赔款准备金的估计。根据各事故年度预测的最终损失,减去各事故年度已决赔款,求出各事故年度的未决赔款。某时点前所有事故年度未决赔款的合计,即为某一时点最终的未决赔款准备金,在此基础上扣减已发生已报案未决赔款准备金,就得到已发生未报案未决赔款准备金。

②评估方法。按照国际通用的准备金评估惯例和中国保险主管部门的要求,已发生未报案未决赔款准备金的评估方法主要包括:A. 链梯法; B. 案均赔款法; C. B－F 法;D. 准备金进展法;E. 损失率法。

这些方法都是在上述基本评估思路基础上发展而来,但是侧重点有所不同,如案均赔款法更加关注赔案件数和案均赔款的变化;B－F 法对赔付率的变化更加敏感。这些方法所适用的险种也不同,如案均赔款法适合出险率、案均赔款相对稳定的险种;链梯法适用于历史数据较多且赔付较为稳定的险种;损失率法则更适用于新开办或数据积累较少的业务。

③已发生未报案未决赔款准备金评估的影响因素。包括:

A. 承保质量的高低。如前所述,已发生未报案未决赔款准备金为最终损失减去已决赔款及已发生已报案未决赔款准备金,而最终损失主要由业务质量决定。承保质量作为业务质量的第一道关,对未决赔款准备金的影响比较大。在其他条件不变的情况,承保质量越高,相应的赔付率越低,最终损失越低,在已决赔款既定的情况，未决赔款准备金也越低。

B. 费率水平的变化。费率水平的变化会直接影响准备金的水平。以车险为例，费率水平下降后，在承担相同水平赔付责任的情况下，保费收入就会减少，即相同保费收入对应的预期赔付就会增加。预期赔付越高，对应的准备金水平也会相应增加。

C. 理赔管控的力度。理赔管理对于未决赔款准备金的计提影响也很大，包括对理赔水分挤压、对虚假赔案审核的力度及其他降低损失措施。如医疗审核制度，对降低理赔水分起到了很好的作用。

D. 赔付速度的变化。赔付速度的变化对未决赔款准备金结果的影响比较直接，在赔付率和最终损失确定的情况下，理赔速度越慢，未决赔款准备金相对越高；反之越低。通常情况下，稳定的理赔速度更加有利于准备金评估的准确性。

E. 其他因素。其他影响未决赔款准备金评估的因素包括业务结构的变化、条款的改变、外部环境的变化和监管的要求等。

(3)理赔费用准备金。理赔费用准备金包括直接理赔费用准备金和间接理赔费用准备金。对于直接理赔费用准备金，一般采用逐案预估法，也可以采用类似已发生未报案未决赔款准备金的评估方法，如链梯法等。对于间接理赔费用准备金，一般采用比率法进行提取，实务中常用的方法是根据间接理赔费用与赔款支出的比例，如假定间接理赔费用在立案时发生 50%，在立案至结案环节发生 50%，从而

$$\text{间接理赔费用准备金} = \text{已发生已报案未决赔款准备金} \times 1/2 \times (\text{间接理赔费用准备金} \div \text{已决赔款}) + \text{已发生未报案未决赔款准备金} \times (\text{间接理赔费用准备金} \div \text{已决赔款})$$

第五节 保险资金运用

一、保险资金的来源与构成

保险人的保险资金由保险基金和资本金构成。而保险基金是保险资金的主要部分。保险基金是指保险人通过签订保险合同，向投保人以收取保险费的办法建立的、专门用于保险事故所致经济损失的补偿或人身伤亡的给付的一项专用基金。因此，保险基金是保险人在保险事故发生时履行赔付保险金义务的重要条件。其运动过程包括三个阶段：保险费收取、资金的积累和运用、经济补偿和保险金给付。保险基金和其他基金相比较：它是一种合理分担金；它是一种责任准备金；它是一种返还性资金。保险人在保险事故发生时，用于向被保险人赔付保险金。因此，它具有专用性、合同性、互助性、科学性、金融性等特征。保险资金的来源可从不同角度分析，其基本来源如下。

(一)资本金和公积金

资本金是保险公司在开业时必须具备的注册资本。各类保险公司的注册资本

由管理机构根据本国经济情况和保险业务情况的需要进行制定和调整。《保险公司管理规定》对设立保险公司注册资本的最低限额定为2亿元人民币。保险公司注册资本最低资本必须为实缴货币资本。保险公司的资本金除按法律规定缴存保证金(我国目前为实缴货币资本的20%)外,均可作为保险资金运用,以获得较高的收益率。

公积金由保险公司按《公司法》的规定从历年的利润中提存,它和保险公司的注册资本共同构成保险公司的偿付能力或承保能力,也可以作为保险资金运用。

(二)保险责任准备金

保险责任准备金是保险公司按法律规定为在保险合同有效期内履行赔偿或给付保险金义务而将保险费予以提存的资金。保险公司所收取的纯保费,并不是保险公司的利润,其中绝大部分都会因保险事故的发生而赔偿或者给付给被保险人或受益人。因此,为兑现保险合同约定的承诺,保险公司必须提存各种责任准备金,以保证在合同约定的保险事件发生后,向被保险人或受益人支付保险金。由于保险公司所提存的准备金与保险责任相关,所以称为责任准备金。根据我国《保险法》第98条的规定,保险公司应当提存各种责任准备金。

责任准备金通常分为寿险责任准备金、非寿险责任准备金和其他准备金,下面主要阐述非寿险责任准备金。

非寿险责任准备金包括未到期责任准备金、未决赔款准备金和其他准备金。

1. 未到期责任准备金。未到期责任准备金是指在准备金评估日,为尚未终止的保险责任而提取的准备金。由于准备金评估日期与保险年度的不一致性,按照权责发生制的原则,对于未到期的保险单,必须提存未到期责任准备金,以作为保险公司履行保险责任的准备。即非寿险的未到期责任准备金,是当年承保业务的保险单在下一年度有效保险单的保险费。未到期责任准备金的提取方法从理论上说有1/2法、1/4法、1/12法和1/365法。我国《保险法》规定,保险公司提取与结转责任准备金的具体办法由保险监督管理机构制定。多数保险公司未到期责任准备金采用1/365法提取。

2. 未决赔款准备金。未决赔款准备金也称赔款准备金,未决赔款准备金是指保险公司为尚未结案的赔案而提取的准备金,包括已发生已报案未决赔款准备金、已发生未报案未决赔款准备金和理赔费用准备金。

(1)已发生已报案未决赔款准备金。已发生已报案未决赔款准备金是指为保险事故已经发生并已向保险公司提出索赔,保险公司尚未结案的赔案而提取的准备金。

(2)已发生未报案未决赔款准备金。已发生未报案未决赔款准备金是指为保险事故已经发生,但尚未向保险公司提出索赔的赔案而提取的准备金。

(3)理赔费用准备金。理赔费用准备金是指为尚未结案的赔案可能发生的费用而提取的准备金。其中:为直接发生于具体赔案的专家费、律师费、损失检验费等而提取的为直接理赔费用准备金;为非直接发生于具体赔案的费用而提取的为间接理赔费用准备金。

3. 其他准备金。其他准备金指除了未到期责任准备金和未决赔款准备金以外的中国保险主管部门规定应当提取的准备金,包括保费不足准备金、总准备金等。

(三)其他可运用资金

在保险经营过程中,还存在着其他可运用的资金来源,主要包括结算中形成的短期负债、储金、应付税款、未分配利润、公益金、企业债券等。这些资金可根据其期限的不同作相应的运用,如未分配利润、公益金、企业债券一般可用于长期投资;短期负债只能用于货币市场。储金是返还式的保险形式。财产保险公司为了扩大资金来源和增加保险业务,常要求投保人缴付储金,以储金的利息作为保险费,不论保险事故是否发生,到期将本金返还给被保险人。

二、保险资金运营的基本原则

保险资金运营状况直接影响着保险公司经营的稳健程度,影响着保险公司的偿付能力,不仅关系到广大保户的利益,亦对保险公司的存亡影响很大。因而,保险资金的性质决定了其运用必须遵守"三性"原则。

(一)安全性原则

安全性原则是实现保险基金数量完整、回流可靠、保证偿付的条件。保险人的总资产可实现价值必须不少于其总负债的价值,以确保偿付能力。由于保险资金的主要成分是由保险费中的纯保费积聚而成,从其运行的过程看,最终绝大部分用于赔付保险金,因此,保险资金的运用首先必须满足安全性原则的要求,以确保保险公司具有足够的偿付能力,从而使被保险人的合法权益得到充分的保障。因此,安全性是保险资金运用的第一原则。我国《保险法》第106条规定:"保险公司的资金运用必须稳健,遵守安全性原则。"

但是,任何资金运用都具有风险。因此,安全性原则要求保险公司资金运用应遵循风险管理的程序和要求。具体而言,安全性的具体含义包括两个基本方面:一是尽可能避免风险大的投资项目,避免资金运用失误以保证资金安全;二是进行组合投资,"不要把鸡蛋放在同一个篮子里"。

(二)收益性原则

收益性原则是指保险资金的运用要获得最大的投资收益,是保险公司资金运用的主要动机和目的。保险公司的收益有承保收益与投资收益。在发达国家,由于保险业内部及保险业与其他行业的激烈竞争,保险人采用低费率进行竞争,使得赔付率偏高,严重时甚至超过100%。因此,保险业务经营不但没有盈利,而且可能亏损,保险公司的收益在某种意义上讲就取决于投资收益。

需要注意的是，就寿险业而言，传统的寿险产品所筹集的资金的运用的安全性优于收益性，而20世纪七八十年代以来创新的寿险产品——“投资型寿险产品”直接与投资收益挂钩，因存放于分离账户上，投资风险转移给了保户，所以，分离账户投资的收益性有时优于安全性。

（三）流动性原则

流动性原则要求保险公司的资金具有实时变现能力。保险公司在资金运用时要考虑到有一部分资产应能够随时变现，保证支付保险赔款和给付保险金的需要，关键点在于资产业务与负债业务的期限匹配。寿险与非寿险的业务性质的不同决定了二者在资金运用的资产流动性要求方面的差别。寿险一般以长期业务为主，非寿险多属于短期业务，因此，寿险资金运用的流动性要求不如非寿险高。20世纪后期，大量的利率敏感性寿险产品的出现，导致了发达国家的寿险负债期限的改变，寿险资金运用趋于流动性。由于资产的变现能力与资产的性质、投资渠道及金融工具的状况、金融市场（尤其是资本市场）的效率等因素密切相关，而这些因素与各国或地区的经济发展水平、经济政策紧密相连，因此，各国或地区的保险业在进行保险资金运用的流动性设计中必须考虑本国或本地区的实际情况。

上述保险资金运用的三原则之间存在一致性，但也存在一定的矛盾。从总体上看，安全性与流动性成正比，变现能力强的资产，其风险就小，安全返还保障度就高；而安全性、流动性与盈利性成反比，由于某项投资报酬是某项资金运用所具风险的函数，因而，通常安全性高、流动性强的资产，其盈利就较低，反之盈利就较高。如银行存款的安全性强，但盈利低；而股票投资的安全性弱，但盈利较高。因而，保险资金运用的原则是从总体而论的，不同性质的保险公司，应有所侧重，保险资金运用就是要在安全性和流动性的前提下最大限度地获取收益。由于组织经济补偿职能是保险公司的首要职能，所以，保险公司经营的特殊性决定了其资金运用首先要保证安全性和流动性，在此基础上追求收益以增加利润。

三、保险资金运用的方式和结构

（一）保险资金运用的方式

保险资金的运用应根据资金的性质、用途和结构，遵循资金运用的基本原则，合理选择保险资金运用方式。一般说来，可供选择的保险资金运用方式主要有存款、证券投资、贷款和不动产投资。

1. 存款。存款是指保险公司将闲置资金存放于银行等金融机构。存款分为银行存款和信托存款。保险公司将资金存入银行，可取得一笔较稳定的利息收入。银行存款的安全性相对为最高，但收益性最低。因此，国外保险公司一般根据现金流量估算日常支出，不保留太多的银行存款数量。信托存款的收益率视存款资金运用的效果而定，但一般高于银行存款利率，风险相对也大些。由于风险较大，保险公司的资金运用不宜用于信托存款。

存款具有良好的安全性和流动性,但对比其他投资收益率则最低。正因为如此,存款主要用来作为保险公司正常的赔付或寿险保险单满期给付的支付准备,一般不作为追求收益的资金运用对象。

2. 证券投资。证券投资是为取得预期收入而买卖有价证券的活动。按流动性不同可分为债券投资和股票投资。由于有价证券可用于贴现、抵押,可在二级市场上流通,收益较高,具有集流动性、安全性和营利性为一体的特点,因而,证券投资是较为理想的资金运用方式。但不同形式的证券投资以及不同保险公司对资金运用的方式要求也不同。

(1)债券投资。债券投资具有安全性,到期还本付息,即使公司破产,债务清偿也优先;具有收益性,有固定的利息;具有流动性,可在二级市场上交易。债券投资分为政府债券投资、公司债券投资、金融债券投资。政府债券的利率比银行存款的利率高,且可享受免税待遇,信用度比公司债券和金融债券高,但其利率也比二者低;公司债券的信用度是有价证券中最低的,但其收益率是最高的;金融债券的信用度和收益率均居中。

(2)股票投资。股票是股份公司发给股东的所有权凭证。股票投资通常比债券投资的收益率高,同时风险也大;不具有返还性,具有极强的投机性和高风险性,风险高于债券。因而,各国对保险公司的股票投资均有严格的比例限制。股票通常分为优先股和普通股。从风险性和收益性来看,优先股的利率固定,在公司破产清算时,优先股优先于普通股,因而,其风险小,收益率也相对小;普通股的收益率是随公司的经营状况变化的,在公司破产清算时,在优先股之后,因而,其风险最大,收益率一般也相对较高。

3. 贷款。贷款是保险人将保险资金贷放给单位或个人,并按期收回本金、获取利息的投资活动,即向需要资金的单位或个人提供融资。贷款比存款的收益率高,但风险相对较高,流动性也相对低。按贷款条件,贷款可分为信用贷款和抵押贷款。信用贷款(包括担保放款)的风险主要是信用风险和道德风险,抵押贷款的主要风险是抵押物贬值或不易变现的风险。信用贷款的风险一般大于抵押贷款。贷款的收益率取决于市场利率。

4. 不动产投资。不动产投资是将保险资金用于购买土地、房产或其他建筑物的投资。不动产投资的特点主要有:安全性好、收益高,但项目投资额大、期限长、流动性差。一般除寿险公司的少部分资产用于该部分投资外,不宜作为保险资金运用的主要对象。如日本保险业法规定,保险资金运用于不动产投资不得超过总资产的20%。

有价证券、贷款、不动产和存款构成了现代发达国家保险资金运用的四种基本形式。一般来说,在资金运用结构上,保险资金运用以有价证券投资为主。西方发达国家保险资金运用的显著特点是资产证券化程度很高,尤其是英国和美国,其证券投资都在80%以上。

保险资金除了上述运用形式外,还可用来投资各类基金、同业拆借、股权投资、风险投资、黄金外汇等。

(二)保险资金运用的结构

由于各国经济发展的经济背景及阶段不同,保险监管部门对保险公司资产管理办法不同,因此,各国保险公司的资产结构也就有差异。但目前很难判断何者更合理,而只能由各国的情况去说明。我国《保险法》第106条规定,保险公司资金运用的具体管理办法,由国务院保险监督管理机构制定。近年来,保险公司的资金运用结构发生了重大的变化。银行存款占比持续下降,债券和股票投资成为保险资金运用上最大的投资品种。

第六节 保险公司经营效益分析

一、保险公司经营效益概述

所谓保险经营效益,是指以尽可能少的保险经营成本,为社会提供尽可能多的符合社会需要的保险保障服务,取得最大的有效成果。从微观的角度看,保险经营效益的实质,就是保险企业所耗费的物化劳动和活劳动的总量与被社会所承认的必要劳动量之间的比例关系。具体而言,保险经营效益就是经营成本与收益之间的比例关系。如果保险收益大于保险经营成本就有保险经营效益;反之,则无经营效益。

衡量保险经营效益涉及许多方面的内容和方法,但保险经营效益的核心内容和本质要求,同样表现为以最小的成本,取得最大的经济利益,或实现利润最大化。因此,反映保险企业经营效益的综合性指标就是利润。具体而言,保险经营效益的主要内容有二:一是以尽可能少的承保成本,获得尽可能多的承保利润,这是保险经营效益的最主要内容;二是以尽可能少的投资成本,获得尽可能大的投资收益,这是保险经营效益的重要补充。

二、保费收入指标分析

(一)有关保费收入的几个概念

保费收入是保险企业经营效益的基础和出发点,是衡量保险企业经营效益的最重要指标之一。为了进一步分析保费收入指标及其他相关指标,首先应明确有关保费收入的几个概念。

1. 入账保费。保费收入一般是指入账保费。入账保费是保险企业在一定的时期内签发的保险单项下已经收到的和尚未收到的保费总额。由于各类保险业务具有不同的特点,其入账保费的计算也有不同。

(1)非寿险的入账保费。非寿险的保费一般应在投保时一次交清,但也可分期缴纳。因此,非寿险的入账保费体现了权责发生制原则的要求,其保费收入总额是指该时期签发保险单项下的全部应收的保费,包括已实际收到的保费和尚未实际收到的保费。

(2)寿险的入账保费。寿险的保费可以在投保时一次缴清,也可以分期(按年、按季、按月)缴纳。但是,与非寿险合同生效原则不同,寿险投保人的首期保费不能迟缴,不能分期缴。此外,投保人若逾期不缴费,保险单即失效,补缴保费及利息可复效。因此,寿险的保费按实收数额入账,即寿险的保费量按时期内实际收到的保费入账,应缴而逾期未缴的保费不入账。

(3)储金性非寿险的入账保费。储金性非寿险的入账保费,就是储金在本年度内所生利息。即使保险企业尚未与银行结账,也要按规定的利率把储金在全年度内所生利息入账,作为本年度的保费收入。

2. 应收保费。应收保费是权责发生制条件下的概念。它是指已经入账即已经记录为本期保费收入,但尚未实际收到的保费。寿险、储金性非寿险不存在应收保费,只有非寿险存在应收保费。

3. 实收保费。实收保费是保险企业在一定时期内实际收到的保费,它包括已记录为上期保费收入但实际是在本期收到的保费,不包括记为本期保费收入,但尚未实际收到的保费。由于应收保费比例过高,会导致部分利润虚增的现象,所以,计算和考核实收保费以及相关指标,对于提高企业经营效益具有重要的意义。其计算公式为:

本时期实收保费 = 本期入账保费 + 本期初应收保费 - 本期末应收保费

公式中的本期初应收保费,就是上期末的应收保费。

4. 未赚保费。未赚保费亦称未到期保费,指非寿险业务中,某一年度的入账保费中应该用于支付下一年度发生的赔款的费用。这是因为保险单年度和会计年度并不完全一致,在会计年度终了时,有些保险单有效期尚未结束。因此,未赚保费就是入账保费中与保险责任尚未终止的那部分业务相对应的保险费。实质上,从入账保费中提取未赚保费,就是提存未到期责任准备金。寿险、储金性非寿险一般不使用未赚保费的概念。

5. 已赚保费。已赚保费亦称已到期保费,指非寿险业务中,某一年度中可以用于当年赔款支出的保费收入。已赚保费由上年度的未赚保费和本年度入账保费减除本年度未赚保费的差额组成。其计算公式为:

已赚保费 = 入账保费 + 上年转回未赚保费 - 本年提取未赚保费

在寿险业务中,用于支付赔款的不仅有保费收入,还有利息和投资收入,所以一般不使用已赚保费的概念。储金性非寿险业务中,每一年度的赔款支出只用当年的保费收入支付,所以,由储金在每一年度所生利息转入的当年保费收入,全部是已赚保费。

(二)保费收入的增长分析

保费收入的增长变化虽然不能完全反映保险企业经营效益的高低,但是保险企业的经营效益主要来源于保费收入。没有保费收入的增长,最终也难以提高企业经营效益。因此,有必要对保费收入的增长进行分析。

1. 保费收入增长的比较分析。保费收入的比较分析,是把某一时期(报案期)的保费收入与以前时期(基期)的保费收入进行比较分析的方法。

(1)保费收入增长额分析。保费收入增长额是报案期保费收入与基期保费收入的差额。其计算公式为:

$$\text{保费收入增长额} = \text{报案期保费收入} - \text{基期保费收入}$$

(2)保费收入增长率分析。保费收入增长率是报案期保费收入增长额与基期保费收入的比率。其计算公式为:

$$\text{保费收入增长率} = \frac{\text{报案期保费收入} - \text{基期保费收入}}{\text{基期保费收入}} \times 100\%$$

(3)保费收入的长期动态分析。保费收入的长期动态分析是根据连续若干年度的保费收入数据,计算其定基增长率和环比增长率,以观察保费收入在一个较长时期内的变动趋势。

所谓定基增长率是把每一年度的保费收入与初始年度的保费收入相比较的增长率,环比增长率是把每一年度的保费收入与上一年度的保费收入相比较的增长率。

2. 保费收入增长的因素分析。某一险种在一定时期内的保费收入,是由承保数量、保险金额、保险费率等因素决定的。当我们把这一时期的保费收入同上期比较时就会发现,保费收入的增减是承保数量、保险金额、保险费率等因素变化综合作用的结果。利用因素分析法,可以测定各因素变动对于保费收入变化的影响,即对这些因素作用的结果进行定量分析。

利用因素分析法对保费收入进行分析的一般步骤如下:

(1)建立保费收入与各因素之间的数学模型,即建立保费收入的计算公式:

$$P = A \times S \times R$$

式中:P 为某一险种在一定时期内的保费收入;

A 为该险种的总承保数量;

S 为该险种的平均保险金额(简称年均保额),其计算方法是:S = 总保险金额 ÷ 总承保数量;

R 为该险种的平均保险费率(简称年均费率),其计算方法为:R = 保费收入 ÷ 总保险金额。

(2)分别搜集报案期和基期的保费收入、承保数量、保险金额,计算报案期和基期的年均保额和平均费率。

设某公司2005年(报案期)和2004年(基期)人身意外伤害保险的承保数量、保险金额、保费收入资料如表14—3所示:

表14—3

	2005年	2004年
承保数量(人)	5 316 725	4 964 255
保险金额(千元)	10 909 346	8 477 403
保费收入(千元)	22 629	17 493

根据上述资料,分别计算出2005年和2004年的平均保额和平均费率,并将分析中要利用的承保数量、保费收入列表如下(见表14—4):

表14—4

	2005年	2004年
承保数量(人)	5 316 725	4 964 255
平均保额(元/人)	2 051.89	1 707.69
平均费率(‰)	2.074	2.063
保费收入(千元)	22 629	17 493

(3)分别依次用报案期的各因素替代基期的相应因素,将计算结果与未用该因素替代的计算结果相减,其差额即为该因素对保费收入的影响。

设基期的保费收入、承保数量、平均保额、平均费率分别为P_0,A_0,S_0,R_0,报案期的保费收入、承保数量、平均保额、平均费率分别为P_1,A_1,S_1,R_1:

①承保数量变化对保费收入的影响是:

$$A_1 \times S_0 \times R_0 - A_0 \times S_0 \times R_0 = (A_1 - A_0) \times S_0 \times R_0$$

将表14—4中的数据代入则为:

$$(5\ 316\ 725 - 4\ 964\ 255) \times 1\ 707.69 \times 2.063‰ \approx 1\ 241\ 739(\text{元}) \approx 1\ 242(\text{千元})$$

这说明,由于2005年的承保人数比2004年增加352 470人,使保费收入增加1 242千元。

②平均保额变化对保费收入的影响为:

$$A_1 \times S_1 \times R_0 - A_1 \times S_0 \times R_0 = A_1 \times (S_1 - S_0) \times R_0$$

将表14—4中的数据代入,则为:

$$5\ 316\ 725 \times (2\ 051.89 - 1\ 707.69) \times 2.063‰ \approx 3\ 775\ 324(\text{元}) \approx 3\ 775(\text{千元})$$

这说明,由于平均每个被保险人的保险金额提高344.20元,使保费收入增加3 375千元。

③平均保险费率的变化对保费收入的影响为:

$$A_1 \times S_1 \times R_1 - A_1 \times S_1 \times R_0 = A_1 \times S_1 \times (R_1 - R_0)$$

将表 14—4 中的数据代入,则为:

$$5\ 316\ 725 \times 2\ 051.89 \times (2.074‰ - 2.063‰) \approx 120\ 003(\text{元}) \approx 120(\text{千元})$$

这说明,由于平均费率提高了 0.011 个千分点,使保费收入增加 120 千元。

根据上述计算结果,我们把各因素的变动对保费收入的影响,以及这种影响在保费收入变动额中所占比重,列入表 14—5:

表 14—5

	变动值	变动相对值	对保费收入影响	占比重
承保数量(A)	+352 470 元	+7.1%	+1 242 千元	24.18%
平均保额(S)	+344.2 元/人	+20.16%	+3 775 千元	73.49%
平均费率(R)	+0.011‰	+0.53%	+120 千元	2.33%
保费收入(P)	+5 136 千元	+29.36%	—	100%

三、赔付率分析

保险公司的赔付率反映着保险企业的经营水平。

(一)有关赔款支出的几个基本概念

1. 已付赔款。已付赔款是指保险人已向被保险人支付的赔款和理赔过程发生的理赔相关费用。

2. 未决赔款。未决赔款是指在保险有效期间内已经发生的损失,但尚未处理或已处理但尚未确立最后赔款金额,也未办理给付手续的赔款。为承担未决赔款的保险责任,保险企业应该提取相应的未决赔款准备金。

3. 承受的赔款。承受的赔款是指保险企业在一定时期内应付的赔款,既包括已付赔款,又包括未决赔款。用公式表示为:

承受的赔款 = 已付赔款 + 期末未决赔款准备金 – 期初未决赔款准备金

(二)赔付率的变动因素分析

1. 入账保费赔付率的概念。入账保费赔付率是一定时期内赔款支出与该时期入账保费的比率。其计算公式是:

$$\text{入账保费赔付率} = \frac{\text{本期赔款支出}}{\text{本期入账保费}} \times 100\%$$

公式中的“本期赔款支出”,从理论说,应是承受的赔款,即本期已付赔款加上期末未决赔款(未决赔款准备金),减期初未决赔款(未决赔款准备金)。但是,有时为了简化计算,也以本年的已付赔款作为赔款支出。这是因为,年初未决赔款与年末未决赔款抵消后,占已付赔款的比重较小,对入账保费赔付率计算的准确性影响不大。

2. 已赚保费赔付率的概念。已赚保费赔付率是某一年度内的赔款支出与该年度已赚保费的比率。已赚保费一般按年度进行计算，不能逐月计算。其计算公式为：

$$已赚保费赔付率=\frac{某年度赔款支出}{该年度已赚保费}\times 100\%$$

如果将年度的已赚保费用上年度保费收入与本年度保费收入之和的1/2进行替代，则上述公式变为：

$$已赚保费赔付率=\frac{本年赔款支出}{1/2(本年入账保费+上年入账保费)}\times 100\%$$

在实践中，为了简化计算，公式中赔款支出可以用本年度的已付赔款代替承受的赔款。

3. 已赚保费赔付率变动的因素分析。将公式

$$已赚保费赔付率=\frac{本年赔款支出}{1/2(本年入账保费+上年入账保费)}\times 100\%$$

右面的分子、分母同除以非寿险业务的年平均有效保额。年平均有效保额=1/2(本年承保金额+上年承保金额)。则可得：

$$已赚保费赔付率=\frac{保额损失率}{有效保险单平均费率}$$

上式表明，已赚保费赔付率取决于保额损失率和有效保险单平均费率两个因素。在保额损失率不变的条件下，有效保险单平均费率越高，已赚保费赔付率就越低；在有效保险单平均费率不变的条件下，保额损失率越高，已赚保费赔付率也就越高。

利用上面的公式，可以对已赚保费赔付率的变动进行因素分析。保额损失率和有效保险单平均费率都是变动的，它们的变动引起已赚保费赔付率的变动。如果我们已经掌握了某一年度和上一年度的已赚保费赔付率、保额损失率和有效保险单平均费率，那么，就可以分别计算出保额损失率的变动、有效保险单平均费率的变动对已赚保费赔付率的影响。

$$保额损失率的变动对已赚保费赔付率的影响=\frac{本年保额损失率-上年保额损失率}{上年有效保险单平均费率}$$

$$\begin{matrix}有效保险单平均费率的变动\\对已赚保费赔付率的影响\end{matrix}=\frac{本年保额损失率}{本年有效保险单平均费率}-\frac{本年保额损失率}{上年有效保险单平均费率}$$

4. 入账保费赔付率的变动因素分析。入账保费赔付率适用于储金性非寿险和短期非寿险。储金性非寿险的保费收入，不仅取决于保险储金的数额，而且取决于利息、存款年息、存款是否及时等因素，比较复杂。以下仅对短期非寿险的入账保费赔付率进行变动因素分析。

入账保费赔付率的计算公式为：

$$入账保费赔付率=\frac{赔款支出}{保费收入}\times 100\%$$

将等式右边的分子、分母同时除以承保金额，得：

$$入账保费赔付率=\frac{保额损失率}{平均费率}$$

上式表明，入账保费赔付率的变动取决于保额损失率和平均费率两个因素。入账保费赔付率与保额损失率成同方向变化，在平均费率不变的条件下，保额损失率越高，入账保费赔付率也就越高；入账保费赔付率与平均费率成反方向变化，在保额损失率不变的条件下，平均费率越高，入账保费赔付率就越低。

利用上面的公式，可以对入账保费赔付率的变动进行因素分析，即测定保额损失率、平均费率的变动对入账保费赔付率的影响程度。如果我们已经知道了某一年度及上一年度的某险种的入账保费赔付率、保额损失率、平均费率，那么就可以计算出：

$$保额损失率的变动对入账保费赔付率的影响=\frac{本年保额损失率-上年保额损失率}{上年平均费率}$$

$$平均费率的变动对入账保费赔付率的影响=\frac{本年保额损失率}{本年平均费率}-\frac{本年保额损失率}{上年平均费率}$$

四、费用率和成本率分析

（一）手续费比例分析

手续费支出是保险企业成本的一项重要内容。在现代保险业中，保险代理人发挥着重要的作用。因此，衡量和考核手续费支出，对于提高保险经营效益同样具有重要意义。

根据会计准则的要求，保险企业的收入与获得该项收入所支付的费用或成本必须同时入账；同理，对于当期不予入账的收入，其相应发生的成本和费用也必须从当期成本中剔除出去。手续费支出是保险企业取得保费收入的费用或成本，而保费收入依据保险单未到期天数划分为已赚保费和未赚保费。因此，从理论上讲，为了保费收入而发生的手续费支出也应随着保费收入的提取而将一部分手续费支出转为下一年支出。如果手续费支出比重不大，可以把当年发生的手续费支出全部算作成本，而并不作当期成本和下期成本的划分。

对于手续费比例，可按入账保费和已赚保费的比例分别计算，其公式为：

$$入账保费手续费比例=\frac{手续费支出}{入账保费}$$

$$已赚保费手续费比例=\frac{手续费支出}{已赚保费}$$

从上述两个指标看，入账保费手续费比例要比已赚保费手续费比例更合理。不同的手续费比例，手续费支出是否划分为当年支出和下年支出，以及保费收入的大量增加，对保险经营效益都具有一定的影响。

（二）费用率分析

1. 费用率指标。按不同的费用计算口径，可设置不同的费用率指标。一般来说,采用综合费用率指标。

“综合费用率”中综合费用的含义是企业全部营业性支出减赔付相关支出,主要指各项费用支出及其他支出。

2. 费用降低率的分析。费用降低率是某一时期(报案期)的费用与以前某一时期(基期)的费用率相比较的差额。通过费用降低率的分析,能反映保险公司经营管理水平的变化。其计算公式为:

$$综合费用降低率 = 报案期综合费用率 - 基期综合费用率$$

在上述指标中,费用降低率越低,则说明保险经营效益越好。

在计算费用降低率的基础上,还可以计算费用降低额,衡量保险经营效益。其公式为:

$$综合费用降低额 = (报案期综合费用率 - 基期综合费用率) \times 报案期保费收入$$

3. 费用结构分析。费用结构就是在费用支出中,各种费用所占的比重。分析费用结构,可以找出影响费用增减的主要项目,从而能采取对应的措施,降低费用率。

(三)成本率的分析

按照入账保费和已赚保费,成本率可分为入账保费成本率和已赚保费成本率。

1. 入账保费成本率。入账保费成本率是保险企业在某一年度发生的成本与当年保费收入(入账保费)的比率。其计算公式:

$$入账保费成本率 = \frac{赔款支出 + 费用支出 + 其他支出}{入账保费} \times 100\%$$

式中,“其他支出”是指成本项目中除“赔款支出”和“费用支出”以外的支出,如“汇兑损失”等。

由于上述分子中“赔款支出”(已付赔款)总额中既有当年签发保险单发生的赔款,又有以前年度签发的保险单在今年发生的赔款,所以,该指标在这一点上具有一定的缺陷。但如果将上述“赔款支出”改为“承受的赔款”,那么分项的“入账保费”不配比,没有可比性。

2. 已赚保费成本率的分析。已赚保费成本率是某一年度的成本与该年度已赚保费的比率。其计算公式为:

$$已赚保费成本率 = \frac{赔款支出 + 费用支出 + 其他支出}{已赚保费} \times 100\%$$

与入账保费成本率指标相比,已赚保费成本率同样存在不可比的问题。式中,“已赚保费”是当年的实际收入,而“赔款支出”(已付赔款)加上“提取未决赔款准备金”则不能代表当年的实际的赔款支出(承受的赔款)。此外,“费用支出”也没有按照配比原则划分当年支出和下年支出。因此,有必要对上述指标加以改进。故本书提出“综合成本率”的概念,其计算公式为:

$$综合成本率 = \frac{承受的赔款 + 费用支出 + 其他支出}{已赚保费} \times 100\%$$

这一计算公式还可以写成:

$$综合成本率=\frac{承受的赔款}{已赚保费}+\frac{费用支出+其他支出}{已赚保费}$$

即：

$$综合成本率=已赚保费赔付率+已赚保费综合费用率$$

需要指出，综合成本率能反映某年度成本占收入的比重，也能体现保险企业的利润所占的比重。但是，这种反映只是大致上的反映。因为，综合成本率并没有包括保险企业所有的收入和支出。例如，保险公司的收入除保费收入之外，还有追偿收入、利息收入、投资收入等。保险公司的支出，除赔款支出、费用支出外，还有营业外支出等。

3. 成本降低率的分析。按照指标分析的一般原理，可计算已赚保费成本降低率，也可计算入账保费成本降低率。下面以综合成本率为例，计算成本降低率：

$$综合成本降低率=报案期综合成本率-基期综合成本率$$

由于综合成本率由已赚保费赔付率和已赚保费综合费用率两部分组成，所以，不仅要对综合成本率进行总体降低水平的分析，还应该进一步分析上述两个因素各自的影响程度。

设基期综合成本率为 C_0，已赚保费赔付率为 P_0，已赚保费综合费用率为 F_0；报案期综合成本率为 C_1，已赚保费赔付率为 P_1，已赚保费综合费用率为 F_1，则有：

$$C_0=P_0+F_0 \qquad C_1=P_1+F_1$$

报案期比基期的综合成本降低率为：

$$C_1-C_0=(P_1+F_1)-(P_0+F_0)=(P_1-P_0)+(F_1-F_0)$$

公式中的 P_1-P_0，即报案期和基期已赚保费赔付率的差额及对综合成本率的影响；公式中的 F_1-F_0，即报案期和基期已赚保费综合费用率的差额及对综合成本率的影响。

对于保险企业综合成本率的计算，除了采用上述对赔付率和综合费用率的因素分析法之外，我们还可以用结构比重分析法，进一步分析成本项目中各项目的影响程度。结构比重的计算方法为：

$$结构比重率=\frac{某项成本支出}{总成本}\times 100\%$$

五、保险资金运用指标分析

如前所述，保险资金运用指标一般有资金运用率和资金运用盈利率两个主要指标。

(一)资金运用率

资金运用率是保险企业投资总额占企业全部资产总额的比例。它体现了保险企业的投资规模。从经济效益角度看，保险资金运用率不能直接反映保险投资收益。但是，在一定条件下，保险资金运用的规模越大，则保险投资收益就越大；反之，保险投资收益就越少。

为了进一步分析保险资金运用状况，还应分析资金运用的结构。保险资金运用是多元化的投资，各种不同的资产投资额的比重形成了不同的投资结构。保险资金运用结构就是指各种保险投资形式的投资额占总资产的比例。其公式为：

$$保险资金运用结构=\frac{各形式的投资额}{总资产}\times 100\%$$

保险资金运用结构还可以指各种投资形式的投资额与投资总额的比例。其公式为：

$$保险资金运用结构=\frac{各形式的投资额}{投资总额}\times 100\%$$

最佳的保险资金运用结构，不但能控制资金运用的总体风险，而且能保证资金运用的收益。

（二）保险资金运用盈利率

保险企业资金运用盈利率是指保险企业一个计划期内投资收益与投资总额的比例。这一指标是衡量保险资金运用效益的重要指标。一般来说，资金运用盈利率越高，资金运用效益越好。资金运用盈利率的分析，可采取对比法、结构法，也可采取因素分析法。

从经济效益角度看，资金运用盈利率还不能完全反映投资效益。因为资金运用盈利率指标中的资金运用总额虽然是取得投资收益的代价，但并没有包括资金运用过程中所发生的全部成本。

保险资金运用过程中不仅发生历史成本，而且存在机会成本。从保险投资效益看，不仅应将投资收益与历史成本相比较，而且应与机会成本相比较。机会成本的概念是从资源稀缺性概念引申出来的。随着社会发展，人们需求无限，但资源有限。所以，当人们使用稀缺资源时，需在资源的多种用途中进行选择，以取得最大经济效益。决策者如将资源使用到某种用途上，他就因放弃了其他可供选择的用途而付出了代价，即放弃其他机会而受到损失，而这种损失就应算入成本中去。机会成本虽然没有实际发生，在会计记录中也不作任何反映，但在投资决策、投资效益分析时，它是必须考虑的一个重要的概念。

就保险企业而言，保险资金运用的资金来源是有限的，而保险资金运用方式则是多样化的。因此，运用机会成本概念来进行保险资金运用效益分析同样是很重要的。我们认为，在进行保险资金运用效益分析时，首先应引入利息收入的机会成本。例如，一项投资项目的投资收益率为10%，而利息率为5%，则该投资项目的机会成本可视为5%，其实际收益为5%。因为，投资者如果放弃该项目投资的话，也能取得5%的利息收益。

六、保险企业利润分析

利润是反映保险企业经济效益的综合性指标，也是衡量保险企业经营效益的重要尺度。

(一)保险企业利润的计算

对于非寿险业务,其业务利润计算方式如表 14—6 所示。

表 14—6 非寿险业务利润计算表 单位:亿元

1. 保费收入		1 000
	+ 分保费支出	150
	– 分保费支出	200
	= 入账保费	950
	+ 转回未到期责任准备金	450
	– 提存未到期责任准备金	500
	= 已赚保费	900
2. 赔款支出		800
	+ 分保赔款支出	50
	– 摊回分保赔款	100
	– 追偿收入	50
	= 净赔款	700
3. 费用支出		150
4. 投资、利息收入		150
5. 利润(财务成果)		200
	利润 = 已赚保费 – 净赔款 – 费用支出 + 投资、利息收入 即 200 = 900 – 700 – 150 + 150	

(二)非寿险业务的利润分析

1. 非寿险业务利润来源。非寿险业务的利润来源于两部分:一部分是业务成果(也称承保成果、承保利润、业务成绩等);另一部分是投资收入。这两部分成果占利润总额的比重称为利润构成。其公式是:

$$业务成果所占比重 = \frac{某年度业务成果}{该年度利润额} \times 100\%$$

$$投资收入所占比重 = \frac{某年度投资收入}{该年度利润额} \times 100\%$$

2. 入账保费利润率分析。入账保费利润率是指某一年度实现的利润与该年度入账保费(保费收入)之间的比率。其计算公式为:

$$入账保费利润率 = \frac{某年度实现的利润}{该年度入账保费} \times 100\%$$

由于某一年度的利润有一部分来自上年度的保费收入,另一部分来自当年的保费收入。所以,入账保费利润率并不能准确地反映保险企业的经济效益。

3. 已赚保费利润率分析。已赚保费利润率是某一年度实现的利润与该年度已赚保费的比例。其计算公式为:

$$已赚保费利润率 = \frac{某年度实现的利润}{该年度已赚保费} \times 100\%$$

由于已赚保费中已考虑了未到期责任准备金转回和提存的因素,所以,某一年度实现的利润与该年度的已赚保费是完全对应可比的,并可以作为反映保险企业经济效益的客观尺度。在保费收入比上年增长幅度较大的情况下,虽然入账保费利润率可能有所下降,但已赚保费利润率却可能上升。

4. 非寿险业务利润增长因素分析。非寿险业务利润的计算公式为:

利润 = 保费收入 - 责任准备金提转差 - 赔款支出 - 综合费用支出 + 投资及利息收益
　　= 已赚保费 - 赔款支出 - 综合费用支出 + 投资及利息收益

上述公式表明,非寿险业务利润的多少,取决于已赚保费、已赚保费赔付率、已赚保费费用率、已赚保费利息率等几个因素。利用上述公式,可以对非寿险业务利润的变动进行因素分析,即测定各因素对利润变动的影响。下面举例说明。

设某保险公司非寿险业务的有关资料如表 14—7 所示。

表 14—7　　单位:万元

年度	保费收入	赔款支出	综合费用支出	利息收入	利润
2010	2 000				
2011	2 600	1 900	300	200	300
2012	3 000	2 300	400	300	400

根据表 14—7 的资料,计算 2004 与 2005 年度已赚保费、已赚保费赔付率、已赚保费费用率、已赚保费利息率,如表 14—8 所示。

表 14—8

年度	已赚保费	已赚保费赔付率	已赚保费费用率	已赚保费利息率
2011	2 300	82.61%	13.04%	8.70%
2012	2 800	82.14%	14.29%	10.71%

从表 14—7、表 14—8 可以看出,该保险公司 2005 年非寿险业务的利润比 2004 年增加 100 万元,这主要是由于已赚保费的增加和已赚保费利息率的提高,另外,已赚保费赔付率的下降对利润的增长也作出了部分贡献。

第十五章

保险实务的主要环节

保险人在注重保险业务的特殊性、安全性、效益性的同时,应力求经营的各实务环节连续通畅。本章有选择地对销售、承保、防灾、理赔四个环节的基本要求和操作方法进行阐述。

第一节　销售

一、保险销售的基本要求

(一)保险销售的特点

保险的销售以人员销售为主要方式。人员销售与其他非人员销售的方式相比,具有以下特点:

1. 信息获得的直接性。销售人员可以直接面对面地向准投保人介绍条款的内容、险种的特性和功能以及保险公司的经营状况等准投保人想知道的信息,并通过当面解答准投保人的疑问而打消他们的种种疑虑,从而激发他们的购买欲望。同时,也可通过与投保人的接触而直接地获得有关投保人的各种信息,以便为承保工作提供第一手资料。因此,从某种意义上讲,销售人员肩负着第一次风险选择的任务。

2. 信息反馈的迅捷性。保险销售人员通过与投保人建立起良好的沟通,使信息反馈的通道保持畅通,投保人对保险公司营销策略、险种、服务质量的优劣的评价等可以通过保险销售人员迅速、及时地反馈到保险公司,以利于保险公司及时根据投保人反馈的信息调整公司的营销策略。

3. 人员销售的亲和性。在面对面的交流中,保险销售人员可以以自己真诚的微笑、亲切的话语、优雅的举止,表现出对投保人的关心与关怀,从而减少广告或其他销售方式给人们造成的距离感。

4. 保险服务的人性化。保险这种特殊的服务性商品决定了保险公司的竞争最终体现在服务上。保险销售人员通过提供咨询、送达保险单、代办理赔、代送赔款等人性化的服务帮助投保人排疑解难,传递保险信息,被誉为保险公司的“形象大使”。

人员销售在保险营销中占据着主导地位,其作用主要表现在以下几个方面:

第一,寻求客户。保险人员的销售过程不仅是不断满足现有投保人需求的过程,更重要的是不断寻找新的客户来挖掘并满足其需求的过程。寻找准投保人是保险人员销售的首要作用,“寻”就是要找到潜在投保人使其成为准保户,“求”就是通过拜访准保户,以求成交,使其变为现实投保人。

第二,沟通信息。保险销售人员是保险公司与投保人之间联系的重要纽带。一方面,投保人从保险销售人员处获得有关保险公司、保险产品的各种信息;另一方面,销售人员将投保人的投保信息、对保险公司的意见、对售后服务的建议等信息反馈给保险公司,为保险公司的营销决策提供依据。

第三,销售保险商品。售出商品是销售工作的根本目的。在满足投保人需求的前提下,保险销售人员运用各种营销策略和技巧,同投保人签订投保单。

第四,提供服务。签单并不是销售活动的终结,销售人员还应为投保人提供一系列的优质服务。如提供业务咨询、催缴保费、代办理赔、保险单变更等售后服务。

第五,收集市场情报。保险销售人员对市场最为了解,能够收集到市场需求、竞争状况、费率行情等市场动态,有利于保险公司作出营销决策。

第六,树立保险公司形象。从某种意义上说,保险销售人员就是保险公司的形象代表。优秀的保险销售人员都十分注意在销售过程中,以丰富的专业知识、得体的言谈举止、良好的服务态度来树立保险公司的公众形象,从而有利于进一步扩大保险公司的知名度,提高美誉度。

(二)合格的保险销售人员的素质要求

一个合格的保险销售人员不仅仅是一名销售人员,更应该是一名值得信赖的理财顾问或风险评估师。要达到这个标准,需要保险销售人员从各个方面锻造自身的素质修养。一般应从以下几个方面提高自身的素质:

1. 仪表修养。现实生活中,无论基于理性或非理性的观点,我们对陌生人的第一印象,总是以衣着和仪容作为评价标准。所以,对于一个站在保险消费者面前推销自己及其保险商品的销售人员来说,其衣着、仪容和礼仪就更不容忽视。

(1)保持良好的仪容。在快节奏的现代生活中,人们的生活方式及生活习惯都在不断地改变着,但是衣着、仪容方面的某些标准却有一定的稳定性,保险销售人员在这方面应该“循规蹈矩”。例如,选择适合的发型;时刻保持服装的整洁;注意衣着搭配,不宜过于时尚。

(2)保持优雅的风度。①谈吐文雅,用词得体,语言生动活泼而富有幽默感。保险销售人员主要通过语言来与客户进行沟通和交流,从某种意义上说,语言就是一个人内在修养的外在表现,从一个人的谈吐就可看出教养和个性。②举止典雅,仪态大方,行为礼貌而不失风度。行为举止是一种人与人之间交流的形体语言,传递无言的信息。落落大方给人以亲切感,使人容易接近。

(3)注意基本礼仪,务必守时。销售工作的特点之一就是要经常拜访客户,要占用对方的宝贵时间。因此,一定要遵守约定的时间,最好提前到达约见地点,以示对客户的尊重;见面前一定要预约,不要贸然打扰。

①真诚问候。见面问候时应落落大方、亲切自然、面带真诚的微笑。讲话时音量、速度要适中。

②认真倾听。在对方讲话时,眼睛应平视对方,认真倾听,不可随意打断对方的讲话。但保险销售人员必须掌握谈话的主动权,善于引导客户始终围绕保险这一主题。

③熟练应答。对于客户的疑问,应尽可能采用专业的术语回答,并且尽可能给予肯定的答复。当然,应答还应把握原则,不做违反原则的承诺。

2. 品德修养。一个合格的保险销售员,必须具有以下品德:

(1)讲信用、尊重人。我们销售的产品具有无形性,售出的只是一纸保单,是一种承诺,必须通过诚信的服务使之有形化。因此,讲信用对保险销售人员来讲尤其重要。

(2)敬业爱岗。作为一名销售人员,只有相信自己推销的产品能给他人带来益处,才会充满热情地去推销,才会有信心把它推销出去。

(3)关爱自己的保户。保险说到底就是一种服务,保户拿钱买的就是公司对他的服务。对保户只有心存关怀之情,才会把服务做到家,才会真正对保户负责。

(4)实事求是,言行一致。如实传递保险信息是对销售人员的基本要求。切忌为达成交易,不惜采用欺骗和利诱的手段进行推销。

3. 心理素质。对于一名保险销售员来说,良好的心理素质是非常重要的。

(1)对自己充满信心。作为一名销售人员,一定要充满自信、知难而进、热情诚恳、富于创新、具有积极的心态。

(2)培养坚韧不拔的精神。据统计,保险销售人员上门拜访客户一次成功的概率是微乎其微的,特别是在进行陌生拜访时,经常会遭到拒绝,面对尴尬。这时如果没有百折不挠、勇往直前的韧劲和勇气是绝对不可能取得成功的。

(3)勤于思考,勇于创新。保险销售人员每天都要面对新的环境、新的客户,迎接新的挑战,所以,保险营销是一项需要创新精神的事业,一定要养成勤于思考的习惯。

(4)培养应变能力。应变能力是指在遇到意想不到的突发事件导致自己的心理失调、情绪紧张的情况下,能够稳定情绪、随机应变的一种能力。在保险营销活动中常常会遇到意想不到的事,培养灵活的应变能力是十分必要的。

4. 业务素质。作为一名合格的保险销售员,必须具有以下业务素质:

(1)具有丰富的专业知识。一是对所在保险公司的认识。要了解自己所在保险公司的历史、发展、现状,及其在保险市场中的影响与地位、经营策略、营销策略、服务策略、营销网络、组织结构等。二是具有保险知识。要精通保险基础知识，熟悉公司所有险种，掌握条款内容等。三是具有客户知识。如掌握保险消费者的购买动机、购买目的、购买习惯、购买时间与方式、购买决策等情况。四是具有保险市场知识。要了解保险市场动态、险种的竞争状况、费率行情以及其他保险公司的险种特色等。五是具有公关知识。从某种意义上说，销售人员就是保险公司的公关人员。因此，为了密切保险公司与社会公众的关系，保险销售人员必须掌握公共关系的基本知识。

(2)具有娴熟的推销技巧。保险销售人员要善于选择适当的时机与客户进行洽谈，并善于接近和说服客户，取得客户的信任，最终使客户接受投保。

(3)具有高超的业务技能。一是具有敏捷的思维能力，能够在瞬息万变的市场中把握时机并作出积极的反应；二是具有吸引客户的能力，能够根据不同客户的购买心理，激发其购买欲望；三是有较强的市场调研能力，能够在广泛调查的基础上识别潜在的市场需求，找出有利的市场机会。

5. 社交技能。古人云："世事洞明皆学问，人情练达即文章。"这句话讲的就是社交技能的重要性。与客户进行面对面的交流是必不可少的销售环节，销售人员要主动学习，不断提高自己的社交能力。在客户交流时，务必要以对方为中心，处处礼让，尊重对方，应注意下列情况：

(1)不要直接指出或暗示客户的错误。

(2)不要炫耀自己，尤其是在那些由于背景不同容易产生自卑感的人面前。

(3)不要与客户辩论。争辩是销售的第一大忌，不管客户如何批评我们，销售人员都不要与客户争辩。要用良好的修养和忍耐力赢得客户。

(4)不要打断对方的谈话。突如其来地打断对方讲话，不仅让对方感到缺少尊重，更扰乱了对方的思绪，破坏了交流的气氛。

二、保险销售的技巧

在保险销售的过程中，从寻找和开拓准保户、分析客户保险需求、设计保险方案、方案呈现、异议处理到促成签单，以及售后服务等各个环节，都需要应用许多销售技巧，才能使准保户成为真正的保户。这些技巧包括接近的技巧、处理拒绝的技巧、应答的技巧、促成的技巧等。

(一)接近客户的技巧

接近客户是销售成功的第一步。销售人员经过一定的专业培训，掌握了一定的专业知识及技巧以后，就要跨入市场接触客户了。在接近客户时，如果能恰到好处地应用一些技巧，一定会取得事半功倍的效果。

1. 沟通的技巧。一个人的沟通能力，可能比他的知识水平、分析能力和智力程度更为重要。要想与客户进行有效的沟通，应注意以下几个方面：

(1)要理清思路,表达要井井有条。沟通之时应开门见山,尽量用简明扼要的语言表明身份和来意。

(2)沟通中要能随机应变,设法提起别人的兴趣。

(3)与人沟通必须充满自信,自信会增添你的人格魅力。

(4)沟通中一定要记住以诚待人,切忌采用欺诈的手段。

(5)对客户的个人兴趣、爱好、关心焦点、好恶要敏感。

(6)保持适当的幽默感。

2. 聆听的修养。在保险销售过程中,有时听比说更重要。认真倾听有助于拉近与客户的距离,易赢得客户的好感与信任。而且注意聆听,还可以从客户的倾诉中找到其感兴趣与关心的话题,从而找到成功销售的切入点。

3. 赞美的艺术。大多数人都喜欢被人欣赏,欣赏是一种肯定,是能引起对方好感的交往形式。那么,怎样赞美才能引起客户的好感呢?

(1)真挚而热情的赞美。能引起好感的赞美必须是发自内心、热情洋溢的,切忌毫不在意的赞美。

(2)无意的赞美。即不是有意说给被赞美者听的赞美,否则,会被认为你有所企图。

(3)具体而确切的赞美。含糊、空泛的赞美会使对方认为不过是应酬而已,只有用适时的、有针对性的赞美,才能打动对方,并认可销售人员的欣赏力、辨别力和诚意。

(二)处理拒绝的技巧

在保险营销过程中,随时都可能遭到拒绝,所以,拒绝是必然的、正常的,要有遭到拒绝的心理准备。其实,拒绝正是成交的开始,因为通过拒绝可以进一步分析、了解客户真正的想法,弄清其拒绝的真正原因,然后才好对症下药来处理拒绝。通过分析,客户拒绝的理由可分为两类:一种是借口。当拿不定主意或还不想购买时,会找出各种各样的借口加以拒绝。另一种是真实的理由。有些客户确实有购买意愿,但确有问题需要解决。

了解了客户拒绝的原因之后,对第一类拒绝不要轻率处理,待找出真正原因后,再进行处理;对第二类拒绝要发现客户真正的问题所在,并能妥善加以解决其问题,从而促成其作出购买的决定。处理拒绝的具体方法很多,如:

1. 直接法。直接法是针对问题直接解说。例如,有客户担心保险公司倒闭,就可用《保险法》相关条款进行解说,消除疑虑。

2. 虚应反击法,也就是“缓和反问法”。先认同客户的观点,再引导客户谈出真正的拒绝原因,予以解说和处理。

3. 转移法。先不作正面解释,转换客户的话题,与客户聊其他产品或谈一些与保险无关的话题。

4. 实例分析法。可用生活实例强调保险的重要性。例如,客户认为不需要买保险时,可以列举生活中的保险实例,像大厦里的灭火器、汽车的备用胎等。

(三)应答的技巧

在保险营销中,销售人员经常会遇到这样的情况,例如:客户对你的推销不屑一顾,不予搭理;在你为客户进行了大量投保宣传后,仍无结果;客户用种种理由拒绝你的访问或拒绝投保;客户从一开始就对保险公司和你本人有成见。当然还有种种尴尬场面,这时保险销售人员应掌握一定的技巧来应答客户的拒绝甚至刁难。如:

1. 要做好充分准备。针对不同的险种、不同的对象,先设计客户将会作出什么类型的拒绝,然后针对问题,斟酌出较为得体的应答,碰到客户类似的反应时,就能应答自如了。

2. 要用专业但易懂的语言来应答客户。这样,客户就会认为你是专业人士,就会增加对你的信任度,但注意使用通俗易懂的语言进行表述。

3. 应答时一定要有权威性的依据。可以收集一些相关资料的复印件作为佐证。比如,国家对于医疗保险的相关改革措施;国家有关的法律、法规等。

4. 在应答时要注意:避免批评客户的观点;避免与客户争论。

(四)促成的技巧

保险销售人员经过一系列的保险推销工作之后,在条件成熟的情况下,应向准保户提出投保建议,引导准保户投保,即所谓促成签约。签约是推销工作的最终目的,促成是销售的关键环节。

1. 促成签约时应遵循的基本原则有:

(1)让准保户自愿投保。要让保户感到投保是他的自愿选择,对即将拥有的保险商品十分满意。

(2)让准保户认可保险方案,感到投保是值得的。因为通过缴纳很少的保费,就能使自己或单位的不确定风险获得较高的保障。

(3)在促成时,要在准保户接纳的基础上向前推进,在适当的时候提出签约的问题,一定要把握好时机,切忌操之过急。

(4)在促成时,切忌使用刺激性语言,或带有胁迫的意味,否则,准保户即使当时由于不得已而勉强签了单也容易因日后后悔而退保。

(5)切忌随意承诺。保险销售人员不可为了促成签单,而承诺保险责任中没有的保障内容,以免造成理赔纠纷。

2. 促成签单的方法。促成的方法很多,销售人员可以根据经验不断进行总结。下面列举几种方法供参考。

(1)请求成交法。保险销售人员积极提示,主动向准保户提出成交要求

(2)推定承诺法。这种方法是假定准保户已认同购买了,不必再探询准保户

的意见,只要确定到了促成的时机,即可主动拿出投保单,请其填写相关内容。此方法适用于那些依赖性强、性格随和的人,当他心中已同意购买,只是还有些犹豫时可用这种方法。

(3)激将法。顾客经反复思考已接受你的建议书,但还是下不了决心,而保险销售人员该说的话似乎也差不多了,这时要适时运用激将法,帮助保户下定最后的决心。

(4)"二择一"法。为准客户设计与其保险需求相吻合的两种投保方案,请准保户从两种方案中选择其一。

(5)规定期限法。向准保户暗示如不赶快下决心,可能会错过好时机,这种方法常用于条款变换前,或销售活动快结束前。

第二节　承保

承保是指签订保险合同的过程,即投保人和保险人双方通过协商,对保险合同的内容取得一致意见的过程。从广义上讲,承保包括保险的全过程。保险人承保的目的主要有三个:一是安全地分散风险;二是保证通过风险分散获得利益;三是保证所有的保险单持有人之间的公平。同时,承保也是保险经营的一个重要环节。承保质量如何,关系到保险企业经营的稳定性和经济效益的好坏,同时也是反映保险企业经营管理水平高低的一个重要标志。

一、承保的基本要求

承保决定是在审核投保申请、适当控制保险责任、分析评估保险风险的基础上作出的。

(一)审核投保申请

对投保申请的审核主要包括对投保资格的审核、对保险标的的审核、对保险费率的审核等项内容。

1.审核投保人的资格。此即审核投保人是否具有民事权力能力和民事行为能力及对标的物是否具有可保利益,也就是选择投保人或被保险人。根据我国《保险法》的规定,投保人必须具备两个条件:一是具有相应的民事权利能力和民事行为能力;二是投保人对保险标的应具有法律上承认的利益,即可保利益。审核投保人的资格主要是审核后者,即了解投保人对保险标的是否具有可保利益。一般来说,财产保险合同中,投保人对保险标的的可保利益来源于所有权、管理权、使用权、抵押权、保管权等合法权益;人身保险合同中,可保利益的确定是采取限制家庭成员关系范围并结合被保险人同意的方式。保险人审核投保人的资格,是为了防止投保人或被保险人故意破坏保险标的,以骗取保险赔款的道德风险。

保险人不会接受所有的投保请求的原因是:第一,保险人只选择那些从整体上看损失风险与他们所收保险费相称的投保请求。换句话说,保险人要尽量避免逆选择。第二,保险人签发新保险单受其承保能力的限制。

2. 审核保险标的。一方面,对照投保单或其他资料,核查保险标的使用性质、结构性能、所处环境、防灾设施、安全管理等情况。例如,承保企业财产时,要了解厂房结构、占用性质、建造时间、建筑材料、使用年限以及是否属于危险建筑等情况,并对照事先掌握的信息资料核实,或是对保险标的进行现场查验后,保险人方予以承保。另一方面,保险人通过选择保险标的,承保不同类型或不同地区的保险标的从而将风险分散。也就是说,保险人必须使其承保标的多元化,保险单要覆盖不同的险种和不同的地理区域。例如,台风可能会使保险人在一个地区的赔偿金额大量增加,但是这些索赔将由那些同年没有发生台风的其他地区的保险费来平衡,或是将承保其他险种所获的保险费用来赔付这个地区的台风损失。

3. 审核保险费率。审核保险费率的目的是按照保险人承担的风险收取合适的保险费。因此,保险人可以按照不同标准对风险进行分类,制定不同的费率等级,在一定范围内使用。例如,承保建筑物的火灾保险,确定费率要考虑的因素有:①房屋的建筑类别,是砖结构还是木结构;②房屋的占用或使用性质,是商用还是民用;③周围房屋的状况;④房屋所在区域所能提供的火灾防护设施;⑤与房屋相关的任何安全保护设施,如是否安装自动洒水灭火装置或警报器等。保险人承保时只需按风险程度将建筑物划分为不同的等级,套用不同的费率即可。但是,有些保险业务的风险情况不固定,如海上保险,因航程不同、运输工具不同、气候变化不同,承保的每笔业务都需要保险人根据以往的经验,结合风险的特性,制定单独的费率。因此,承保这类业务时应对每一笔业务的实际情况与它所适用的费率条件进行核查,以保证保险费率的合理性。

(二)控制保险责任

控制保险责任就是保险人在承保时,依据自身的承保能力进行承保控制,并尽量防止与避免道德风险和心理风险。控制保险责任包括:

1. 控制逆选择。所谓逆选择,就是指那些有较大风险的投保人试图以平均的保险费率购买保险。或者说,最容易遭受损失的风险就是最可能投保的风险,从保险人的角度来看这就是逆选择。保险人控制逆选择的方法是对不符合承保条件者不予承保,或者有条件地承保。例如,投保人就自己易遭受火灾的房屋投保火灾保险,保险人就会提高保险费率承保;又如投保人患有超出正常危险的疾病,保险人就会不同意他投保定期死亡保险的要求,而劝他改为投保两全保险。这样一来,保险人既接受了投保,又在一定程度上抑制了投保人的逆选择。

2. 控制承保能力。承保能力是指保险人能够承保业务的总量。通常,度量保险人承保能力的方法是承保能力比率,即用承保保险费除以偿付能力额度。保险人的承保能力限制了保险公司签发新保险单的能力。因为卖出的新保险单会增加保险人的费用,从短期来看,会降低保险公司的偿付能力,但是从长期来看,如果新保险单所产生的保险费超过了损失和费用的支付,新保险单会增加保险公司的偿付能力。因此,有计划地增加新保险单的销售,能够保障保险公司承保能力的稳定而持续增长。

保险人确保承保能力的主要途径有:①保持风险分散。只有通过风险分析与评估,保险人才能确定承保责任范围,才能明确对所承担的风险应负的赔偿责任。②用特殊的承保技术和经验满足某些险种的承保要求。一般来说,对于常规风险,保险人通常按照基本条款予以承保;对于一些具有特殊风险的保险标的,保险人需要与投保人充分协商保险条件、免赔额、责任免除和附加条款等内容后特约承保。特约承保是根据保险合同当事人的特殊需要,在保险合同中增加一些特别约定,满足被保险人的特殊需要,并以加收保险费为条件适当扩展保险责任;或者是在基本条款上附加限制条款,限制保险责任。通过特殊的承保控制,将使保险人所支付的保险赔偿额与其预期损失额十分接近。③安排再保险。通过再保险,保险公司可以将部分保险费和风险转移给再保险人来增加承保新保险单的数量,可见,再保险对保险公司的承保能力有直接的影响。

(三)分析风险因素

从承保的角度来看,避免和防止逆选择和控制承保能力是保险人控制承保风险的常用手段。但是,保险人对实质风险、道德风险、心理风险和法律风险,在承保时也要作出具体的分析。保险人在承保时必须评估以下四种风险因素。

1. 实质风险。在评估投保单时,保险人会考虑各种实质风险因素,如建筑物的结构、占用性质、防火措施、外部环境等。

2. 道德风险。道德风险是指人们以不诚实或故意欺诈的行为促使保险事故发生,或夸大索赔金额以便从保险中获得额外利益的风险因素。投保人产生道德风险的原因主要有两点:一是丧失道德观念;二是遭遇财务上的困难。从承保的观点来看,保险人控制道德风险发生的有效方法就是将保险金额控制在适当额度内。因此,保险人在承保时要注意投保金额是否适当,尽量避免超额承保。

在人寿保险的承保中,如果投保人为他人购买保险,而指定自己为受益人时,也应注意保险金额的大小是否与投保人的财务状况相一致。例如,一个月收入为3 000 元的投保人,为他人购买了保险金额为 100 万元的人寿保险,除了要查清投保人与被保险人之间是否具有保险利益外,其保险金额还应征得被保险人书面同意,并且还要对投保人收入来源和以往的保险史进行调查,保险人才能决定是否承保。

3. 心理风险。心理风险也称行为风险或态度风险,是指由于人们的粗心大意和漠不关心,以致增加了风险事故发生的概率并扩大损失程度的风险因素。例如:

投保了火灾保险,就不再关心火烛;投保了盗窃险,就不再谨慎防盗。从某种意义上说,心理风险是比道德风险更难以控制的问题。任何国家的法律对道德风险都有惩罚的办法,而且保险人对道德风险还可在保险条款中规定,凡被保险人故意造成的损失不予赔偿。但心理风险既非法律上的犯罪行为,保险条款又难以制定适当的规定限制它。因此,保险人在承保时常采用的控制手段有:第一,实行限额承保,即对于某些风险,采用低额或不足额的保险方式,规定被保险人自己承担一部分风险。保险标的如果发生全部损失,被保险人最多只能获得保险金额的赔偿;如果发生部分损失,被保险人只按保险金额与保险标的实际价值的比例获得赔偿。第二,规定免赔额(率)。免赔额有绝对免赔额和相对免赔额之分。这两种方法都是为了激励被保险人克服心理风险因素,主动防范损失的发生。

4. 法律风险。法律风险是指影响保险人收取与损失风险相称的保险费的法律环境或监管环境。法律风险主要表现在:主管当局强制保险人使用一种过低的保险费标准;要求保险人提供责任范围广的保险;限制保险人使用可撤销保险单和不予续保的权利;法院往往作出有利于被保险人的判决;等等。

二、承保工作的一般流程

承保工作的流程包括接受投保验险、风险评估、出单等步骤。

(一)投保验险

1. 接受投保。直接业务的业务人员提供客户签章确认的投保单及风险问询表,并根据业务实际情况收集风险评估所必需的相关资料提交承保部门。无出单权的中介业务,或超出出单权限的中介业务,由业务人员提供保险经纪人或客户签章确认的投保单及风险问询表,并根据业务实际情况收集风险评估所必需的相关资料提交承保部门。

承保部门接到投保单或保险单批改申请及相关资料后,要由复核人员审核,如果投保单上必要信息不全面,应退回业务人员,请投保人重新填写。

2. 验险。验险是对保险标的风险进行查验,以便对风险进行分类。验险的内容因保险标的的不同而有差异。根据有关业务规定需要实地查验风险的情况,由业务人员验险后,在投保单上标注"已验险"并签名,将相关投保资料送交承保部门。承保部门也可根据业务具体情况,安排人员进行验险工作。

3. 批改申请。核保通过后,如客户提出变更保险事项的申请,业务人员提供客户签章确认的批改申请书交承保部门审核。承保部门根据实际情况判断,确定是否需要安排人员重新进行风险查验。对于理赔后变动保险金额的,承保部门接到理赔部门通知后,应制作批单并通知客户。

(二)风险评估

新承保的重大项目或特殊风险业务以及根据业务管理部门规定需要进行风险

评估的业务,在承保前必须进行风险评估,同时要上报经承保部门确认的详细的风险评估报案。

所谓重大项目、特殊风险业务,一般指保险金额或责任限额较高,或风险因素相对复杂,或潜在风险损失率较高,或投保标的类型比较特殊的业务。对按要求需进行风险评估的续保业务,如上次承保时未进行风险评估的,应组织风险评估;在上次承保时已经进行风险评估的,可不进行风险评估,但续保时保险项目或经营法律、监管环境已经较上次风险评估时发生重大变化并足以影响保险人确定关键承保条件时,则必须重新进行风险评估。

风险评估的流程包括以下几个方面:

1. 组织实施。由承保部门根据项目具体情况组织实施,或委托承保公司实施项目的风险评估。

2. 风险评估的步骤和内容。

(1)收集资料。首先要对拟承保业务的基本情况进行调查了解,包括被保险人概况和投保人概况、行业类别、占用性质以及保险标的名称、数量、投保金额、历史损失记录等基本信息。

(2)实地勘验。在上述材料的基础上,对拟承保项目进行实地风险查验,具体包括对保险标的所处环境、安全防范措施、风险单位等情况进行详细的调查和了解,必要时应拍照、制作平面图等存档,对需要核查账目的,必要时应认真查阅有关财务信息。

(3)撰写风险评估报案。在风险评估的基础上,根据所取得的数据、资料等,撰写风险评估报案,并由评估人员在报案书中签署风险评估意见。风险评估报案及相关资料要归入承保档案,并为投保人保密,作为必备的风险问询单证同时归档。

(4)审核风险评估报案。由专业评议组对按规定需提交审核的业务进行评议。

(5)提出承保意见。承保公司应根据风险评估结果合理确定初步的承保条件。

3. 超过本级公司承保权限的业务在上报承保方案时,应按上级公司要求,上报详细的风险评估报案。

(三)出单

出单工作也就是缮制单证。缮制单证是在接受业务后,填制保险单或保险凭证等手续的过程。保险单或保险凭证是载明保险合同双方当事人权利和义务的书面凭证,是被保险人向保险人索赔的主要依据。因此,保险单质量的好坏,往往影响保险合同能否顺利履行。填写保险单的要求有以下几点:

1. 单证相符。要以投保单、验险报案作为原始凭证,填制保险单。所谓单证相符是指投保单、保险单、批单、财产清单、人身保险的体检报案及其他单证都要符合制单要求,其重要内容如保险标的名称、数量、地址等都应相符。

2. 保险合同要素明确。保险合同的要素是指保险合同的主体、客体和内容。保险合同的主体包括当事人和关系人,即保险人、投保人、被保险人和受益人等,他们是合同中权利的分享者和义务的承担者。因此,保险单中要正确填写被保险人的姓名、单位名称、负责人姓名及详细地址。若是人身保险合同,还需填写受益人姓名、地址及其与被保险人的关系。保险合同的客体是保险合同中权利义务所指向的对象,即保险标的的保险利益。因此,保险单中应标明保险标的的范围及地址、保险利益等内容。保险合同的内容包括保险责任、保险金额、保险期限、保险费、被保险人义务以及其他特约事项。总之,明确保险合同要素是保证保险单质量的依据,否则将影响保险合同的法律效力和保险人的信誉,损害保险合同双方当事人的合法权益。

3. 数字准确。填制保险单时,每一个数字都代表着保险人和被保险人的利益。在这些数字上的微小疏忽,都可能给保险合同双方当事人造成重大损失,或导致不该发生的纠纷。

4. 复核签章,手续齐备。保险人签发的保险单是保险合同成立的依据,其他单证也是保险合同的重要组成部分。因此,每一种单证都应要求复核签章。例如:投保单上必须有投保人的签章;验险报案上必须有具体承办业务员的签章;保险单上必须有承保人、保险公司及负责人的签章;保险费收据上必须有财务部门及负责人的签章;批单上必须有制单人与复核人的签章;等等。

三、续保

续保是在原有的保险合同即将期满时,投保人在原有保险合同的基础上向保险人提出续保申请,保险人根据投保人的实际情况,对原合同条件稍加修改而继续签约承保的行为。

续保是以特定合同和特定的被保险人为对象的。在保险合同的履行过程中,经常与被保险人保持联系,做好售后服务工作,增强他们对保险企业的信心,是提高续保率,保持业务稳步增长的关键。

对于投保人来说,续保的优越性表现在,通过及时续保,不仅可以从保险人那里得到连续不断的、可靠的保险保障与服务,而且作为公司的老客户,也可以在体检、服务项目及保险费率等方面得到公司的通融与优惠。对于保险人来说,续保的优越性不仅体现为可以稳定公司的业务量,而且还能利用与投保人建立起来的老关系,减少许多展业工作量与费用,因为续保比初次承保的手续要简单一些。

保险人在续保时应注意的问题有:①及时对保险标的进行再次审核,以避免保险期间中断;②如果保险标的的危险程度有所增加或减少,应对保险费率作出相应调整;③保险人应根据上一年的经营状况,对承保条件与费率进行适当调整;④保险人应考虑通货膨胀因素的影响,随着生活费用指数的变化而调整保险金额。

第三节 防灾

防灾是保险经营过程中不容忽视的重要环节。实施防灾防损,维护人民生命和财产安全,减少社会财富损失,既是提高保险企业经济效益和实现社会管理功能的重要途径,也是社会风险管理体系和安全体系的重要组成部分和补充。

一、保险防灾的概念及其意义

保险防灾是保险防灾防损的简称,是指保险人与被保险人对所承保的保险标的采取措施,减少或消除风险发生的因素,防止或减少灾害事故,控制事故损失规模,从而降低保险成本,增加经济效益的一种经营活动。

防灾防损,减少社会财富损失,是一项社会性活动。但是,保险防灾只是社会防灾工作的一部分,二者有着明显的区别。保险防灾与社会防灾的区别主要表现在以下几个方面:第一,防灾的主体不同。保险防灾的主体是保险企业;社会防灾的主体则是社会专职防灾部门或机构。第二,防灾的对象不同。保险防灾的对象是保险企业所承保的保险标的;社会防灾的对象则遍及社会所有团体和个人。可见,保险防灾的对象是特定的,与社会防灾相比,它的覆盖面要窄。第三,防灾的依据不同。保险公司是企业形式的经济组织,它是根据保险经营的特点,依据保险合同关于权利和义务对等关系的规定开展防灾工作的;社会防灾部门则是各级政府主管防灾工作的行政或事业单位,它可根据国家法令和有关规定,对防灾对象的防灾工作提出要求,督促检查。第四,防灾的手段不同。保险企业是向被保险人提出防灾建议,必要时支付一定的防预费,促使其采取措施进行风险防范,否则就要重新约定保险责任直至不承担赔付责任;社会防灾部门则在开展防灾活动时,可以运用行政手段促使单位和个人采取措施消除危险隐患,对不执行或违反规定的单位和个人可以给予一定的行政或经济处罚。

同时,保险防灾与社会防灾又密切相关,互为补充。其共同之处表现在:第一,两者都是控制和降低风险的必要手段;第二,两者都是为了减少损失,以保护社会已有财富,保障社会安定。可见,保险要为被保险人的生产经营提供全方位的服务,不仅要做好事后理赔,还要做好事前的防灾防损。

二、保险防灾的内容与方法

(一)保险防灾的内容

1. 防汛工作。步骤及内容如下:

(1)建立防汛组织。汛期要成立防汛领导小组,建立汛期值班制度,全面负责领导、指挥、协调所辖的防汛工作。

(2)获取汛期气象、水文信息。要与当地气象、水文以及防汛部门建立密切联系,及时获取各类防汛信息,并向被保险人通报有关情况。

(3)编制和修订防洪涝预案。汛期到来之前,要结合上年保险财产损失情况和本年本地区的汛期预报,编制、修订和完善防洪涝预案。防洪涝预案的主要内容包括:洪涝风险图、保险财产抢救转移方案、临灾信息收集和发布方案、确定临灾机动车辆停放场所等。

(4)开展防汛检查。防汛检查包括对被保险人的防汛准备工作进行检查和保险人上级机构对下级机构的检查。

①对被保险人的防汛检查。根据确定的检查方案,在检查中要现场核对保单信息,对保单与实物不符及保单缺陷部分应及时更正、完善;检查厂房、库房等建筑结构等能否经受强风、暴雨的侵袭;是否准备了防水挡板、沙袋、水泵等防汛物资。同时,可利用数码相机拍照记录保险财产的位置、高程、品种、数量,了解库存、销售情况等(如能掌握相关财务报表更好),为抢险救灾和防范可能的道德风险及灾后理赔做好准备。检查后,要向保户通报发现的问题和隐患,如有必要,可向保户发出隐患整改建议书,并跟踪复查其整改情况,确保保险财产安全度汛。

②上级机构对下级机构的检查。汛期之前,总、省、市级公司都要对下级机构的防汛准备工作进行检查。检查内容包括:是否建立防汛组织机构,是否明确责任制,是否掌握当地汛期气象、水文预报信息,防汛组织机构、人员、防汛物资落实情况,防洪涝预案的编制及修订完善情况,防洪协作网组织、演练情况,对被保险人进行防汛检查及其隐患整改的情况,重要客户的防灾档案,以及对被保险人进行检查的情况等。

(5)防洪协作网。防洪协作网是汛期沿流域、跨行政区域的保险分支机构间的一种传递汛情信息的网络。防洪协作网每年应组织一次演练,并编制通信联系表。

(6)灾情上报制度。汛期出现严重灾害时,应按有关制度及时上报情况。

2. 防火防爆工作。由于防火防爆工作涉及专业多、技术要求高,目前阶段主要以防火防爆检查为主。保险人多以下面三种方式开展防火防爆检查:①参与配合政府及安全主管部门(例如消防、安委会等部门)以及行业主管部门组织的安全检查;②根据需要,聘请有关方面的专家对专业性、技术性较强或比较复杂的标的进行安全检查;③保险人对标的实施安全检查。

3. 积累灾害资料,提供防灾技术服务。保险人应经常对各种灾害、事故进行调查,积累资料,在对其进行分析研究的基础上,掌握灾害事故的发生规律,进而指导防灾工作。此外,保险人还应开展防灾技术服务活动,帮助事故发生频繁、损失额度大的被保险人开展防灾技术研究。目前,防灾防损服务的主要做法包括为被保险人提供风险评估及防灾综合检测服务,补助购置消防、防汛器材等。

4. 防灾防损宣传。防灾防损宣传是防灾防损工作的重要环节。当前,人们的风险防范意识还比较薄弱,保险人应加强与社会安全部门和机构的联系,了解和掌握政府有关安全的重要决策和规划,借助“安全生产月”、“119 消防日”等政府职能部门的宣传操作平台,运用各种宣传方式,向投保人和被保险人及全社会宣传防灾防损的重要意义,普及防灾防损知识,提高全民安全意识。保险防灾宣传的内容包括:《保险法》中有关被保险人防灾义务的条款、《消防法》、《防洪法》、《安全生产法》等有关法律规定;防灾防损的基本常识,如救火、逃生、防洪、防震的常用措施及方法。

5. 防预费管理。防预费是指保险公司为防止保险事故发生,经被保险人同意,对保险标的采取安全防预措施所发生的费用支出。防预费的使用要体现效益原则和经济原则,注重节约。防预费的使用范围包括以下几个方面:补助被保险人增添防灾设备与设施;保险防灾防损安全检查;风险评估和技术咨询;防灾安全技术培训和防灾防损宣传教育;防灾防损技术、装备的研究、开发及应用、推广;支持社会有关防灾部门开展安全防灾活动;有关加强保险防灾防损工作的其他费用等。

(二)保险防灾的方法

1. 法律方法。法律是保险防灾管理的方法之一。它是指通过国家颁布有关的法律来实施保险防灾管理。例如,有些国家的法律规定,投保人如不加强防灾措施,保险人不仅不承担赔偿责任,而且还要追究其法律责任。我国《保险法》第 51 条规定,投保人、被保险人必须按约定履行其对保险标的的安全应尽的责任,否则,保险人有权增加保险费或解除合同。

2. 经济方法。经济方法是当前世界普遍运用的保险防灾的重要方法。保险人在承保时,通常根据投保人采取的防灾措施情况而决定保险费率的高低,从而达到实施保险防灾管理的目的。在相同的条件下,保险人通过调整保费来促进投保人从事防灾活动。对于那些防灾设施完备的投保人采用优惠费率,即少收保险费,以资鼓励。反之,对那些懈怠于防灾,缺乏必要防灾设施的投保人则采用较高的费率,即多收保费,以促进其加强防灾。

3. 技术方法。保险防灾的技术方法可以从两个角度来理解:一是通过制定保险条款和保险责任等技术来体现保险防灾精神;二是运用科学技术成果从事保险防灾活动。前者表现在三方面:首先,在设计保险条款时订明被保险人防灾防损的义务。例如,我国现行的许多险种的保险条款中,均规定被保险人必须保证保险财产的安全。其次,在保险责任的制定上,也有防止道德风险的规定。例如现行的保险条款中,都订有凡属被保险人的故意行为所造成的损失,保险人不负赔偿责任。再次,在保险理赔上提出了抢救和保护受灾财产的要求。例如,财产保险合同中规定,如果灾害事故发生在保险责任范围内,被保险人应尽可能采取必要的措施进行抢救,防止灾害蔓延,对未被破坏和损害的财产进行保护和妥善处理。对没有履行这一义务而加重损失的部分,保险人不负赔偿责任。后者通常是指保险企业专门设立从事防灾技术研究部门,对防灾进行有关的技术研究的方法。防灾部门运用有关的技术和设备对承保风险进行预测,对保险标的进行监测,研制各种防灾技术和设备以及制定有关的安全技术标准。这些防灾活动不仅使保险企业获得良好的经济效益,而且在社会上也获得了良好声誉。由于这些保险防灾技术领先于社会防灾技术,从而又促进了社会防灾技术的发展。

第四节 理赔

在保险经营中,理赔是保险补偿职能的具体体现。理解保险理赔的含义,揭示理赔的本质和规律,可以帮助我们更好地掌握保险这个经济机制,充分发挥保险的作用。

一、保险理赔的含义及其原则

(一)保险理赔的含义

保险理赔是指保险人在保险标的发生风险事故后,对被保险人提出的索赔请求进行处理的行为。被保险人发生的经济损失有的属于保险风险引起的,有的则属于非保险风险引起的。即使被保险人的损失是由于保险风险引起的,因多种因素和条件的制约,被保险人的损失不一定等于保险人的赔偿额或给付额。所以说,保险理赔涉及保险合同双方的权利与义务的实现,是保险经营中的一项重要内容。

投保人投保的主要目的就是为了在发生保险事故的时候得到保险保障,所以保险事故发生后,保险人应及时履行赔偿、给付保险金的责任。因此,保险理赔的意义在于:第一,保险理赔能使保险的基本职能得以实现。也就是说,理赔是保险人依保险合同履行保险责任、被保险人享受保险权益的实现形式。第二,保险理赔能及时恢复被保险人的生产,安定其生活,促进社会生产顺利进行与社会生活的安定,提高保险的社会效益。第三,保险理赔还可以发现和检验展业承保工作的质量。例如,保险人可以发现保险条款、保险费率、保险金额、保险价值的确定是否合理,防灾防损工作是否有效,从而进一步改进保险企业的经营管理水平并提高其经济效益。

保险理赔工作主要靠理赔人员来做。保险理赔人员作为专门从事保险理赔工作的人员可以分为四种类型:一是保险公司的专职核赔人员,是指直接根据被保险人的索赔要求处理保险公司的理赔事务的人;二是保险代理人,是指接受保险公司的委托从事理赔工作的人;三是理赔服务机构,是指某一地区保险公司联合组织的专门处理赔案的机构,如美国的理赔局;四是独立理赔人,是指有专业技术和经验的独立的理赔人员,如检验机构、保险公估行、律师行等。

(二)保险理赔的原则

保险理赔是一项政策性极强的工作,为了更好地贯彻保险经营方针,提高理赔质量,杜绝"惜赔、错赔、滥赔"的现象,保险理赔应遵循以下原则:

1. 重合同、守信用的原则。保险理赔是保险人对保险合同履行义务的具体体现。在保险合同中,明确规定了保险人与被保险人的权利和义务,保险合同双方当事人都应恪守合同约定,保证合同顺利实施。对于保险人来说,在处理各种赔案时,应严格按照保险合同的条款规定,受理赔案,确定损失。理算赔偿金额时,应提供充足的证据,拒赔时更应如此。

2. 实事求是的原则。被保险人提出的索赔案件形形色色,案发原因也错综复杂。因此,对于一些损失原因较为复杂的索赔,保险人除了按照条款规定处理赔案外,还须实事求是、合情合理地处理,这样做才能既符合条款规定,又遵循实事求是的原则。

此外,实事求是的原则还体现在保险人的通融赔付方面。所谓通融赔付,是指按照保险合同条款的规定,本不应由保险人赔付的经济损失,由于一些其他原因的影响,保险人也给予全部或部分补偿或给付。当然,通融赔付不是无原则的随意赔付,而是对保险损失补偿原则的灵活运用。具体来说,保险人的通融赔付应掌握的原则有:第一,有利于保险业务的稳定与发展;第二,有利于维护保险公司的信誉和在市场竞争中的地位;第三,有利于社会的安定团结。

3. 主动、迅速、准确、合理的原则。这一原则的宗旨在于提高保险服务水平,争取更多客户。

《保险法》第 23 条第 1 款的规定,保险人收到被保险人或者受益人的赔偿或者给付保险金的请求后,应当及时作出核定;情形复杂的,应当在三十日内作出核定,但合同另有约定的除外。保险人应当将核定结果通知被保险人或者受益人;对属于保险责任的,在与被保险人或者受益人达成赔偿或者给付保险金的协议后十日内,履行赔偿或者给付保险金义务。保险合同对赔偿或者给付期限有约定的,保险人应当按照约定,履行赔偿或者给付保险金义务。

《保险法》第 25 条的规定,保险人自收到赔偿或者给付保险金的请求和有关证明、资料之日起六十日内,对其赔偿或者给付保险金的数额不能确定的,应当根据已有证明和资料可以确定的数额先予支付;保险人最终确定赔偿或者给付保险金的数额后,应当支付相应的差额。

主动、迅速,即要求保险人在处理赔案时积极主动,不拖延并及时深入事故现场进行查勘,及时理算损失金额,对属于保险责任范围内的灾害事故所造成的损失,应迅速赔付。准确、合理,即要求保险人在审理赔案时,分清责任,合理定损,准确履行赔偿义务。对不属于保险责任的案件,应当及时向被保险人发出拒赔通知书,并说明不予赔付的理由。

在国际上，保险公司大多遵循国际理赔协会制定的理赔准则，其主要内容有：

(1)任何申请理赔的人都有权利得到公平、公正的待遇，并在合理的时间内迅速地得到理赔答复。

(2)保险公司对于每一件理赔申请案件，都要迅速地进行事实调查和作出客观的评价，并在责任相对确定时，立即进行公平、合理的处理。

(3)被保险人必须获得平等待遇，保险公司不得用保险合同条款以外的内容来衡量。

(4)被保险人无须提出诉讼，即可获得应得的保险赔偿；保险公司也不得以牺牲保险合同的全部或一部分为条件，而影响另一保险合同的赔偿处理。

(5)保险公司必须了解自己对所有应得保险金给付的保险单负有迅速理赔的义务，同时也要了解自己还对所有的被保险人负有对等的义务，即不能作不当的理赔给付，以避免保险费的增加。

(6)建立理赔程序和规则，以避免事实不明和误用保险合同条款的情况，并优先维持正确的理赔记录。

(7)为了达成有效的理赔工作，必须建立合理的人事、组织和程序规则。这些规则是为了消除不必要的延误、对专业知识过分的坚持及过度的查验工作。同时保险公司应该鼓励、支持理赔人员的专业化，要求他们扩展理赔的专业知识。

二、保险理赔的一般程序

保险理赔的基本程序包括损失通知、查勘定损、审核保险责任、疑难赔案调查、赔款理算、核赔、结案、支付赔款、代位求偿等步骤。

（一）损失通知

保险事故发生后，被保险人或受益人应将事故发生的时间、地点、原因及其他有关情况，以最快的方式通知保险人，并提出索赔请求。发出损失通知书是被保险人必须履行的义务。发出损失通知书通常有时限要求，根据险种不同，对被保险人的要求也不同。例如，盗窃险的条款规定，被保险人在保险财产遭受保险责任范围内的盗窃损失后，应当在24小时内通知保险人，否则保险人有权不予赔偿。有的险种虽然没有明确的时限规定，但也要求被保险人在其可能做到的情况下，尽快将事故损失通知保险人。如果被保险人在法律规定或合同约定的索赔时效内未通知保险人，可视为其放弃索赔权利。例如我国《保险法》第26条规定："人寿保险以外的其他保险的被保险人或者受益人，向保险人请求赔偿或给付保险金的诉讼时效期间为二年，自其知道保险事故发生之日起计算。人寿保险的被保险人或者受益人对保险人请求给付保险金的诉讼时效期间为五年，自其知道保险事故发生之日起算。"

被保险人发出损失通知的方式可以是口头的，也可用函电等其他形式，但随后应及时补发正式书面通知，并提供各种必需的索赔单证，如保险单、账册、发票、出险证明书、损失鉴定书、损失清单、检验报案等等。如果损失涉及第三者责任时，被保险人还需出具权益转让书给保险人，由保险人代为行使向第三者责任方追偿的权益。

（二）查勘定损

保险公司接到被保险人报案后，应及时查抄保险单单底，指派查勘定损人员赴事故现场进行查勘，了解事故情况，以便分析损失原因，确定损失程度。

分析损失原因是调查后需要进行的最重要的工作，目的在于保障被保险人的利益，明确保险人的赔偿范围。在保险事故中，造成损失的原因通常是错综复杂的。例如，船舶发生损失的原因有船舶本身不具备适航能力、船舶机件的自然磨损、自然灾害或意外事故的影响等。只有对损失的原因进行具体分析，才能确定其是否属于保险人承保的责任范围。

确定损失程度首先要确定损失发生之前保险财产的实际状况，特别是涉及不动产的损失时，保险人更需详细调查有关情况。其次，要调查被损坏或损毁的财产是什么，保险人需根据被保险人提出的损失清单逐项加以查证。如对于货物短少的情况，要根据原始单据的到货数量，确定短少的数额；对于不能确定货物损失数量的，或受损货物仍有部分完好或经加工后仍有价值的，要估算出一个合理的贬值率来确定损失程度。下面以机动车辆保险为例加以说明。

1. 机动车辆险查勘工作流程。

（1）查勘员接到查勘调度通知后，应及时与报案人联系，确认事故地点和查勘安排。

（2）查勘员与报案人联系后，应携带查勘工具和相关单证，在规定的时间内赶赴事故现场。查勘人员因不可抗拒的原因难以按约定时间到达时，应及时与客户联系，说明情况，约定到达时间。

（3）查勘员到达事故现场后，要详细了解事故发生的时间、地点、原因、驾驶员等情况及车辆和其使用性质，并与报案信息和保单信息相核对。如保险标的尚处于危险中，应立即协助客户采取保护措施，并积极组织施救。

（4）查勘员应及时拍摄事故现场和受损标的照片，必要时绘制现场草图。

（5）及时分析并初步确定出险原因和责任划分，查勘损失情况。

（6）向报案人（客户）发放实务中规定的相关单证，告知所需索赔手续和应提供的单证，并指导客户填写。

（7）调查询问当事人和见证人，并根据查勘情况，如实详细填写《现场查勘记录》，并请客户、当事人和见证人签字，如有必要还需另行填写当事人询问笔录。

（8）可以现场定损的，当场查清并确定损失，制作损失确认书，由有关各方签字；需拆检定损的，与客户商定拆检时间、地点，及时进行拆检定损。

(9)车辆出险事故如涉及人员伤亡,除要了解出险时间、地点原因外,还要了解所伤人员情况(伤者姓名、性别、年龄、伤情、所住医院及联系方式等,需要时通知医疗审核人员介入),并记录在《现场查勘记录》上。

(10)查勘结束后,及时向定损人员移交查勘资料。

2. 机动车辆险定损工作流程。

(1)定损人员认真查验受损标的,确定受损部位、损失项目、损失程度。损失严重的应将车辆解体后再确认。对涉及人员伤亡的案件,负责医疗跟踪的人员应同时介入。

(2)定损人员与客户协商确定修理方案,包括换件项目、修复项目、检修项目。

(3)需要换件项目,定损人员应当根据公司规定进行报价,经报价后再出具损失确认书,并请客户签字认可。

(4)换件残值应按有关规定合理作价,在定损中扣减或进行回收。

(5)定损结束后,定损人员应及时整理查勘定损资料并向理算人员移交查勘定损资料。

(三)审核保险责任

保险责任的审核内容主要包括以下几个方面:

1. 保险单是否仍有效力。例如,我国财产保险基本险条款规定,被保险人应当履行如实告知义务,否则,保险人有权拒绝赔偿。又如,人身保险合同中,投保人在规定的时期(包括宽限期)内未缴纳保险费,保险合同的效力将中止,除非投保人在两年内补缴保险费及其利息,否则,保险合同将永久失去效力。因此,保险人在处理赔偿问题时,不可忽视这些条款的规定。

2. 损失是否由所承保的风险所引起。被保险人提出的损失索赔,不一定都是保险风险所引起的。因此,保险人在收到损失通知书后,应查明损失是不是保险风险所引起的。如果是,保险人才予以承担赔偿责任。

3. 损失的财产是否为保险财产。保险合同所承保的财产并不是被保险人的一切财产,即使是综合险种,也会有某些财产列为不予承保之列。例如,我国财产保险综合险条款规定,土地、矿藏、水产资源、货币、有价证券等就不属于保险标的范围之内;金银、珠宝、堤堰、铁路等要特别约定,并在保险单上载明,否则也不属于保险标的范围。可见,保险人对于被保险人的索赔财产,须依据保险单仔细审核。

4. 损失是否发生在保险单所载明的地点。保险人承保的损失通常有地点的限制。例如,我国的家庭财产保险条款规定,只对在保险单载明地点以内的保险财产所遭受的损失,保险人才负责赔偿。

5. 损失是否发生在保险单的有效期内。保险单上均载明了保险有效的起讫时间,损失必须在保险有效期内发生,保险人才能予以赔偿。例如,我国海洋货物保险的保险期限通常是以仓至仓条款来限制的,即保险人承担责任的起讫地点,是从保险单载明的起运地发货人的仓库运输时开始,直到保险单载明的目的地收货人仓库为止,并以货物卸离海轮后 60 天为最后期限。又如责任保险中常规定“期内发生式”或“期内索赔式”的承保方式,前者是指只要保险事故发生在保险期内,而不论索赔何时提出,保险人均负责赔偿;后者是指不管保险事故发生在何时,只要被保险人在保险期内提出索赔,保险人即负责赔偿。

6. 请求赔偿的人是否有权提出索赔。要求赔偿的人一般都应是保险单载明的被保险人,就人寿保险合同而言,应是保险单指定的受益人。因此,保险人在赔偿时,要查明被保险人或受益人的身份,以决定其有无领取保险金的资格。例如,在财产保险合同下,要查明被保险人在损失发生时,是否对于保险标的具有保险利益。对保险标的无保险利益的人,其索赔无效。

7. 索赔是否有欺诈。保险索赔的欺诈行为往往较难察觉,保险人在理赔时应注意的问题有:索赔单证的真实与否;投保人是否有重复保险的行为;受益人是否故意谋害被保险人;保险事故发生的日期是否先于投保日期等等。

(四)疑难赔案调查

1. 在整个理赔过程中发现有疑点、疑难的赔案时,理赔人员应及时向领导报案。

2. 根据赔案情况,可按以下方法处理:

(1)有欺诈嫌疑的案件,需要继续调查取证。可由具体经办的理赔人员或组成调查小组办理,或委托独立调查人、公估机构等社会中介进行调查,必要时,请求司法机关介入;涉及追偿的,及时追偿。

(2)涉及内部人员的虚假赔案应移交纪检监察等相关部门调查处理。

3. 对确定不属保险责任的,按照拒赔案件处理流程办理;对已赔付的骗赔、错赔案件和虚假赔案,要及时追回赔款。

(五)赔款理算

财产保险的赔偿金额计算方法有多种(详见各险种中的介绍)。通常在财产保险条款中都有损失发生时如何确定保险财产价值的规定,最常见的估价方法是实际价值、重置价值和约定价值三种。在理赔时,保险人应根据保险合同的规定来确定保险财产的价值,如保险合同没有约定时,就应按照有关法律的规定办理。

1. 核对资料。理算人员接到赔案资料应当即时核对,资料齐全的即进入理算程序,资料不齐全或需要补充的,及时要求被保险人补充,待所需资料收集齐全后进入理算程序。

2. 赔款计算。相关注意事项有:

(1)核定保险标的的损失后,即可按相关条款规定的赔偿处理方式计算赔款。

(2)预付赔款。检查有无预付赔款,如有应予以扣减相应数额。

(3)施救费用。施救费用必须是为减少保险标的的损失所支付的必要合理的费用。

(4)查勘、检验费用。在理赔过程中发生的符合有关规定的查勘、检验费用计入赔款。

(5)仲裁、诉讼费用。合理的仲裁或诉讼费用计入赔款。

(6)重复保险的赔款计算。保险标的在发生保险责任范围内的索赔时,如存在重复保险,保险人按规定计算赔偿金额。

(7)损余处理。一般来说,在财产保险中,受损的财产会有一定的残值。如果保险人按全部损失赔偿,其残值应归保险人所有,或是从赔偿金额中扣除残值部分;如果按部分损失赔偿,保险可将损余财产折价给被保险人以充抵赔偿金额。

(8)及时进行赔款理算。

3. 理算人员确认无误后签章,将整个赔案送交核赔人员进入核赔程序。

(六)核赔

在财产保险中,保险人可与被保险人约定赔偿方式,如货币赔偿、恢复原状、修理、重置等。核赔人员按照保险条款及公司内部有关业务规章制度进行核赔,具体内容如下:

1. 参与查勘过程。对于重大或疑难案件,核赔人员应与查勘定损员一起赶赴现场,共同做好现场查勘工作。

2. 根据保单载明的保险财产项目,保险条款中的保险责任、除外责任等款项,对照现场查勘情况及事故证明、检验报案等有关材料,判定是否属于保险责任。

3. 核定损失范围、程度、金额等是否准确合理。

4. 核定赔款及施救费用等的计算是否准确无误。

5. 出具核赔意见:

(1)对于赔案所附材料不齐全或理算错误的,退回相关岗位。

(2)核赔中发现有疑点的,按照疑难赔案调查工作流程处理。

(3)对于不属于保险责任的案件,按拒赔案件工作流程处理。

(4)同意赔付的案件出具审核意见后,及时移交;超过核赔权限的,报上级核赔。

(七)结案

核赔通过后,及时做结案处理,并按规定归档。如涉及赔付后变动保险金额的,及时出具赔款批单。

(八)支付赔款

1. 核赔通过后应及时通知客户领取赔款。

2. 对于属保险责任且损失金额较大,定损和赔付周期较长的案件,可以在结案前根据实际需要或客户请求预付赔款。过程如下:

(1)被保险人填写《预付赔款申请书》;

(2)按规定进行理算、核赔;

(3)通知客户领取预付赔款。

(九)代位求偿

保险事故的发生是由第三者责任方所致,保险人在履行赔偿义务后,应当根据保险合同及有关法律、法规、国际公约、国际惯例,积极进行代位求偿。注意事项有:

1. 在向被保险人支付赔款的同时,要求其在《权益转让书》上签章。

2. 将全部赔案材料连同《权益转让书》及时移交给追偿人员,由其组织代位求偿工作。

3. 代位求偿工作完成后,追偿款应及时入账,理赔案卷按规定做结案、归档处理。

(十)拒赔

1. 在接到报案、查勘、定损、理算、核赔等环节发现应当拒赔的情节后,理赔人员应当提出拒赔意见,按规定报送领导审核。

2. 经审核确定应拒赔的案件,及时制作《拒赔通知书》,并向被保险人发出。

第十六章

保险监管

保险监管是指一个国家政府的保险监督管理部门为了维护保险市场秩序,保护被保险人及社会公众的利益,依法对本国保险业的监督和管理。

第一节　保险监管制度

一个国家的保险监管制度通常由两大部分构成:一是国家通过制定有关保险法规,对本国保险业进行宏观指导与管理;二是国家专司保险监管职能的机构依据法律或行政授权对保险业进行行政管理,以保证保险法规的贯彻执行。

一、保险监管的目标

在发达市场经济国家的保险法规和国际保险监管组织文件中,对监管目标的表述虽然不尽一致,但基本上包括三方面,即:维护被保险人的合法权益,维护公平竞争的市场秩序,维护保险体系的整体安全与稳定。一些新兴市场经济国家的保险监管机构除了履行法定监管职责之外,还承担着推动本国保险业发展的任务。中国的保险监管机构就拥有这两方面的职能。

中国保险业监督管理部门具有政府行政管理部门和保险监管机构的双重职能。作为保险监管机构,它应维护被保险人的合法权益、维护公平竞争的市场秩序和保险体系的整体安全与稳定;作为行业行政管理部门,它必须作好保险发展的中长期规划的研究和制定,研究保险发展的重大战略、基本任务和产业政策,要通过规划、指导和信息服务引导保险业发展的方向。

(一)维护被保险人的合法权益

由于被保险人对保险机构、保险中介机构和保险产品的认知程度是极为有限,现实与可行的办法就是通过法律和规则,对供给者的行为进行必要的制约,还有一些强制的信息披露要求,让需求者尽量知情。同时也鼓励需求者自觉掌握尽量多的信息和专业知识,提高判断力,并且应当对自己的选择和判断承担相应的风险。显然监管本身并不是目的,而是防止被保险人的利益可能因不知情而受到保险机构和保险中介公司的恶意侵害。

(二)维护公平竞争的市场秩序

维护公平竞争的市场秩序的目标可以理解为第一目标的延伸。同时,监管者也要明白,自己的使命是维护公平竞争的秩序,而不是为了“秩序井然”而人为地限制、压制竞争。

(三)维护保险体系的整体安全与稳定

维护保险体系的整体安全与稳定是维护被保险人合法权益、维护公平竞争的市场秩序的客观要求和自然延伸。这里有两点需要注意:一是维护保险体系的整体安全稳定是前两个目标的自然延伸,而不是单一的和唯一的目标。二是维护保险体系的整体安全稳定,并不排除某些保险机构和保险中介机构因经营失败而自动或被强制退出市场。监管者不应当、也不可能为所有保险机构提供“保险”。监管者所追求的是整体的稳定,而不是个体的“有生无死”。

(四)促进保险业健康发展

促进保险业健康发展是保险行业行政管理部门的工作目标。在保险业初级发展阶段,一是要坚持全面协调可持续的发展;二是要坚持市场取向的发展;三是要坚持有秩序并充满活力的发展;四是要坚持有广度和深度的发展。

二、保险监管主体

保险监管主体即监管者,是指享有保险监督管理权力并实施监督和管理行为的政府部门或机关,亦可称为保险监管机构。

(一)立法、司法和行政机构在保险监管中的角色

1. 立法机构是保险监管机制中的第一个层次。立法机构要通过颁布法律,建立保险监管的法律基础和法律体系,明确执行保险法律的监管机构及其法定的职责范围。各国保险法中有关保险监管的规定是有所差别的,但一般来说,监管事项大多都包括各类保险和再保险机构的设立和执照许可;代理人和经纪人的执照许可;保险费率的登记或审批;投保书和保单格式的登记或审批;对未经授权的保险行为和不公平交易行为的制裁;保险人的财务报告、财务审查以及其他财务要求;保险机构的整顿和清算等等。

2. 司法机构是保险监管机制中的第二层次。法院在保险监管活动中扮演着重要角色,一是解决保险人和保单持有人之间的争议;二是通过颁布支持保险监管机构的命令和判定违反保险法律行为的民事或刑事责任,以保证保险法律的实施;三是处理保险人和保险中介人的有关申诉。

3. 行政机构是保险监管机制中的第三个层次。保险监管的具体职责由国家行政机构来履行。经立法机构授权执行保险法律的机构一般都享有广泛的行政权、准立法权和准司法权。一些国家的保险监管还从评议机构那里获得支持。该机构就某些重要决定向监管机构出建议,有些国家还规定在采取重要措施之前必须向这类机构进行咨询。

(二)保险监管机构及其职责

保险监管机构是依法履行保险监管职责的行政机构,即所谓的监管主体。

事实上,一个国家的保险监管机构是否有效,要取决于监管机构的职责、监管的范围、方式和方法等诸多因素,监管主体是一国历史和国情的产物,它既没有统一的模式,也不是一成不变的。目前常见的有两种类型的设置:一是在财政部设立专门的部门从事保险监管,因而保险监管机关就是财政部;二是设立独立的保险监管。

在我国,中国人民银行、财政部、保监会、银保监会等在不同时期都曾行使过监督管理保险业的职能。2023 年起由国家金融监督管理总局依照法律、法规统一监管中国保险市场。

(三)保险监管主体的监管行为的性质

一方面,保险监管是以法律和政府权力为根据的强制行为,对于保险机构和保险中介机构而言,必须接受保险监管部门的监管;另一方面,在市场经济条件下,保险监管的性质实质上属于国家干预保险经济的行为。

(四)保险监管的领域、内容和对象

保险监管的范围仅限于商业保险领域;监管的内容是保险经营活动;监管的对象是保险产品的供给者即保险人(具体指保险公司及其分支机构)和保险中介人(具体包括保险代理人、保险经纪人和保险公估人)。

二、保险监管模式

由于各国经济、法律环境不同,对保险业实施监管的模式也不完全相同。

(一)公告管理

公告管理亦称公示主义,是指政府对保险业的经营不作直接监督,仅规定各保险人必须按照政府规定的格式及内容定期将营业结果呈报政府的主管机关并予以公告。它是政府对保险市场进行监督管理的各种模式中最为宽松的一种。1994 年以前,英国采用这一管理模式,随着现代保险业的发展,这种模式因不利于切实有效地保证被保险人的利益而被许多国家放弃。

(二)规范管理

规范管理亦称准则主义,是指国家制定出一系列有关保险经营的基本准则,并监督执行。在此种管理模式中,政府对保险经营的若干重大事项,如最低资本金的要求、资产负债表的审核、资本金的运用、违反法律的处罚等,都有明确的规范;但政府对保险人的业务经营、财务管理及人事等方面,则不加干预。这种管理方式只注重保险经营形式上的合法,未触及保险业经营的实体。目前有不少国家采用这

种模式。

(三)实体管理

实体管理亦称批准主义,是指国家订立完善的保险监督管理规划,政府的保险监督管理机关根据法律赋予的权力,对保险市场尤其是对保险企业进行全方位的、全过程的有效监督和管理。通过立法,明确规定保险人从设立到经营直至清算所应遵循的批准和审查制度。实体管理模式是由瑞士创立的,较之上述两种管理方式最为严格、具体。这是当今大多数国家所采用的监管模式,我国采用的也是此种模式。

三、保险监管方式

(一)非现场监控与公开信息披露

非现场检查是监管者通过建立保险监管信息系统,利用监管指标体现监管偿付能力的变化。具体就是要求保险公司定期报送有关报表、报告,如保险业监管报表和精算报告等,检查保险公司的经营活动是否合法、合规。

为此,监管机构应当建立有效的监控机制,设定辖区内保险公司提供财务报告、统计报告、精算报告以及其他信息的频率和范围;设定编制财务报告的会计准则;确定保险公司外部审计机构的资格要求;设定技术准备金、保单负债及其他负债在报告中的列示标准。保险公司公开披露的信息必须与市场参与者的决策有关;必须具有及时性,以便人们在决策时所依据的信息是最新的;必须是经济和便利的,对市场参与者而言是可取的,而且不必支付过多费用;必须是全面和有价值的,有助于市场参与者了解保险公司的整体状况;必须是可靠的,基于这些信息的决策应当是可信的;必须是可比较的,要在不同保险公司之间以及保险公司与其他企业之间有可比性;必须是一致的,要具有连续性,以便可以看出相关的趋势。

(二)现场检查

现场检查是监管者根据需要定期或临时对保险公司进行实地检查,包括常规检查和专项检查,以判断保险公司所提供的数据是否准确,各项财务指标是否符合有关法规。

现场检查可以为监管机构提供日常监督所无法获得的信息,发现日常监督所无法发现的问题。监管机构可借机与公司管理者建立良好的沟通关系,通过现场检查评估管理层的决策过程及内部控制能力,制止公司从事非法或不正当的经营行为。监管机构可以借现场检查的机会分析某些规章制度产生的影响,或从更广泛的意义上说,收集制定规则所需的信息。现场检查对于解决公司的问题也大有裨益。

一般来说,现场检查的目标是对公司的风险结构和承受风险的能力进行比较,找出任何有可能影响到公司对投保人承担长远义务的能力的问题。但是,现场检查不应只局限于找出公司的问题,监管机构还应深究问题所隐藏的原因,并找到解决问题的办法。现场检查必须有一定的法律基础,应当赋予监管机构广泛的权力,以便调查和搜集其所需的信息。

四、保险行业的自律

以保险同业公会或保险行业协会的名称出现的保险行业自律组织,是保险人或保险中介人自己的社团组织,具有非官方性。《中华人民共和国保险法》第 180 条第 2 款规定:"保险行业协会是保险业的自律性组织,是社会团体法人。"保险行业自律组织对保险市场的监管发挥着政府保险监管机构所不具备的平行或横向的协调作用。在发达国家或地区的保险市场上,保险同业公会比较普遍。同业公会的地位因国而异,大致可以区分为两种情况:一种是充当政府与保险人、被保险人及社会大众之间的桥梁,保险公司通过保险行业组织与政府管理部门进行沟通;另一种是保险同业公会不具有某种约束力,只是提供同业沟通的场所,本身不具有管理职能。

保险行业自律在保险市场管理中的作用,主要是代表会员对政府有关保险业管理立法施加影响;协调会员在市场竞争中的行为规范;制定供市场统一使用的保单及其费率最低标准等。

保险同业自律组织的作用是有限的。这是因为:保险业的自行管理只能出于自愿而不能加以强制;管理的范围只是保险市场上的一部分而不是全部;成立保险同业组织的目的在于保障或增进保险业本身的利益,而不是为了被保险人或受益人的利益等,所以,保险监管的主体仍然是国家或政府,行业自律只能是政府监管的一种补充。

第二节 保险监管的主要内容

根据保险机构和保险市场发展的实际,中国保险监管部门积极探索建立了以偿付能力监管、市场行为监管和公司治理结构监管为三大支柱的现代保险监管体系框架,加大了监管的力度,提高了监管的有效性。

一、保险公司偿付能力的监管

(一)保险公司的偿付能力

偿付能力是指保险公司偿付到期债务的能力,通常以偿付能力额度表示偿付能力的大小。偿付能力额度等于保险人的认可资产与实际负债之间的差额。

从保险监管的角度看,保险公司的偿付能力一般分为保险公司的实际偿付能力和保险公司的最低偿付能力。前者指在某一时点上保险公司的认可资产与认可负债的差额;后者指由保险法或保险监管机构颁布的有关管理规定来规定的,保险公司必须满足的偿付能力要求。如果保险公司认可资产与认可负债的差额低于这一规定的金额,即被认为是偿付能力不足。《保险法》第101条规定:"保险公司应当具有与其业务规模相适应的最低偿付能力。保险公司的认可资产减去认可负债的差额不得低于国务院保险监督管理机构规定的数额;低于规定数额的,应当按照国务院保险监督管理机构的要求采取相应措施达到规定的数额。"

(二)保险公司偿付能力监管

保险公司偿付能力监管是指保险监管机构对保险公司的偿付能力实行的监督和管理,它包括偿付能力评估和偿付能力不足两个处理环节。所谓对偿付能力评估就是对每个保险公司偿付能力是否充足进行的评估和检测,包括预防性的偿付能力指标监管和强制性的偿付能力额度监管。所谓偿付能力不足的处理是指对偿付能力不足的保险公司所作的处理决定,包括责令保险公司补充资本金、办理再保险、转让业务、停止接受新业务、调整资产结构等措施,直至对保险公司接管。

(三)偿付能力监管体系

一个完善的偿付能力监管体系包括:完整准确的数据收集系统、合适的偿付能力边际、资产负债的适当评估以及风险预警体系。美国的偿付能力监管体系较为典型,包括三个部分:保险监管信息系统(IRIS)、财务分析和偿付能力跟踪系统(FAST)和法定风险资本金监控(RBC)。从当前我国的监管政策取向看,国家金融监督管理总局已建立了偿付能力监管预警指标体系和偿付能力监管制度框架,并强调要加强偿付能力监管的制度建设,制定监管会计准则。

二、保险公司市场行为的监管

保险公司市场行为的监管是指对保险公司经营活动过程进行的监管,包括对保险机构的设立、高级人员的任职资格以及对保险费率、保单条款、保险资金运用和再保险等经营行为的监管。保险公司市场行为监管的核心是保险费率的监管。

(一)保险机构监管

1. 保险机构的组织形式。保险人以何种组织形式进行经营,各个国家根据本国国情,有特别限定。例如,美国规定的保险组织形式是股份有限公司和相互公司两种。日本规定的保险组织形式是株式会社(股份有限公司)、相互会社(相互公司)以及互济合作社三种。英国除股份有限公司和相互保险社外,还允许劳合社采用个人保险组织形式。我国台湾的保险组织形式有股份有限公司和合作社两类。《中华人民共和国保险法》第94条规定:"保险公司,除本法另有规定外,适用《中华人民共和国公司法》的规定。"该法第2条规定:"本法所称公司是指依照本法在中国境内设立的有限责任公司和股份有限公司。"

2. 申请设立的许可。在保险市场准入原则上,目前各国的做法有两种:一是登记制，即法律规定进入保险市场的基本条件，申请人只要符合条件，就可以提出申请，经政府主管机关核准登记后进入市场。对于符合条件的申请，政府主管机关必须予以登记。二是审批制，即申请人不仅符合法律规定的条件，而且必须经政府主管机构审查批准后才能进入市场，对于符合条件的申请，主管机关不一定予以批准。《中华人民共和国保险法》第67条规定："设立保险公司应当经国务院保险监督管理机构批准。"可见，我国采用的是审批制。

3. 对资本金或准备金的要求。由于各个国家的国情不同，各国保险法对保险公司设立的法定资本金最低数额的要求也不尽相同。《中华人民共和国保险法》第69条规定："设立保险公司，其注册资本的最低限额为人民币二亿元……保险公司的注册资本必须为实缴货币资本。"保险公司成立后应当按照其注册资本总额的20%提存保证金，存入保险监督管理部门指定的银行，除保险公司清偿债务外，不得动用。

除资本条件外，申请人还必须向保险监督管理部门提交正式申请和有关文件、资料，如公司章程、股东名册及其股份或者出资人及其出资额，持有公司股份10%以上股东的资信证明和有关资料，法定验资机构出具的验资证明，拟任职的高级管理人员的简历和资格证明，经营方针和计划，以及保险监督管理部门规定的其他文件、资料。保险监督管理部门对提交的文件和资料，经审查满意并认为其达到了法定要求，在6个月内作出决定。若予以批准设立保险公司，则颁发经营保险业务许可证，保险公司凭经营保险业务许可证向工商行政管理机关办理登记，领取营业执照，准予营业。

4. 市场退出的监管。市场退出是指保险公司依照法定条件和程序，经过登记主管机关核准后，丧失主体资格和经营资格，从而退出市场的行为。包括停业、破产、解散或依法关闭以及监管机构决定或司法机关判决退出。根据我国《保险法》相关规定，保险公司市场退出有解散、撤销、破产三种形式。

(1)解散。解散是指已经成立的保险公司，因其章程规定或法律规定的事由出现，该公司丧失了经营能力或丧失经营的必要，经批准撤销登记后，机构组织解散的法律行为。解散事由分为法定解散事由和任意解散事由。任意解散事由有：公司章程规定、公司权力机构的决议或决定、公司分立或合并。强制解散事由主要是指公司依法撤销、公司破产。保险公司解散，应当依法成立清算组进行清算。并购重组是保险公司解散的一种特有形式。

《中华人民共和国保险法》第89条："保险公司因分立、合并需要解散，或者股东会、股东大会决议解散，或者公司章程规定的解散事由出现，经国务院保险监督管理机构批准后解散。经营有人寿保险业务的保险公司，除因分立、合并或者被依法撤销外，不得解散。"

(2)撤销。撤销是指保险公司的撤销主要是指行政撤销，监管当局依照有关法律规定,对经其批准设立的具有法人资格的保险公司,依法采取行政强制措施,终止期经营活动,对其债权债务进行清算,制定某家金融机构托管其债权债务,最终消灭其法人资格。

《中华人民共和国保险法》第92条:"经营有人寿保险业务的保险公司被依法撤销或者被依法宣告破产的,其持有的人寿保险合同及责任准备金,必须转让给其他经营有人寿保险业务的保险公司;不能同其他保险公司达成转让协议的,由国务院保险监督管理机构指定经营有人寿保险业务的保险公司接受转让。转让或者由国务院保险监督管理机构指定接受转让前款规定的人寿保险合同及责任准备金的,应当维护被保险人、受益人的合法权益。"

(3)破产。保险公司的财务状况严重恶化引起破产。保险公司在资不抵债或不能清偿到期债务时,经监管部门同意,自行或由债权人申请,人民法院依法裁定对其资产进行清算并对剩余财产强制进行分配的一种程序。这是其市场退出体系中唯一的司法程序,也是最彻底的一种方式。

《中华人民共和国保险法》第90条:"保险公司有《中华人民共和国企业破产法》第二条规定情形的,经国务院保险监督管理机构同意,保险公司或者其债权人可以依法向人民法院申请重整、和解或者破产清算;国务院保险监督管理机构也可以依法向人民法院申请对该保险公司进行重整或者破产清算。"

4.保险公司的整顿和接管。事实上,我国保险法和监管部门对保险公司破产一直采取非常谨慎的态度,尤其是寿险公司的破产。当保险公司经营出现比较严重问题时,保险监管部门可对其采取限期改正、整顿或接管等一系列法律措施,而不是马上宣告破产。

保险监管机关通过现场和非现场检查,发现保险公司存在某些违反《保险法》的行为时,可以责令保险公司限期改正,若保险公司在限期内未改正,保险监管机关可以决定对保险公司进行整顿。整顿是比责令限期改正更为严厉的一种措施,接管又是比整顿更为严厉的一种措施。接管并不以整顿未达到预期效果为前提条件,对于违法行为较为严重的保险公司,保险监管机关可以不经过责令限期改正和整顿,而直接决定接管。被接管公司已资不抵债的,经保险监管机关批准可依法宣告破产。

(二)经营范围的监管

对经营业务的监管,是指政府通过法律或行政命令,规定保险企业所能经营的业务种类和范围,一般表现在两个方面:一是保险人可否兼营保险以外的其他业务,非保险人可否兼营保险或类似保险的业务,即兼业问题;二是同一保险企业内部,是否可以同时经营性质不同的保险业务,即兼营问题。

1.关于兼业。关于兼业问题,为保障广大被保险人的利益,绝大多数国家均通过立法确立商业保险专营原则,未经国家主管机关批准,擅自开办保险业务的法人或个人属非法经营,国家主管机关将勒令其停业并予以经济上乃至刑事上的处罚。

同样,对于保险人而言也不得经营非保险业务,如银行业务、信托投资业务、房地产业务等,甚至不得从事未经核准的其他性质的保险业务,如社会保险业务。在许多国家还规定保险合作社或保险互助共济组织不得经营非社员或会员业务。但商业保险专业经营原则也有例外,例如:英国规定从事其他商业业务的公司,经批准也可以从事与其有关的保险业务,作为其对顾客提供的额外服务;在美国,纽约等四个州规定允许储蓄银行兼营保险业务。《中华人民共和国保险法》第6发明确规定"保险业务由依照本法设立的保险公司以及法律、行政法规规定的其他保险组织经营,其他单位和个人不得经营保险业务"。

2. 关于兼营。关于兼营问题,多数国家禁止保险公司同时从事性质不同的保险业务。由于各国保险法对保险类别划分标准不一,具体的禁止规定也不尽相同,但主要是指财产险与人寿险不得兼营。由于财产保险与人寿保险在经营技术基础、承保手续、保费计算方式、准备金的计提方式以及保险金给付条件和方法等多个方面迥然不同,为避免业务上混乱与经营庞杂,保证保险业的偿付能力,保护被保险人的权益,各国保险法一般都规定保险公司实行寿险和产险分业经营,但也有几个例外。不过,各国保险法一般明确规定不限制保险公司同时经营原保险和再保险业务。但再保险人是否可以同时经营人寿险再保险和财产险再保险,各国立法无明文规定,一般从理论和实践上认可其兼营。《中华人民共和国保险法》第95条第2、3款规定:"保险人不得兼营人身保险业务和财产保险业务。但是,经营财产保险业务的保险公司经国务院保险监督管理机构批准,可以经营短期健康保险业务和意外伤害保险业务。保险公司应当在国务院保险监督管理机构依法批准的业务范围内从事保险经营活动。"

(三)保险条款费率的监管

保险条款是保险人与投保人关于保险权利与义务的约定,是保险合同的核心内容。保险主管机关对保险合同及其条款进行审定,对保险关系双方都会产生积极的影响,一方面可以避免投保人接受不公平的条件,保护被保险人或受益人的权益;另一方面可以避免保险人因竞争压力而被迫对投保人作出不合理的承诺,确保保险人的偿付能力。对保险条款的规范,各国一般通过保险合同法来进行。鉴于保险的专业性以及保险合同的附和性,大部分国家监管部门对于保险条款都进行比较严格的监管。

保险费率的监管方式因保险业务的性质不同而不同。即使同一性质的保险业务,不同国家也有不同的做法。归纳起来,保险费率的监管方式大致可以分为强制费率、规章费率、事先核定费率、事先报批费率、事后报批费率和自由竞争费率等。多数国家对人寿保险费率并不直接管理,各保险企业之间因竞争而有高有低,但间接控制还是普遍存在的。

就大多数国家而言,费率监管采用的是事先报批的办法。《中华人民共和国保险法》第135条规定:“关系社会公众利益的保险险种、依法实行强制保险的险种和新开发的人寿保险险种等的保险条款和保险费率,应当报国务院保险监督管理机构审批。国务院保险监督管理机构审批时,应当遵循保护社会公众利益和防止不正当竞争的原则。审批的范围和具体办法,由国务院保险监督管理机构制定。其他保险险种的保险条款和保险费率,应当报国务院保险监督管理机构备案。”

(五)再保险监管

对再保险业务进行监督管理,有利于保险公司及时分散风险,保持经营稳定,有利于限制保险费外流,保护民族保险业的发展,一般在发达国家,由于其保险公司经营实力雄厚、管理技术先进、保险市场的自由化、商业化特点显著,对再保险很少直接进行行政干预,也无具体的法定分保内容,但在发展中国家和地区,一般都由政府出资成立官方专业再保险公司或开展半官方的政策性再保险业务。各国保险法律制度都有规定,保险公司承保的业务超过一定限额时,超过部分必须办理再保险。《中华人民共和国保险法》第102条规定“经营财产保险业务的保险公司当年自留保险费,不得超过其实有资本金加公积金总和的四倍”。第103条规定“保险公司对每一风险单位所承担的责任,不得超过其实有资本金加公积金总和的10%;超过的部分应当办理再保险”。第105条又规定:“保险公司应当按照国务院保险监督管理机构的规定办理再保险,并审慎选择再保险接受人。”

(六)资金运用监管

资金运用是保险企业收入的一项重要来源,也是壮大和保证保险企业偿付能力的重要手段,保险资金运用应坚持投资的三原则——安全性、流动性和收益性,这是各国对保险企业资金运用进行监督管理的宗旨所在。但由于各国经济体制和金融市场的发育状况不同,对保险企业的资金运用的管制也就各有特点,一般监督管理的主要内容是资金运用的程度、范围,资金投向和比例限度等。《中华人民共和国保险法》第106条规定:“保险公司的资金运用必须稳健,遵循安全性原则。保险公司的资金运用限于下列形式:(一)银行存款;(二)买卖债券、股票、证券投资基金份额等有价证券;(三)投资不动产;(四)国务院规定的其他资金运用形式。”

三、保险公司治理结构的监管

随着国有保险公司股份制改革的逐步深入,完善保险公司治理结构、转换经营机制成为一项非常紧迫的任务,保险体制改革进入了完善公司治理结构的纵深阶段。保险公司治理结构存在的风险和问题越来越受到监管部门的高度关注,保险公司治理结构监管成为加强和改善保险监管的重要内容和国际保险监管的新趋势。2004年国际保险监督官协会约旦年会提出,把公司治理结构监管纳入保险监管体系的重要内容。国际保险监督官协会和经合组织等先后发布了一系列相关指导文件,并提出了治理结构、偿付能力和市场行为三支柱的监管模式。我国保险业应当积极借鉴国际经验，紧密结合我国保险业发展实际，加强引导，加强监管，逐步建立具有我国特色的保险公司治理结构监管体系。

保险公司治理结构监管的主要内容有以下四个方面。

（一）资格审查和培训

保险公司股东的资质以及董事、监事和高管人员的任职资格，应当按规定报国家金融监督管理总局审查；保险公司董事、监事和高管人员怠于履行职责或存在重大失职行为的，国家金融监督管理总局可以责令保险公司予以撤换或取消其任职资格；保险公司董事、监事和高管人员应当加强相关知识和技能的学习，并按照规定参加培训。

（二）非现场检查

1. 保险公司股东大会、董事会的重大决议，应当在决议作出后30日内报案国家金融监督管理总局。

2. 保险公司董事会应当每年向国家金融监督管理总局提交内控评估报案。内控评估报案应当包括内控制度的执行情况、存在问题及改进措施等方面的内容。

3. 保险公司董事会应当每年向国家金融监督管理总局提交风险评估报案。风险评估报案应当对保险公司的偿付能力风险、投资风险、产品定价风险、准备金提取风险和利率风险等进行评估并提出改进措施。

4. 保险公司董事会应当每年向国家金融监督管理总局提交合规报案。合规报案应当包括重大违规事件、合规管理存在的问题及改进措施等方面的内容。

通过这些报案，一方面督促董事会和高管人员尽职尽责，另一方面为监管机构及时发现公司存在的问题提供更多途径。

（三）现场检查

国家金融监督管理总局通过列席保险公司股东大会、董事会及其专业委员会的会议及开展专项现场检查，可以深入了解保险公司在治理结构方面存在的问题，有针对性地提出整改措施。

（四）沟通机制

保险监管机构与保险公司之间充分的信息交流和沟通对于改善公司治理结构具有重要作用。为更好地发挥股东的监督约束作用，对于一些管理层不及时向股东披露相关信息的公司，国家金融监督管理总局可以直接向股东反馈监管意见。国家金融监督管理总局认为有必要的，可以列席保险公司股东大会、董事会及其专业委员会的会议，可以直接向保险公司股东反馈监管意见。